高等学校土木工程本科指导性专业

总主编 何若全

边坡工程

BIANPO
GONGCHENG

主 编 李建林
副主编 王乐华
主 审 刘东燕

重庆大学出版社
http://www.cqup.com.cn

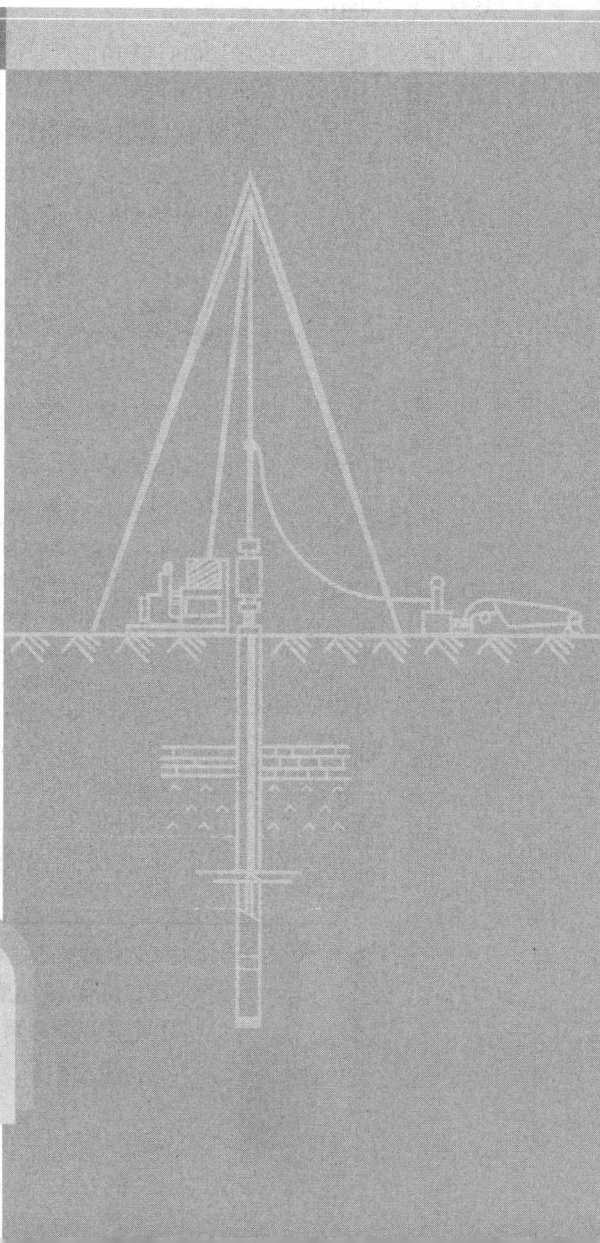

内容提要

本书是"高等学校土木工程本科指导性专业规范配套系列教材"之一,主要介绍边(滑)坡的概念、边坡的类型及其破坏特征、边坡工程地质勘察、影响边坡稳定性因素、边坡稳定性评价方法、边坡稳定分析数值方法、边坡工程设计、边坡绿化工程、边坡施工、边坡监测等内容。

本书以"高等学校土木工程本科指导性专业规范"为基本依据编写,可供高等工科院校土木工程及相关专业作教学用书,也可供从事土木工程(水利工程)设计、施工、管理、监测等技术人员参考。

图书在版编目(CIP)数据

边坡工程/李建林主编.—重庆:重庆大学出版
社,2013.7(2022.7 重印)
高等学校土木工程本科指导性专业规范配套系列教材
ISBN 978-7-5624-7389-3

Ⅰ.①边… Ⅱ.①李… Ⅲ.①边坡—道路工程—高等
学校—教材 Ⅳ.①U416.1

中国版本图书馆 CIP 数据核字(2013)第 102205 号

高等学校土木工程本科指导性专业规范配套系列教材

边坡工程

主 编 李建林
副主编 王乐华
主 审 刘东燕
责任编辑:王 婷 王 伟 版式设计:莫 西
责任校对:刘 真 责任印制:赵 晟

*

重庆大学出版社出版发行
出版人:饶帮华
社址:重庆市沙坪坝区大学城西路 21 号
邮编:401331
电话:(023)88617190 88617185(中小学)
传真:(023)88617186 88617166
网址:http://www.cqup.com.cn
邮箱:fxk@ cqup.com.cn(营销中心)
全国新华书店经销
重庆升光电力印务有限公司印刷

*

开本:787mm×1092mm 1/16 印张:17 字数:424 千
2013 年 7 月第 1 版 2022 年 7 月第 6 次印刷
印数:10 501—12 500
ISBN 978-7-5624-7389-3 定价:39.00 元

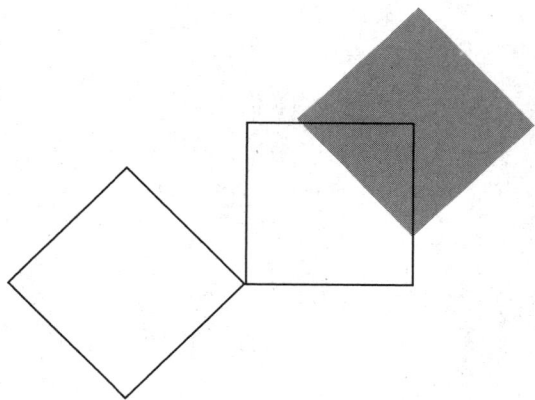

编委会名单

总　序

　　进入 21 世纪的第二个十年,土木工程专业教育的背景发生了很大的变化。"国家中长期教育改革和发展规划纲要"正式启动,中国工程院和国家教育部倡导的"卓越工程师教育培养计划"开始实施,这些都为高等工程教育的改革指明了方向。截至 2010 年底,我国已有 300 多所大学开设土木工程专业,在校生达 30 多万人,这无疑是世界上该专业在校大学生最多的国家。如何培养面向产业、面向世界、面向未来的合格工程师,是土木工程界一直在思考的问题。

　　由住房和城乡建设部土建学科教学指导委员会下达的重点课题"高等学校土木工程本科指导性专业规范"的研制,是落实国家工程教育改革战略的一次尝试。"专业规范"为土木工程本科教育提供了一个重要的指导性文件。

　　由"高等学校土木工程本科指导性专业规范"研制项目负责人何若全教授担任总主编,重庆大学出版社出版的《高等学校土木工程本科指导性专业规范配套系列教材》力求体现"专业规范"的原则和主要精神,按照土木工程专业本科期间有关知识、能力、素质的要求设计了各教材的内容,同时对大学生增强工程意识、提高实践能力和培养创新精神做了许多有意义的尝试。这套教材的主要特色体现在以下方面:

　　(1)系列教材的内容覆盖了"专业规范"要求的所有核心知识点,并且教材之间尽量避免了知识的重复;

　　(2)系列教材更加贴近工程实际,满足培养应用型人才对知识和动手能力的要求,符合工程教育改革的方向;

　　(3)教材主编们大多具有较为丰富的工程实践能力,他们力图通过教材这个重要手段实现"基于问题、基于项目、基于案例"的研究型学习方式。

　　据悉,本系列教材编委会的部分成员参加了"专业规范"的研究工作,而大部分成员曾为"专业规范"的研制提供了丰富的背景资料。我相信,这套教材的出版将为"专业规范"的推广实施,为土木工程教育事业的健康发展起到积极的作用!

中国工程院院士　哈尔滨工业大学教授

沈世钊

前　言

在建筑、交通、铁道、矿山、水利、电力等土木工程建设过程中,常常会遇到或者形成大量的边坡工程。边坡工程已经成为上述各类土木工程建设中建筑物的重要组成部分。例如,建筑在山地上的房屋,房屋及其基础与边坡连为一体,共同受力、共同作用;又如,建筑在边坡上的水工建筑物——拱坝,拱坝与边坡连为一体、共同受力、相互作用、互为支撑。类似这些工程,其边坡工程成为了工程建筑物不可分割的重要组成部分,协同工作。工程中,许多边坡工程结构形状复杂、尺度又大,加上岩(土)体本身结构特征、历史作用过程、力学特性和赋存环境的复杂性,若在设计和施工过程中处理不当,这些边坡工程往往会事故频发,不但增加了工程建设的周期和投资成本,而且直接影响到工程建设的质量和人民生命财产的安全,有些边坡工程问题已成为制约工程建设和影响公共安全的关键性问题。因此,土木工程建设和运营过程中,就必须保持边坡工程的稳定性与安全性。边坡工程的设计、施工和维护,是土木工程专业学习不可或缺的重要内容。

边坡工程研究起源于矿山工程建设,由于人们开采矿物资源而开挖山体,从而形成了大量的人工边坡工程。为了维护其稳定性,保证开采施工的安全,各国学者针对边坡工程进行了较为系统的研究。其后,在建筑、交通、铁道、水利、水电等土木工程建设过程中,边坡工程不断涌现,引起了更加广泛的关注和深入系统的研究。尤其是国家以能源、交通为主的西部大开发战略的成功实施,在工程建设过程中遇到了大量的复杂的边坡工程问题。为了维持这些边坡工程的安全稳定性,边坡工程的研究和应用得到了前所未有的关注和重视。到目前为止,可以说边坡工程已经成为了一门独立的学科。《边坡工程》一书较早见于 E. Heok 和 J. W. Bray 编写的《岩石边坡工程》(Rock Slop Engineering, Revised Second Edition, 1981),其主要是针对矿山工程的。之后,尤其是 20 世纪 90 年代以来,国家经济建设过程中,各类土木工程建设均遇到了一系列复杂的边坡工程,不少专家学者对此开展了广泛地研究,产生了一批重要成果,陆续出版了一些有关边坡工程方面的著作。但是,这些著作主要是介绍作者各自的研究成果,研究各有侧重,内容不够系统,而作为国家土木工程专业本科生教材使用的边坡工程一书,到目前为止,还不多见。因此,基于这些考虑,编者试图编写《边坡工程》一书,以利于广大土木工程专业(含水利水电工程等专业)本科生学习之用。

本教材根据《高等学校土木工程本科指导性专业规范配套系列教材》编委会要求编写,按照"面向产业、面向世界、面向未来"的宗旨,实施"基于问题、基于项目、基于案例"的学习,最大限度地贴近工程,回归工程教育的本质要求。本书主要针对边坡稳定分析、治理设计和施工中的关键问题,围绕边坡工程案例、工程背景、工程问题和典型项目进行编写;同时,本着"核心内容最低标准"和"内容最小化"的原则精神来组织编写。

本教材的定位是:针对当前我国高等教育中工程教育的师资和学生的现状,面向80%土木工程(含水利水电工程)本科高校,满足应用型人才培养的需求,提供一套与高等学校土木工程本科指导性专业规范配套、符合教育教学改革发展方向的教材,努力使本教材成为国内最受欢迎的土木工程(含水利水电工程)专业教材之一。

本教材强调"导向、背景和主线",即以建筑、交通、铁道、矿山、水利、电力等土木工程行业企业需求为导向,以典型边坡工程实际为背景,以边坡稳定分析、治理设计和施工中的关键工程技术为主线;注重"一个素养、三个能力"的培养,即着力提升学生的土木工程专业素养,着力培养学生解决边坡工程中边坡稳定分析、治理设计和施工中关键问题的工程实践能力、工程设计能力和工程创新能力;体现推动三个"基于"的学习,即基于边坡工程设计、施工中关键问题的学习、基于具体边坡工程项目的学习、基于典型边坡工程案例的学习。上述的"强调""注重"和"体现",是本教材的特色所在。

本教材的宗旨是:力图使土木工程专业(含水利水电工程专业)学生在掌握基本理论的基础上,能够善于分析边坡工程设计和施工过程中所发生的物理力学现象,并透过这些物理力学现象去把握边坡工程设计与施工过程的实质,同时掌握影响边坡工程设计与施工过程中的主要因素及其可能的变化,熟练地运用数学、力学与工程知识,解决边坡工程设计和施工过程中的问题。

本教材由三峡大学组织编写。全书由三峡大学李建林教授担任主编、王乐华副教授担任副主编,重庆大学刘东燕教授担任主审。参与编写工作的还有王孔伟、王志俭、邓华锋、刘杰、夏振尧、黄宜胜。

各章编写分工如下:第1章由李建林与王乐华编写;第2章由邓华锋编写;第3章由王孔伟编写;第4章由黄宜胜编写;第5章由刘杰编写;第6章由王志俭编写;第7章由夏振尧编写;第8章由王乐华与李建林编写;第9章由王志俭与王乐华编写。马莉、李李荣、骆世威、原先凡、周时、罗骞、叶建华等研究生也参加了资料整理和清绘插图等工作。

本教材在编写过程中,参阅了大量的参考文献资料,在此向这些资料的提供者表示感谢。

限于作者水平,难免有欠妥之处,敬请读者指正。

编 者
2013 年 2 月

目　录

1

边坡与边坡工程

本章导读：
- **基本要求** 掌握边坡、滑坡、边坡工程的概念；掌握建筑边坡、水利水电工程边坡、自然边坡、临时边坡、稳定边坡、失稳、失稳边坡等相关概念，掌握边坡与滑坡的区别，掌握边坡的构成要素；了解滑坡稳定性研究进展、边坡治理措施。
- **难点** 边坡的概念、边坡与滑坡的区别，边坡工程。
- **重点** 边坡构成要素，边坡与滑坡的区别，边坡工程。

1.1 边坡与滑坡

1.1.1 边坡概念

边坡是自然或人工形成的斜坡，是人类工程活动中最基本的地质环境之一，也是工程建设中最常见的工程形式。

露天矿开挖形成的斜坡构成了采矿区的边界，因此称为边坡；在铁路、公路建筑施工中，所形成的路基斜坡称为路基边坡；开挖路堑所形成的斜坡称为路堑边坡；在水利建设中开挖形成的斜坡也称为边坡。图 1.1~图 1.9 为各类工程边坡现场图。

典型的边坡（斜坡）如图 1.10 所示。边坡与坡顶相交的部位称为坡肩，与坡底面相交的部位称为坡趾或坡脚，坡面与水平面的夹角称为坡面角或坡倾角，坡肩与坡脚间的高差为坡高。

建筑边坡：在建（构）筑物场地或其周边，由于建（构）筑物和市政工程开挖或填筑施工所形成的人工边坡和对建（构）筑物安全或稳定有影响的自然边坡。

图 1.1　某公路边坡

图 1.2　某矿山边坡

图 1.3　京沪高铁汤山路基边坡

图 1.4　京沪高铁西渴马 2 号隧道边坡

图 1.5　小湾水电站左岸高边坡

图 1.6　某深基坑支护

图 1.7　某深基坑开挖图

图 1.8　山地城市削坡建房

图 1.9　三峡库区巴东县新城区某边坡治理前后对比图

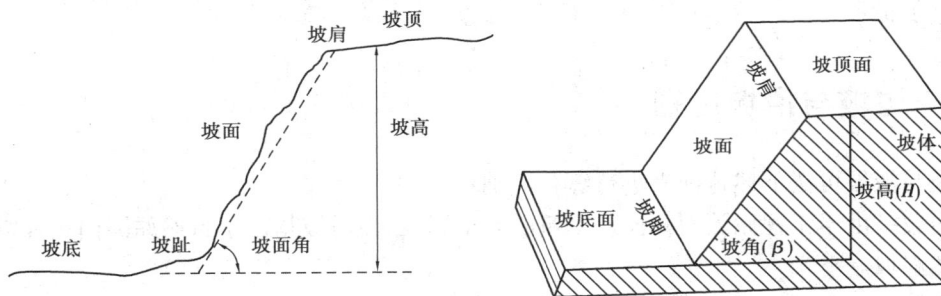

图 1.10　边坡构成要素

● 水利水电工程边坡:修建水利水电工程形成的、因修建水利水电工程有可能影响其稳定的以及对水利水电工程安全有影响的边坡统称为水利水电工程边坡。

● 基坑侧壁:构成建筑基坑围体的某一侧面。

● 自然边坡:天然存在的由自然营力形成的边坡,包括滑坡倾倒变形体边坡。

● 临时边坡:仅在短时间内或工程施工期处于临空状态,修建建筑物后边坡不再处于临空状态的边坡。

● 永久边坡:长期处于临空状态的边坡。

● 稳定边坡:未出现明显的变形裂缝和其他失稳迹象,处于稳定状态的边坡。

● 失稳边坡:边坡发生滑动、溃屈、倾倒、崩塌、坍塌、拉裂和流动的现象称为失稳。处于正在滑动、溃屈、倾倒、崩塌、坍塌、拉裂或流动的边坡称为失稳边坡。

在铁路、公路与水利建设中,路基边坡与路堑边坡的稳定性严重影响到铁路、公路与水利设施的安全运营与建设成本。在路堤施工中,在路堤高度一定的条件下,坡角越大,路基所占面积越小,反之越大。在平原地区,由于耕地紧张,为了保护耕地,路基边坡的坡角愈大愈好;而在山区,大坡角的边坡能减少路堤的填方量。

而在路堑、水利工程施工中,加大边坡的坡角,同样也能取得减少土石方量的作用,从而降低建设成本。房屋建筑与市政建设中,边坡的稳定性一方面影响到建筑物的安全运营与使用,另一方面也影响到建设成本。露天采矿工程中,随着坡高的增加,加陡边坡成了减少废石开挖和运输量、提高矿山经济效益的一个有效措施,但是,随着矿坑边坡的加陡,边坡的稳定性问题随之而出,在给定坡高条件下能够稳定的边坡究竟能陡到什么程度,取决于场地的工程与水文地质条件、施工技术以及边坡的服务年限等。

总之,边坡工程涉及国民经济建设的各个方面,它一方面关系到其所维系的各种构筑物的安全及正常使用,另一方面同样也影响到构筑物的施工成本。

1.1.2　滑坡概念

滑坡通常是指由自然原因引发的正在蠕动与滑动的自然斜坡,称为自然滑坡;另一部分则是由于边坡开挖或填筑,而引发古老滑坡复活或自然滑坡加剧,从而引发大规模滑坡。

滑坡是常见的一种地质灾害,其频发性与严重性都相当惊人。我国是一个多山国家,滑坡相当频繁,如已查出三峡库区较大规模的崩滑体就有 2 490 个,又如 1981 年雨季宝成铁路发生滑坡 289 次,中断行车 2 个月。滑坡灾害的严重性也是众所周知的,滑坡灾害曾多次造成生命、财产的重大损失。

1.1.3　边坡与滑坡区别

边坡与滑坡可按下述特征来进行综合区别:

①边坡指由于工程原因而开挖或填筑的人工斜坡;而滑坡指由于自然原因而正在蠕动与滑动的自然斜坡。

②边坡在工程开挖与填筑前坡体内不存在滑面,但可以存在未曾滑动的构造面,开挖前坡体无蠕动或滑动迹象;滑坡在坡体中存在天然的滑面,坡体已有蠕动或滑动迹象。

③当人工斜坡内存在天然的滑面或引发古老滑坡滑面复活时,称为工程滑坡;当天然斜坡危及工程安全而需要治理时则称为自然边坡。

1.2　边坡工程

为满足工程需要而对自然边坡进行改造,称为边坡工程。

边坡按成因可分为自然边坡与人工边坡。天然的山坡和谷坡是自然边坡,此类边坡是在地壳隆起或下陷过程中逐渐形成的。人工边坡是由于人类活动(如开挖或填筑等)形成的边坡,如建筑边坡、水利水电工程边坡、矿山边坡、路基边坡、路堑边坡、基坑侧壁等,其中挖方形成的边坡为开挖边坡,填方形成的称为构筑边坡,也称为坝坡。人工边坡的几何参数根据工程建设的需要可以人为控制。

边坡稳定问题是工程建设中经常遇到的问题,如建筑的切坡、水库的岸坡、渠道边坡、隧洞的进出口边坡、坝肩边坡、公路或铁路的路基路堑边坡、基坑侧壁等,都涉及稳定问题。边坡的失稳,轻则影响工程质量与施工进度,重则造成人员伤亡与国民经济的重大损失。因此,不论是土木工程还是水利水电工程,边坡的稳定问题经常成为需要重点考虑的问题。

边坡的稳定分析是边坡设计的基础,稳定性分析的前提是认识边坡,包括地质条件(区域地质、工程地质、水文地质、地应力水平、地质构造等)、岩土体室内及室外试验(确定岩土体的力学参数)、边坡的受力(边坡承受的荷载,包括恒载与活载)、力学分析等。其中,力学分析是建立符合客观实际条件的物理模型,选用适合特定条件的数学模型,定性分析岩土体的力学动态趋势和进行定量的力学成果分析和力学分析包括稳定性分析与岩土体的应力应变分析,两者缺一不可,稳定性分析是边坡工程稳定的必须条件,应力应变分析是边坡稳定的充分条件。在十分复杂的条件下,还应进行室内地质力学模型试验、离心机模拟试验等。

在稳定分析的基础上,应设计合适的支护措施,进行边坡支护,即为保证边坡及环境的安全,对边坡采取的支挡、加固与防护措施。常用的支护措施分为以下几种:

①挡土墙:承受土体侧压力的墙式构造物。

②抗滑桩:抵抗土压力或滑坡下滑力的横向受力桩。

③土钉:在土质或破碎软弱岩质边坡中设置钢筋钉以维持边坡稳定的支护结构。

④预应力锚杆(索):由锚头、预应力筋、锚固体组成,通过对预应力钢筋施加张拉力以加固岩土体使其达到稳定状态的支护结构。

⑤抗滑洞塞:岩质边坡体内用混凝土回填起抗滑作用的洞塞。

⑥坡面防护:包括用于土坡的各种形式的护砌和人工植被,用于岩质边坡的喷混凝土、喷纤维混凝土、挂网喷混凝土,以及柔性主动支护、土工合成材料防护等措施。

⑦喷锚支护:由锚杆和喷射混凝土面板组成的支护。

⑧减载:采用从边坡顶部开挖、削坡的方法,减少边坡自身荷载,提高边坡稳定性的措施。

⑨排水和防渗:包括坡面、坡顶以上地面排水、截水和边坡体排水等措施。

⑩其他措施:边坡压脚、注浆加固等措施。

在边坡设计与施工时,应注重动态设计与信息施工的运用。动态设计法是根据信息施工法和施工勘察反馈的资料,对地质结论、设计参数及设计方案进行再验证,如确认原设计条件有较大变化,及时补充、修改原设计的设计方法。信息施工法是根据施工现场的地质情况和监测数据,对地质结论、设计参数进行验证,对施工安全性进行判断并及时修正施工方案的施工方法。

边坡介质十分复杂,即使经过充分的研究,对它的认识水平也是介于定性和定量之间,因此,对边坡的监测十分重要,用以反馈技术决策的正确性。

要判定一个边坡是否稳定,其可能失稳变形的类型和性质是什么,滑动的范围有多大,滑动的方向和速度怎样,有无大滑动造成灾害的可能,危害范围有多大(远),其失稳滑动与哪些主要作用因素(降雨、地震、河流冲刷、人工开挖坡脚、堆载、水库水位升降,等等)有关系,这些因素的作用机制和变化幅度如何,以及在已有变形的坡体上进行工程施工如何保障施工的安全,加固和治理的边坡或滑坡其效果如何等问题,除了工程地质调查、测绘、勘探、试验和评价外,动态监测是十分重要和不可缺少的手段,尤其是对重要、高大复杂的边坡及大型复杂的滑坡。

监测主要包括裂缝监测、位移监测、滑动面监测、地表水监测、地下水监测、降水量监测、应力监测及宏观变形迹象监测等。

边坡工程监测是边坡研究工作中的一项重要内容,随着科学技术的发展,各种先进的监测仪器设备、监测方法和监测手段的不断更新,边坡监测工作的水平正在不断的提高。

1.3　边坡稳定性研究的发展

边坡稳定性研究沿革已久,约有一个多世纪的历史,最早涉及边坡稳定问题的是英国学者赖尔(Laier,1833),在他所著的《地质学原理》一书中,首次提及滑坡,并认为是地下水作用的结果。尔后,由于边坡稳定性研究的理论意义和实际价值,人们对凡是涉及地质问题的工程学科,几乎都开展边坡稳定性研究,特别是工业与民用建筑工程、水利水电工程、道路工程、矿山工程和国防工程等都广泛开展了边坡稳定性研究,取得了宝贵的经验和成果。

边坡发生破坏失稳是一种复杂的过程,由于边坡内部结构的复杂性和组成边坡岩石物质的不同,造成边坡破坏具有不同模式。对于不同的破坏模式就存在不同的滑动面,因此应采用不同的分析方法及计算公式来分析其稳定状态。目前用于边坡稳定分析的方法大体上可分为定性分析和定量分析两种。定性分析方法包括工程类比法和图解法(赤平极射投影、实体比例投影、摩擦圆法);定量分析方法主要有极限平衡法、有限元法、边界元、离散元及可靠度、模糊数学、灰色理论及神经网络分析法。

目前被广泛使用和讨论的极限平衡方法有瑞典圆弧法、简化 Bishop 法、Janbu 法、Morgenstern-Price 法、Spence 法和 Fredlund-Krahn 法等。美国学者 James Michael Dancan 对 1970 年至 1995 年边坡稳定分析的条分法和有限元法的进展做了综述报告,对于各种条分法的计算精度和适用范围,得出以下几点经典的结论:

①在边坡几何形状、容重、强度指标和孔压确定的情况下,边坡稳定分析的图表法的结果基本满足精度,满足的程度取决于对实际的边坡简化的准确度。

②瑞典圆弧法在平缓边坡和高孔隙水压情况下进行有效应力法分析时是非常不准确的;该法的安全系数在 $\varphi = 0$ 分析中是完全精确的,对于圆弧滑面的总应力法可得出基本正确的结果;此法的数值分析不存在问题。

③简化毕肖普法在所有情况下都是精确的(除了遇到数值分析困难情况外),其局限性表现在仅仅适用于圆弧滑面以及有时会遇到数值分析问题。如果使用简化毕肖普法计算获得的安全系数比瑞典法小,那么可以认为毕肖普法中存在数值分析问题。基于这个原因,同时计算瑞典法和毕肖普法,比较其结果,是一个较好的选择。

④使用力的平衡的方法计算的安全系数对所假定的条间力方向极为敏感,条间力假定不合适将导致安全系数严重偏离正确值。

⑤满足全部平衡条件的方法(如 Janbu 法,Morgenstern-Price 法和 Spencer 法)在任何情况下都是精确的(除非遇到数值分析问题)。这些方法计算的成果相互误差不超过 12%,相对于一般认为是正确的答案的误差不会超过 6%,所有这些方法也都有数值分析问题。

随着计算机软件、硬件的飞速发展,采用理论体系更为严格的方法进行边坡稳定分析已经成为可能。有限单元法全面满足了静力许可、应变相容和应力、应变之间的本构关系。同时,因为是采用数值分析方法,可以不受边坡几何形状的不规则和材料的不均匀性的限制,应该是比较理想的分析边坡应力、变形和稳定形态的手段。

目前采用有限元分析边坡稳定主要有以下 3 类方法:对边坡作有限元分析;基于滑面上应力分析的有限元分析方法;有限元强度折减方法。

其他数值模拟方法还有边界元法、离散元法、流形方法、有限差分法等在第 5 章作详细介绍。

20 世纪 70 年代发展的地质模型实验法能模拟不连续岩体的自然条件、岩体结构及其物理方程。典型边坡地质力学模型的建立对于边坡稳定性评价及其失稳形式的分类是非常有意义的。

目前,边坡稳定性评价方法很多,归结起来主要有以下 6 类。

①地质分析法:根据边坡的工程地质条件定性分析、判断边坡的稳定性。其不足之处是不能进行定量评价。

②经验类比法:通过大体相似的两个或多个边坡进行比较,根据它们的属性推出其他属性的相似性方法,这是一种定性评价方法。

③结构分析法:通过大量结构面统计,应用赤平投影、实体比例投影和摩擦圆方法判断边坡的稳定性,也是一种定性评价方法,难以定量化。

④极限平衡分析法:该法把滑体作为刚体,分析其沿滑动面的平衡状态。常用的方法有 Fellenius 法、Bishop 法、Sarma 法,主要优点是简便。其缺点是把岩体作为刚体处理,不能反映岩体内部真实的应力-应变关系;稳定系数是滑动面上的平均值,带有一定的假定性,也无法考虑累进性破坏对稳定的影响;各种计算方法本身还有不同的假设,均有一定的适用范围和局限性,都是把超静定问题变为静定问题处理。

⑤数值分析法:在边坡稳定性评价中常用的数值分析法包括有限单元法、边界元法、离散元法等,这些数值分析方法本身有较高的精度,但受地质模型、简化的力学模型和力学参数等的影响,使"高精度"的计算结果,难以作出"高准确"的评价。

⑥概率分析法:该方法是以极限平衡原理建立状态方程,在定值稳定系数方法基础上,计算边坡不稳定性概率的方法。该方法的优点是解决边坡稳定性中的不确定性问题。其缺点一是需要大量的统计样本;二是它是在极限平衡方法基础上建立起来的,因而包含极限平衡法的缺陷和局限性。

边坡稳定性评价研究已取得很大进展,但问题亦不少,无论哪一种评价方法都有自身的适应性和局限性,因而加快了新技术、新方法在边坡稳定性评价中的应用。近年来,非线性科学理论、非连续介质理论、可靠性分析理论以及计算机技术的发展,为边坡稳定性问题的研究提供了新的途径和方法,多学科、多专业的交叉渗透研究已成为边坡研究的发展方向。

但是,边坡岩土体是性质极其复杂的地质介质。长期的地质作用使其成为自然界最复杂的材料之一。它的力学特性参数、结构面分布规律、工程性质等都是复杂的、多变的,呈时空变化的,具有强烈的不确定性。这些不确定性主要来自 3 个方面:

①岩土体本身固有的不均匀性。

②工程参数量测和取样引入的误差。

③模型不准确引起的不确定性。

这些不确定性的客观存在给边坡稳定分析带来了巨大的困难。传统的边坡稳定性分析方法采用确定性的取定值分析方法,并没有获得令人满意的结果,在实际工程中出现了"边坡安全系数大于 1 发生破坏,而小于 1 却稳定"的现象。所以至今,边坡稳定性分析仍不能完全依赖于理论分析和数值计算,在许多情况下,主要依赖于工程类比和专家经验。耗散结构理论、协同学、突变理论、混沌理论、分形理论、神经网络理论等非线性科学的发展,给边坡稳定性研究提供了新理论、新思维和新方法。

1.4 边(滑)坡治理技术的发展

经过多年的工程实践和理论研究,国内外对边坡崩塌的治理技术渐趋成熟,在边坡滑坡防治的各个方面也取得了很大成就,其中支挡抗滑结构的发展应用尤为迅速,抗滑桩作为一种支挡抗滑结构物广泛应用于边坡滑坡的稳定性治理中。抗滑桩这种新型支挡结构,由于具有施工方便、速度快、工程量少和投资少等优点,因而发展较快。国内抗滑桩较多地应用于铁路、公路建设中滑坡治理,并取得了良好的效果。

支挡工程的发展大体可分为 3 个阶段:

①20 世纪 50 年代以前,治理滑坡以地表和地下排水工程为主,抗滑支挡工程主要是挡土墙。

②20 世纪 60~70 年代,在以应用排水工程和抗滑挡土墙为主的同时,大力开发应用抗滑桩工程以解决抗滑挡土墙施工中的困难。

③20 世纪 80 年代以来,在小直径抗滑桩应用的同时,为治理大型滑坡,大直径挖孔抗滑桩开始使用。

我国对滑坡灾害的系统研究和治理是从 20 世纪 50 年代开始的。根据我国国情研究开发了一系列有效的防治办法,总结出绕避、排水、支挡、减重、反压等治理滑坡的原则和方法,其中尤以铁路部门遇到和治理的滑坡最多。我国对抗滑支挡建筑物的研究和开发应用起步虽比国外晚,但由于建设中治理滑坡的需要,其发展过程基本上与国外同步,也分为 3 个阶段:

①20 世纪 50 年代起,主要学习苏联的经验,在治理滑坡中首先考虑地表和地下排水工程,如地面截、排水沟、地下截水盲沟、盲洞,支撑渗沟等,辅以减重、反压和支挡工程。支挡工程主要是各种形式的挡土墙。

②20 世纪 60~70 年代,曾成功地应用支撑盲沟加小抗滑挡墙取得疏水和支挡滑坡的双重效果,但深盲沟施工开挖也相当困难,因为地下水发育,施工开挖极易坍塌。大截面挖孔钢筋(钢轨)混凝土抗滑桩由于抗滑能力大、破坏滑坡体稳定小、施工方便等特点,很快被广泛应用在铁路内、外滑坡治理中,在治理大、中型滑坡中几乎取代了抗滑挡土墙。

③20 世纪 80 年代以来,随着锚索技术的发展,在滑坡防治中开始大量地采用锚索工程。由于锚索系用高强度钢丝束锚固于滑体下的滑床中,抗拉力大,预应力锚索变一般支挡结构物的被动受力为主动受力,对滑体扰动小,又是机械化施工,所以应用前景广阔。目前锚索的应用有两种情况:锚索与抗滑桩联合形成"锚索抗滑桩";用锚索单独稳定滑坡。

目前可供采用的边坡加固技术措施很多,有削坡减载技术,排水与截水措施,锚固措施,混凝土抗剪结构措施,支挡措施,压坡措施以及植物框格护坡、护面等。在边坡工程中应强调多种措施综合治理的原则,以加强边坡的稳定性。

如何在多种可行方案中选择一种既能达到安全要求,又能满足经济性和环保要求的治理方案,是边坡治理措施的优化问题。计算机在各学科领域的广泛应用和现代优化算法的不断发展,使得最优化技术在工程中的应用也获得迅速发展。根据工程的具体情况,在计算机上进行人机交互或自动搜索方式的半自动或自动分析,对各种可行性方案进行优化,最终选择一种最为合理、经济的治理措施方案,可缩短周期、提高效率、节约工程费用,是边坡治理研究工作的趋势。

因此,通过对边坡的正确认识、合理的设计和适当的治理,把边坡失稳造成的灾害降低到最低限度,是岩土工程界的学者和工程设计人员必须考虑的问题。我国边坡治理工程建设与科技在总体上呈现出如下发展趋势:

①治理工程量急剧增多,范围与规模扩大,建筑边坡、交通边坡、矿山边坡、水利边坡与地质灾害滑坡治理数量与质量都达到了空前水平。

②边坡工程治理的科学技术水平不断提高。首先是新型的支护方法与支挡结构类型不断涌现,如锚固支护、加筋挡墙与水泥灌浆等手段的出现并逐步成熟;其次是稳定分析方法与支挡结构设计计算方法迅速进步,经典计算方法日趋成熟,适应性极广的数值计算方法悄然兴起,为边坡设计提供了强有力的工具。

③监测手段的快速发展,尤其是 GPS 高科技手段的应用,极大地推动了边(滑)坡动态设计、信息化施工方法及地质灾害预报工作的发展。

当然,尽管边坡治理水平飞速发展,但也应清醒地认识到,边坡工程与其他建筑工程相比,其工程治理技术水平仍然较低,在勘察、设计、施工及监测预报上尚有许多实际问题急需解决。

本章小结

(1)边坡按成因可分为自然边坡与人工边坡。边坡包括建筑边坡、水利水电工程边坡、路基边坡、矿山边坡、基坑侧壁等。

(2)边坡构成要素包括坡顶、坡肩、坡面、坡趾或坡脚、坡底、坡面角或坡倾角、坡高等。

(3)边坡是指由于工程原因而开挖或填筑的人工斜坡,而滑坡是指由于自然原因而正在蠕动与滑动的自然斜坡。边坡在工程开挖与填筑前坡体内不存在滑面,但可以存在未曾滑动的构造面,开挖前坡体无蠕动或滑动迹象;滑坡在坡体中存在天然的滑面,坡体已有蠕动或滑动迹象。

(4)边坡工程包括边坡的形成(开挖)、稳定性分析、边坡支挡、边坡加固、边坡监测等内容。

(5)边坡的稳定性分析有定性与定量两种分析方法。

(6)认识边坡是边坡稳定性分析的前提,稳定分析是边坡设计的基础,边坡监测是评价边坡稳定及治理效果的十分重要和不可缺少的手段。

习　题

1.1　什么是边坡、滑坡及边坡工程?

1.2　边坡的种类很多,请列举你在日常生活中所见到的各种边坡。

1.3　边坡的构成要素有哪些?

1.4　边坡与滑坡的区别有哪些?

1.5　自然边坡与人工边坡的关系是什么?

1.6　常用的边坡支护措施有哪些?

参考文献

[1] Hoek,E.,J. W. Bray. 岩石边坡工程[M]. 卢世宗,等,译. 北京:冶金工业出版社,1983.

[2] 崔政权,李宁. 边坡工程[M]. 北京:中国水利水电出版社,1999.

[3] 陈祖煜,汪小刚,杨健,等. 岩质边坡稳定分析——原理·方法·程序[M]. 北京:中国水利水电出版社, 2005.

[4] 陈祖煜. 土质边坡稳定分析——原理·方法·程序[M]. 北京:中国水利水电出版社,2003.

[5] GB50330—2002 建筑边坡工程技术规范[S]. 北京:中国建筑工业出版社,2002.

[6] SL386—2007 水利水电工程边坡设计规范[S]. 北京:中国水利水电出版社,2007.

[7] DL/T5353—2006 水利水电工程边坡设计规范[S]. 北京:中国电力出版社,2006.

[8] 郑颖人,陈祖煜,王恭先,等.边坡与滑坡工程治理[M].2版.北京:人民交通出版社,2010.

[9] 哈秋舲,张永兴. 岩石边坡工程[M].重庆:重庆大学出版社, 1995.

[10] 李建林,王乐华,刘杰,等. 岩石边坡工程[M].北京:中国水利水电出版社, 2006.

[11] 张永兴.边坡工程学[M].北京:中国建筑工业出版社, 2008.

[12] 蔡美峰,何满潮,刘东燕. 岩石力学与工程[M].北京:科学出版社, 2002.

[13] 熊传治. 岩石边坡工程[M].长沙:中南大学出版社,2010.

[14] 佴磊,徐燕,代树林.边坡工程[M].北京:科学出版社, 2010.

[15] 黄求顺, 张四平, 胡岱文.边坡工程[M].重庆:重庆大学出版社, 2003.

[16] 赵明阶,何光春,王多垠.边坡工程处治技术[M].北京:人民交通出版社,2003.

[17] Fellenius, W. Calculation of the Stability of Earth Dams[C]. In Transactions, 2nd Congress on large dams, Washington, 1936,4:445.

[18] Bishop, A. W. The Use of Slip Circle for the Stability Analysis of Slopes[J]. Geotechnique, 1955,5(1):7-17.

[19] Junbu, N. Earth Pressure and Bearing Capacity Calculations by Generalized Procedure of Slice [C]. In Proceedings of 4th Conference of International Society for Soil Mechanics and Foundation Engineering (ISSMFE), London,1957,2:202-212.

[20] Janbu, N. Slope stability computations[R]. Soil Mechanics and Foundation Engineering Report,The Technical University of Norway,Trondheim,Norway,1968.

[21] Morgenstern, N. R.,Price, V. E. The Analysis of the Stability of General Slip Surfaces[J]. Geotechnique,1965,15(1):79-93.

[22] Spencer, E. A Method of Analysis of Embankments Assuming Parallel Inter-slice Forces[J]. Geotechnique,1967,17(1):11-26.

[23] Fredlund, D. GS Krahn, J. Comparison of Slope Stability Methods Analysis[J]. Canadian Geotechnical Journal. 1977,14:429-439.

[24] Duncan. J. M. State of the art: Limit equilibrium and finite element analysis of slopes[J]. Journal of Geotechnical Engineering,ASCE,1996,122(7):477-596.

[25] 吕擎峰. 土坡稳定分析方法研究[D]. 南京:河海大学,2005.

［26］Zienkiewicz. O. C，Humpheson. C，Lewis. R. W. Associated and non-associated visco-plasticity and plasticity in soil mechanics［J］. Geotechnique，1975，25(4):671-689.

［27］郑颖人,赵尚毅,张鲁渝. 用有限元强度折减法进行边坡稳定分析［J］. 中国工程科学, 2002,4(10):57-61.

［28］黄润秋,许强,陶连金,等. 地质灾害过程模拟和过程控制研究［M］. 北京:科学出版社,2002.

2

边坡的类型及其破坏特征

本章导读：
●**基本要求** 掌握边坡常见的分类方法；掌握边坡地质结构的概念及其地质背景、结构特征、边坡稳定和破坏模式；掌握常见的边坡破坏类型；熟悉边坡各种破坏类型的典型断面特征、受力方式、运动和破坏特征、主要影响因素、变形体完整性、裂缝特征。
●**难点** 边坡地质结构的概念，岩质边坡和土质边坡的地质结构类型划分。
●**重点** 边坡常见的分类方法，岩质边坡和土质边坡的地质结构类型划分，边坡常见的破坏类型。

2.1 边坡分类

边坡的分类方法很多，常见的有按照边坡的成因、介质材料、高度、用途、使用年限、结构特征以及破坏模式等进行划分。

2.1.1 按边坡成因分类

边坡按成因可以分为自然边坡与人工边坡两种。自然边坡由于其地层岩性、地质构造、地下水分布和风化程度的不同，在自然营力作用下形成了不同的形态，如有直线坡、凸形坡、凹形坡、台阶状坡等，且其坡高和坡率也千差万别，坡面的冲沟发育和分布密度、植被状况等也不相同，是设计人工边坡的地质基础和设计的参照对象。而人工边坡是将自然地质体的一部分改造成为人工构筑物，因此其特征和稳定性很大程度上取决于自然边坡的地形地貌特征、地质结构和构造特征。

自然边坡分为剥蚀边坡(构造型、丘陵型)、侵蚀边坡(岸蚀边坡、沟蚀边坡)、塌滑边坡。

人工边坡可分为挖方边坡和填筑边坡。挖方边坡是由山体开挖形成的边坡,如路堑边坡、露天矿边坡。填筑边坡是填方经压实形成的边坡,如路堤边坡、渠堤边坡等。

根据边坡的断面形式可分为直立式边坡、倾斜式边坡和台阶形边坡,如图2.1所示;由这3种形式又可构成复合形式的边坡,如图2.2所示。

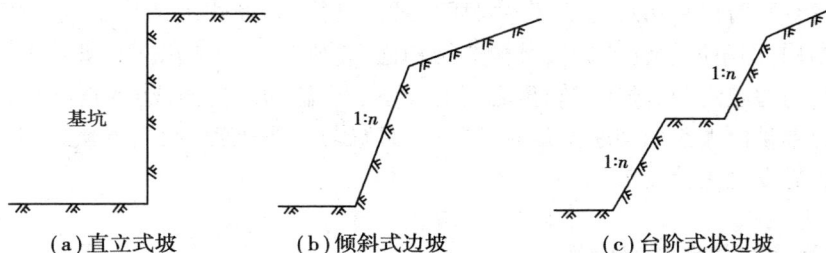

(a)直立式坡　　　　(b)倾斜式边坡　　　　(c)台阶式状边坡

图2.1　边坡基本形态

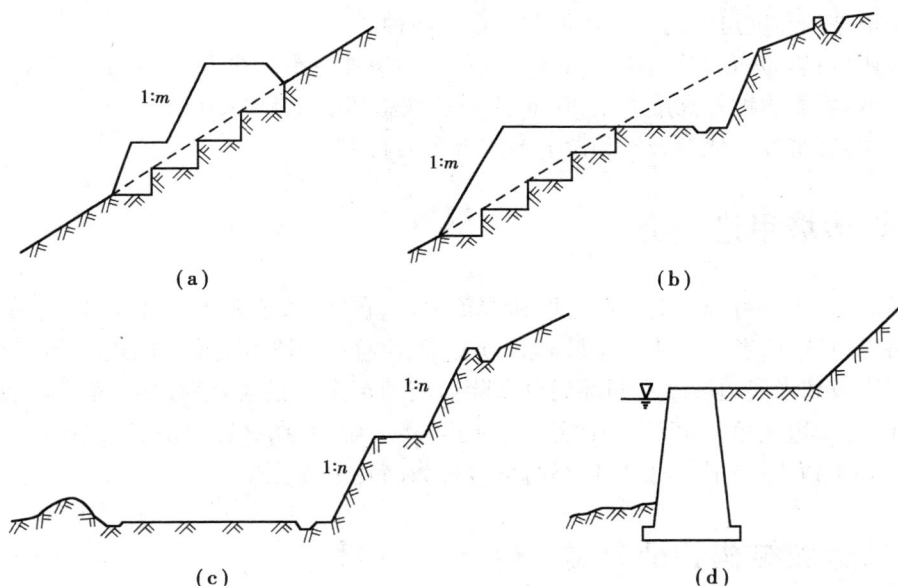

(a)　　　　　　　　　(b)

(c)　　　　　　　　　(d)

图2.2　复合边坡形态

2.1.2　按边坡介质材料分类

边坡按边坡介质材料可分为土质边坡、岩质边坡与岩土混合边坡3种。

①土质边坡:整个边坡均由土体构成,按土体种类又可分为黏性土边坡、黄土边坡、膨胀土边坡、堆积土边坡、填土边坡等。

②岩质边坡:整个边坡均由岩体构成,按岩体的强度又可分为硬岩边坡、软岩边坡和风化岩边坡等,按岩体结构分为整体状(巨块状)边坡、块状边坡、层状边坡、碎裂状边坡、散体状边坡。

③岩土混合边坡:边坡下部为岩层,上部为土层,即所谓的二元结构的边坡。

土质边坡由于土体强度较低,保持不了高陡的边坡,一般都在20 m以下,只有黄土边坡因其特殊的结构特征,可保持较高陡的边坡。较高陡的边坡必须设置支挡工程才能保持其稳定,由于坡面容易被冲刷,常需要设置坡面防护工程。对地下水发育的边坡,更应设置疏排水工程才能保持其稳定,而且当不同土层的分界面倾向临空面且倾角较大、相对隔水时,容易沿此面发生滑塌。当边坡底部有软弱土层分布时,也易发生沿软弱土层的滑动。

岩质边坡由于地层结构的复杂性,比土质边坡要复杂得多。首先,由于岩体强度较高,常可保持较高陡的边坡,所以高边坡几乎都是岩质边坡。其次,岩质边坡的稳定性主要取决于其岩体结构、坡体结构,即不同岩性的岩层及构造结构面,特别是软弱结构面在坡体上的分布位置、产状、组合及其与边坡走向、倾向和倾角之间的关系。当软弱结构面或其组合面(线)倾向临空面、倾角缓于边坡角而大于面间摩擦角时,容易失稳破坏。当上覆硬岩、下伏软岩,强度较低或受水软化时,也易发生失稳变形。

2.1.3 按边坡的高度分类

边坡按边坡的高度可分为一般边坡和高边坡两种。

①一般边坡:岩质边坡总高度在 30 m 以下,土质边坡总高度在 15~20 m。

②高边坡:岩质边坡总高度大于 30 m,土质边坡总高度在大于 20 m。

实践证明,容易发生变形破坏和滑坡的边坡多为高边坡。

2.1.4 按边坡用途分类

在露天矿山,边坡可分为上下盘边坡和端帮边坡、在铁路,公路等交通领域,边坡可分为路堑边坡和路堤边坡,前者为山体开挖形成的边坡,后者为低洼地填筑形成的边坡;水工领域边坡则分为坝基边坡和坝肩边坡。不同部门对高陡边坡的定义有很大差别,如在矿山行业,边坡高度在 300 m 以上,边坡角在 45°以上的边坡称为高陡边坡;而在交通领域,边坡高度在 30 m 以上,边坡角在 30°以上(坡比小于 1:1.732)就可称为高陡边坡。

2.1.5 按边坡结构特征分类

边坡按结构特征可分为以下几种:

①类均质土边坡:边坡由均质土体构成,如图 2.3(a)所示。

②近水平层状边坡:由近水平层状岩土体构成的边坡,如图 2.3(b)所示。

③顺倾层状边坡:由倾向临空面(开挖面)的顺倾岩土层构成的边坡,如图 2.3(c)所示。

④反倾层状边坡:岩土层面倾向边坡山体内,如图 2.3(d)所示。

⑤块状岩体边坡:由厚层块状岩体构成的边坡,如图 2.3(e)所示。

⑥碎裂状岩体边坡:边坡由碎裂状岩体构成,或为断层破碎带,或为节理密集带,如图 2.3(f)所示。

⑦散体状边坡:边坡由破碎块石、砂构成,如强风化层。

不同坡体结构的岩土形成的边坡,其稳定性是不同的,尤其是含有软弱层和不利结构面的坡体,常常出现边坡失稳滑塌。

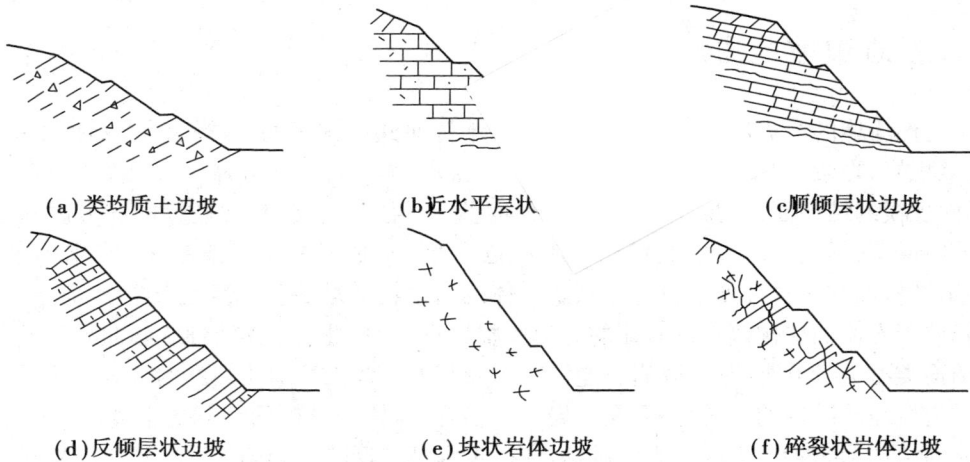

(a)类均质土边坡　　　　(b)近水平层状　　　　(c)顺倾层状边坡

(d)反倾层状边坡　　　　(e)块状岩体边坡　　　　(f)碎裂状岩体边坡

图 2.3　不同坡体结构的边坡示意图

2.1.6　按边坡破坏模式分类

1）国际分类法

国际上的 SMR 法根据岩体质量好坏、边坡稳定性好坏进行定性分类；还有 CSIR(South Africa Council for Scientific and Industrical Research)分类法，是用定量打分的方法，将定性分析发展到定量分析。国际上的 5 级分类法是：崩塌、倾倒、滑动、侧向扩展拉裂、流动。

2）国内分类法

国内学者孙广忠提出了 9 级分类法，包括：楔形滑动、圆弧形滑动、顺层滑动、倾倒变形、溃屈破坏、复合型滑动、岸坡或斜坡开裂变形体、堆积层滑坡、崩塌碎屑流滑坡。

显然国内的 9 级分类法要比国际的 5 级分类法更具可操作性。

边坡的分类方法众多，除了上述分类之外，还有其他分类方法，如《水利水电工程边坡设计规范》(SL386—2007)将边坡分为临时边坡和永久边坡。

- 临时边坡：仅在短时间或工程施工期处于临空状态，修建建筑物后边坡不再处于临空状态的边坡。
- 永久边坡：长期处于临空状态的边坡。

2.2　边坡地质结构

所谓边坡地质结构，是指组成边坡的结构面和结构体及其组合特征的总和，它是在漫长的地质历史过程中形成的。据 2.1 节中介绍的边坡分类方法，按边坡介质材料将边坡分为岩质边坡、土质边坡，本节将按此分类对边坡的地质结构特征进行介绍、分析。

2.2.1　岩质边坡地质结构

　　岩体是地质体的组成部分,是由岩石和地质结构面共同构成的。岩石的类别很多,按其成因分,有沉积岩、岩浆岩和变质岩;按其强度分,有软岩、中硬岩和硬岩等。结构面也是非常复杂的,有不同规模的结构面(断层、节理等),有强度上差异很大的结构面(硬性的和夹泥的),有各种不同地质成因(压、扭及张性)的结构面。它们从属于形成时的应力条件,以不同的产状成组出现,各组结构面在发育程度上也有差别。岩体的力学性质取决于岩体的结构特征;岩体的破坏模式受控于岩体的结构模式。岩体的力学性质具有不均一性、不连续性和各向异性。对不同的岩体结构类型进行分类,是研究岩石边坡工程及其他岩体工程地质问题的有效方法。

　　岩质边坡地质结构的分类,主要是以岩石的强度、岩体被结构面切割的程度(岩体完整性)以及岩体的结构形态特征等因素为基础的,在一定程度上反映了岩体的质量。边坡地质结构的基本类型可以分为整体块状结构、层状结构、碎裂结构和散体结构,其中各类型又分为若干亚类,岩质边坡地质结构类型及其地质背景、结构特征、边坡稳定及破坏模式分析详见表2.1。

表 2.1　岩质边坡地质结构分类

地质结构类型	亚类	地质背景	结构特征	边坡稳定及破坏模式
块状结构边坡		岩浆岩、中深变质岩、厚层沉积岩,火山岩	岩体呈块状、厚层状,结构面不发育,多为刚性结构面,贯穿性软弱结构面少见	边坡稳定条件好,易形成高陡边坡。滑动稳定性受结构面抗剪强度与岩石抗剪断强度控制。主要边坡破坏模式:①多沿某一结构面或复合结构面滑动;②节理或节理组易形成楔形体滑动;③发育陡倾结构面时易形成崩塌
层状结构边坡	层状同向结构	各种厚度的沉积岩、层状变质岩和复杂多次喷发的火山岩	边坡与层面同向,倾向夹角小于30°,岩体多呈互层和层间错动带,常为贯穿性软弱结构面	稳定性受坡角与岩层倾角组合关系、顺坡向软弱结构面的发育程度及强度所控制。主要边坡破坏模式:①层面或软弱夹层易形成滑动面,坡脚切断后易产生滑动;②倾角较陡时易产生溃屈或倾倒;③倾角较缓时坡体易产生倾倒变形;④节理或节理组易形成楔形体滑动
	层状反向结构		岩层倾向与边坡倾向基本相反,岩体呈层状或者二元结构,结构面发育	稳定性受坡角与岩层倾角组合、岩层厚度、层间结合能力及反倾结构面发育与否所控制。主要边坡破坏模式:①岩层较陡或存在有陡倾结构面时易产生倾倒弯曲松动变形;②坡脚有软层时上部易拉裂或局部崩塌、滑动;③节理或节理组易形成楔形体滑动
	层状斜向结构		岩层倾向与边坡倾向斜交或垂直,倾向夹角30°~150°	边坡稳定性较好,层面与坡面走向夹角越小,滑动的可能性越高。主要边坡破坏模式:①易形成层面与节理组成的楔形体滑动或崩塌;②节理或节理组易形成楔形体滑动

续表

地质结构		地质背景	结构特征	边坡稳定及破坏模式
类型	亚类			
碎裂结构边坡		各种岩石的构造影响带、破碎带、蚀变带或风化破碎岩体	岩体结构面发育,多短小无规则分布,岩块存在咬合力。岩体宏观的工程力学特性已基本不具备由结构面造成的各向异性	边坡稳定性较差,坡度取决于岩块间的镶嵌情况和岩块间的咬合力,抗滑稳定性受断裂结构面控制,主要边坡破坏模式:易发生崩塌、剥落
散体结构边坡		各种岩石的构造破碎及其强烈影响带、强风化破碎带	由碎屑泥质物夹大小不规则的岩块组成,软弱结构面发育成网	边坡稳定性差,坡度取决于岩体的抗剪强度。主要边坡破坏模式:易发生弧面形滑动和沿其底面滑动

从表2.1中可以看出,岩质边坡地质结构类型不同,其岩体的地质背景、结构特征、主要结构面的发育情况、边坡稳定及破坏模式也不同。

1)块状结构边坡

构成块状结构边坡的岩组有:沉积碳酸盐岩组的巨厚层、厚层至中厚层状的石灰岩、白云岩及其过渡岩类等;沉积砂砾岩组的巨厚层、厚层至中厚层状的砂岩、砾岩及其过渡岩类;岩浆侵入岩组的花岗岩、闪长岩及辉绿岩等;火山岩组的流纹岩、安山岩及玄武岩等;变质岩组的混合岩、片麻岩、大理岩及石英岩等深变质岩。

通常块状岩体具有以下主要特征:

①岩体主要由单一的或强度相近的硬岩(湿抗压强度大于 60 MPa)构成。

②岩体不被区域性断裂(Ⅰ级结构面)所切割,没有长几千米,宽几米至几十米的贯穿工程区的大断层(Ⅱ级结构面)从岩体中部通过。

③岩体可被长几百米至上千米左右,宽几十厘米至两、三米的断层(Ⅲ级结构面)切割,岩体中普遍发育的是长几十米至几百米,宽几十厘米的小断层(Ⅳ级结构面)和各类节理(Ⅴ级结构面)。

④岩体完整性好,主要节理组的节理间距一般大于 30 ~ 50 cm,据岩体的完整程度可划分为整体状、块状和次块状。

块状结构岩体构成的岩质边坡有以下主要特征:

①由于岩体强度高,边坡失稳主要沿贯穿性结构面(Ⅲ、Ⅳ级结构面)发生,或者大部分沿贯穿性结构面,小部分剪断节理岩体。

②失稳边坡滑体的边界由贯穿性结构面与地形临空面组合而成,或由贯穿性结构面、节理岩体与地形临空面组合而成。

③由沉积碳酸盐岩组岩石构成的边坡,其浅表部位因受溶蚀作用的影响,常形成张开的岩溶裂隙或填泥裂隙;由沉积砂砾岩组、岩浆侵入岩组、火山岩组及变质岩组等岩石构成的边坡,浅表部位常发育有强风化带、弱风化带及卸荷带,岩石强度变低,结构面性状变坏,浅表部位(深度十余米至几十米部分)的稳定性,远低于边坡深部的稳定性,边坡失稳多沿浅表部位

发生。

块状结构岩质边坡的失稳形式取决于结构面的产状、组合及其与地形的关系,一般有 3 种形式:平面破坏、楔体破坏和倾倒破坏。

2)层状结构边坡

层状结构岩体边坡在自然界中经常见到,按成因类型可划分为两类:原生层状结构(以沉积岩为代表)和板裂层状结构(以变质岩为代表)。

(1)原生层状结构

原生层状结构的组成岩层以复理式碎屑沉积岩或碎屑生物、化学沉积岩为主,一般具有软弱层相间的互层状结构,例如砂页岩互层,灰岩与泥灰岩互层,黏土岩与石膏互层等。大部分受较轻微的构造运动影响,有较平缓的产状。其中软弱岩层内或软硬岩层之间受构造作用常有层面或层间错动现象,较严重者形成破碎夹层或泥化夹层,成为控制岩质边坡滑动失稳的软弱面。在较坚硬的岩层内可发育有原生节理或构造节理。

(2)板裂层状结构

板裂层状结构的组成岩层以深变质的千枚岩和片岩为主。岩层经受强烈的构造运动,产状较陡,常形成大范围的平行发育的劈理、片理、层间错动带,形成板裂层状结构岩体同时,还有其他方向、力学特性各异的断裂结构面与层间错动带组合。块状构造的岩浆岩,当其中有一组断裂结构面比较密集时,也可以形成板裂结构。

层状结构岩体是岩质边坡中比较多的一种结构形式,其所形成的边坡比较复杂。孙广忠将层状结构岩体按边坡与岩层产状关系划分为 4 种类型,即水平岩层边坡、切层边坡、顺层边坡及反倾向边坡,如图 2.4 所示。

(1)水平岩层边坡

此类边坡岩层的倾角界于 0° ~5°,一般都低于岩层的内摩擦角。因此,岩层层面倾角小于 5°的岩质边坡在自重作用下一般不会产生沿层面的滑动。这类边坡破坏概率比较小,其稳定性比较高。

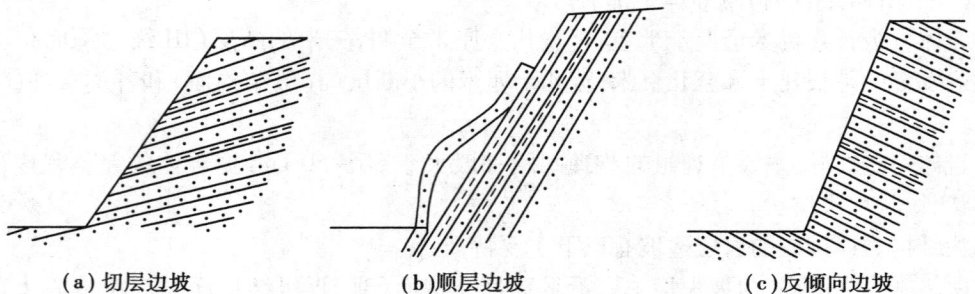

(a)切层边坡   (b)顺层边坡   (c)反倾向边坡

图 2.4　层状结构岩体组成的不同类型的岩质边坡

(2)切层边坡

切层边坡的主要破坏模式为顺层滑动破坏。通常当岩层倾角小于 30°时边坡破坏概率较小,一般不会产生顺层滑动;当岩层倾角介于 31° ~50°时边坡的失稳概率显著增大,只要边坡切断岩层就可能产生滑坡;当岩层倾角大于 50°时,边坡的稳定性则很难保证。此外,顺层滑坡的产生还受岩层弯曲或断层切割形成的起伏差控制。

（3）顺层边坡

顺层边坡与切层边坡的区别在于切层边坡的边坡面将坡脚处岩层切断了，层面在边坡侧形成临空面，而顺层边坡的边坡面则没有将坡脚处层面切断。这类边坡多为自然边坡，其破坏模式主要为溃屈破坏。

（4）反倾向边坡

地层走向与边坡走向夹角小于25°，倾向与边坡倾向相反的层状结构岩质边坡为反倾向层状结构岩质边坡。反倾向边坡产生破坏的主要形式为倾倒破坏。一般而言，反倾向边坡岩体岩层倾角小于30°的，在自重作用下岩层向临空面产生的弯矩较小，不易产生倾倒破坏。岩层倾角介于31°～60°的边坡则很容易产生倾倒破坏。

3）碎裂结构边坡

（1）岩体类型

岩体内存在的各种构造影响带、破碎带、蚀变带或风化破碎岩体，如岩脉穿插破碎岩体，压碎岩带，断裂密集带，叠瓦式或交叉式断裂影响带，挤压褶皱，倒转褶皱带，处于构造变动强烈～剧烈地区内的岩体都可能形成碎裂结构。

（2）岩体特征

碎裂结构岩体内一般断裂交叉发育，裂隙张开或充填夹泥，岩石破碎成碎块或板片状，间有夹泥，局部夹有大块或条块状岩石结构体。同时，岩体结构面发育，多短小无规则的分布，岩块间存在咬合力。在碎裂结构的岩体中，结构面复杂多样，Ⅱ、Ⅲ、Ⅳ、Ⅴ各级结构面均由岩石碎块、岩屑、岩粉和泥质物组成，尽管它们的成因各不相同，但其软弱破碎的特性基本一致。Ⅱ、Ⅲ级结构面之间的Ⅳ、Ⅴ级结构面甚为发育，这是碎裂结构的主要特点。此外，碎裂结构岩体多为不均一弹塑性体，局部夹泥多呈塑性状，岩体受夹泥控制，强度大幅度下降。

（3）岩体完整性指标

碎裂结构的岩体完整性甚差（完整性系数小于0.3），结构面密度很大（间距为30～50 cm），方位也很多。结构面大多由碎屑泥质物质组成，构成软弱破碎带，结构面的抗剪强度低，摩擦系数一般只有0.2～0.4。岩体强度低，常具塑性。

（4）边坡稳定性特征

碎裂结构岩体边坡的稳定性较差，坡角取决于岩块间的镶嵌情况和岩块间的咬合力。在碎裂结构岩体中修建的工程边坡，常常会产生追踪破坏，局部滑移或掉块。对这类岩体边坡尤其要注意其长期蠕变的特性。

4）散体结构边坡

（1）岩体类型

各种岩石的构造破碎带及其强烈影响带、强风化破碎带内的岩体，主要由区域性或工程区内的大断层带，软弱岩层挤压错动带，胶结不良的断层交叉带，大型岩浆岩侵入接触破碎带，以及强风化带的软弱物质，泥、岩粉、岩屑、岩块等组成。

（2）岩体特征

散体结构岩体一般岩体极度破碎，呈碎块、岩粉、岩屑和鳞片状，有大量断层泥充填，呈松散堆积或压密，软弱结构面高度密集，发育成网。散体结构岩体多为不均一的散体或塑性、弹塑性体，岩体强度很低。

（3）岩体完整性指标

散体结构的岩体完整性极低（完整性系数小于0.2），强度也很低。岩体一般具有明显的塑性或流变特性。

（4）边坡稳定性特征

散体结构类型边坡稳定性很差，如果边坡岩体中不存在向临空缓倾贯通结构面，一般受岩体整体强度和特性所控制，可与土质边坡相似对待，滑动面一般呈圆弧状；如果边坡岩体中存在倾向临空的结构面，边坡的稳定可能受结构面的控制，如产生滑坡和沿结构面滑塌等。

2.2.2 土质边坡地质结构

土层（含堆积层等）是第四系各类成因堆积物的总称，属于广义的沉积岩范畴。但因为土质边坡地质结构与一般岩质边坡的地质结构差距大，其破坏模式也有很大区别。

按土质边坡地质结构状态可划分为：类均质体边坡地质结构、堆积结构面顺倾边坡地质结构和二元边坡地质结构。土质边坡地质结构、地质背景、结构特征、边坡稳定及破坏模式分析见表2.2。

表2.2 土质边坡地质结构类型及特征

地质结构 类型	亚类	地质背景	结构特征	边坡稳定及破坏模式
类均质体边坡地质结构	细颗粒类均质体边坡地质结构	细颗粒均质黏性土、均质黄土、均质残积土、均质堆填土	边坡土体中不存在向临空倾的结构面	土体的强度对边坡的稳定起控制作用，堆积和沉积等结构面不起控制作用，易形成边坡坍塌和弧形滑动。主要边坡破坏模式：①土质边坡堆塌；②土质边坡溜塌；③类均质岩体弧形滑坡
	土石混杂的类均质体边坡土体结构	由残积、崩坡积、冲洪积、斜坡变形堆积和人工填土形成土石混合体，在形成过程中，没有强度差异较大的不同的堆积物		
堆积结构面顺倾边坡地质结构	残积层边坡地质结构	岩石经风化作用而残留在原地的碎屑堆积物	堆积物呈碎石土状、砂土状、土状，有顺倾的原岩结构面，结构面的强度较低	结构面对边坡的稳定起控制作用，沿结构面易形成坍塌和滑坡。主要边坡破坏模式：①土质边坡堆塌；②土质边坡溜塌；③沿原岩结构面的滑坡
	滑坡堆积边坡地质结构	在历史上曾形成滑坡，呈老滑坡、古滑坡地貌形态	老滑坡体中存在一个或多个滑动面，滑带的强度低，特别是在水的作用下强度更低	地表水、地下水作用或人工切坡易诱发老滑坡复活。主要边坡破坏模式：①老滑坡（整体）复活；②老滑坡局部复活或形成新的滑坡体

地质结构 类型	亚类	地质背景	结构特征	边坡稳定及破坏模式
堆积结构面顺倾边坡地质结构	人工填土堆积边坡地质结构	由人工填筑路堤和其他建筑场地的弃土形成	坡体中存在老地面、不同填料的界面,填土以下有基岩顶面和软弱层,这些面向临空缓倾时,易形成滑动	在填方部分可能形成坍塌、弧形滑动和不同填料交界面的滑动;在陡坡上填筑时易形成沿老地面滑动;在老地面以下有松散软弱层时,易形成挤出性滑动,下伏基岩顶面向临空缓倾时,易产生沿基岩顶面的滑动。主要边坡破坏模式:①土质边坡坍塌;②土质边坡溜塌;③类均质岩体弧形滑坡;④沿填土交界面的滑坡;⑤沿老地面的滑坡;⑥沿基岩顶面的滑坡;⑦沿下伏软弱面的挤出滑动
	冲洪积、坡积、崩积边坡地质结构	冲洪积、坡积、除滑坡以外的斜坡变形堆积,在形成过程中形成顺坡向的强度较低的堆积结构面	边坡体中有向临空缓倾的堆积沉积结构面	下伏软弱层的挤出性滑坡边坡体的强度和结构面对边坡的稳定性起控制作用,易形成各种类型的坍塌和沿堆积结构面的滑动。主要边坡破坏模式:①土质边坡坍塌;②土质边坡溜塌;③沿堆积结构面的滑坡
二元边坡地质结构		多由堆积和残积形成,对堆积形成的二元结构边坡,其稳定性首先决定于下伏基岩面的性状及产状;对残积形成的二元结构边坡,其稳定性主要决定于基岩风化状态,残积细颗粒的物理力学特性,及其含水状况。	边坡上部为土层、下部为岩层;或上部为岩层、下部为土层(全风化岩石),多层叠置	叠置型岩土混合边坡基岩面与边坡同向且倾角较大时,蓄水、暴雨后或振动时易沿基岩面产生滑动。主要边坡破坏模式:①土层沿下伏基岩面滑动;②土层局部坍滑;③上部岩体沿土层蠕动或错落

　　从表2.2中看出,土质边坡地质结构的类型不同,其岩土体的地质背景、结构特征、主要结构面的发育情况、边坡变形破坏类型也不同。

1)类均质体边坡地质结构

　　类均质体边坡物质组成成分复杂,有土石比的大小区别,滑坡堆积和大型崩坍体往往呈岩块堆积状,河流冲积的有卵石层,其他的大多为块(卵)石土状、碎石土状、砂土状和土状。土石比越小,岩土体的强度就越高,土石比越大,特别是含黏土的成分越多,岩土体强度越低,就易发生变形破坏。根据物质组成的不同,类均质体边坡又可分为一般黏性土边坡、砂性土边坡、黄土边坡、软土边坡、膨胀土边坡和碎石土边坡。

　　①黏性土边坡:以黏粒为主,一般干时坚硬,遇水膨胀崩解。某些黏土具大孔隙性,如山西南部的黏土,某些黏土甚坚固,如南方网纹红土,某些黏土呈半成岩状,但含可溶盐量高,如黄河上游的黏土,某些黏土具水平层理,如淮河下游的黏土。影响稳定的主要因素:矿物成分,特别是亲水、膨胀、溶滤性矿物含量;节理裂隙的发育状况;水的作用;冻融作用。

②砂性土边坡：以砂粒为主，结构较疏松，凝聚力低为其特点，透水性较大，包括厚层全风化花岗岩残积层。影响稳定的主要因素：颗粒成分及均匀程度；含水情况；外界振动；外水及地下水作用及密实程度。

③黄土边坡：以粉粒为主，质地均一，一般含钙量高，无层理，但柱状节理发育，天然含水量低，干时坚硬，部分黄土遇水湿陷，有时呈固结状，有时呈多元结构。影响稳定的因素主要是水的作用，因水湿陷，或水对边坡浸泡，水下渗使下垫隔水黏土层泥化等。

④软土边坡：以淤泥、泥炭、淤泥质土等抗剪强度极低的土为主，塑流变形严重。影响稳定的主要因素：土性软弱（低抗剪强度高压缩性塑流变形特性）；外力作用，如振动等。

⑤膨胀土边坡：具有特殊物理力学特性，因富含蒙脱石等易膨胀矿物，内摩擦角很小，干湿效应明显。影响稳定的主要因素：干湿变化和水的作用。

⑥碎石土边坡：由坚硬岩石碎块和砂土颗粒或砾质土组成的边坡，可分为堆积、残坡积。影响稳定的主要因素有：黏土颗粒的含量及分布特征，坡体含水情况，下伏基岩面产状。

2）堆积结构面顺倾边坡地质结构

不同成因堆积层具有不同堆积结构面，对边坡的破坏模式和稳定性影响不同。残积层是分布广泛相对单一的堆积物，原岩的结构面，特别是花岗岩地区，对边坡的破坏模式和稳定性影响较大；老滑坡堆积物，由于老滑面的存在，水的改变和人工切割都可能导致老滑坡的复活，是一种普遍而严重的地质灾害；人工填土由于填筑方式不同，导致填土内存在软弱面或带，同时填筑环境对边坡的稳定影响很大；其他成因的堆积物，由于堆积环境和堆积过程的不同，情况比较复杂，但是向临空方向缓倾的结构面对边坡的破坏模式和稳定性往往起控制作用，因此归为一个亚类。

3）二元边坡地质结构

二元结构边坡通常由岩层及其上覆的松散堆积层构成，或者由软、硬差别较大的上、下土层构成，多层叠置。根据上覆土层的物质组成，可以将二元结构边坡划分为黄土二元结构边坡、红黏土二元结构边坡、堆积层-红层软岩二元结构边坡，以及普通堆积层二元结构边坡和堆填土二元结构边坡等类型。当边坡变形破坏的部位深入基岩中时，要根据岩质边坡地质结构特征和破坏模式进行分析，若变形的部位没有深入基岩中，则属于第四系堆积物的变形破坏。主要影响因素有：下伏基岩面产状；水对土层浸泡或水渗入土体。

2.3 边坡破坏特征

常见的并具有一定规模的边坡破坏类型有崩塌、滑坡、错落、坍塌。每种破坏类型的典型断面、受力方式、运动和破坏特征、主要影响因素、变形体完整性、裂缝特征见表2.3。

崩塌、滑坡、错落、坍塌的发生会对原有边坡的总体坡度产生影响。还有一类破坏发生后对原有边坡的总体坡度影响不大，仅发生在坡体表层范围内的岩土变形和破坏，其规模有限，称之为坡面破坏。这类破坏往往是坡面岩土受自然风化营力，如温差、日照、水汽等作用产生的氧化和还原、风蚀、雨淋、裂隙水、坡面水等产生的冲刷等作用而产生的变形和破坏。坡面破坏中常见坡面流石流泥（或称坡面溜塌）、坡面冲沟、落石、碎落、剥落和土爬等变形现象。其破坏过程多从坡体的表层和局部开始，逐步扩展至斜坡上整个风化破碎带或重力堆积体中。若坡面高陡且风化破碎带或重力堆积体厚时,其变形量会较大,产生危害,对公路行车安全也会产生较大影响。下面重点研究崩塌、滑坡、错落、坍塌这4种边坡破坏类型。

表2.3 常见边坡破坏类型及特征

边坡病害分类	典型断面形式	受力方式	运动和破坏特征	主要影响因素	变形体完整性	裂缝特征
崩塌		自重影响引起的倾斜、滑移、拉裂、剪切、压缩挤出等造成崩塌	以垂直运动为主,岩体高速向下崩落、翻滚、跳跃	重力、震动力、根劈力、水柱压力、冰劈力等	经碰撞、翻滚、跳跃,岩体破碎,大块远、小块近,常为碎石堆状	崩塌前,后缘有拉张裂缝,崩塌后留有较新鲜断壁
滑坡		重力引起主滑带剪切、后缘拉张、前缘剪出	以水平运动为主,沿滑动面向前滑移	地下水和降雨渗入,使滑坡土强度降低,动静水压力、震动力、上部加载、下部削方等	多数滑坡保持相对完整性,高速远程滑坡呈碎屑流状堆积	即将滑动时和滑动后,前缘、两侧及后缘均有滑坡裂缝
错落		重力使下部软垫层压缩挤出,上部岩体沿陡裂面下错	沿陡倾错落面垂直向下错动,整体性强,落距不大	地下水及降雨减弱下部垫层强度,顶部加载,工程削方等	整体完整下错	错落前,后缘有拉张裂缝,在错落后有明显错坎
坍塌		岩体各部分结合强度低,在重力作用下,沿不固定面塌落	自上而下、自外向里坍落	降雨降低岩土体强度,增大自重,边坡过高、过陡等	多为散体状堆于坡脚	先在顶部形成密集拉裂缝,坍塌后,拉裂缝逐渐向后发展,裂缝产状向临空倾

2.3.1 崩塌

1)崩塌的分类

崩塌是较陡斜坡上的岩土体在重力作用下突然脱离母体崩落、滚动、堆积在坡脚(或沟谷)的地质现象。产生在土体中者称土崩;产生在岩体中者称岩崩;规模巨大、涉及山体者称山崩;当其崩塌产生在河流、湖泊或海岸上时,称为岸崩。崩塌体与坡体的分离界面称为崩塌面,崩塌面往往就是倾角很大的界面,如节理、片理、劈理、层面、破碎带等。崩塌体的运动方式为倾倒、滑移、拉裂、错断、崩落等。崩塌体碎块在运动过程中滚动或跳跃,大小不等、零乱无序的岩块

（土块）最后在坡脚处形成堆积地貌——崩塌倒石堆,崩塌倒石堆结构松散、杂乱、无层理、多孔隙;由于崩塌所产生的气浪作用,使细小颗粒的运动距离更远一些,因而在水平方向上有一定的分选性。

2)崩塌的特征

常见的边坡崩塌破坏具有如下特征:

①规模差异大,而且每次崩塌破坏均沿新的面产生,没有固定的带或面;

②崩落体脱离坡体,崩塌体各部分相对位置完全打乱,大小混杂,形成较大石块翻滚较远的倒石堆;

③崩落破坏具有突发性和猛烈性,运动速度快,虽然有征兆迹象,如岩体的蠕动、破坏声音、出现地裂缝和出口带潮湿与压裂等变形,但先兆不明显;

④崩塌破坏速度快(一般为 5 ~ 200 m/s),崩塌的岩土体一般呈彼此分离的块体,各块体之间失去原有结构面之间的相对关系;

⑤崩塌的垂直位移大于水平位移。

3)崩塌的破坏模式

崩塌的规模大小、物质组成、结构构造、活动方式、运动途径、堆积情况、破坏能力等千差万别,但其形成机理是有规律的,根据崩塌的破坏机理,将崩塌划分为倾倒式崩塌、滑移式崩塌、鼓胀式崩塌、拉裂式崩塌和错断式崩塌等 5 种破坏模式,详见表 2.4。

表 2.4　崩塌破坏分类表

主要特征 类型	岩性	结构面	地貌	崩塌体形状	受力状态	起始运动形式	主要影响因素
倾倒式崩塌	黄土、石灰岩及其他直立岩层	多为垂直节理,柱状节理,直立岩层面	峡谷、直立岸坡、悬崖等	板状、长柱状	主要受倾覆力矩作用	倾倒	静水压力、动水压力、地震力、重力
滑移式崩塌	多为软硬相间的岩层,如石灰岩夹薄层页岩	有倾向临空结构面(可能是平面、楔形或弧形)	陡坡通常大于45°	可能组合成各种形状,如板状、楔形、圆柱状等	滑移面主要受剪力	滑移	重力、静水压力、动水压力
鼓胀式崩塌	直立的黄土、黏土或坚硬岩石有较厚软岩层	上部发育垂直节理,柱状节理,下部发育近水平的结构面	陡坡	岩体高大	下部软岩受垂直挤压	鼓胀,伴有下沉、滑移、倾斜	重力、水的软化作用
拉裂式崩塌	多见于软硬相间的岩层	多为风化裂隙和重力拉张裂隙	上部突出的悬崖	上部硬岩层以悬臂梁形式突出来	拉张	拉裂	重力
错断式崩塌	坚硬岩石、黄土	垂直裂隙发育通常无倾向临空面的结构	大于45°的陡坡	多为板状、长柱状	自重引起的剪切力	错断	重力

（1）倾倒式崩塌

在河流的峡谷区、岩溶区、冲沟地段及其他陡坡上，常见巨大而直立的岩体，以垂直节理或裂缝与稳定岩体分开，其断面形式如图2.5所示。如果危岩底部不易被剪切破坏，危岩体在垂向裂隙中水压力或充填物的水平推力作用下，卸荷裂隙向深部发展的同时，危岩体逐步向外倾斜，在地震等外力作用下产生倾倒崩塌，在形成力学机制上为倾覆力矩大于抗倾覆力矩引起岩石块体转动。这类岩体的特点是高而窄，横向稳定性差，失稳时岩体以坡脚的某一点为转点，发生转动性倾倒。

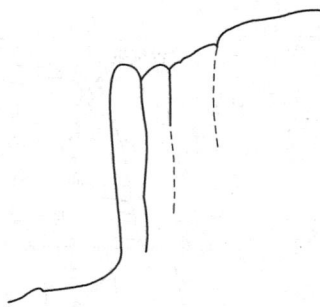

图2.5　倾倒式崩塌

这类崩塌模式的产生有多种途径：

①在重力作用下，长期冲刷、淘蚀直立岩体的坡脚，由于偏压，使直立岩体产生倾倒蠕变，最后导致倾倒式崩塌。

②当附加特殊的水平力（地震力、静水压力、动水压力、冻胀力和根劈力等）时，岩体可能倾倒破坏。

③当坡脚由软岩层组成时，雨水软化坡脚，坡脚产生偏压，引起崩塌。

④直立岩体在长期重力作用下，产生弯折，也能导致这种崩塌。

（2）滑移式崩塌

在某些陡坡上的不稳定岩体下部有向下倾斜的光滑结构面或软弱面，常见的破坏形式有平面式滑移、楔形体滑移和圆弧式滑移3种情况，如图2.6所示。这种崩塌能否产生关键在于开始时的滑移，岩体重心一经滑出陡坡，突然崩塌就会产生。这类崩塌产生的原因，除重力外，连续大雨渗入岩体裂缝，产生的静水压力和动水压力以及雨水软化软弱面，都是岩体滑移的主要诱发因素。在某些条件下，地震也可能引起这类崩塌。

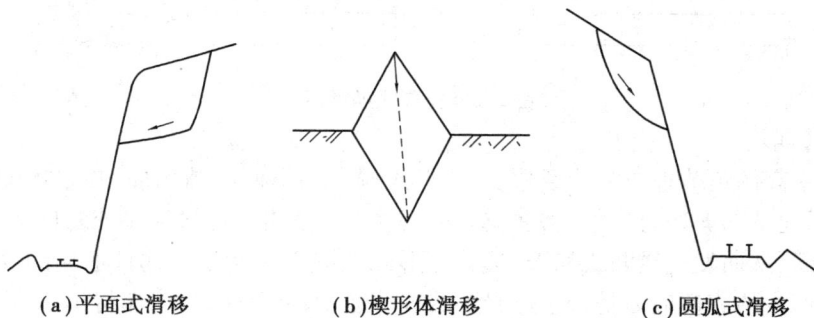

(a)平面式滑移　　　　(b)楔形体滑移　　　　(c)圆弧式滑移

图2.6　滑移式崩塌

（3）鼓胀式崩塌

如图2.7所示，当陡坡上不稳定岩体下有较厚的软弱岩层，或不稳定岩体本身就是松软岩层，而且分布有长大节理把不稳定岩体和稳定岩体分开，软弱岩层在上部岩体压力作用、遇水软化、长期风化剥落等因素作用下不断压缩和向临空方向塑性流动，软岩将被挤出，发生向外鼓胀。随着鼓胀的不断发展，导致上覆较坚硬岩层拉裂，不稳定岩体将不断下沉和外移，拉张原有节理面或在坡内岩体形成新的裂隙，形成危岩体，同时发生倾斜，一旦重心移出坡外，崩塌即会发生。

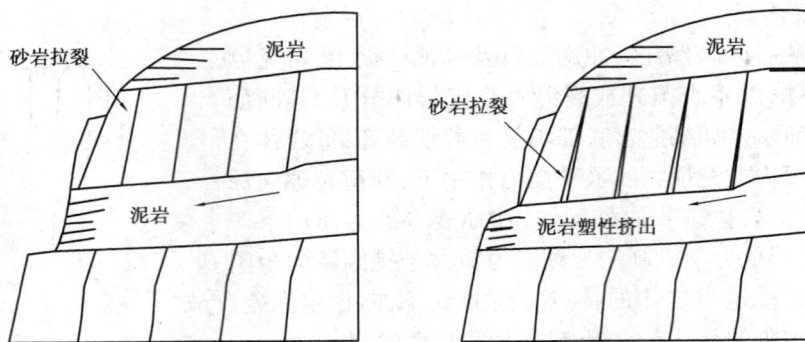

图 2.7　鼓胀式崩塌

（4）拉裂式崩塌

当陡坡由软硬相间的岩层组成时,因差异风化、下部岩体由结构面的切割掉块或河流的冲刷淘蚀作用等原因形成岩腔,上部的坚硬岩体在坡面上以悬臂梁形式凸出,如图 2.8 所示,AB 面上剪力弯矩最大,在 A 点附近拉应力最大。因此在长期重力作用下,A 点附近的节理会逐渐扩大发展。因此拉应力更进一步集中在尚未产生节理裂隙的部位,一旦拉应力大于该部位岩石的抗拉强度时,拉裂缝就会迅速向下发展,突出的岩体就会突然向下崩落。除重力长期作用之外,振动及各种风化作用,特别是根劈和寒冷地区的冰劈作用等,都会促进这类崩塌的发展。

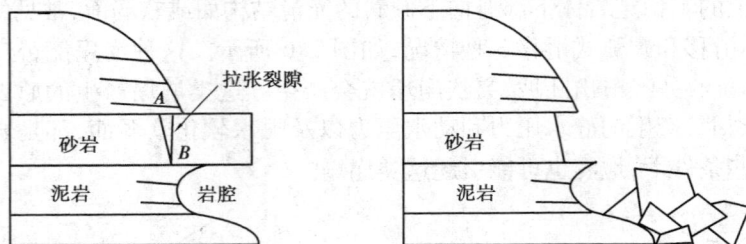

图 2.8　拉裂式崩塌图

（5）错断式崩塌

陡坡岩体中高倾角节理或卸荷裂隙发育,但无倾向临空面的结构面,在岩体的自重或其他因素作用下,引起下部剪切力集中,当剪应力接近并大于危岩与母岩连接处的抗剪强度时,危岩体的下部被剪断,从而发生错断式崩塌,其破坏形式如图 2.9 所示。这种崩塌的发生在于岩体下部因自重所产生的剪切应力是否超过岩石的抗剪强度,一旦超过,崩塌将迅速产生。

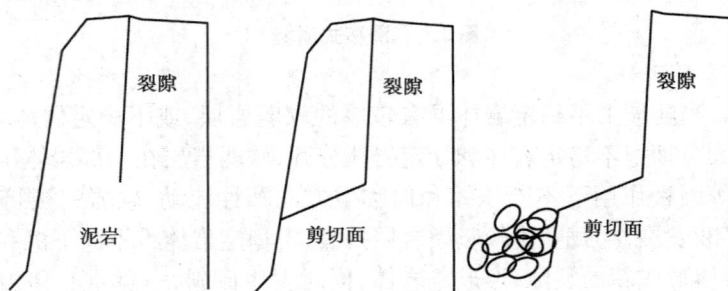

图 2.9　错断式崩塌

这种崩塌通常有以下几种原因:
①由于地壳上升,河流下切作用加强,使垂直节理裂隙不断加深。
②在冲刷和其他风化剥蚀力的作用下,岩体下部的断面不断减小,从而导致岩体被剪断。
③由于人工开挖边坡过高、过陡,使下面岩体被剪断,产生崩塌。

2.3.2　滑坡

1)滑坡的分类

滑坡是指斜坡上的土体或者岩体,受河流冲刷、地下水活动、地震及人工切坡等因素影响,改变了坡体内一定部位的软弱带(或面)中应力状态,或因水和其他物理化学作用降低其强度,在重力作用下,沿着一定的软弱面或者软弱带,整体地或者分散地顺坡向下滑动的自然现象。

滑坡形成于不同的地质环境,并表现为各种不同的形式和特征。滑坡分类的目的就在于对滑坡作用的各种环境和现象特征以及产生滑坡的各种因素进行概括,以便正确反映滑坡作用的某些规律。在实际工作中,可利用科学的滑坡分类去指导勘察工作,衡量和鉴别给定地区产生滑坡的可能性,预测斜坡的稳定性以及制定相应的防滑措施。

目前滑坡的分类方法很多,各方法所侧重的分类原则不同。有的根据滑动面与层面的关系,有的根据滑坡的动力学特征,有的根据规模、深浅,有的根据岩土类型,有的根据斜坡结构,还有根据滑动面形状甚至根据滑坡时代,等等。因此,人们从不同的角度将滑坡划分成多种类型,如表2.5所示。

表2.5　滑坡分类表

序号	分类指标	类型	主要特点
1	成因类型	自然滑坡	自然因素如河流冲淘、降雨、冻融、地震等导致的滑坡
		工程滑坡	人类工程活动如开挖、蓄水、排水、建筑物加载等导致的滑坡
2	滑坡规模	小型滑坡	滑坡体积小于10万 m³
		中型滑坡	滑坡体积在10万~100万 m³
		大型滑坡	滑坡体积在100万~1 000万 m³
		特大型滑坡	滑坡体积在1 000万~1亿 m³
		巨型滑坡	滑坡体积超过1亿 m³
3	滑坡厚度	浅层滑坡	滑体厚度小于6 m
		中层滑坡	滑体厚度6~20 m
		厚层滑坡	滑体厚度20~50 m
		巨厚层滑坡	滑体厚度大于50 m
4	滑面特征	顺层滑坡	顺岩体层面形成滑坡,常具有沿多层面滑动的可能
		切层滑坡	一般沿断裂结构面发生滑动
		复合型滑坡	不同类型的层面、结构面复合形成滑动面
		堆积体滑坡	多沿各种类型堆积体底面,或在堆积体内部发生弧形面滑动

续表

序号	分类指标	类型	主要特点
		倾倒体滑坡	沿倾倒体底部岩层折断面滑动,常形成破碎滑动带
		溃屈滑坡	后缘顺层,前缘膨胀、溃屈,沿折断面形成滑动破碎带
5	稳定状态	古滑坡	自然状态下已经丧失稳定条件的滑坡,或称死滑坡
		老滑坡	自然条件下存在失稳条件但暂不活动的滑坡
		活滑坡	正在活动或季节性活动的滑坡
6	滑体受力状态	牵引式滑坡	当近临空面前部向下滑动后,后部因失去支撑而下滑,通常前部滑体大而被牵引的滑体逐级减小
		推动式滑坡	当远离临空面的后级滑体滑动时,因其推力迫使前级滑体滑动,通常后级滑体大于前级
7	滑体的稠度和刚度	塑流滑坡	滑体岩土含水程度达到饱和流动状态,滑体与滑床无明显分界,岩土颗粒无悬浮且上下无扰动现象
		塑性滑坡	滑体岩土的稠度为可塑状,滑体的上下位移量随其含水量变化,含水量大者移动量大
		块体滑坡	滑体保持滑动前的硬塑或半坚硬状态,整块或分为几大块,滑体和滑带有明显的区分
8	剪出口位置	坡上滑坡	滑坡出口位于自然边坡和人工边坡上,当边坡由松散破碎的岩土所组成时,坡体的密实程度、地下水的水位线决定滑坡的范围和滑带的形状;当滑面受结构面控制时,滑坡出口在结构面和坡面的交叉部位,且常有裂隙水渗出;如果结构面上陡下缓逐渐与坡面相交时,滑坡常沿下部弧形的面剪出。这种滑坡的抗滑段常被部分切割或无抗滑段
		坡基滑坡	滑坡前部滑动面位于基准面以下,滑坡剪不断斜坡岩土体时,滑坡剪出口才从基底软层中挤出,下伏软弱层埋藏越深,强度越大,则滑坡规模就越大,有明显的抗滑段

2)滑坡的特征

滑坡的类型很多,但无论哪种类型,均有一个共同点:在滑坡体内都有一相对软弱的带(面),其强度比在它之上的滑体和在它之下的滑床的岩土强度小,滑坡就是滑体沿该软弱带(面)由剪切破坏发展而产生的。该软弱带可以是地质时代早已存在的构造带(面),也可以是地质环境不断变化作用下逐渐形成的。它可能是一个滑动带(面),也可能是大致平行的多个滑动带(面),其厚度可以薄至数厘米,也可厚至数米或数十米。对于滑坡而言,一般都具有中部主滑段、后部牵引段和前部抗滑段3个部分。当滑坡前缘剪出口出现时整个滑坡才算形成,从此滑坡进入整体移动阶段。由于各种不同类型滑坡的地质条件不同,特别是组成滑带的岩性差别很大,在不同因素和应力作用下其抗力的大小和持续时间也不同,不同类型的滑坡的每一发展阶段也是不一致的。

大多数滑坡变形始于体内中部主滑带,且多数在水的作用下发生剪切破坏,或是前部抗滑体的支撑能力遭到削弱或切断,也有在后部和中部加载作用下产生滑动的。

3)滑坡的破坏模式分类

由于变形破坏的复杂性和表现形式的多样性,滑坡的破坏模式很多,按滑体的组成物质,可划分为两大类:岩质滑坡和土质滑坡。

（1）岩质滑坡

岩质滑坡按主滑带（面）成因划分为3个大类:顺层（层面）滑坡、构造结构面滑坡和同生面滑坡。

①顺层（层面）滑坡。按主滑面特征细分为6种破坏模式:完全平面式顺层破坏模式、前缘剪出式顺层破坏模式、溃屈式顺层破坏模式、阶梯式顺层破坏模式、楔形顺层破坏模式和缓倾平推式顺层破坏模式。

a.完全平面式顺层破坏模式。在沉积岩顺坡层状岩体结构和变质岩中顺坡似层状岩体结构中,当层面和似层面倾角缓于边坡坡角时,由于边坡开挖,切断了顺坡层面或似层面,沿层面或似层面可能发生完全平面式顺层破坏,其后缘拉裂缝往往追踪一组陡倾的构造裂面,这种滑坡称为完全平面式顺层滑坡,如图2.10所示。

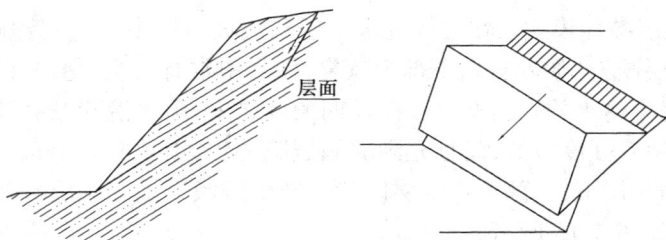

图2.10　完全平面式顺层滑坡示意图

b.前缘剪出式破坏模式。在沉积岩顺坡层状岩体结构和变质岩顺坡岩体结构中,当层面倾角与坡面倾角基本相等时,由于软弱滑动面以上岩体的下滑力较大,在滑动体下缘较薄弱的部位剪出破坏,破裂面可能追踪一组缓倾顺坡节理或缓倾反坡节理,也可能在薄弱部位将软弱薄层剪断,形成前缘剪出式顺层破坏,这种滑坡称为前缘剪出式顺层滑坡,如图2.11所示。

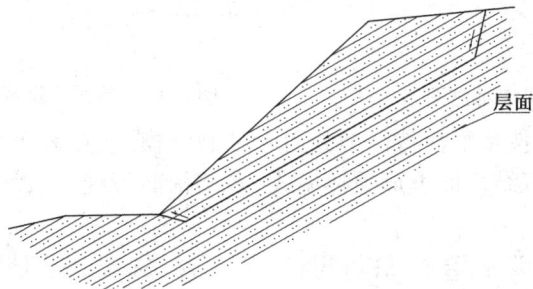

图2.11　前缘剪出式顺层滑坡示意图

c.溃屈式顺层破坏模式。高大顺坡层状边坡岩体的下部经过长期蠕变,岩层逐渐发生弯曲,在弯曲的部位岩层脱空、弯折、破裂,最后破裂面与顺层滑动面连通,产生溃屈式顺层滑动破坏,这类滑坡就是溃屈式顺层滑坡,如图2.12所示。这类顺层滑坡多见于天然斜坡,在工程边坡中很少见。

d. 阶梯式顺层破坏模式。在沉积岩顺坡层状岩体结构中,当岩层倾角缓,而且软弱夹层较发育时,开挖边坡较陡,同时切割了几个软弱夹层,使边坡顺层岩体产生了沿多个软弱夹层的阶梯式顺层破坏,这种滑坡称为阶梯式顺层滑坡,如图 2.13 所示。

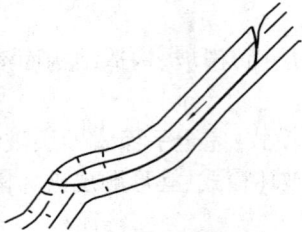

图 2.12 溃屈式顺层滑坡示意图

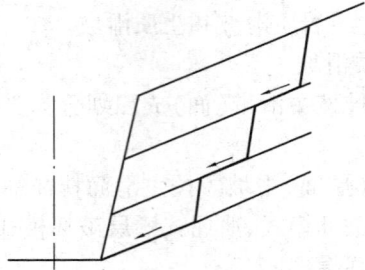

图 2.13 阶梯式顺层滑坡示意图

e. 楔形顺层破坏模式。在斜交顺层层状岩体结构中,岩层的层面与构造结构面相交,交线倾向临空面,岩层面、结构面与坡顶面和边坡面所切割成的楔形岩体沿交线向下滑动的模式就是楔形顺层破坏模式,如图 2.14 所示。

f. 缓倾平推式顺层破坏模式。在缓倾近水平层状边坡岩体中,岩层缓倾倾角通常在 $10°$ 左右,上部岩体常为厚层硬岩(如砂岩),下部为软岩,硬岩中常有两组近直立的陡倾节理,透水性好。软硬岩之间常为不透水的软弱夹层。在长期大雨之中,雨水沿陡倾裂隙向下渗透,不仅软化了软弱夹层的土,使其强度很低,而且充满陡倾裂隙的水,沿软弱夹层顶,可以向下流动。在裂隙水的动静水压力作用下,上部不稳定岩体就会产生缓倾平推式顺层破坏,这种滑坡就是缓倾平推式顺层滑坡,如图 2.15 所示。

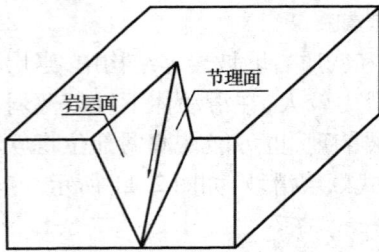

图 2.14 楔形顺层滑坡示意图

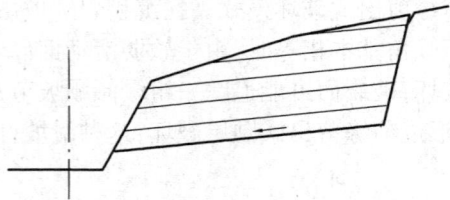

图 2.15 缓倾平推式顺层滑坡示意图

② 构造结构面滑坡。按主滑面特征细分为 5 种破坏模式:单一平面式结构面破坏模式、单一弧形结构面破坏模式、双结构面楔形破坏模式、多结构面折线式破坏模式和断层破碎带破坏模式。

a. 单一平面式结构面破坏模式。在沉积岩巨厚反倾层状边坡岩体结构和岩浆岩、变质岩巨块状有向临空倾结构面的边坡地质结构中,常有平滑的延伸很远的向临空倾结构面,其上的不稳定岩体常沿单一平面式结构面发生破坏,这种滑坡称为单一平面式结构面滑坡。这类滑坡较多,因为滑动面切穿了岩层面,有人也称其为切层滑坡,如图 2.16 所示。

b. 单一弧形结构面破坏模式。在反倾层状边坡地质结构和反倾似层状边坡地质结构中,当边坡岩体受地质构造影响强烈的地段常有向临空倾斜的弧形结构面,特别是在较软弱的泥质片岩和千枚岩中,这种弧形向临空倾的结构面更多,其上的不稳定岩体,常沿弧形结构面产生弧形滑动破坏,这种滑坡就是单一弧形结构面滑坡,如图 2.17 所示。

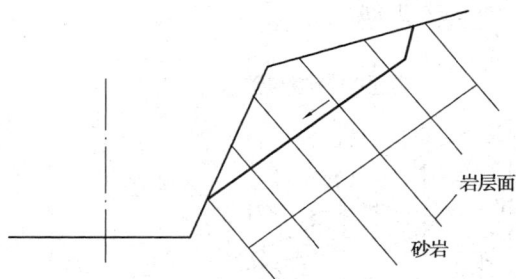

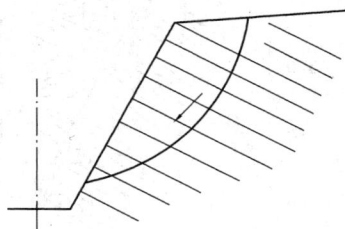

图 2.16　单一平面式结构面滑坡示意图　　　图 2.17　单一弧形结构面滑坡

　　c. 双结构面楔形破坏模式。如图 2.18 所示,在反倾层状边坡岩体、反倾斜交层状边坡岩体及岩浆岩、变质岩巨块状整体边坡地质结构中,当有两组构造结构面相交,交线向临空面倾斜时,由两组构造结构面和边坡顶面、边坡面共同切割的楔形体,可能沿交线或下滑力最大的方向发生双结构面的楔形破坏,情况类似于楔形顺层破坏模式,不同的只是其楔形面由两个构造结构面组成。这种滑坡在边坡上常见,但一般规模较小。

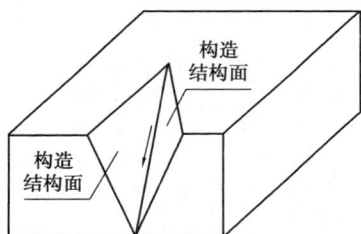

图 2.18　双结构面楔形破坏滑坡　　　图 2.19　典型多结构面折线式滑坡示意图

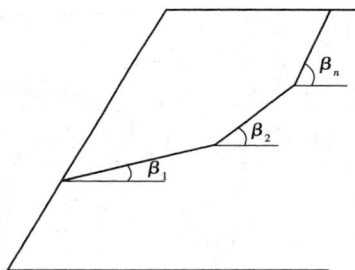

　　d. 多结构面折线式破坏模式。在反倾层状边坡地质结构和反倾似层状边坡岩体结构中,当倾向临空的构造结构面发育时,滑坡的主滑带及滑坡后缘、前缘可能追踪不同的结构面发育,形成多结构面折线式破坏模式。典型多结构面折线式滑坡如图 2.19 所示。

　　e. 断层破碎带破坏模式。断层破碎带的岩体通常为边坡碎裂岩体,并常有泥质充填。在边坡开挖过程中,一旦挖穿断层破碎带后,断层破碎带的不稳岩体极易沿断层破碎带发生破坏,这种破坏模式就是断层破碎带破坏模式。典型断层破碎带破坏模式的滑坡如图 2.20 所示。

　　③同生面滑坡。按主滑面特征细分为 3 个破坏模式:错落挤压剪切式破坏模式、碎裂岩体压裂式破坏模式和类均质岩体弧形破坏模式。

　　a. 错落挤压剪切式破坏模式。如图 2.21 所示,在近水平边坡地质结构中,当上部有柱状、板柱状等高大坚硬岩体,下部为软弱的砂页岩互层时,在上部高大岩体垂直挤压下,下部软岩中就会形成新生的剪切缓倾裂隙,上部不稳定岩体就会沿下部的挤压剪切裂隙发生滑动破坏,这种滑坡就是错落挤压剪切式滑坡。

　　b. 碎裂岩体压裂式破坏模式。在软岩反倾互层状边坡岩体和近水平互层状边坡岩体中,边坡表层常有较厚的碎裂岩体,它们在重力和长期雨水作用下,不稳定的碎裂岩体在较薄弱的部位可能被压裂,随之沿压裂面产生滑动破坏,压裂面是在滑动破坏的同时产生的,这种滑坡就是

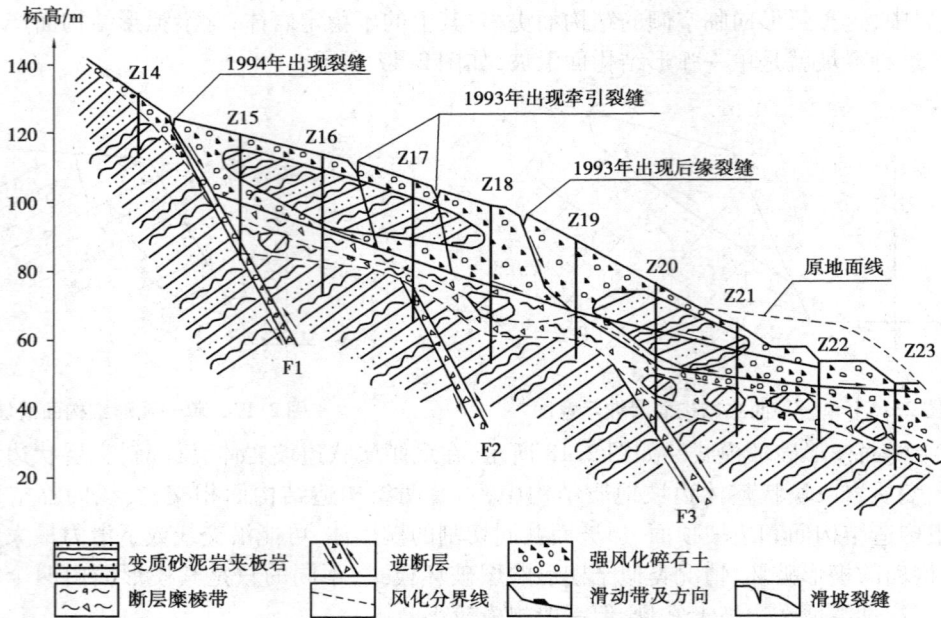

图 2.20 典型断层破碎带滑坡地质断面图

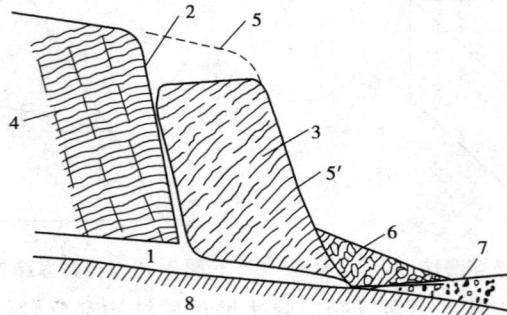

图 2.21 典型错落挤压剪切式滑坡断面图
1—挤压剪切带;2—错落构造面;3—错落体;4—完整岩体;5—原地面线;
5′—错落后的地面线;6—岸坡堆积体;7—河床;8—挤压破碎带下伏完整岩体

破裂岩体压裂式滑坡。一般这种滑坡的规模较小,典型碎裂岩体压裂式破坏模式的滑坡如图 2.22 所示。

c.类均质岩体弧形破坏模式。在散体粒状边坡地质结构中,如强风化花岗岩散体粒状边坡,它们在结构上属类均质体,在无倾向临空的结构面时,在长期雨水作用下,可能产生类均质岩体的弧形破坏。典型类均质岩体弧形滑坡,如图 2.23 所示。

(2)土质滑坡

土质滑坡按主滑面(带)特征可细分为 6 个破坏模式:堆积土层沿基岩顶面破坏模式、类均质土体内弧形破坏模式、残积土层沿原岩结构面破坏模式、沿不同堆积结构面破坏模式、沿老滑动面破坏模式和沿填土界面破坏模式。

①堆积土沿基岩顶面破坏模式。在二元边坡地质结构中,上部为坡残积、坡崩积和坡洪积等堆积层,下部为基岩,基岩向临空面倾斜,当开挖边坡切断堆积层时,常引起堆积层沿基岩顶

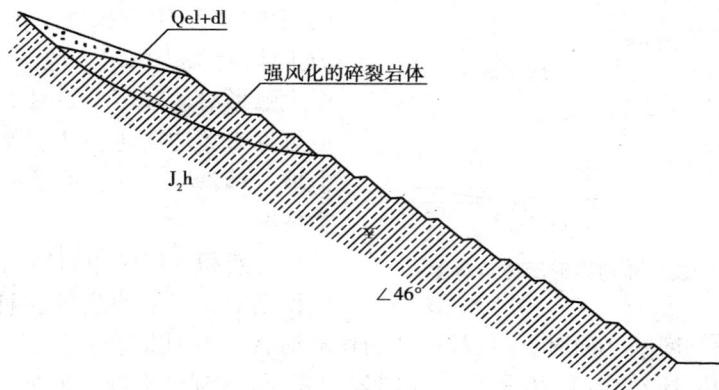

图 2.22　典型碎裂岩体压裂式破坏模式滑坡断面图

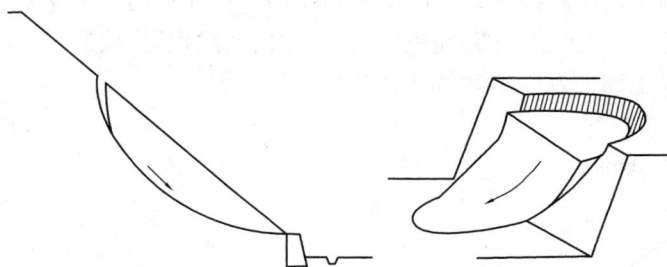

图 2.23　典型类均质岩体弧形滑坡断面图

面滑动破坏。如图 2.24 所示,三峡库区的杨家沱滑坡,为老堆积层滑坡,滑坡物质由块石、碎块石组成,滑带为堆积层与基岩接触带,以碎石土为主。滑床为底部基岩,即三叠系中统泥岩与砂岩互层地层,地层产状 8°∠60°。库区蓄水以来,滑体沿基岩顶面产生了较大向下滑动趋势。

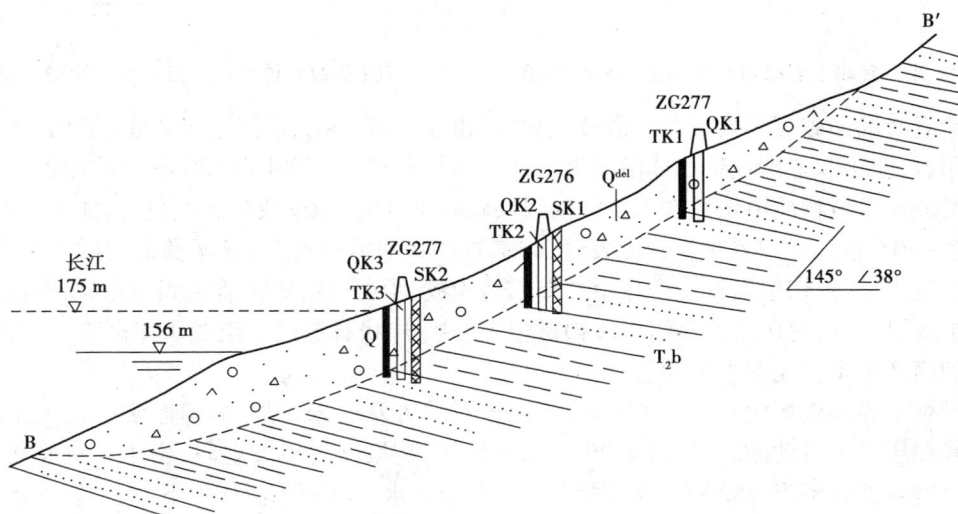

图 2.24　典型堆积土沿基岩顶面破坏模式滑坡

②类均质土体内弧形破坏模式。所谓类均质土体包括细颗粒类的类均质黏性土、类均质黄土、类均质残积层、类均质堆填土,也包括土石混杂的类均质土体,如类均质坡残积层、类均质坡

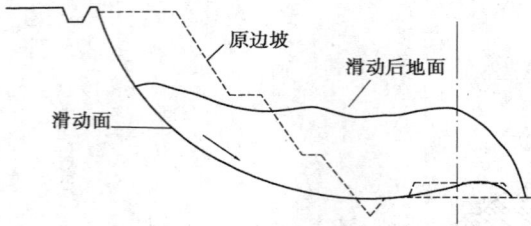

图 2.25　类均质土体内弧形滑坡示意图

崩积层、类均质坡积层土体。这些类均质边坡土体,在渗入雨水或地下水作用下,都可能产生弧形滑动破坏。如图 2.25 所示,这些滑坡可称为类均质土体内弧形滑坡,如膨胀土滑坡、一般黏土滑坡、堆填土滑坡等都属于此类情况。

③残积土层沿原岩结构面破坏模式。在残积层中保留了原岩的各种构造结构面,当残留的构造结构面倾向临空面时,一旦被边坡面切断时,结构面以上的不稳的残积层极易沿原岩结构面发生剪切破坏,如图 2.26 所示。花岗岩残积层比较厚,常保留原岩中的构造结构面,当构造结构面倾向坡外时,在雨季就可能产生沿原岩结构面的滑动破坏。

④沿不同堆积结构面破坏模式。各种堆积结构面包括残积层与风化基岩界面、坡积层与崩积层的界面、冲洪积层内的沉积界面、残积层与坡积层、坡洪积层、坡崩积层的界面,如坡崩积层边坡常沿下部残积黏土顶面发生滑动破坏,如图 2.27 所示。

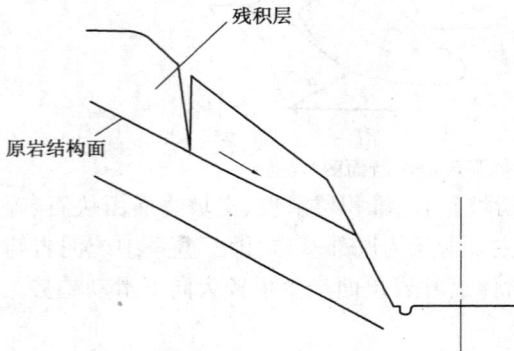

图 2.26　残积土层沿原岩结构面滑坡示意图

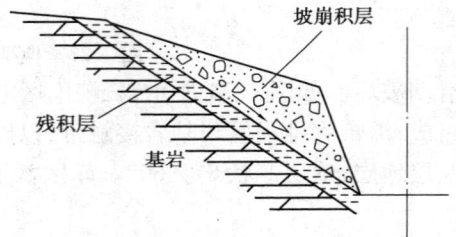

图 2.27　坡崩积层沿残积层滑坡示意图

⑤沿老滑动面破坏模式。在老滑坡堆积区,由于工程开挖、库岸边坡蓄水、暴雨、地下水的长期作用,可能引起老滑坡堆积体沿老滑坡面产生滑动破坏。如图 2.28 所示的谭家河滑坡为一处古滑坡。滑坡物质由侏罗系下统香溪组层状石英砂岩、粉砂块裂岩组成,滑体中、后部岩层倾角 25°～30°,滑面顺煤系地层顶面发育,与基岩产状基本一致,由煤泥及重粉质亚黏土组成;前部岩层近水,滑带切层发育。滑床由二套岩性构成,顺层段滑床由香溪组下段薄-中厚层炭质粉砂岩组成,切层段滑床由香溪组中段褐黄色中厚-厚层状石英砂岩组成。库区蓄水以来,滑体沿老滑动面产生了较大向下滑动趋势。

⑥沿填土界面破坏模式。在填方地段,由于对填方基底未做加固处理,常引起人工填土沿原地面残积层产生滑动破坏,如图 2.29 所示。例如,陡坡路堤填方地段,由于未对原残积土进行加固处理或处理不当,路堤人工填方完成后,在地下水和降雨入渗作用下,人工填方常沿残积土老地面发生滑动破坏。

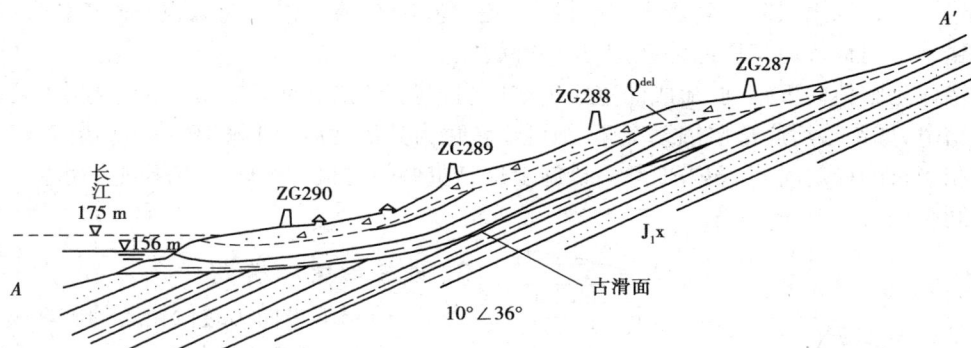

图 2.28　典型沿老滑动面破坏模式滑坡

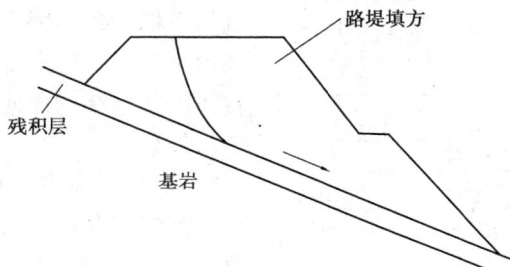

图 2.29　路堤填方沿残积土老地面滑坡示意图

2.3.3　错落

错落是指陡崖、陡坎、陡坡沿一些近似垂直的破裂面发生整体下坐位移。它的特征是垂直位移量大于水平位移量。错落体比较完整,大体上保持了原来的结构和产状。其底部一般有一层松软破碎、且具有一定的厚度的软弱垫层,被压缩的软弱垫层的范围称为错落带,错落带由上向下运动的岩土体称为错落体。

1)错落的分类

根据错落带的产状可分为两种:错落带向山缓倾(反倾错落)和错落带向河缓倾(顺倾错落)。

2)错落的特征

①错落体在形态上呈阶梯状,常常只有一级,多级的较少。它们的后缘为几乎垂直的(70°左右)错落崖或错落坎。错落坎附近,有大致与它平行的较顺直的裂缝。错体与母体在台坎处分开,错体保持错动前的相对完整性。错体的结构较破碎,而错壁以内的岩体较完整。错落体的基部有挤压鼓包等现象。

②错落与崩塌不同,错落与滑坡虽然都有滑动面,但错落以重力作用为主,水的作用较次。错落一般沿高倾角且比较平直的滑动面下坐位移。

③由于底部压缩变形引起上部岩体应力调整形成上部错缝,错体依次产生由外而里、由下而上的运动,错落台坎的形成表明应力调整已结束,称为一次"错落"。

④错落带前缘出口附近的岩土多破碎、疏松、潮湿,有的大错体前缘也存在"串珠"状水泉出露。错落带出口段由于压缩外鼓,总是向外缓倾。

⑤错体是整体向下错动,形成的重心仍在坡内,若底垫层无明显遭破坏的迹象,可暂时稳定或不再错滑,如错落后底垫层继续变坏,则可能转化为其他性质变形破坏。一次错落发生后,坡面将有相当长的稳定时间,在采取整治措施上这是重要的时机。可以把错落列为崩塌与滑坡之间的中间类型。

3)错落的破坏模式

(1)错落带向山缓倾错落的破坏模式

如图2.30所示,由软硬岩组成的边坡,老岩层向山缓倾且软弱岩层的厚度较大,随着河流的下切和各种因素的作用,软岩中的竖向承载力不足以支撑上部岩体的自重,软岩上部的岩体沿陡倾结构面向下移动产生错落,错体有少量外移现象。

(2)错落带向河缓倾错落的破坏模式

坡体中存在向河倾的断层破碎带,随着河流的下切,上部岩体侧向失去支撑,软垫层的竖向承载力不足以支撑上部岩体质量,而产生沿上部岩体中向河陡倾角的构造裂面的下错变形。如图2.31所示,错落体有较明显的向下向外移动现象,这种错落易于转化为滑坡。

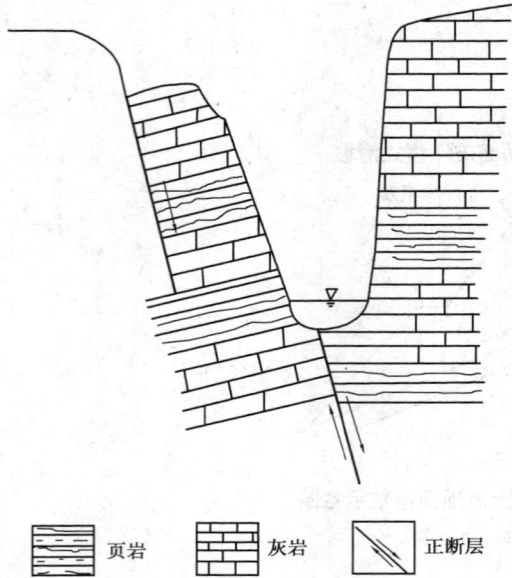

图2.30 错落带向山缓倾

图例:页岩　灰岩　正断层

4)错落的转化

如果仅仅是错落,其错体不会脱离母岩,边坡岩体不会发生较大的变形破坏。但错落可以转化为其他的边坡病害,特别是易转化成滑坡。

2.3.4 坍塌

边坡体一定范围的岩土,由于受库水浸泡、降雨和地下水等活动影响,或由于受震动、侧向卸荷、坡面加载或四季干湿等因素的影响,特别是雨季中或融雪后受湿的岩土自重增大、强度降低使岩土的结合密实度变化,坡体强度不能支持旱季中斜坡的陡度而塌坡,塌至与其相适应的坡率(受湿时的综合内摩擦角)为止的变形现象称之为坍塌。

1)坍塌的特征

坍塌变形先在坡顶(坡口附近)产生蠕动变形而引起坡顶张裂,张裂由外向内发展;自前向后、自外向里的坍塌,塌下的岩土体堆积在斜坡的坡脚,岩土体的整体性完全被破坏;每次坍塌均产生新的坍塌面,直至坍塌体的堆积掩埋并超过上部坍塌出口形成稳定斜坡之后,变形可暂时结束;在岩石边坡中常见发生沿多组结构面的V形坍塌。

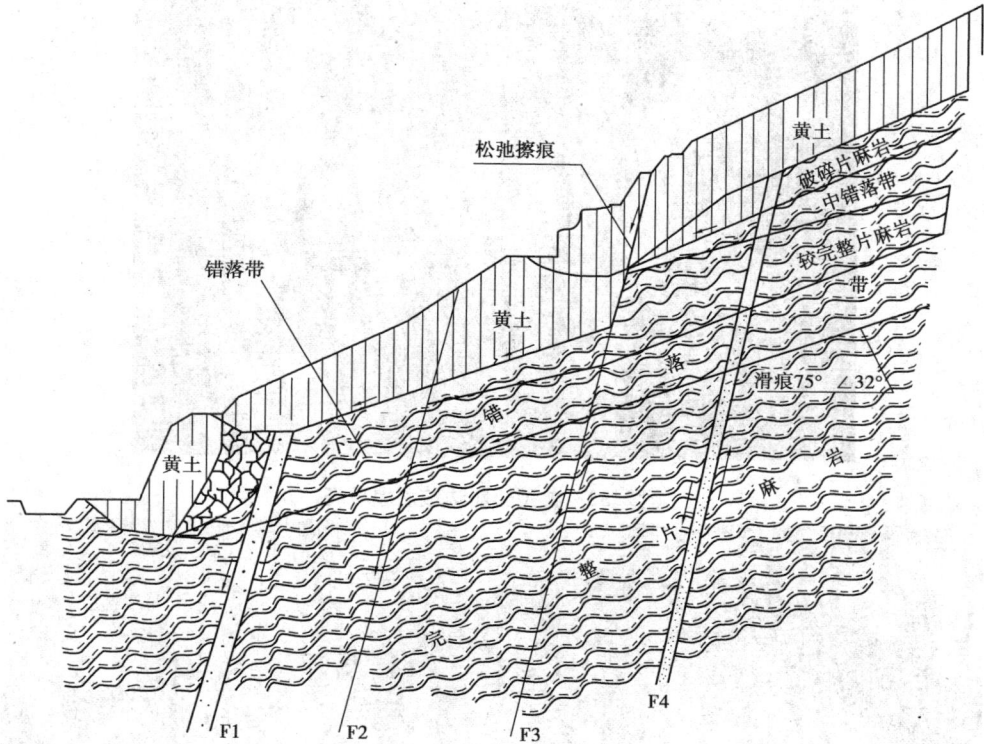

图 2.31　错落带向河缓倾

2) 坍塌的破坏模式

（1）溜塌

边坡上松散的表层土体由于大量雨水的渗入、浸润,以致其饱和,使得土颗粒间的连接大大减弱,土体强度显著降低甚至成为流动状态,土体产生浅表层沿某些沟槽溜滑并坍移堆积于坡脚,这种破坏现象称为溜塌,如图 2.32 所示。溜塌是运营高边坡的一种典型病害,一般规模不大,危害相对较小。

（2）堆塌

堆塌,是堆积层或风化破碎岩层斜坡,由于雨水和上层滞水活动、河流冲刷或人工开挖坡陡于岩土体自身强度所能保持的坡度,致使其上覆相应部分岩土崩解、坍落至相适应坡率(受控于不利工况下的综合摩擦角),而产生逐层塌落的变形现象,如图 2.33 所示。这是一种在路堑边坡工程中非常普遍的现象,一直塌到岩土体自身的稳定角时方可自行稳定。

（3）滑塌

滑塌,是斜坡上的岩体或土体,在重力和其他外力作用下,沿坡体内新形成的滑面整体向下以水平滑移为主的现象。对于土质边坡,当坡面岩土在饱水的状态下产生浅表层部分或整体坍移滑动时,则形成滑塌;在岩质边坡中,表层的岩土体由于受水浸润,强度降低,沿顺坡结构面向下坍塌,这种破坏现象也称为滑塌。如图 2.34 所示,滑塌和浅层滑坡不同,不沿固定的面或带向下滑动,而沿相对软弱的面向下坍塌。这种相对软弱的部分可能是同一性质的结构面,下次再失稳,可以沿着另外同一性质的结构面向下塌滑。滑塌灾害具有"滑坡"和"坍塌"两种机制

37

图 2.32　典型公路边坡溜塌现场

图 2.33　典型公路边坡堆塌现场

和"先滑后塌"的变形破坏过程，以往常把它们作为"滑坡"或"坍塌"来研究。

　　由于地质环境条件差异和外界因素(如爆破开挖、暴雨、地震等)的影响，边坡的破坏除了上述 4 种常见的类型外，在某些情况下，还可能同时发生多种破坏，即为混合型破坏。

本章小结

　　(1)常见的边坡分类方法有按照边坡的成因、介质材料、高度、用途、使用年限、结构特征以及破坏模式等进行分类。

　　(2)边坡地质结构是指组成边坡的结构面和结构体及其组合特征的总和。边坡地质结构特征是在漫长的地质历史过程中形成，是建造和后期改造作用的产物。边坡地质结构类型不同，其岩体的地质背景、结构特征、主要结构面的发育情况、边坡稳定及破坏模式也不同。

　　(3)岩体的力学性质取决于岩体的结构特征，岩体的破坏模式受控于岩体的结构模式。岩体的力学性质具有不均一性、不连续性和各向异性。对不同的岩体结构类型进行分类，是研究岩石边坡工程及其他岩体工程地质问题的有效方法。

　　(4)土质边坡地质结构与一般岩石边坡地质结构差距大，边坡的破坏模式也有很大区别。

图 2.34   典型山体滑塌现场

（5）边坡常见的破坏类型有崩塌、滑坡、错落、坍塌。每种破坏类型的形成机理、受力方式、破坏特征、影响因素均有各自特点。

习　题

2.1   简述常见的边坡分类方法。

2.2   岩质边坡地质结构的类型有哪些？分别具有哪些特征？

2.3   影响土质边坡稳定的因素有哪些？

2.4   试述边坡破坏的主要类型并画图示意。

2.5   简述崩塌的类型及其破坏模式。

2.6   滑坡的种类有哪些？它们各自有何特点？

2.7   滑坡的破坏模式有哪些？

2.8   简述崩塌与滑坡的主要区别。

2.9   简述错落的分类和特征。

2.10   什么是坍塌？坍塌的破坏模式有哪些？

参考文献

[1] 张玉芳,王春生,张从明. 边坡病害及治理工程效果评价[M].北京：科学出版社,2009.

[2] 董金玉,杨继红,伍法权. 三峡库区软硬互层近水平地层高切坡崩塌研究[J]. 岩土力学,2010,31(1):151-157.

[3] 崔政权,李 宁. 边坡工程[M]. 北京:中国水利水电出版社,1999.

[4] GB50021—2009   岩土工程勘察规范[S]. 北京:中国建筑工业出版社,2009.

[5] 谷德振. 岩体工程地质力学基础[M]. 北京：科学出版社,1979.

[6] 孙广忠. 岩体结构力学[M]. 北京:科学出版社,1998.

[7] 孙玉科,牟会宠,姚宝魁. 边坡岩体稳定性分析[M]. 北京:科学出版社,1988.

[8] 郑颖人. 边坡与滑坡工程治理[M]. 北京：人民交通出版社,2007.

[9] 赵晓彦,胡厚田. 类土质边坡研究初探[J]. 工程地质学报,2005,13(1)：81-84.

[10] 胡厚田,赵晓彦. 中国红层边坡岩体结构类型的研究[J]. 岩土工程学报,2006,28(6)：689-694.

[11] 张悼元,王士天,王兰生. 工程地质分析原理 [M].2 版. 北京：地质出版社,1994.

[12] 金德濂. 水利水电工程边坡的工程地质分类（上）[J]. 西北水电,2000(1)：10-15.

[13] 金德濂. 水利水电工程边坡的工程地质分类（中）[J]. 西北水电,2000(2)：10-12.

[14] 金德濂. 水利水电工程边坡的工程地质分类（下）[J]. 西北水电,2000(4)：6-13.

[15] 胡厚田. 崩塌与落石[M]. 北京：中国铁道出版社,1989.

[16] 陈祖煜. 岩质边坡稳定分析—原理·方法·程序[M]. 北京：中国水利水电出版社,2005.

[17] 陈祖煜. 土质边坡稳定分析—原理·方法·程序[M]. 北京:中国水利水电出版社,2003.

[18] GB50330—2002 建筑边坡工程技术规范[S]. 北京：中国建筑工业出版社,2002.

[19] SL386—2007 水利水电工程边坡设计规范[S]. 北京：中国水利水电出版社,2007.

[20] DL/T5353—2006 水利水电工程边坡设计规范[S]. 北京:中国电力出版社,2006.

[21] 张忠苗. 工程地质学[M]. 北京:中国建筑工业出版社,2007.

[22] 杨连生. 水利水电工程地质[M]. 武汉:武汉大学出版社,2004.

[23] 祁生文,伍法权,严福章,等.岩质边坡动力反应分析[M].北京:科学出版社,2007.

[24] 左建,郭成久.水利工程地质学原理[M].北京:中国水利水电出版社,2004.

[25] 晏鄂川,唐辉明.工程岩体稳定性评价与利用[M].武汉:中国地质大学出版社,2002.

[26] 刘兴远,雷用,康景文.边坡工程—设计·监测·鉴定与加固[M].北京:中国建筑工业出版社,2007.

[27] 郑颖人,陈祖煜,王恭先,等. 边坡与滑坡工程治理[M].2 版.北京:人民交通出版社,2010.

[28] 王浩,廖小平,刘代文. 福建省高速公路边坡病害类型分析[J].中国地质灾害与防治学报,2009,20(3)：40-43.

[29] 武鹤,高伟,王国峰. 寒区公路土质路堑边坡滑塌原因及其防治[J].自然灾害学报,2006,15(3)：66-70.

3

边坡工程地质勘察

本章导读：
- **基本要求**　在掌握岩土工程勘察分级以及勘察阶段划分的基础上，了解边坡勘察的特点；熟悉边坡勘察工作方法以及适用环境，掌握各种类型边坡的勘察要点。
- **难点**　边坡勘察方法应用的适应性以及各种边坡勘察的要点。
- **重点**　各种边坡勘察要点。

边坡在各种内外地质营力作用下，经历各种不同的发展演化阶段，并导致坡体内应力不断发生变化，由此引起不同形式和规模的变形破坏。由于边坡变形破坏释放了应力，变形边坡趋于新的平衡而逐渐稳定；当应力调整打破了这种平衡，边坡又出现新的变形破坏。

边坡变形破坏对工程建筑带来危害，甚至造成生命财产的重大损失。因此，边坡的稳定性评价意义重大。要对可能产生的危害边坡加以预防或治理，而这一切的基础就是通过对边坡的工程地质勘察完成的，因此，边坡的工程地质勘察至关重要。

3.1　边坡工程勘察的基本技术要求

3.1.1　边坡工程勘察的分级

边坡工程勘察隶属于岩土工程勘察范围，其地质勘察也应遵循岩土工程地质勘察的规范进行。

岩土工程勘察等级划分的主要目的是为了勘察工作量的布置。显然，工程规模较大或较重要、场地地质条件以及岩土体分布和性状较复杂者，所投入的勘察工作量就较大，反之则较小。

按《岩土工程勘察规范》（GB 50021—2001）规定，岩土工程勘察等级是由工程重要性等级、场地的复杂程度等级与地基的复杂程度等级三项因素决定的。首先应分别对三项因素进行等级分级,在此基础上进行综合分析,以确定岩土工程勘察等级。

1)工程重要性等级

根据工程的规模和特征,以及由于岩土工程问题造成工程破坏或影响正常使用的后果,可分为3个工程重要性等级。

①一级工程:重要工程,后果很严重。

②二级工程:一般工程,后果严重。

③三级工程:次要工程,后果不严重。

2)场地复杂程度等级

根据场地的复杂程度,可按下列规定分为三个场地等级。

(1)一级场地(复杂场地)

①对建筑抗震危险的地段。按现行国家标准《建筑抗震设计规范》(GB 50011—2010)的规定来确定。选择建筑物场地时,对建筑抗震稳定性地段的划分为对建筑抗震有利、一般、不利和危险的地段,如表3.1所示。

表3.1 有利、一般、不利和危险地段的划分

地段类别	地质、地形、地貌
有利地段	稳定基岩,坚硬土,开阔、平坦、密实、均匀的中硬土等
一般地段	不属于有利、不利和危险的地段
不利地段	软弱土,液化土,条状突出的山嘴,高耸孤立的山丘,陡坡,陡坎,河岸和边坡的边缘,平面分布上成因、岩性、状态明显不均匀的土层(含古河道、疏松的断层破碎带、暗埋的塘河沟谷和半填半挖地基),高含水量的可塑黄土,地表存在结构性裂缝等
危险地段	地震时可能发生滑坡、崩塌、地陷、地裂、泥石流等及发震断裂带上可能发生地表错位的部位

②不良地质作用强烈发育。不良地质现象泛指由地球外动力作用引起的,对工程建设不利的各种地质现象。它们分布于场地内及其附近地段,主要影响场地的稳定性,也对地基边坡和地下洞室等具体的岩土工程有不利影响。

"强烈发育"是指由于不良地质现象发育招致建筑场地极不稳定,直接威胁工程设施的安全。

③地质环境已经或可能受到强烈破坏。由于人类活动导致地质环境的干扰破坏是多种多样的。如:采掘固体矿产资源引起的地下采空;抽汲地下液体(地下水、石油)引起的地面沉降、地面塌陷和地裂缝等。地质环境破坏对岩土工程实践的负面影响是不可忽视的,往往对场地稳定性构成威胁。

"强烈破坏"是指由于地质环境的破坏,已对工程安全构成直接威胁,如矿山浅层采矿导致明显的地面变形、横跨地裂缝等。

④地形、地貌复杂。这主要指的是地形起伏和地貌单元(尤其是微地貌单元)的变化情况。一般来说,山区和丘陵地区场地地形起伏大,工程布局较困难,挖填土石方量较大,土层分布较薄且下伏基岩面高低不平。一个建筑场地可能跨越多个地貌单元,地形地貌条件复杂或较

复杂。

⑤有影响工程的多层地下水、岩溶裂隙水或其他水文地质条件复杂,需专门研究的场地。

（2）二级场地（中等复杂场地）

①对建筑抗震不利的地段:软弱土和液化土,条件突出的山嘴,高耸孤立的山丘,非岩质的陡坡、河岸和斜坡边缘,平面分布上成因、岩性和性状明显不均匀的土层（如古河道、断层破碎带、暗埋的河谷）等。

②不良地质作用一般发育,是指虽有不良地质现象分布,但不十分强烈,对工程设施安全的影响不严重,或者说对工程安全可能存在潜在的威胁的场地。

③地质环境已经或可能受到一般破坏,是指已有或将有地质环境的干扰破坏,但不强烈,对工程安全影响不严重。

④地形地貌较复杂的场地。

⑤基础位于地下水位以下的场地。

（3）三级场地（简单场地）

符合下列条件的地段即为3级场地:

①抗震设防烈度≤6度或对建筑抗震有利的地段;

②不良地质作用不发育;

③地质环境基本未受破坏;

④地形地貌简单;

⑤地下水对工程无影响。

3）地基复杂程度等级

根据地基的复杂程度,可按下列规定分为3个地基等级。

（1）一级地基（复杂地基）

符合下列条件之一者为一级地基（复杂地基）:

①岩土种类多,很不均匀,性质变化大,需特殊处理;

②严重湿陷、膨胀、盐渍、污染的特殊性岩土,以及其他情况复杂,需作专门处理的岩土。

（2）二级地基（中等复杂地基）

符合下列条件之一者为二级地基（中等复杂地基）:

①岩土种类较多,不均匀,性质变化较大;

②本条第1款规定以外的特殊性岩土。

（3）三级地基（简单地基）

符合下列条件者为三级地基（简单地基）:

①岩土种类单一,均匀,性质变化不大;

②无特殊性的岩土。

4）岩土工程勘察等级

根据工程重要性等级,场地复杂程度等级与地基复杂程度等级,可按下列条件划分岩土工程勘察等级。

甲级:在工程重要性、场地复杂程度和地基复杂程度等级中,有一项或多项为一级;

乙级:除勘察等级为甲级和丙级以外的勘察项目;

丙级:工程重要性、场地复杂程度和地基复杂程度等级均为三级。

在遵循以上规范的基础上,针对边坡工程的特殊性,边坡工程场地地质条件复杂程度可根据地形地貌、地层岩性、地质构造、岩(土)体工程地质水文地质等特征划分为简单和复杂两类,如表3.2所示。

表3.2 边坡工程勘察地质条件复杂程度分类表

勘察地质条件类型	特 征
简单	单斜地层,岩层平缓,岩性岩相变化不大,地质界线清楚;围岩露头良好,岩体工程地质质量好;地形起伏小,地貌类型单一;第四系沉积相单一,阶地结构好;重力地质作用弱,风化卸荷裂隙不发育,风化层厚度薄
复杂	褶皱和断层发育,岩性岩相变化大,地质界线不清楚;地质露头出露差,岩体工程地质质量差;地形起伏大,地貌类型多变;卸荷裂隙发育,风化层厚度大,植被发育;堆积层厚度巨大;水文地质条件变化大

3.1.2 边坡工程勘察的阶段

一项工程建设,尤其是重大工程,从构思设想到建成运行需要经过反复研究和不断深化,而不可能一次完成。因此,对工程建设来说,必须要有一个合理的设计程序,将工程设计划分为由低级到高级的不同阶段,明确规定各个设计阶段的目的、任务。

《岩土工程勘察规范》明确规定勘察工作可分为可行性研究勘察、初步勘察和详细勘察3个阶段。

(1)可行性研究勘察

可行性研究勘察阶段也称选址勘察,目的是要强调在可行性研究时勘察工作的重要性,特别是对一些重大工程更为重要。勘察的主要任务,是对拟选场址的稳定性和适宜性作出岩土工程评价,进行技术、经济论证和方案比较,满足确定场地方案的要求。这一阶段一般有若干个可供选择的场址方案,都要进行勘察。本阶段勘察方法主要是在收集、分析已有资料的基础上进行现场踏勘,同时进行工程地质测绘和必要的勘探工作。

(2)初步勘察

初步勘察的目的是密切结合工程初步设计的要求,提出岩土工程方案和论证。其主要任务是在可行性研究勘察的基础上,对场地内建筑地段的稳定性作出岩土工程评价,并确定建筑总平面布置,对主要建筑物的岩土工程方案和不良地质现象的防治工程方案等进行论证,以满足初步设计或扩大初步设计的要求。本阶段的勘察方法,在分析已有资料的基础上,根据需要进行工程地质测绘,并以勘探、物探和原位测试为主,以及进行大量的取样分析研究工作。

(3)详细勘察

详细勘察的目的是对岩土工程设计、岩土体处理与加固、不良地质现象的防治工程进行计算与评价,以满足施工图设计的要求,应按不同建筑物提出详细的岩土工程资料和设计所需的岩土技术参数。显然,该阶段勘察范围仅局限于建筑物所在的地段内。所要求的成果资料精细可靠,而且许多是计算参数。本阶段勘察方法以勘探和原位测试为主,此阶段应适当布置监测工作。

以上是岩土工程勘察阶段划分的一般规定。针对边坡工程而言，又可划分为边坡工程地质调查阶段、可行性论证阶段勘察、设计阶段勘察、施工阶段勘查，其具体内容如表3.3所示。

表3.3　边坡工程勘察阶段划分及主要内容

勘察阶段	一般要求	勘探手段
地质调查阶段	地质调查是勘察的前期准备阶段，应以资料收集、地面调查为主，包括区域地质环境调查和边坡工程涉及范围之内的地面详细地质调查	结合局部地质测绘和少量探槽进行
可行性论证阶段勘察	可行性论证阶段勘察是边坡工程勘察的重要阶段，应基本了解边坡工程涉及区域所处地质环境条件，初步查明岩(土)体结构、空间几何特征和体积、水文地质条件，提供边坡工程基本物理力学参数，分析地质成因机理，进行稳定性评价	结合工程地质测绘以及部分勘探工程进行。以地表工程地质测绘为主要勘察方法。可布置适宜的勘探线，采取钻探、物探、槽井硐探等勘察手段查明滑坡形态和地质条件。在探井、探槽或探硐中，对岩土体进行适当采样，测试其物理、水理与力学性质指标
设计阶段勘察	设计阶段勘察应结合边坡工程部署进行，充分利用可行性论证阶段的初步勘察成果，进行重点勘察。重点查明岩(土)体结构、空间几何特征和体积、水文地质条件，提供工程设计需用的岩(土)体物理力学参数，进行稳定性评价和推力计算，满足工程设计图的地质要求	针对需要进一步查明具体工程设计部位的地质情况，以补充钻探、物探、井硐探等勘察方法为主，以工程地质修测为辅
施工阶段勘察	施工阶段勘察包括防治工程实施期间开挖和钻探所揭示的地质露头的地质编录、重大地质结论变化的补充勘探和竣工后的地形地质状况测绘，编制施工前后地质变化对比图，并对其作出评价结论	施工阶段勘察地质工作方法应采用观察、素描、实测、摄影、录像等手段编录和测绘施工揭露的地质现象，对揭露的软弱岩层、破碎带及软弱结构面宜进行复核性岩土物理力学性测试。根据施工设计图开挖最终形成的地质露头，应在工程实施前进行工程地质测绘，提交平面图、剖面图、断面图或展示图，并进行照(摄)像

3.2　边坡工程勘察方法

边坡工程地质勘察的方法或技术手段与其他工程地质勘察一致，主要有以下几种：

（1）工程地质测绘

工程地质测绘是边坡工程勘察的基础工作，一般在勘察的初期阶段进行，实质是利用地质学、工程地质理论对地面的地质现象进行观察和描述，分析其性质和规律，并推断地下地质情况，为勘探和测试工作等其他勘察方法提供依据。在地形地貌复杂的场地，必须进行工程地质测绘工作，而对于相对平坦，地质条件简单而又狭小的场地，可以利用地质调查工作代替地质测绘。

（2）勘探与取样

勘探工作主要包括物探、钻探、坑探等方法，主要是调查地下地质情况，并可以利用勘探工程进行原位测试和监测工作。根据边坡工程勘察的目的以及组成边坡岩（土）体的性质选择适当的勘探方法。物探是一种间接的勘探手段，相比其他勘探手段具有经济、快捷的特点，能够及时解决工程地质测绘中难于推断而又急需了解的地下地质情况，一般与工程地质测绘工作配合使用，同时又可以作为其他勘探工作的先行或辅助手段。物探资料具有多解性，方法的使用受地形条件等限制，成果需要勘探工程来验证。钻探、坑探有时也叫勘探工程，作为最直接勘探技术手段。能够比较准确地了解地下地质情况，在边坡工程勘察中是必不可少的勘察手段，其中钻探工作使用的最为广泛，可以根据勘察要求和地层岩性条件选取不同的钻探方法。在钻探工作也很难了解地下地质情况的条件下，可以采取各种坑探方法。

（3）原位测试与室内试验

原位测试与室内试验的主要目的是为岩土工程问题分析评价提供所需的技术参数，包括岩（土）体的各种物性指标、强度参数、变形参数、渗透性参数和应力、应变时间关系的参数等，各项试验工作在边坡勘察工作占有重要地位。原位测试与室内试验相比，各有优缺点。原位测试不离开原始环境，基本上在原位应力条件下进行，所测试的岩（土）体尺寸大，能反映宏观结构对岩（土）体性质的影响，代表性好；同时试验周期较短，效率高，尤其对难以采集的岩土体仍然能够通过试验获得相关参数。但其不足是试验室应力路径很难控制，边界条件较为复杂，有时人力物力消耗较多，不可能大量进行。室内试验相对来说比较容易控制（边界条件明确，应力应变条件可以控制），可以大量取样试验分析。缺点是试样尺寸小，不能反映宏观结构和非均质性对岩（土）体性质的影响，代表性差；试样不可能真正保持原状，也很难取到原状试样。两者在应用中必须配合使用，以便经济、有效、准确地获取岩（土）体评价参数。原位测试一般都借助于勘探工程进行。

边坡工程勘察分析评价与成果报告是勘察成果的总结性文件。在工程地质测绘、勘探、测试和收集已有资料的基础上，根据任务要求、勘察阶段、地质条件和工程特点等进行。其主要内容包括勘察成果报告及附图、岩土参数的分析与选定、岩土工程分析与评价等。

3.2.1 工程地质测绘

1）工程地质测绘的目的和任务

工程地质测绘是边坡工程地质勘察中最重要、最基本的勘察方法。它是运用地质学的理论和方法，通过野外调查和综合研究勘察区的地形地貌、地层岩性、地质构造、物理地质现象、水文地质条件等，并将它们填绘在适当比例尺的地形图上，为下一步布置勘探与取样、试验、检验以及监测工作打下基础。

工程地质测绘具有如下特点：

①工程地质测绘对地质现象的研究，应围绕建筑物的要求进行。对建筑物安全、经济和正常使用有影响的不良地质现象，应详细研究其分布、规模、形成机制、影响因素，定性、定量分析其对建筑物的影响程度，预测其发展演化规律，提出防治对策和措施，对那些对建筑物无关的地质现象可以粗略一些，这是工程地质测绘与一般地质测绘的主要区别。

②工程地质测绘要求精度较高。对一些地质现象的观察描述，除了定性阐述其成因和性质

外,还要测定必要的定量指标,如岩(土)体的物性参数、节理裂隙的产状和密度等。所以在测绘过程中,需要配合一定的勘探、取样和试验工作,携带简单的勘探和试验仪器。

③为了满足工程设计和施工的需要,工程地质测绘经常采用大比例尺专门性测绘。各种地质现象的观测点需借助经纬仪、水准仪等精密仪器测定其位置和高程,标注于地形图上,保证必要的准确性。

2)工程地质测绘的范围和精度

工程地质测绘的范围,主要根据建筑物的类型、规模和设计阶段,并考虑地质条件的复杂程度和研究深度来确定。通常,工程规模大,并处在建筑物规划和设计的开始阶段,且工程地质条件复杂而研究程度又较差的地区,其工程地质测绘的范围就应大一些。

工程地质测绘的比例尺主要取决于不同的设计阶段。在同一设计阶段内,比例尺的选择又取决于建筑物的类型、规模和工程地质条件的复杂程度。工程地质测绘的比例尺可分为小比例尺(1:100 000 ~ 1:50 000)、中比例尺(1:25 000 ~ 1:10 000)和大比例尺(1:5 000 ~ 1:1 000、1:1 000、1:500、1:200)。

根据国际惯例和我国各勘察部门的经验,工程地质测绘比例尺一般规定如下:

可行性研究勘察阶段:1:50 000 ~ 1:5 000;

初步勘察阶段:1:10 000 ~ 1:2 000;

详细勘察阶段:1:2 000 ~ 1:200。

同时也可以根据边坡工程涉及的岩土体的范围,适当选取相应比例尺,如表3.4所示。

表3.4 边坡工程地质测绘比例尺建议

边坡工程涉及岩土体的长度或宽度(m)	平面测绘比例尺	剖面图比例尺
≤500	1:500 ~ 1:100	1:500 ~ 1:100
500 ~ 1 000	1:1 000 ~ 1:250	1:1 000 ~ 1:250
≥1 000	1:2 500 ~ 1:500	1:2 500 ~ 1:500

工程地质测绘的精度包含两层含义:第一,野外各种地质现象观察描述的详细程度;第二,各种地质现象在工程地质图上表示的详细程度和准确度,这个精度要求必须与测绘比例尺相适应。

对野外各种地质现象观察、描述的详细程度,过去的工程地质测绘中是根据测绘比例尺和工程地质复杂程度的不同,以每平方千米测绘面积上观测点的数量和观测线的长度控制的。现行规范对此没作硬性规定,提出观测点布置目的性必须明确,密度要合理,具有代表性。观测点的密度应根据测绘区的地质和地貌条件、成图比例尺以及工程特点确定,一般控制在图上2 ~ 5 cm。如1:5 000的工程地质图上,地质观测点实际距离应控制在100 ~ 250 m之间,此控制距离可以依据工程具体情况适当放宽或加密。图件的精度和详细程度,应与地质测绘比例尺相适应。在图上,大于2 mm的地质现象应尽量反映,宽度不足2 mm的重要工程地质现象,如软弱夹层、断层等,要扩大比例尺表示,并注明其实际数据。地质界线误差,一般不超过相应比例尺图上的2 mm。为了保障各种地质现象在图上表示的准确程度,在任何比例尺的图上,建筑地段的各种地质界线(点)在图上的误差不得超过3 mm,其他地段不得超过5 mm,实际准许最大误差为上述数值乘以比例尺的分母。

工程地质测绘使用的地形图必须是符合精度要求,通常野外测绘填图所用的地形图应比提交的成图比例尺大一级。例如,进行比例尺为1∶10 000的工程地质填图,常采用1∶5 000的地形图作业外填图底图,随后再缩编为1∶10 000的成图作为正式成果。

3)工程地质测绘方法和内容

野外工程地质测绘工作,应根据工程设计要求,在搜集并分析测绘区已有的地形地质资料、确定比例尺范围及工作内容的基础上进行,一般采用路线测绘法(线路穿越法和界线追踪法)、地质点测绘法、野外实测地质剖面法等。此外,遥感技术在小比例尺工程地质测绘中也得到了普遍的应用。工程地质观测点的布置与测量点密度以达到最佳调查测绘效果为准。对于与边坡有关的重要地质现象,应有足够的调查点控制,如软弱层(带)点、地面形变点、泉水等。

在工程地质测绘过程中,始终应以查明边坡场地及其附近地段的工程地质条件和预测建筑物与地质环境间的相互作用为目的。因此,边坡工程地质测绘研究的主要内容是工程地质条件要素,包括地层岩性条件、地质构造条件、地貌条件、水文地质条件、不良地质现象;同时还应收集已建建筑物的有关资料以及人类活动对边坡场地稳定性的影响等资料。

3.2.2 勘探与取样

勘探工作是边坡工程地质勘察的重要工作方法之一。对任何地质条件及地质问题,从地表到地下的研究、从定性到定量的评价,都离不开勘探工作。边坡工程地质勘探包括钻探、坑探、物探等手段。

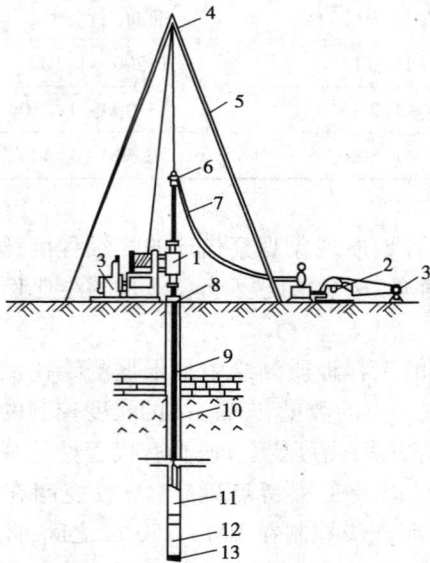

图 3.1 岩芯钻探示意图
1—钻机;2—泥浆泵;3—动力机;4—滑轮;
5—三脚架;6—水龙头;7—送水胶管;8—套管;
9—钻杆;10—钻杆接头;11—取粉管;
12—岩芯管;13—钻头

1)钻探

钻探是利用一定的设备和工具(见图3.1),在人力或动力的带动下旋转切割或冲击凿碎岩石,形成一个直径较小而深度较大的圆形钻孔。在边坡工程地质勘察过程中,钻探是一种最常用的勘探手段。与坑探、物探比较,钻探不受地形、地质条件的限制,能直接观察岩芯和取样,勘探精度较高;能提供作原位测试(地应力测量等)和监测工作,发挥综合效益;勘探的深度大,效率高,因此不同的勘察阶段,不同环境和工程地质条件,一般都会采用钻探这种勘探手段。

(1)工程钻探的特殊要求

①土层是工程钻探的主要对象,应可靠鉴定土层名称,准确判定分层深度,正确鉴别土层的天然结构、密度和湿度状态。因此,要求钻进深度和分层深度误差范围应为±0.05 m,非连续取芯钻进的回次应控制在1 m以内,连续取芯进尺应控制在2 m以内;某些特殊土类要采取特殊的转进方式;地下水位以上土层钻进应采取干钻,必须使

用冲洗液时应采取双层岩芯管钻进。

②岩芯采取率要求较高。对岩层钻探时,一般岩石岩芯采取率不低于80%,破碎岩石不低于65%。当需要确定岩石质量指标RQD值时,应采用N型双层岩芯管钻进,孔径为75 mm,采取的岩芯直径为54 mm。

③钻孔水文地质观测和试验也是工程钻探的重要内容,了解岩土的含水性,发现含水层并确定其水位(水头)和涌水量大小,掌握各含水层之间的水力联系,测定岩(土)体的渗透系数等。为了保证取得准确的水文地质参数,必须采取干钻或清水钻进。

④在钻进过程中,为了研究岩(土)体的工程性质,经常采取岩土样。坚硬的岩石可以利用岩芯,但其中的软弱夹层和断层破碎带取样时,必须采取特殊措施。为了取得原状土样,需配备取土器,尽量不使土样受到扰动。

(2)常用的钻探方法与设备

可根据不同的勘探目的,选用合适的钻探方法。在土层或砂层中,深度不大时(小于6 m),可用人力手动回转或冲击;深度较大时,可用机械回转或冲击。对砂卵砾石层,在工程地质钻探中,一般用机械回转或冲击;在坚硬的岩石中,多采用机械清水回转。根据不同的勘探目的选用钻孔直径也不相同,工程地质钻探中一般采用孔径为127,108,91,75 mm;钻探机械种类繁多,选择何种钻探机械,应根据地层特点和勘察要求选取。目前我国使用的工程勘察中采用的钻进方法、主要钻具以及适应条件和优缺点如表3.5所示。

目前,国内工程钻探正逐渐朝着全液压驱动、仪表控制和钻探与测试相结合的方向发展。

表3.5 工程钻探的方法、适用条件、主要钻具及优缺点

钻探方法		适应条件	主要钻具	优 点	缺 点
冲击钻探	人力	黏性土、黄土、砂、砂卵石层、不太坚硬岩层	洛阳铲、钢丝绳(竹弓)钻(锥)探、管钻	设备简单、经济,一般不用冲洗液,能准确了解含水层	劳动强度大,难以取得完整岩芯,孔深较浅,仅宜钻指控
	机械	除上述外,还可以用于坚硬岩层	CZ-30型 CZ-22型 CZ-22C型	可用于其他方法难以钻进的卵石层、砾石、砂层,孔径较大,可不用水冲洗	不能取得完整岩芯,仅宜钻指控
回转钻探	人力	黏土层,砂层	螺旋钻,勾钻	设备简单,能取心,取样,成本低	劳动强度较大,孔深较浅
	机械 硬合金	小于Ⅷ级的沉积岩及部分变质岩、岩浆岩	XU-300-2A型 XY-100型 XJ-100-1型	岩芯采收率较高,孔壁整齐,钻孔弯曲小,孔深大,能钻任何角度的钻孔,便于工程地质试验,可取芯、取样	在坚硬岩层钻进时钻头磨损大,效率低
	机械 钢粒	Ⅶ—Ⅻ级的坚硬地层	DPP-1型(车装) DPP-3型(车装) DPP-4型(车装)	广泛应用于可钻性等级高的岩层,可取芯、取样,便于作工程地质试验	钻孔易弯曲,孔壁不太平整,钻孔角度不应小于75°,岩芯采取率较低
	机械 金刚石	Ⅸ级以上的最坚硬岩层最有效	YDC-100型(车装) SGZ-Ⅰ型 SGZ-Ⅲ型 SGZ-Ⅳ型	钻进效率高,钻孔质量好,弯曲度小,岩芯采取率高,能钻进最坚硬的地层,设备较轻,消耗功率小,钻具磨损较小,钻进程序较简单	在较软和破碎裂隙发育地层中不适用,孔径较小,不便于做工程地质试验

续表

钻探方法	适应条件	主要钻具	优 点	缺 点
冲击回转钻探	各种岩土层	SH30-2 型	钻进适应性强	孔深较浅
振动钻探	黏性土,砂土,大块碎石土,卵砾石层及风化基岩	M-68 型汽车钻 工农-11 型拖拉机式	效率高、成本低	孔深较浅
冲击回转振动钻探	以各类土层为主	G-1 型(车装) G-2 型(车装) G-3 型(车装) GYC-J50 型(车装) GJD-2 型(车装)	钻进适应性强,效率高,轻便,成本低	孔深较浅,结构较复杂

（3）钻探成果

钻探成果包括钻探野外编录、钻孔地质柱状图、所取岩土试样等。钻探野外编录是钻探过程的详细文字记载,是工程勘察最基本的原始资料,它包括 4 个方面的内容:

①岩芯描述:包括地层名称、分层厚度、岩土的性质等。岩石的描述侧重于结构、构造、风化程度、完整程度等。地基土按颗粒级配和塑性指数分为碎石土、砂土、粉土和黏性土,对于不同的土,描述的侧重点也有所不同。

②钻孔水文地质描述:钻井过程中应注意和记录冲洗液消耗量的变化。发现地下水后,应停钻测定其初见水位以及稳定水位。准确记录含水层顶底板标高及其厚度。

③钻进记录:包括钻进方法、护壁方式、孔内情况、取样位置及编号、原位测试类型及结果、岩芯采取率等。

④钻孔柱状图:是钻孔所穿过的地层的描述,通过图标反映某钻孔内地层的地质年代、岩土层埋藏深度、岩土层厚度、岩土层底部的绝对标高,图中还附带岩土描述、地面绝对标高、地下水水位和测量日期、岩土样采取位置及原位测试类型和结果等。柱状图的比例尺一般为 1:100 ~ 1:500。

2）坑探工程

坑探工程是用人工或机械掘进的方式来探明地表以下浅部的工程地质条件和水文地质条件的勘探方法,也叫掘进工程或井巷工程。它在边坡工程勘探中占有一定的地位。与一般的钻探工程相比较,其特点是:勘察人员能直接观察到地质结构,准备可靠,且便于描述;可不受限制地从中采取原状岩土样和用作大型原位测试,尤其对研究断层破碎带、软弱泥化夹层和滑动面（带）等的空间分布特点及其工程性质等,更具有重要意义。坑探工程的缺点是:使用时往往受到自然地质条件的限制,耗费资金大而勘探周期长;尤其是重型坑探工程不可轻易采用。

工程勘探中常用的坑探工程有:探槽、试坑、浅井、竖井（斜井）、平硐和石门（平巷）,如图 3.2 所示。其中前 3 种为轻型坑探工程,后 3 种为重型坑探工程。现将不同坑探工程的特点和适用条件列于表 3.6 中。

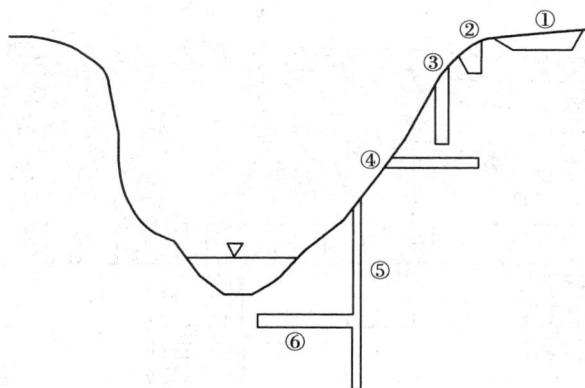

图3.2 工程勘察常用的坑探类型示意图

①—探槽；②—试坑；③—浅井；④—平硐；⑤—竖井；⑥—石门

表3.6 各种坑探工程特点及适用条件

类型	特点	用途
探槽	在地表垂直岩层或构造线挖掘成深度不大的(小于3~5 m)长条形槽子	剥除地表覆土,揭露基岩,揭露地下水埋深,划分地层岩性,研究断层破碎带;探查残坡积层的厚度和物质结构
试坑	从地表向下,铅直的、深度小于3~5 m的长方形或圆形小坑	确定覆盖层,揭露基岩、风化层的岩性及厚度,取原状样,进行载荷试验、渗水试验等
浅井	从地表向下,铅直的、深度小于5~15 m的方形或圆形井	确定覆盖层及风化层的岩性和厚度,作载荷试验,取原状土样
竖井(斜井)	形状与浅井同,但深度超过15 m,有时需支护	了解覆盖层厚度及性质、风化壳分带、软弱夹层分布、断层破碎带、岩溶发育情况、滑坡体结构面和滑动面等,布置在地形平缓、岩层倾角较缓的地段
平硐	在地面有出口的水平坑道,深度较大,适用于较陡的基岩边坡,有时需支护	调查斜坡地质结构,查明河谷地段地层岩性、软弱夹层、破碎带、卸荷裂隙、风化岩层等,还可取样、作岩体原位试验或进行岩体波速测试以及地应力测量等
石门(平巷)	不出露地面而与竖井相连的水平坑道,石门垂直岩层走向,平巷平行岩层走向	了解河底地质结构,做试验等

展示图是坑探工程编录的主要内容,也是坑探工程所需提交的主要成果资料。所谓展示图,就是沿坑探工程的壁、底面所编制的地质断面图,按一定的制图方法将三维空间的图形展开在平面上,其比例尺视坑探工程的规模、形状以及地质条件的复杂程度而定,一般采用1:25~1:100,如图3.3和图3.4所示。

3)地球物理勘探

组成地壳的不同岩土介质往往在导电性、弹性、磁性、密度、放射性等方面存在着差异,从而引起相应地球物理场的局部变化。利用专门的仪器探测这些地球物理场的分布及变化特征,然

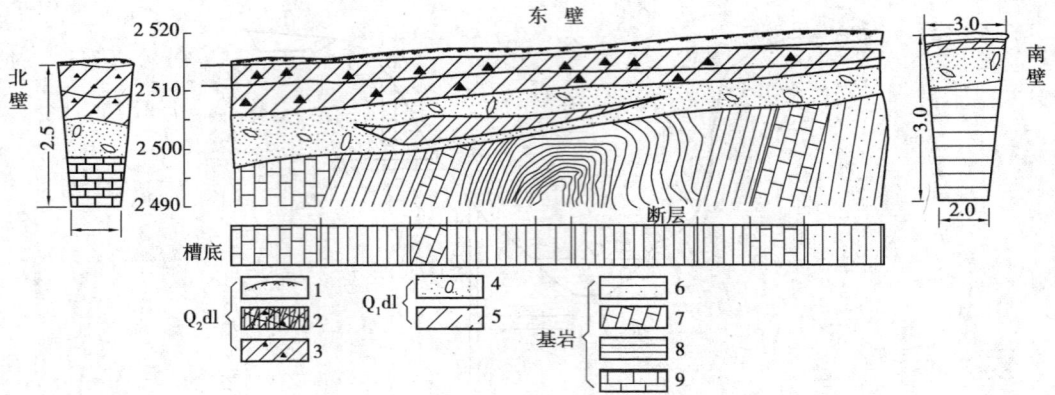

图 3.3　探槽展示图

1—表土层;2—含碎石亚砂土;3—含碎石亚黏土;4—含漂石和卵石的砂土;
5—重亚砂土;6—细粒云母砂岩;7—白云岩;8—页岩;9—灰岩

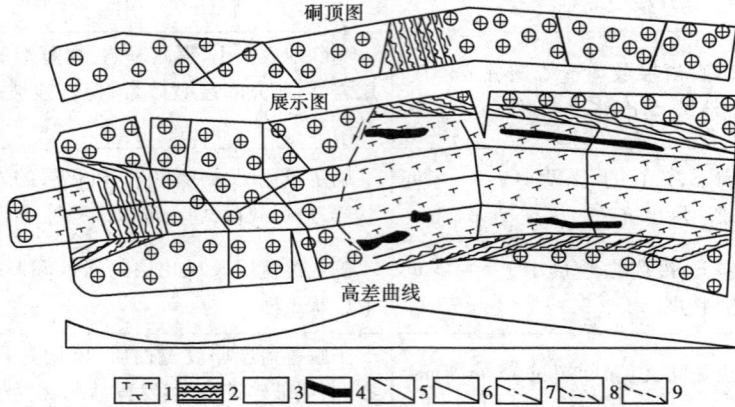

图 3.4　平硐展示图

1—凝灰岩;2—凝灰质页岩;3—斑岩;4—细致凝灰岩夹层;
5—断层;6—节理;7—硐底中线;8—硐底壁分界线;9—岩层分界线

后结合已知地质资料,推断地下岩土的埋藏深度、厚度、性质,判定其地质构造、水文地质条件及各种物理地质现象的勘探方法,称作地球物理勘探法,简称物探。物探方法种类很多,表 3.7 所列为物探分类及其在工程地质勘查中的应用。

表 3.7　物探分类及其工程中的应用

类　别	方法名称		适用范围
直流电法	电阻率法	电剖面法	寻找追踪断层破碎带和岩溶范围,探查基岩起伏和含水层,探查滑坡体等
		电测深法	探测基岩埋深和风化层厚度,探测地下水和岩溶发育范围
	充电法		测量地下水流向,追索暗河和充水裂隙带,探测废弃金属管道和电缆
	自然电场法		测量地下水流向和补给关系,寻找河床和水库渗漏点
	激发极化发		寻找地下水和含水岩溶

类　别	方法名称	适用范围
交流电法	电磁法	大小比例尺工程地质、水文地质填图
	无线电波透视法	调查岩溶,追索断层破碎带
	甚低频法	寻找基岩破碎带
地震勘探	折射波法	工程地质分层,探测基岩埋深和起伏变化,查明含水层埋深和厚度,追索断层破碎带,圈定大型滑坡体厚度和范围,风化壳分带
	反射波法	工程地质分层
	波速测量	测定地基土动弹性力学参数
	地脉动测量	研究地震场地稳定性与建筑物共振破坏,划分场地类型
磁法勘探	区域磁测	圈定第四系覆盖层下侵入岩界限和裂隙带、接触带
	微磁测	工程地质分区,圈定含铁磁性沉积物的岩溶
重力勘探		探查地下空洞
声波测量	声幅测量	探查硐室工程岩石松动圈范围,研究岩体完整性以及动弹性力学参数
	声纳法	河床断面测量
放射性勘探	γ 径迹法	寻找地下水和岩石裂隙
	地面放射性测量	区域性工程地质填图
测井	电法测井	确定含水层位置,划分咸淡水界限,调查溶洞和裂隙破碎带
	放射性测井	调查地层孔隙度和确定含水层位置
	声波测井	确定断层破碎带和溶洞位置,进行风化壳分带,工程岩体分类

(1)电法勘探

电法勘探是通过观测天然或人工电场(直流或交流电)来勘查地下地质结构一种常用的物探方法。常用的电法勘探方法以电阻率法中的电测深法和电剖面法为主。

电阻率法工作原理(图3.5)是:通过 A,B 两供电电极向地下供入强度为 I 的电流,同时在 M,N 两个测量电极量出该两点间的电位差 ΔU_{MN},则所测的视电阻率 ρ 为

$$\rho = \kappa \frac{\Delta U_{MN}}{I} \qquad (3.1)$$

式中　κ——装置系数,与 A,B,M,N 这 4 个电极的相对位置有关;

　　I——A,B 电极供入地下的电流强度。

一般认为,A,B 两极之间的电流线大部分集中在 AB 半球内。因此,变化 A,B 的位置或距离,即可测得视电阻率的数值及其变化曲线。分析这些曲线即可绘出不同岩层上、下位置的界线。

电测深法:测点固定不变,按一定方式增大 A,B,M,N 之间距离,便可测得测点处随深度变化的视电阻率曲线,由此,可了解深部竖直方向上地质条件变化特征。工程地质勘察常用对称

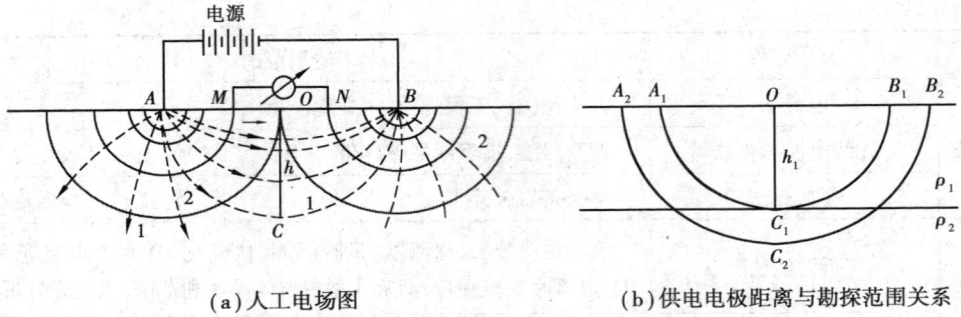

(a)人工电场图　　　　　　　　　(b)供电电极距离与勘探范围关系

图 3.5　电阻率法工作原理示意图

A,B—供电电极;M,N—为测量电极;O—测点;h—勘探深度;

C—勘探最深点;1—为电流线;2—等电位线

四极电测深法,探测有明显电阻率差异的地质现象,以了解地下地质结构和地下水位等。此外,可以采用对称四极装置围绕某测点进行各个方向测量的环形电测深方法,可以确定地质体的各向异性。电测深法要求地形平坦(坡度小于 30°),各被测层倾角较小(小于 20°);各层分布稳定,且电性差异较大,如图 3.6 所示。

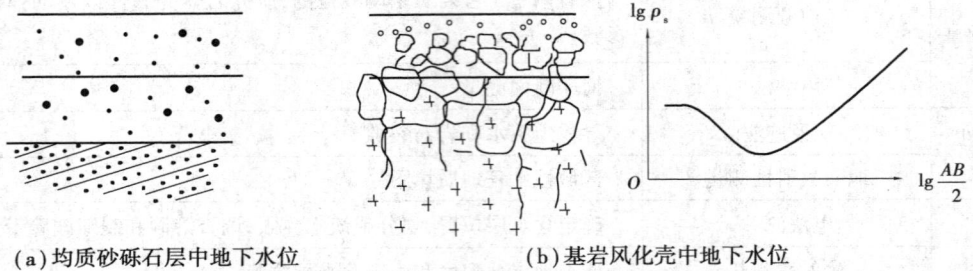

(a)均质砂砾石层中地下水位　　　　　　(b)基岩风化壳中地下水位

图 3.6　根据电测深曲线判断地下水位

电测剖面法:当 A,B,M,N 4 极间距固定不变,沿某一方向平行移动,可测得某一层位在剖面方向上电阻率变化曲线,据此曲线特征便可推断覆盖层以下基岩面形状、古河道、溶洞、地质构造等地质现象。这种测量方法称为电测剖面法。该测量方法适用于地形坡度小于 15°,地质体倾角较大,覆盖层厚度较小的条件,如图 3.7 所示。测量时应沿地质条件变化最大的方向布置测量剖面线。

(2)地震折射波法

地震勘探是用人工震源(爆破或锤击)激发的地震波在地壳内传播的特点来探查地质体的一种物探方法。应用最多的是高频(小于 200 ~ 300 Hz)地震波浅层折射法,可以研究深度在 100 m 以内的地质体。

可探测大范围内覆盖层厚度和基岩起伏,探查含水层、追索古河道位置,查寻断层破碎带,测定风化层厚度和岩(土)体的弹性参数等。

(3)地质雷达

地质雷达是交流电法勘探中的一种方法。它是沿用对空雷达的原理,由发射机发射脉冲电磁波。其中一部分是沿着空气与介质[岩(土)体]分界面传播的直达波,经过时间 t_0 后到达接收天线,为接收机所接收;另一部分传入介质内,在其中若遇电性不同的另一介质体[如其他岩

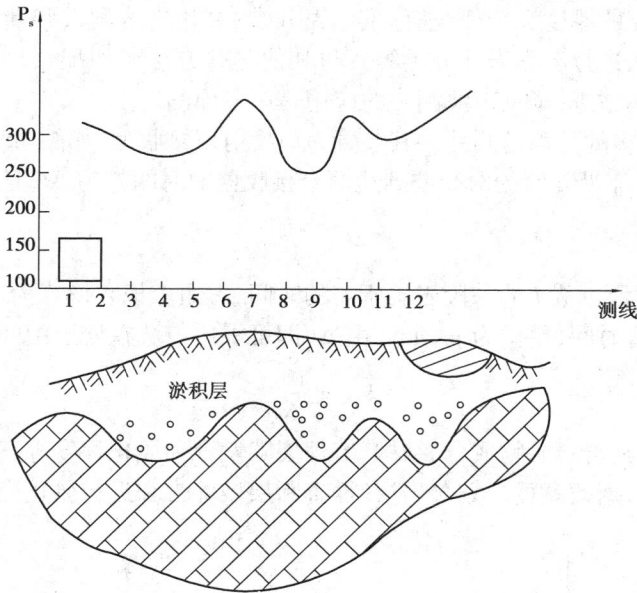

图 3.7　利用对称剖面法勘察覆盖层下基岩面起伏情况

(土)体、洞穴等〕,就发生反射和折射,经过时间 t_s 后回到接收天线,叫回波。根据所接收到的两种波的传播时间来判断另一种介质体的存在,并测算其埋藏深度(见图 3.8)。

　　地质雷达具有分辨能力强,判别精度高,一般不受高阻屏蔽层及水平层、各向异性的影响等优点。它对探查浅部介质体,如覆盖层厚度、基岩强风化带埋深、溶洞及地下硐室和管线位置等,效果较好,因而近年来得到广泛应用。

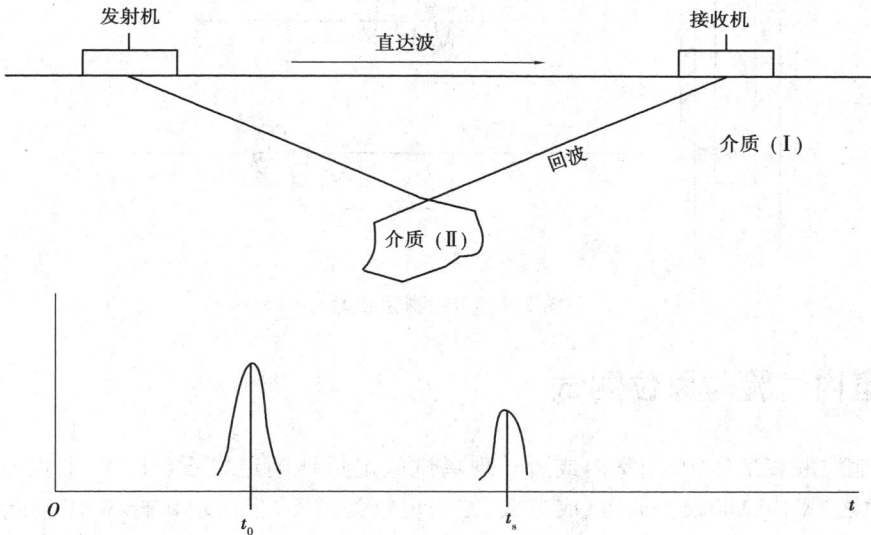

图 3.8　地质雷达工作原理示意图

(4)声波测井

　　声波测井的物理基础是研究与岩石性质密切相关的声振动沿钻井的传播特征。它可以充分利用已有的钻井,结合地质调查,查明地层岩性特征,进行地层划分;确定软弱夹层的层位和深度;了解基岩风化壳的厚度和特征,进行风化壳分带;寻找岩溶洞穴和断层破碎带;研究岩石的某些物理力学性质,进行工程岩体分类等。与其他测井方法密切配合,可以全部或部分代替岩芯钻探,开展无岩芯钻进,可见声波测井的应用是多方面的。

目前国内应用最多的是声速测井。其装置为单发射双接收型,如图 3.9 所示。两个接收换能器 R_1、R_2 的距离为 l_0 沿井壁的滑行波到达两个接收器的时间差为 Δt,且有

$$\Delta t = \frac{l}{V_2} \tag{3.2}$$

Δt 表示声波通过厚度为 l 的一段岩层所需的时间,习惯上把它换算为通过 1 m 厚的岩层所需的时间,称之为旅行时间,单位为 μs/m。由 Δt 即可求出声波在岩层中的传播速度 V_2(m/s)

$$V_2 = \frac{10^6}{\Delta t} \tag{3.3}$$

由于不同的岩层其岩石矿物成分、结构、节理裂隙发育和风化程度等不同,因而具有不同的声速及声速曲线形态,据此就可以划分岩层、探查断层破碎带和进行风化壳分带等。

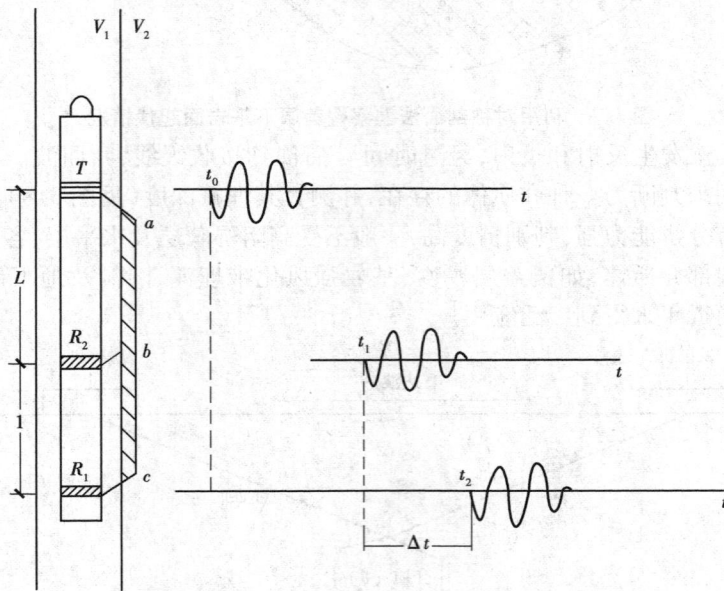

图 3.9 声速测井装置

3.2.3 室内试验与原位测试

在工程地质勘察工作中,用室内或野外现场试验定量地测定岩石(土)的工程地质性质和各种地质参数。室内试验设备简单、成本低、方法也较为成熟,但所取试样体积小,与自然条件有一定的差异,因而成果不够准确。野外试验工作能在天然情况下测定较大体积岩(土)体的各种性能,所得资料更符合实际,但需要大型的设备,成本高。

1)室内试验

工程地质室内试验一般由专职试验人员在试验室内完成,室内试验通常包括土工试验、岩

石试验和岩土水化学试验,常做的试验项目包括以下 3 种。

（1）岩块物理力学性质试验

试验内容包括:岩块物理力学性质试验（含水率、吸水率、颗粒密度、块体密度、膨胀性、冻融等）;岩块力学性质试验（单轴压缩变形、单轴抗压强度、直剪强度、抗拉强度、点荷载强度等）岩石磨片鉴定,岩块声波、岩体声波探测等。

（2）土的物理力学性质试验

试验内容包括:天然密度、天然含水量、颗粒分析、相对密度、击实、渗透、固结、压缩、剪切等。

（3）岩土水化学分析试验

试验内容包括:水质分析、岩石矿物化学分析、岩石硫酸盐及硫化物含量、砂砾石骨料硫酸盐及硫化物含量、土有机质含量、土烧失量、土水溶盐含量、土 pH 值、土化学分析、土黏土矿物成分分析等。

2）岩土体原位测试

（1）岩体变形试验

岩体变形试验可分为承压板法试验、狭缝试验以及钻孔变形试验等,它们的基本原理相同。承压板法一般是在预先挖好的平硐中进行,用千斤顶施压,通过有足够刚性的承压板将压力传递到岩体上,测量岩体变形,按弹性理论计算岩体变形模量。

（2）岩体强度试验

①岩体的抗剪强度试验。该试验可分为岩体本身的抗剪强度试验、岩体沿软弱结构面的抗剪强度试验和混凝土与岩体胶结面的抗剪强度试验三类。一般在平硐内用两个千斤顶平推法进行。在制备好的试件上,利用垂直千斤顶对试样施加一定的垂直荷载,然后通过另一个水平千斤顶逐级施加水平推力

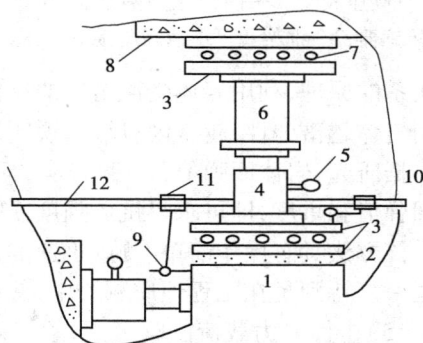

图 3.10　岩体抗剪试验装置

1—岩体试块;2—水泥砂浆;3—钢板;4—千斤顶;5—压力表;6—传力柱;7—滚轴组;8—混凝土;9—千分表;10—围岩;11—磁性表架;12—U 形钢梁

（见图 3.10）,根据试样面积计算出作用于剪切面上的法向应力和剪应力,绘制各法向应力下的剪应力与剪切位移关系曲线,根据绘制的曲线确定各阶段特征点剪应力。绘制各阶段的剪应力与法向应力关系曲线,确定相应的抗剪强度参数。

②岩体三轴试验。原位岩体三轴试验一般是在平硐中进行的,在平硐中加工试件,并施加三向压力,然后根据莫尔理论求岩体的抗压强度以及 E_0、μ 等参数。试验又分为等围压（$\sigma_1 > \sigma_2 = \sigma_3$）三轴试验和真三轴（$\sigma_1 > \sigma_2 > \sigma_3$）试验两种,可根据实际情况选用。因此,为了确定围压和轴向压力的大小和加荷方式,试验前应了解岩体的天然应力状态及工程荷载情况。

（3）岩体的应力测试

岩体应力是工程岩体稳定性分析以及工程设计的重要参数。目前,岩体应力主要通过实测求得,特别是构造活动较强烈以及地形起伏复杂的地区,自重应力理论将无力解决岩体应力问题。由于岩体应力不能直接获得,只能通过测量应力变化引起应变等物理量的变化值,然后基于某种假设,反算出应力值。

目前国内外使用的所有应力测量,均是在平硐壁或地表露头面上打钻孔或刻槽,引起岩体

中应力扰动,然后用各种探头量测由于应力扰动而产生的各种物理量变化值的方法来实现。常用的应力测量方法主要有:应力解除法、应力恢复法和水压致裂法等,其理论基础是弹性力学。因此,岩体应力测量均视岩体为均质体、连续、各向同性的线性弹性介质。

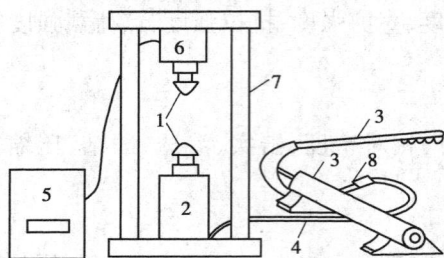

图 3.11　点荷载仪示意图
1—球状加荷器;2—千斤顶;3—油泵及压杆;
4—高压胶管;5—四位压力数显仪;6—压力
传感器;7—框架;8—快速高压接头

(4)岩石强度简易测试

①点荷载试验。在现场测定不规则岩石的强度时,通常是将试件置于两个球状加荷器之间,施加集中荷载直至破坏,据此求得岩石点荷载强度指数,如图 3.11 所示。此试验方法简便,可对不规则的试样进行试验,无需岩样加工,有利于降低试验成本,加快试验进程,尤其是对于难以取样和无法进行岩样加工的软岩和严重风化的岩石,更能显出其优越性。

②岩体回弹锤击试验。根据刚性材料的抗压强度与冲击回弹高度在一定条件下存在着某种函数关系的原理,利用岩体受冲击后的反作用,使弹性锤回跳的数值即为回弹值(R)。此值越大,表明岩体越富弹性,越坚硬;反之,说明岩体软弱,强度低。

据研究,岩体回弹值(R)和岩体的重度(γ)的乘积与岩体抗压强度呈线性关系,因此只要测得回弹值和重度,即可求得抗压强度。

该方法具有操作简单、测试迅速的优点,是岩土体工程勘察对岩体强度进行无损检测的手段之一。特别是在工程地质测绘中,使用这一方法可以方便地获得岩体抗压强度指标。

(5)土体静力载荷试验

土体静力载荷试验是确定地基土体容许承载力、测定地基土体变形模量、研究地基土体变形范围及应力分布情况的试验,是一种现场静载试验。现场载荷试验是在工程现场通过千斤顶逐级对置于地基土上的载荷板施加荷载,观测记录沉降随时间的发展以及稳定时的沉降量 S,将上述试验得到的各级荷载与相应的稳定沉降量绘制成 P-S 曲线,即获得了地基土载荷试验的结果。在较不均匀和较软弱地基的工程地质勘察中应用较多,尤其在大型工业与民用建筑的勘察中,与土的室内试验相配合,可取得评价地基稳定性参数。

(6)土体动力触探试验

动力触探试验是利用一定的锤击动能,将一定规格的探头打入土中,根据每打入土中一定深度的锤击数来判断土的性质,并对土体进行粗略的力学分层的一种原位测试方法。动力触探试验可以归为两大类,即圆锥动力触探试验和标准贯入试验,前者根据所用穿心锤的重量将其分为轻型、重型及超重型动力触探试验。常用的动力触探试验如表 3.8 所示。一般将圆锥动力触探试验简称为动力触探或动探,将标准贯入试验简称为标贯。

标贯试验是以质量为 63.5 kg 的穿心锤,沿钻杆自由下落 76 cm,将标准规格的贯入器自钻孔底高程预先击入 15 cm,继续击入 30 cm,并记下相应的击数(标准贯入击数),据此确定地基土层的承载力,评价砂土密实状态和液化可能性,所采试样可用作无侧限抗压强度试验,一种原位试验方法。标贯试验设备主要由标准贯入器、触探杆和穿心锤三部分组成。该试验适用于砂土、粉土和黏土等细颗粒土层。

（7）十字板剪切试验

十字板剪切试验是用插入软黏土中的十字板头,以一定的速率旋转,在土层中形成圆柱形破坏面,测出土的抵抗力矩,然后换算成土的抗剪强度。

十字板剪切在软土地区得到广泛应用,主要用于测定饱水软黏土的不排水抗剪强度,即 $\varphi = 0$ 时的内聚力 c 值。该方法不适用于较硬的黏性土和含有砾石、杂物的土。

表 3.8　常用动力触探类型及规范表

| 类型 | | 锤重（kg） | 落距（cm） | 探头（圆锥头）规格 | | 探杆 | 触探指标（贯入一定深度的锤击数） | 备　注 |
				锥角（°）	底面积（cm²）	外径（mm）		
圆锥动力触探	轻型	10	50	60	12.6	25	贯入 30 cm 锤击数 N_{10}	建筑地基基础设计规范
		10	30	45	4.9	12	贯入 10 cm 锤击数 N_{10}	英国 BS 规程推荐
	重型	63.5	76	60	43	42	贯入 10 cm 锤击数 $N_{63.5}$	岩土工程勘察规范
	超重型	120	100	60	43	60	贯入 10 cm 锤击数 N_{120}	岩土工程勘察规范 水电部土工试验规范
标准贯入		63.5	76	对开管式贯入器,外径为 51 mm,内径为 35 mm,长 760 mm,刃角为 18°～20°		42	贯入 30 cm 锤击数 N	国际通用（SPT）

3.2.4　崩塌的工程地质勘察要点

崩塌勘察宜在初期勘察阶段进行,应查明产生崩塌的条件及其规模、类型、范围,并对崩塌区作出建筑物场地适应性评价以及提出防治方案建议。崩塌调查包括危岩体调查和已有崩塌堆积体调查。

崩塌勘察以工程地质测绘为主,测绘剖面图比例尺宜在 1∶100～1∶1 000,对主要裂缝应专门进行更大比例尺测绘并绘制素描图。

测绘时应查明的内容（如表 3.9 所示）主要包括:

①危岩体的崩塌类型、规模、范围,崩塌体的大小和崩落方向。

②岩体基本质量等级、岩性特征和风化程度。

③地质构造,岩体结构类型,裂缝和结构面的产状、组合与交切关系、闭合程度、力学属性、延展及贯穿情况。

④崩塌前的迹象和崩塌原因。

⑤历史上崩塌危害及当地防治崩塌的经验等。

绘制崩塌区工程地图,应附以主剖面地质断面图。当崩塌区下方有工程设施和居民点时,应对岩体张裂缝进行监测。对有较大危害的大型崩塌,应结合监测结果对可能发生崩塌的时间、规模、滚落方向、危害范围等作出预报。

崩塌勘探方法应以物探、剥土、探槽、探井等山地工程为主,可辅以适量的钻探验证。

崩塌区的岩土工程勘察确定崩塌的范围和危险区,并对工程场地的适应性作出评价和提出防治方案。为此,需要根据崩塌的规模和处理的难易程度,将崩塌划分为3类:

①Ⅰ类:落石方量大于5 000 m³,破坏能力强,难以处理;
②Ⅱ类:介于Ⅰ类和Ⅲ类之间;
③Ⅲ类:落石方量小于500 m³,破坏力小,易于处理。

表3.9 崩塌工程地质调查主要内容

调查对象	调 查 要 点
危岩体	1.危岩体位置、形态、分布高程、规模。 2.危岩体及周边的地质构造、地层岩性、地形地貌、岩(土)体结构类型、斜坡组成类型。岩(土)体结构应初步查明软弱(夹)层、断层、褶曲、裂隙、裂缝、临空面、侧边界、底界(崩滑带)以及它们对危岩体的控制和影响。 3.危岩体及周边的水文地质条件和地下水赋存特征。 4.危岩体周边及底界以下地质体的工程地质特征。 5.危岩体变形发育史:历史上危岩体形成的时间,危岩体发生崩塌的次数、发生时间,崩塌前兆特征、方向、运动距离、堆积场所、规模、诱发因素,变形发育史、崩塌发育史、灾情等。 6.危岩体成因的诱发因素:包括降雨、河流冲刷、地面及地下开挖、采掘等因素的强度、周期以及它们对危岩体变形破坏的作用和影响。在高陡临空地形条件下,由崖下硐掘型采矿引起山体开裂形成的危岩体,应详细调查采空区的面积、采高、分布范围、顶底板岩性结构,开采时间、开采工艺、矿柱和保留条带的分布,地压现象(底鼓、冒顶、片帮、鼓帮、开裂、压碎、支架位移破坏等),地压显示与变形时间,地压监测数据和地压控制与管理办法,研究采矿对危岩体形成与发展的作用和影响。 7.分析危岩体崩塌的可能性,初步划定危岩体崩塌可能造成的灾害范围,进行灾情的分析与预测。 8.危岩体崩塌后可能的运动方式和轨迹,在不同崩塌体积条件下崩塌运动的最大距离。在峡谷区,要重视气垫浮托效应和折射回弹效应的可能性及由此造成的特殊运动特征与危害。 9.危岩体崩塌可能到达并堆积的场地的形态、坡度、分布、高程、地层岩性与产状及该场地的最大堆积容量。在不同体积条件下,崩塌块石越过该堆积场地向下运移的可能性,最终堆积场地。 10.可能引起的其他次生灾害类型(如涌浪,堰塞湖等)和规模,确定其成灾范围,进行灾情的分析与预测。
崩塌堆积体	1.崩塌源的位置、高程、规模、地层岩性、岩(土)体结构特征及崩塌产生的时间。 2.崩塌体运移斜坡的形态、地形坡度、粗糙度、岩性、起伏差,崩塌方式、崩塌块体的运动路线和运动距离。 3.崩塌堆积体的分布范围、高程、形态、规模、物质组成、分选情况、植被生长情况,特别是组成物质的块度(必要时需进行块度统计和分区)结构、架空情况和密实度。 4.崩塌堆积床形态、坡度、岩性和物质组成、结构面产状。 5.崩塌堆积体内地下水的分布和运移条件。 6.评价崩塌堆积体自身的稳定性和在上方崩塌体冲击荷载作用下的稳定性,分析在暴雨等条件下向泥石流、滑坡转化的条件和可能性。

3.2.5 滑坡的工程地质勘察要点

1）滑坡勘察的任务和目的

滑坡勘察的任务和目的如下：

①查明滑坡的现状，包括滑坡的边界、地层结构、主滑方向，平面上的分块、分条，纵剖面上的分级，滑带部位、倾角，可能的形状，滑带土特性等滑坡形态要素。

②查明引起滑坡的主要原因。

③获得合理的计算参数：通过勘探、原位测试、室内试验等综合分析手段，获得各区段合理的抗剪强度指标。

④综合测绘调查、工程地质比拟、勘探及室内外测试结果，对滑坡当前和工程使用期内的稳定性作出合理评价。

⑤提出整治滑坡的工程措施或整治方案。

2）工程地质测绘

工程地质测绘的要点如下：

①工程地质测绘范围应包括滑坡区及其邻近稳定区域，测绘比例尺为 1 : 200 或 1 : 500。

②注意查明滑坡的发生与地层结构、岩性、断裂构造、地貌特征、水文地质、地震以及人为活动之间的关系，找出其主导因素。

③测绘、调查滑坡体上各种裂缝的分布特征以及相互之间关系。

④通过裂缝的调查、测绘，以及综合分析判断滑动面的深度和倾角大小，指导后续勘探工作。

⑤对岩质滑坡应注意缓倾角结构面的调查。

⑥应注意测绘调查滑体上或邻近建筑物的裂缝，但应注意区分滑坡引起裂缝、施工裂缝、不均匀沉降裂缝等之间的差异。

⑦调查、测绘地下水特征，泉水出露地点及流量。

⑧判断是新生滑坡还是古滑坡。

3）勘探工作要点

勘探工作要点主要有：

①勘探工作的主要任务是查明滑坡体的地质结构、滑动面的位置，展布形态和滑带土的性质；查明地下水情况，采取岩土试样进行试验等。

②勘探线应在测绘、调查基础上，沿滑动主轴方向布置。根据滑坡规模和分块情况，在主轴线两侧亦应布置勘探线或勘探点；在各勘探线上勘探点的间距，一般不宜大于 40 m。在预计设置排水以及相应治理建筑物的地段，应布置一定数量勘探点。

③为直接观察地层结构和滑动面或为大型原位测试试验，应布置一定数量的探井或探槽。对于土体滑坡可以布置适量静力触探点，对于岩质滑坡可以布置物探勘探。

④一般勘探点的深度，应穿过最下一层滑动面；少量控制性勘探点深度，应超过滑坡体前缘最低剪出口标高以下的稳定地层内一定深度。

⑤在滑坡体内、滑动面（带）和稳定地层内，均采取足够数量的岩土试样进行试验。

⑥为查明地下水类型、各层地下水位、含水层厚度、地下水流向、流速、流量以及承压性质，应布置专门的水文钻孔以及地下水长期观测孔。

⑦滑坡勘探选用管式钻头、全井取芯钻进，土质滑坡才用干钻。

4）测试和监测工作

（1）测试工作

为了验算滑坡的稳定性，必须对滑带土进行抗剪强度试验，求取 c、φ 值，大型滑坡还需做滑带土的原位试验。

（2）监测工作

规模较大的滑坡以及对工程有重要影响的滑坡，应进行监测。滑坡监测内容包括：滑带的孔隙水压力；滑体内的地下水水位、水质、水温和流量；支挡结构承受的压力及位移；滑坡地面位移监测等。

3.2.6　斜坡（自然条件下的边坡）场地的工程地质勘察要点

这里的斜坡是指地壳表部一切具有侧向临空面的天然地质体，由于针对崩塌和滑坡特殊的边坡形式在上面已经论述，因此该部分斜坡主要指不包含崩塌以及滑坡的边坡。

1）勘察的目的和任务

（1）勘探的目的

勘探的目的为：查明斜坡场地的工程地质条件，提出斜坡稳定性计算参数；分析斜坡的稳定性，预测因工程活动引起的斜坡稳定性变化；确定人工边坡的最优开挖坡形和坡角；提出潜在不稳定斜坡的整治与加固措施和监测方案；进行场地建筑适宜性评价。

（2）勘察任务

勘察应查明下列问题：

①地貌的形态、发育阶段和微地貌特征。

②构成斜坡岩土层的种类、成因、性质和分布；当有软弱层时，应着重查明其性状和分布；在覆盖层地区，应查明其厚度及下伏基岩面的形态与坡度。

③对岩质边坡需查明结构面类型、产状、间距、延伸性、张开度、充填及胶结情况，组合关系和主要结构面产状与坡面的关系等。

④地下水类型、水位、水量、水压、补给和动态变化，岩土体的透水性以及出露情况。

⑤地区的气候条件。

⑥岩土体的物理力学性质和软弱结构面的抗剪强度。

2）勘察阶段的划分

边坡勘察是否需要分阶段进行，应视工程的实际情况而定，通常斜坡的勘察多与建筑物的初步勘察一并进行，进行详细勘察的边坡多限于有疑问或已经发生变形破坏的边坡。对于坡长大于 300 m、坡高大于 30 m 的大型边坡或地质条件复杂的边坡，勘察需要按以下阶段进行。

①初步勘察包括：收集已有资料、进行工程地质测绘、必要时可进行少量的勘探和室内试验、初步评价边坡的稳定性。

②详细勘察应对不稳定的边坡以及相邻地段进行详细工程地质测绘、勘探、试验和观测，通

过分析计算作出稳定性评价;对人工边坡提出最优开挖坡角,对可能失稳的边坡提出防护处理措施。

③施工勘察应配合施工开挖进行地质编录,核对、补充前阶段的勘察资料,进行施工安全预报,必要时修正或重新设计边坡并提出处理措施。

3)勘察的技术方法

(1)工程地质测绘

测绘是在充分收集和详细研究已有资料的基础上进行的。除一般测绘内容外,应侧重与边坡稳定有关的内容,如边坡的坡形与坡角,软弱层产状与分布,结构面优势方位与坡面的关系,不良地质现象成因、性质等。测绘范围应包括可能对斜坡场地稳定性有影响的所有地段。

在有大范围岩石露头的地区,测绘路线按照垂直于主要构造线走向或坡面走向布置;路线间距 100~300 m,当地质条件复杂时应缩小间距;每个地质条件不同的区段应布置测绘路线;观测点间距视地质条件而定;对于断层破碎带等重要界限应进行追索。

岩体斜坡节理调查是一项重要工作,调查方法采用测线法或分块法。采用前者时每条测线长 10~30 m,采用后者时每一测区面积 25 m²。详细记录与测线或测区内的每条节理性状,每一节理组均应取样。

除平面图外,工程地质剖面图是斜坡稳定分析的重要图件。剖面的方向多取平行于坡面倾向的方向,其长度一般应大于自坡底至坡顶的长度,剖面的数量不应少于 2~3 条,同时,按需要可绘制平行坡面走向的剖面。

(2)勘探与取样

勘探测线应垂直于斜坡走向布置,勘探点间距不宜大于 50 m,当遇有软弱层或不利结构面适当加密。各构造区段均应有勘探点控制。为确定重要结构面的方位、性状,宜采用与结构面成 30°~60°的钻孔,孔数不少于 3 个。勘探点深度应穿过潜在滑面并深入到稳定层内部 2~3 m,坡脚处应达到地形剖面的最低点。钻孔应仔细设计,明确所要达到的地质目的,尽量考虑一孔多用。为提高重要地质界面处的岩芯采取率,有条件情况下采用双层或三层岩芯管。

重点地段可布置少量的探洞、探井或大口径钻孔,以取得直观地质资料和进行原位测试试验,探洞宜垂直坡面走向布置并略向坡外倾斜。当重要地质界面处有薄层覆盖层时,可布置探槽。

物探可用于探查边坡的覆盖层厚度,岩石风化层,软弱层性质、厚度及地下水位等资料,常与其他勘探方法配合使用。

斜坡的主要岩土层及软弱层均应取样,每一层的试样不少于 6 件(组)。有条件时,软弱层宜连续取样。

(3)测试工作

岩土试验是为斜坡的设计、施工和加固提供数据,需要为斜坡的各个区段拟定试验程序,包括实验项目、重要程序的顺序、试验方法要求、取样地点与方法等。

在初勘阶段一般只进行有限数量的钻探取样室内试验,主要试验工作应在详勘阶段进行。

试验工作着重确定岩土的抗剪强度。测定岩土体软弱面的抗剪强度,室内试验采用直剪试验,剪切方向和最大法向载荷的选择应与试验的坡体中的实际情况相近,有必要时可做三轴试验。对斜坡稳定起控制作用的软弱面,宜进行适当的大型原位剪切试验。对大型斜坡必要时可作岩体应力测试、波速试验、动力测试、模型试验和孔隙水压力测定。

3.3　勘察资料的分析与整理

　　勘察成果是在收集已有资料后,在工程地质测绘、勘探、测试、检验、监测所得各项原始资料和数据的基础上进行的,主要内容包括:岩土参数的分析选定、岩土工程分析评价、反分析和勘察报告的编写。

3.3.1　边坡工程岩土参数分析与选取

1) 岩土参数的可靠性和适用性

　　岩土参数的分析与选定是边坡工程分析评价和设计的基础。评价是否符合实际,设计计算是否可靠,很大程度上取决于岩土参数选定的合理性。

　　岩土参数可分为两类:一类是评价指标,用以评价岩土的性状,作为划分地层鉴定类别的主要依据;另一类是计算指标,用以设计岩土工程,预测岩土体在载荷和自然因素作用下的力学行为和变化趋势,指导施工和监测。工程上对这两类岩土参数的基本要求是可靠性和适用性。可靠性是指参数能正确反映岩土体在规定条件下的性状,能比较把握地估计参数真值所在的区间。适应性是指参数能满足岩土工程设计计算的假定条件和计算精度要求。边坡工程勘察报告应对主要参数的可靠和适用性进行分析,并在分析的基础上选定参数。

　　岩土参数的可靠性和适用性在很大程度上取决于岩土体受到扰动的程度和试验标准,它们涉及两个问题:取样器和取样方法问题以及试验方法和取值标准问题。通过不同取样器和取样方法的对比试验可知,不同的土体,凡是由于结构扰动强度降低的土,数据的离散性也显著增大。对同一土层的同一指标,采用不同的试验方法和标准发现,所获数据差异较大。因此,在进行岩土计算时,不仅要掌握岩土参数的数据,而且要了解取样和试验问题,对岩土参数的可靠性和适用性进行评价。

2) 岩土参数的统计分析

　　由于岩土体的非均质性和各向异性以及参数测定方法、条件与工程原型之间的差异等原因,岩土参数是随机变量,变异性较大。故在进行岩土工程设计时,应在划分工程地质单元的基础上作统计分析,了解各项指标的概率系数,确定其标准值和设计值。

　　岩土参数统计分析前,一定要正确划分工程地质单元体。不同工程地质单元的数据不能一起统计,否则因不同单元体岩土的物理力学性质参数差异较大而导致统计的数据毫无价值。

　　由于土的不均匀性,对同一工程地质单元(土层)取得土样,用相同的方法测定的数据通常是离散的,并以一定的规律分布,可以用频率分布直方图和分布密度函数来表示。为了简化上述表示,应采用统计特征值。常用的特征值可分为两大类:一类是反映数据分布的集中情况或中心趋势的,它们被作为某批数据的典型代表;另一类是反映数据分布的离散程度的。按《规范》规定,表征岩土工程性质的主要参数特征值,一类为算术平均值 f_m,另一类为标准差 σ_f 和变异系数 δ。其计算式为:

$$f_{\mathrm{m}} = \frac{1}{n}\sum_{i=1}^{n}f_i \tag{3.4}$$

$$\sigma_f = \sqrt{\frac{1}{n-1}\left[\sum_{i=1}^{n} f_i^2 - \frac{\left(\sum_{i=1}^{n} f_i\right)^2}{n}\right]} \tag{3.5}$$

$$\delta = \frac{\sigma_f}{f_m} \tag{3.6}$$

式中　f_i——岩土的物理力学指标数据；

　　　n——参加统计的数据个数。

标准差虽然是衡量参数离散度的尺子,但由于是有量纲的,不能用来比较不同参数的离散性,因此引入了变异系数的概念来评价岩土参数的变异特征,是国际通用指标。国内外部分学者致力于土体的各项参数变异系数的研究,分别如表 3.10、表 3.11 所示。

表 3.10　Ingles 建议的变异系数

岩土参数	范围值	建议标准值
内摩擦角 φ(砂土)	0.05 ~ 0.15	0.10
内摩擦角 φ(黏性土)	0.12 ~ 0.56	—
粘聚力 c(不排水)	0.20 ~ 0.50	0.30
压缩系数 α_{1-2}	0.18 ~ 0.73	0.30
固结系数 c_v	0.25 ~ 1.00	0.50
弹性模量 E	0.02 ~ 0.42	0.30
液限 w_p	0.02 ~ 0.48	0.10
塑限 w_L	0.09 ~ 0.29	0.10
标准贯入击数 N	0.27 ~ 0.85	0.30
无侧限抗压强度 q_u	0.06 ~ 1.00	0.40
孔隙比 e	0.13 ~ 0.42	0.25
重度 γ	0.01 ~ 0.10	0.03
黏粒含量 ρ_e	0.09 ~ 0.07	0.25

表 3.11　国内研究成果的变异系数

地区	土　类	重度 γ	压缩模量 E_s	内摩擦角 φ	粘聚力 c
上海	淤泥质黏土	0.017 ~ 0.020	0.044 ~ 0.213	0.206 ~ 0.308	0.049 ~ 0.089
	淤泥质亚黏土	0.019 ~ 0.023	0.166 ~ 0.137	0.197 ~ 0.424	0.162 ~ 0.245
	暗绿色亚黏土	0.015 ~ 0.031	—	0.097 ~ 0.268	0.333 ~ 0.646
江苏	黏土	0.005 ~ 0.033	0.177 ~ 0.257	0.164 ~ 0.370	0.156 ~ 0.290
	亚黏土	0.014 ~ 0.030	0.122 ~ 0.300	0.100 ~ 0.360	0.160 ~ 0.550
安徽	黏土	0.020 ~ 0.034	0.170 ~ 0.500	0.140 ~ 0.168	0.280 ~ 0.300
河南	亚黏土	0.015 ~ 0.018	0.166 ~ 0.469	—	
	粉土	0.017 ~ 0.044	0.209 ~ 0.417		

按变异系数的大小可划分变异性的不同等级(变异类型),以便提出不同的设计参数。《规范》规定的岩土参数变异性等级如表 3.12 所示。

表 3.12　岩土参数的变异等级

变异系数	$\sigma < 0.1$	$0.1 \leqslant \sigma < 0.2$	$0.2 \leqslant \sigma < 0.3$	$0.3 \leqslant \sigma < 0.4$	$\sigma \geqslant 0.4$
变异性等级	很低	低	中等	高	很高

分析岩土参数在垂向和水平方向的变异规律,有助于正确掌握这些参数的变异特性,按变异特性划分力学层位或分区统计指标,或者在岩土力学计算中引入参数变异规律的函数,以估计复杂条件下岩土的反应。

岩土参数在垂向(深度)上的变异,可划分为相关性和非相关性两类。相关性参数随深度呈有规律的变化(正相关或负相关),可以计算相关系数 r,并确定经验公式中的系数,其变异系数按下列两式确定:

$$\delta = \frac{\sigma_r}{f_m} \tag{3.7}$$

$$\sigma_r = \sigma_f \sqrt{1 - r^2} \tag{3.8}$$

式中　σ_r——剩余标准差;

　　　σ_f——标准差;

　　　r——相关系数;

　　　f_m——算术平均值。

按计算确定的 δ 值,既可以将岩土参数随深度的变化变异特征划分为均一型($\delta < 0.3$)和巨变型($\delta \geqslant 0.3$)。

3)岩土参数的标准值和设计值

岩土参数的标准值是岩土工程设计时所采用的基本代表值,是岩土参数的可靠性估值。它是在统计学区间估计理论基础上得到的关于参数母体平均值置信区间的单侧置信界限值。母体平均值 μ 可靠性估值 f_k(即标准值)按下式求得:

$$P(\mu < f_k) = \alpha \tag{3.9}$$

α 为风险率,是一个可以接受的小概率,符合上式的单侧置信下限。当采取下限值作为设计值时,意味着参数母体平均值可以推断为一个大概率大于设计值,而仅有一个小的风险率可能会小于此值。

按区间估计理论,估计总体平均值的单侧置信界限由下式求得:

$$f_k = f_m \left(1 + \frac{t_a \sigma}{\sqrt{n} f_m}\right) = f_m \left(1 + \frac{t_a}{\sqrt{n}} \delta\right) \tag{3.10}$$

式中　t_a——学生氏函数,按风险率 α 和样本容量 n,从有关表格中查得;

　　　其他符号同前。

当 $\alpha = 0.05$ 时,式(3.10)可以简化为:

$$f_k = r_s \cdot f_m \tag{3.11}$$

$$r_s = 1 \pm \left(\frac{1.704}{n} + \frac{4.678}{n^2}\right) \delta$$

式中 r_s——统计修正系数。其值可按岩土工程的类型和重要性、参数的变异性和统计时数据的个数,根据经验选用。

3.3.2 边坡工程地质勘察报告

勘察报告是边坡工程勘察的总结性文件,一般由文字报告和所附图表组成。此项工作是在岩土工程勘察过程中所形成的各种原始资料编录的基础上进行的。为了保证勘察报告的质量,原始资料必须真实、系统、完整。因此,对岩土工程分析所依据的一切原始资料,均应及时整编和检查。

1)报告的基本内容

岩土工程勘察报告的内容,应根据任务要求、勘察阶段、地质条件、工程特点等情况确定。鉴于岩土勘察的类型、规模各不相同,目的要求、工程特点和自然地质条件等差别很大,因此只能提出报告的基本内容。报告一般应包括下列各项基本内容:

①委托单位、场地位置、工作简况,勘察的目的、要求和任务,以往的勘察工作及已有的资料情况。

②勘察方法以及勘察工作量布置,包括各项勘察工作的数量布置及依据,工程地质测绘、勘探、取样、室内试验、原位测试等方法的必要说明。

③斜坡场地工程地质条件分析,包括地形地貌、地层岩性、地质构造、水文地质和不良地质现象等内容,对斜坡场地稳定性和适宜性作出评价。

④岩土参数的分析与选用,包括各项岩土性质指标的测试成果及其可靠性和适宜性,评价其变异性,提出其标准值。

⑤工程施工和运营期间可能发生的岩土工程问题的预测及监控、预防措施的建议。

⑥根据地质和岩土条件、工程结构特点及场地环境情况,提出的地基基础方案、不良地质现象整治方案、开挖和边坡加固方案等岩土利用、整治和改造方案的建议,并进行经济论证。

⑦对建筑结构设计和监测工作的建议、工程施工和使用期间应注意的问题、下一步勘察工作建议。

2)报告应附的图表

勘察报告应附必要的图表,主要包括以下内容:

①斜坡工程地质图。

②工程地质柱状图、剖面图或立体投影图。

③室内试验和原位测试成果图表。

④岩土利用、整治、改造方案的有关图表。

⑤岩土工程计算简图及计算成果图表。

3)单项报告

除上述综合岩土工程勘察报告外,也可根据任务要求提交单项报告,主要包括以下内容:

①岩土工程测试报告。

②岩土工程检测或监测报告。

③岩土工程事故调查与分析报告。

④岩土利用、整治或改造方案报告。

⑤专门岩土工程问题的技术咨询报告。

最后需要指出的是,勘察报告的内容可根据岩土工程勘察等级酌情简化或加强。

本章小结

本章主要介绍了边坡岩土工程勘察技术方法,探讨了边坡岩土工程勘察的基本技术要求、工程地质测绘、勘探与取样、岩土原位测试以及勘察成果的整理。同时针对边坡工程勘察的特殊性要求,以勘察要点的形式介绍了边坡工程勘察方法和技术要求。

通过本章的学习,要求学生能够熟练掌握岩土工程勘察的分级以及勘察阶段的划分,掌握边坡岩土工程勘察的基本思路,掌握各种勘察方法的适用性以及不同勘察阶段基本任务要求,掌握各种类型边坡的勘察要点。

习　题

3.1　边坡工程主要的勘察方法有哪些?

3.2　边坡工程勘察阶段是如何划分的?

3.3　崩塌的勘察要点是什么?

3.4　滑坡的勘察要点是什么?

3.5　斜坡场地的勘察要点是什么?

3.6　边坡工程勘察报告包括哪些基本内容?

参考文献

[1] 中华人民共和国国家标准 GB 50021—2001　岩土工程勘察规范[S].北京:中国建筑工业出版社,2009.

[2] 中华人民共和国行业标准 DZ/T 0218—2006 滑坡防治工程勘查规范[S].北京:中国标准出版社,2009.

[3] 李智毅,唐辉明.岩土工程勘察[M].武汉:中国地质大学出版社,2000.

[4] 王孔伟,周金龙.工程地质与水文地质[M].郑州:黄河水利出版社,2009.

[5] 杨连生.水利水电工程地质[M].武汉:武汉大学出版社,2004.

[6] 左建,郭成久.水利工程地质学原理[M].北京:中国水利水电出版社,2004.

[7] 张忠苗.工程地质学[M].北京:中国建筑工业出版社,2007.

[8] 晏鄂川,唐辉明.工程岩体稳定性评价与利用[M].武汉:中国地质大学出版社,2002.

[9] 金德濂.水利水电工程边坡的工程地质分类(上)[J].西北水电,2000(1):10-15.

[10] 金德濂.水利水电工程边坡的工程地质分类(中)[J].西北水电,2000(2):10-12.

[11] 金德濂.水利水电工程边坡的工程地质分类(下)[J].西北水电,2000(4):6-13.

[12] 孙广忠.岩体结构力学[M].北京:科学出版社,1998.

4

边坡稳定性评价

本章导读：

● **基本要求** 掌握安全系数的定义、设计安全系数的概念、瑞典条分法、平面滑动岩坡稳定性分析方法、双平面滑动岩坡稳定性分析方法；熟悉改进的条分法、楔形滑动岩坡稳定性分析方法、倾倒破坏岩坡稳定性分析方法；了解影响边坡稳定性的因素、工程地质类比法、赤平投影法。

● **难点** 边坡安全系数的定义、特殊滑动模式岩坡稳定性分析方法。

● **重点** 设计安全系数的确定、定性分析方法和定量分析方法的应用。

边坡稳定分析是一个古老而又复杂的课题,这不仅是因为影响边坡稳定性的因素复杂,还因为边坡稳定性的分析方法复杂。在进行边坡稳定性分析时,首先应根据地质体结构特征确定边坡可能的破坏形式,然后针对不同破坏形式采用相应的分析方法。严格而言,边坡滑动大多属于空间滑动问题,但对只有一个平面构成的滑裂面,或者滑裂面由多个平面组成而这些面的走向又大致平行且沿着走向长度大于坡高时,也可按平面滑动进行分析,其结果偏于安全。在平面分析中,常常把滑动面简化为圆弧、平面或折面,对指定的滑动面进行稳定验算。目前,用于分析边坡稳定性的方法种类繁多,主要有以下 4 种:第一种是以经验为主的工程地质类比法;第二种是以分析工程地质结构的分布位置及其组合情况为基础的赤平投影法;第三种是以有限元、边界元或离散元等方法分析计算边坡内部的变形特征和应力状态,并以强度折减法评价其稳定性的应力应变数值法;第四种是以刚体极限平衡理论为基础,利用数学分析法,最后求得安全系数或类似安全系数来进行定量评价的刚体极限平衡法。上述各种分析方法都有各自的特点和适用范围,其中前两种方法为定性分析方法,后两种方法为定量分析方法。一般来讲,在进行边坡稳定性分析时,需将定性分析方法和定量分析方法配套使用。

4.1 影响边坡稳定性的因素

影响边坡岩体稳定性的因素大体上可以分为两类:自然因素和人为因素。自然因素包括岩性、岩体结构、地表水、地下水、构造运动、地震以及风雪等因素;人为因素则包括边坡开挖、地表外加荷载、爆破等因素。

4.1.1 自然因素

1)岩性

岩性即岩土性质的影响,包括岩石的化学和物理力学性质,即岩土的坚硬程度、抗风化能力、抗软化能力、强度、组成、透水性等;岩层的构造与结构的影响,表现在节理裂隙的发育程度及其分布规律、结构面的胶结情况、软弱面和破碎带的分布与边坡的关系、下伏岩土界面的形态以及坡向、坡角等。

2)岩体结构

岩体结构包括两个因素,结构面和结构体。结构面是指岩石物质分异面及不连续面,具有一定方向、规模、形态和特性的面、缝、层、带状的各种地质界面。结构体是由不同产状的各种结构面组合起来,将岩体切割单元块体而成的。岩体结构主要是指结构面和岩块的特性以及它们之间的排列组合。影响边坡稳定的岩体结构因素主要包括:结构面的倾向、倾角和走向,结构面的组数和数量,结构面的连续性,结构面的起伏差和表面性质以及软弱结构面。

3)地表水

地表水对土质边坡的影响主要以冲刷侵蚀为主。在雨水作用下,水在坡表面流动的过程中比较均匀地冲刷整个坡面的松散物质,使坡面降低,边坡后移,这就是面状侵蚀。由于坡面一般不平整,存在一定的沟槽和低凹地,或密实度较小、受冲刷侵蚀不均匀、在坡面容易形成细沟,随着冲刷的日益加剧,最终使坡面细沟逐渐加深和变宽,形成冲沟、局部的沟坎,并容易发生崩垮,或使坡体切割分解,逐渐失稳。这些垮塌物质堵塞冲沟,也可能形成泥石流等灾害。

地表水对岩质边坡的影响较小,因为岩质边坡的强度较高,不容易侵蚀。但若岩石风化较严重,降雨强度较大,则会使岩石的风化层受到影响,使其从基岩剥离。在地表水的流动下,会带走被剥离了的岩屑,使新鲜基岩出露地表,接受风化。长期往复的交替作用会使岩体变薄,强度降低,风化裂隙加深,产生恶性循环。当地表水在岩石坡面排泄受阻时,会加大岩体的重量,增加坡体的下滑力。

4)地下水

地下水存在岩体的裂隙中时,会对岩体产生静水压力。其作用方向与孔隙面相垂直,作用大小与孔隙水水头有关,水头越高,则静水压力越大。静水压力会对岩体产生一个下滑推力或向上的浮托力,从而降低岩体边坡的稳定性。当排水不畅,裂隙水压力剧增时,将引起边坡失稳破坏。对于土质滑坡,地下水位在土体中,使土体的有效应力降低,从而导致土体抗剪强度下降。

地下水在渗流过程中会对岩土体施加一个渗透力。它是一个体积力,其大小与流动水的体积、水的容重和水力梯度有关,其方向与水流的方向一致。当地下水顺着坡体向下时,对整坡体施加向下的渗透力,使坡体整体稳定性下降。在地下水渗流作用下,岩土体还会产生渗透破坏。土质边坡可能造成潜蚀破坏,岩质边坡结构面的填充物在水的浮力作用下,重量降低,动水压力稍大时,就会带走结构面中的填充物颗粒,侵蚀掏空岩块之间的填充物。

当边坡岩土体亲水性较强或有易溶矿物成分时,如含易溶岩类黏土质页岩、钙质页岩、凝灰质页岩、泥灰岩或断层角砾岩等,浸水易软化、泥化或崩解,导致边坡变形或破坏。此外,地下水使滑动面湿润还会降低摩擦系数,同时动水还会磨平粗糙的岩石面,使其变得光滑,降低了岩石的摩擦系数,减小了岩体的抗滑力,降低了边坡的稳定性。

5)构造应力场

大地构造运动通常划分为以断裂为主的地壳断裂运动和以折皱为主的地壳折皱运动,这两种运动都会产生构造应力。开挖形成的挖方边坡影响挖方边界处岩体的应力状态。由于地层的构造作用,基岩可能承受一定的水平向构造应力,这种构造应力对挖方边坡的性能有着重要影响,尤其在深挖方中,这种影响是相当明显的。在边坡稳定性的极限平衡分析中是无法考虑构造应力影响的,在应力应变的数值分析中,则可以定量地计算构造应力大小。

6)地震

地震作用除了使岩土体增加下滑力外,还常常引起孔隙水压力的增加和岩土体强度的降低。在边坡稳定性研究中地震力属于一种动力,确切地说是一种波动力,依靠地震波传播。

7)其他影响

其他影响因素,如风雪荷载等的影响。

4.1.2 人为因素

①开挖、填筑、堆载、加固等人为因素同样会影响边坡的稳定性。边坡开挖对边坡稳定性的影响因素主要为坡高与坡比,坡高愈大,坡比愈大(边坡角愈陡),在其他条件相同的情况下,边坡稳定性愈差,边坡破坏概率也就愈大。开挖面形态也是一个重要因素,开挖的边坡面可以是直线形、凹形或凸形。从力学机制分析,凹形坡面是一个稳定形态,但实际上矿山边坡多为凸形坡面,因为上部边坡往往是冲积层,下部才是基岩,冲积层的边坡角应缓,基岩的边坡角则应放陡。边坡的超挖(即超过设计深度的开挖)对边坡破坏程度也很大,对于矿山硬岩,为了能形成要求的坡面,有时钻孔的深度要稍大于台阶边坡高度,即需要一定的超深,超深过大即形成超挖,坡趾经受破坏时有可能导致上部坡面岩体发生滑动和崩塌。

②爆破对边坡稳定性的影响与地震类似,但爆破产生的震动与地震的震动效应有差别,爆破药量愈大;质点震动频率愈低,周期愈长,从而愈接近地震效应。通常,形成边坡面的爆破多为钻孔爆破,它对岩石边坡的破坏作用机理有两点:炮孔的升压作用,即爆破生成的气体升压(膨胀压力);由升压作用在炮孔周边产生的压力脉冲(冲击波)在传播时形成应力波。

③加固对边坡稳定性的影响。加固能改善边坡的稳定性,常用的加固措施有锚杆、锚索、抗滑桩、挡土墙、格构梁等。

④其他因素的影响。边坡坡顶面上的行车荷载会对边坡造成一定的影响,由于这种影响较

小,稳定性分析中往往忽略不计。

4.2 边坡稳定性的判别标准

长期以来,工程界广泛使用安全系数来进行边坡的稳定性评价。工程师通常采用抗滑力除以滑动力来定义安全系数。这一做法具有简便易操作的优点,但是也带有较多的经验成分。由于稳定性计算中含有若干不确定性,为保证设计的边坡处于稳定状态,应使计算的稳定系数大于1,以使其具有一定的安全储备,也就是要规定一个稳定系数设计现值——安全系数。用极限平衡法分析边坡稳定性时,一般采用边坡稳定系数与规范规定的设计安全系数进行对比来加以判断,当边坡稳定系数大于设计安全系数时就认为边坡是安全稳定的;否则,就认为是不稳定、不安全的。

4.2.1 安全系数的定义

安全系数是结构和岩土工程中最早出现,也是使用范围最广的一种衡量安全度的指标。传统的安全系数采用的定义为

$$K = \frac{结构可能提供抗力}{导致结构破坏的作用力} \tag{4.1}$$

在实践中,人们发现这一定义存在着一系列缺点。

①力从本质上来讲是矢量,要对不同性质的力进行数量概念上的大小比较,原则上来说是不可能的。因此,还需设定一个投影轴,将上述公式表达为

$$K = \frac{结构可能提供抗力在投影轴上的总和}{导致结构破坏的作用力在投影轴上的总和} \tag{4.2}$$

而选择这一投影轴时难免带有人为和主观成分。

②一个完整的平衡力系应同时包括力和力矩平衡的概念。因此,上式的另外一种可能的表达形式是滑动力矩和抗滑力矩之间的比较。进行这种比较的前提是静力平衡条件已充分得到满足。

③无论采用上述何种定义,抗力和作用力是不相等的。在一般情况下,抗力应大于作用力。因此,在进行安全系数计算时,结构并不是真实处于一个极限平衡状态,而是处于一个假设的具有安全储备的状态。此外,大部分岩土和结构分析问题是超静定和非线性的,内力和安全系数几乎是在同时获得的,原则上不可能通过式(4.1)或式(4.2)来计算安全系数。

20 世纪 50 年代初,毕肖普(Bishop)提出了通过折减强度指标的方式来定义安全系数,这一做法是在现有的具有一定安全储备的边坡以外构筑一个"虚拟"的边坡,这一边坡具有与真实边坡完全相同的轮廓,但是构成边坡的所有材料的强度指标均从 c 和 φ 缩减为 $c_e = \dfrac{c}{K}$ 和 $\tan \varphi_e = \dfrac{\tan \varphi}{K}$,此时滑面上的法向应力和剪应力满足下式

$$\tau = c_e + \sigma_n \tan \varphi_e \tag{4.3}$$

采用这一处理方案后,作用在边坡上的力构成一个平衡力系,求解这个力系,可解出安全系数。采用这一安全系数定义,未知量 K 是通过严格的静力平衡分析获得的,上述种种问题均迎刃而解。

半个多世纪的实际应用证明,毕肖普的这一基于强度折减的安全系数具有良好的实用性,已被工程界广泛接受。一个上亿立方米和一个几百立方米的边坡,几乎可以用同样的标准来规定其安全储备。这一定义作为岩土工程边坡稳定分析中的一个特有的处理方式,将在相当长的时期内存在。

4.2.2 设计安全系数

确定安全系数的允许标准是一个关系建筑物安全和工程投资的重大问题,安全系数即使仅增加0.05,也意味着工程投资的巨额增加。正因为这原因,国内外对边坡工程设计安全系数的规定十分慎重。边坡设计安全系数是根据边坡工程的重要性、外界条件对边坡的影响、边坡的性质和规模、边坡失稳的后果及整治的难易程度等因素综合考虑后对安全系数的限值,取值大小与采用的分析方法有关,同时在一定程度上也反映了社会经济水平及风险接受水平。目前我国的边坡工程技术规范主要是由涉及边坡工程的建筑、水利、水电、公路和铁路等行业各自制定的,如《建筑边坡工程技术规范》(GB 50330—2002)、《水利水电工程边坡设计规范》(SL 386—2007)、《水电水利工程边坡设计规范》(DLT 5353—2006)、《公路路基设计规范》(JTGD 30—2004)、《铁路路基设计规范》(TB 10001—2005)等,这些规范都对相关行业的边坡设计安全系数进行了详细规定。在进行边坡工程的设计时,必须按照相关行业的技术标准来选择设计安全系数,只有这样边坡的安全稳定才有保障。必须注意,随着人类认识水平的提高和科学技术的进步,边坡工程技术规范总会隔一段时间进行修订,设计人员必须适时地采用最新的行业规范。上述规范目前都是相关行业的最新规范,下面以《建筑边坡工程技术规范》(GB 50330—2002)(以下简称"建筑规范")为例来具体说明边坡设计安全系数取值的相关技术标准。

在建(构)筑物场地或其周边,由于建(构)筑物和市政工程开挖或填筑施工所形成的人工边坡和对建(构)筑物安全或稳定有影响的自然边坡,在建筑规范中简称建筑边坡。在选择建筑边坡的设计安全系数时,必须使之与边坡安全等级、边坡稳定性分析方法相匹配。

1)建筑边坡安全等级标准

边坡工程应按其损坏后可能造成的破坏后果(危及人的生命、造成经济损失、产生社会不良影响)的严重性、边坡类型和坡高等因素,根据表4.1确定安全等级。一个边坡工程的各段,可根据实际情况采用不同的安全等级。对危害性极严重、环境和地质条件复杂的特殊边坡,其安全等级应根据工程情况适当提高。失事后果很严重、严重的下列建筑边坡工程,其安全等级应定为一级:a.由外倾软弱结构面控制的边坡工程;b.危岩、滑坡地段的边坡工程;c.边坡塌滑区内或边坡塌方影响区内有重要建(构)筑物的边坡工程。

破坏后果不严重的上述边坡工程的安全等级可定为二级。

2)建筑边坡稳定性计算方法

边坡稳定性评价应在充分查明工程地质条件的基础上,根据边坡岩土类型和结构,综合采用工程地质类比法和刚体极限平衡计算法进行。在进行边坡稳定性计算之前,应根据边坡水文地质、工程地质、岩体结构特征以及已经出现的变形破坏迹象,对边坡的可能破坏形式和边坡稳定性状态做出定性判断,确定边坡破坏的边界范围、边坡破坏的地质模型,对边坡破坏趋势做出判断。

边坡稳定性计算方法,根据边坡类型和可能的破坏形式,可按下列原则确定:

①土质边坡和较大规模的碎裂结构岩质边坡宜采用圆弧滑动法计算。

②对可能产生平面滑动的边坡宜采用平面滑动法进行计算。

③对可能产生折线滑动的边坡宜采用折线滑动法进行计算。

④对地质结构复杂的岩质边坡,可配合采用赤平极射投影法和实体比例投影法分析。

⑤当边坡破坏机制复杂时,宜结合数值分析法进行分析。

表4.1 边坡工程安全等级

边坡类型		边坡高度	破坏后果	安全等级
岩质边坡	岩体类型为Ⅰ或Ⅱ类	$H \leq 30$	很严重	一级
			严重	二级
			不严重	三级
	岩体类型为Ⅲ或Ⅳ类	$15 \leq H \leq 30$	很严重	一级
			严重	二级
		$H \leq 15$	很严重	一级
			严重	二级
			不严重	三级
土质边坡		$10 \leq H \leq 15$	很严重	一级
			严重	二级
		$H \leq 10$	很严重	一级
			严重	二级
			不严重	三级

3)建筑边坡稳定性评价标准

边坡工程稳定性验算时,其安全系数应不小于表4.2中的设计安全系数的要求,否则应对边坡进行处理。对地质条件很复杂或破坏后果极严重的边坡工程,其设计安全系数宜适当提高。

表4.2 设计安全系数

	一级边坡	二级边坡	三级边坡
平面滑动法 折线滑动法	1.35	1.30	1.25
圆弧滑动法	1.30	1.25	1.20

4.3 工程地质类比法

工程地质类比法是指把所要研究的边坡与已取得勘察资料、建筑经验地质条件类似的边坡进行对照,并做出工程地质评价的方法,又称工程地质比拟法。主要是对已有边坡的岩性、结构、自然环境、变形主导因素和发育阶段等做全面分析,并与拟建边坡做出相似性的比较,评价拟建边坡的稳定性和发展趋势。例如:从失稳边坡与稳定边坡在地貌上不同的特征,来判断边坡的演变和稳定性;从边坡的结构和作用等因素的组合,来判断边坡稳定性的变化趋向等。

4.3.1　边坡稳定条件形态对比法

稳定边坡形态要素一般有以下规律性,对于待分析的边坡可以与之相比较并定性地初步判断该边坡是否稳定。

①自然斜坡的外形受地质结构、岩性、气候条件、地下水赋存状况、坡向等多因素影响。由于重力因素的作用,通常稳定的高边坡要比稳定的低边坡平缓。

②影响边坡的重力、岩性、岩体结构构造、气候条件、坡向相同时,人工边坡较自然斜坡可维持较陡的坡度。

③研究表明,将同一种斜坡调查所得稳定自然边坡的高度 H 和坡面投影长度 L 存在幂函数关系[式(4.4)],若 H、L 数绘于双对数坐标纸上,可得到一条截距为 a、斜率为 b 的直线。对于不同斜坡调查的结果所绘制的各直线有会聚的趋势。据经验该会聚点坐标为 $H = 3\ 050$ m 和 $L = 22\ 800$ m(图4.1)。

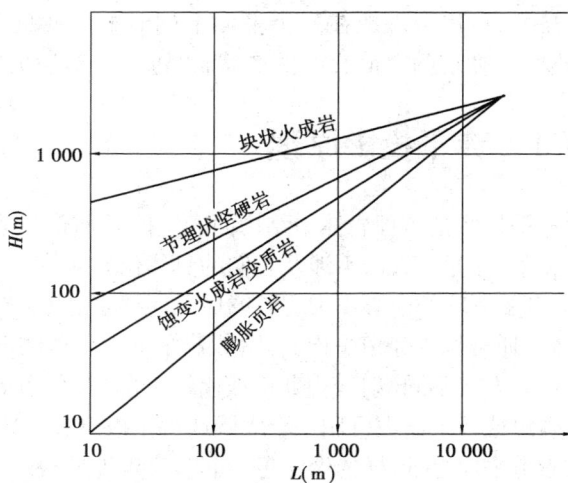

图4.1　斜坡坡度、坡面长度经验会聚点

$$H = aL^b \tag{4.4}$$

式中　H——自然斜坡高度,m;
　　　L——自然斜坡坡面投影长度,m;
　　　a,b——常数,与不同类型边坡有关。

4.3.2　边坡失稳条件对比法

通过对拟建边坡进行长期观测和与邻近同类边坡的相似性对比,结合边坡出现的对稳定性有影响的下列不利地质条件(失稳因素),确定这些不利条件对边坡稳定影响的程度,做出边坡稳定性判断。

①边坡及其邻近地段滑坡、崩塌、陷穴等不良地质现象。

②岩质边坡中的泥岩、页岩等易风化、软化岩层或软硬交互的不利岩层组合。

③土质边坡中网状裂隙发育,有软弱夹层,或边坡体由膨胀岩土层组成。

④软弱结构面与坡面倾向一致,或交角小于45°且结构面倾角小于坡角,或基岩面倾向坡外且倾角较大,即边坡存在外倾结构面。

⑤地层渗透性差异大,地下水在弱透水层或基岩面上积聚流动,断层及裂隙中有承压水露出。

⑥坡上有漏水,水流冲刷坡脚或因河水位急剧升降引起岸坡内动水压力的强烈作用。

⑦边坡处于强震区或邻近地段采用大爆破施工。

4.4 赤平投影法

岩质边坡的各种破坏形态主要是受结构面控制,把握结构面的几何特征是正确判断边坡可能失稳模式的关键。在工程地质界,常用结构面的倾向和倾角表现结构面空间形态。采用赤平投影技术,可以合理地在一个平面上同时显示倾向和倾角两个参数;同时,通过一定的操作步骤,还可以确定两个面交线的产状,以进一步对边坡的失稳模式做出判断,这就是赤平投影法。

4.4.1 赤平投影原理

赤平投影把节理岩体中结构面的空间几何信息表现在平面上,其特点是:只反映物体线和面产状和角距的关系,而不涉及它们的具体位置、长短、大小和距离远近。它以一个参考球作为投影工具,以参考球的中心作为比较物体几何要素(点、线、面)方向和角距的圆点,以通过球心的一个水平面(通常称为赤道平面)作为投影平面。球体的上、下两个球极分别称为北极和南极。根据极射投影的方式不同(射线由北极或南极发出)又分为上半球或下半球投影。在赤平投影方法中,倾向和倾角这两个参数可用一个大圆或一个极点唯一地表示(图4.2),然后通过不同的投影方式投影在赤道平面上,这样的做法可以非常直观地反映岩体中结构面的分布情况。

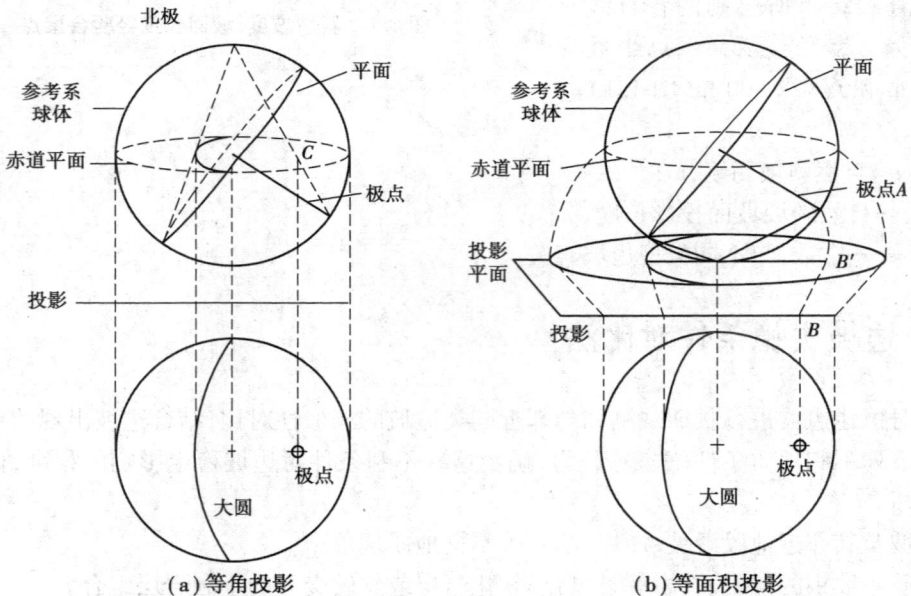

图 4.2　不同的赤平投影方法

目前较为常用的投影方法有两种,即等角投影法和等面积投影法(图 4.2)。这两种投影法各有利弊,等角投影法的优点是直接方便,但是在将球面上不同点投影到赤道平面上后,其相对位置发生了变化,等面积投影法恰好弥补了这一缺陷,用它对结构面进行统计分析、绘制结构面极点等密度图时比较方便,因此在下面的论述中我们采用的是等面积投影法。

4.4.2　边坡失稳模式判别方法

在岩质边坡中,岩体的失稳与破坏主要受岩体内结构面的控制,它们相互之间的空间分布位置、组合关系(包括自然边坡或边坡开挖面的产状)和结构面的物理力学性质等,对边坡的稳定都起着至关重要的作用。赤平投影方法正是基于这一点来进行的,图4.3说明了边坡常见的三种破坏类型与相应的结构面赤平投影图的对应关系(Hoek & Bray,1977)。

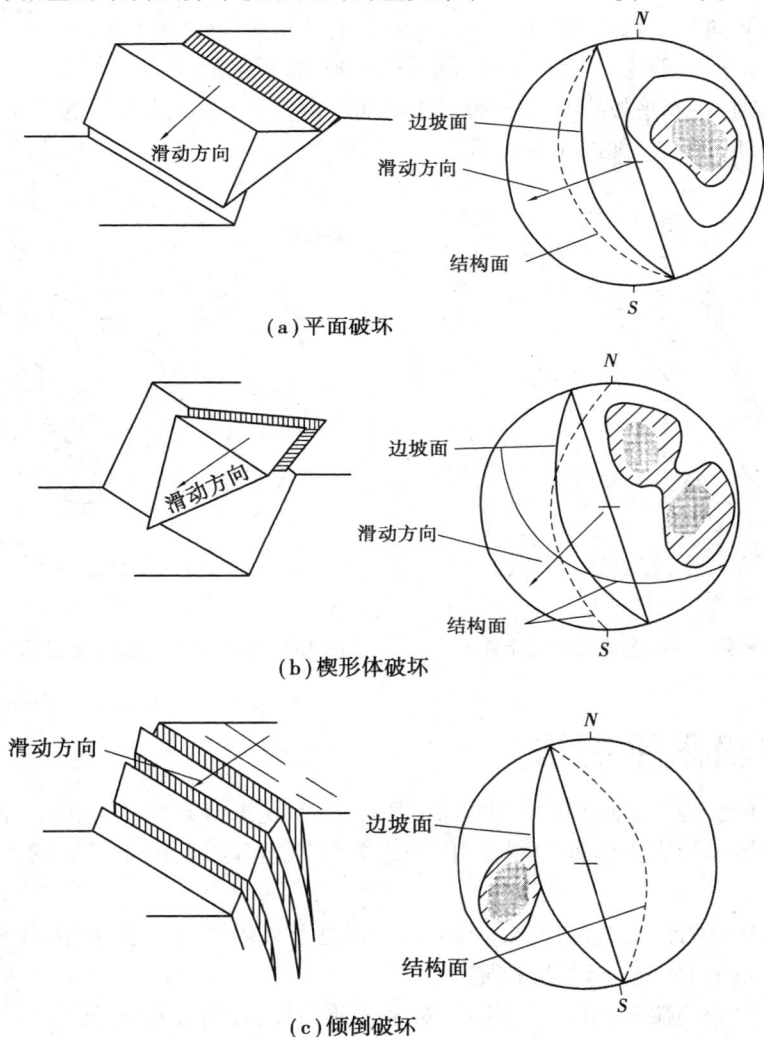

(a)平面破坏

(b)楔形体破坏

(c)倾倒破坏

图4.3　边坡岩体结构类型及其失稳破坏形式

在平面破坏和楔体破坏两种类型中,其失稳或滑动的判别原则一般可简单归纳为(图4.4) $\beta_p \geq \beta \geq \varphi$,其中: β 为结构面(或某两组结构面交线)在坡面倾向上的视倾角; β_p 为边坡面(或某两组结构面交线)的倾角; φ 为结构面的摩擦角。特别值得指出的是,这一可能滑动的条件只考虑了结构面的摩擦角。如果有凝聚力存在,可以按照等效摩擦角的概念综合考虑凝聚力的影响。如果结构面或者两组结构面交线的倾向为 α_j,倾角为 β_j,坡面的倾向、倾角分别为 α_p 和 β_p,则结构面或者两组结构面交线的视倾角 β 可用下式表示

$$\tan \beta = \cos(\alpha_j - \alpha_p)\tan \beta_j \tag{4.5}$$

在此判别中,还要考虑坡面倾向与结构面倾向的一致性(通常认为当两者夹角≤20°时才可能发生滑动)。当有多组结构面组合构成楔体破坏时,还要考虑每两组结构面交线的产状与滑动方向的关系等综合因素。

根据国内外有关文献资料及已有的工程经验,倾倒破坏一般来说要满足以下条件:

①边坡面的倾角≥30°。

②边坡面的倾向与结构面的倾向相反,且两者的夹角应≥120°。

③倾倒区的范围一般为:(120° − 坡面倾角)~90°的倾角范围。

根据上述原则,在赤平投影平面上的可能滑动区由 $\beta_p \geqslant \beta \geqslant \varphi$ 所包围的月牙形区域组成,可能倾倒区由边缘环段组成,如图4.5所示。

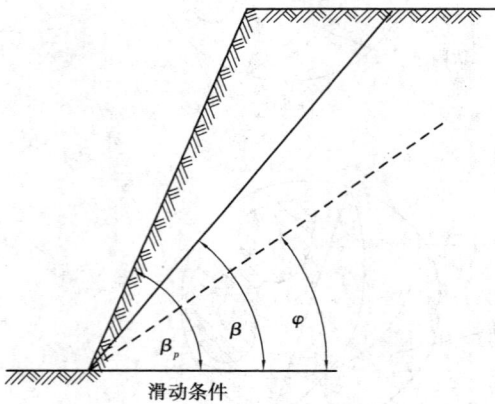

图4.4　平面滑动或楔体破坏的条件

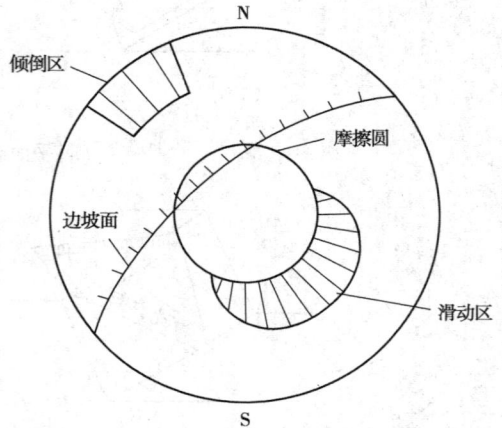

图4.5　用于岩质边坡稳定分析的赤平投影图

4.5　刚体极限平衡法

刚体极限平衡法是将边坡稳定问题当作刚体平衡问题来研究,因此它有以下基本假定:

①将组成滑坡体的岩土体视为刚体,用理论力学原理分析其处于平衡状态时必须满足的条件。

②假设滑动块体沿滑面或沿块体之间的错动面处于极限平衡状态,即作用于滑面上的应力满足摩尔-库仑(Mohr-Coulumb)屈服准则。

③滑面可简化为圆弧面、平面或折面。对于岩质边坡,优势结构面及其组合构成了岩坡分离体和滑动边界,也就是说优势结构面控坡。

在稳定性分析中,对于仅有单一滑面的简单边坡,根据基本假设完全可以确定稳定性分析中所出现的未知数。但在复杂状态下,亦即边坡体被分割成几何形态比较复杂的岩土块时,只凭刚体极限平衡法中的基本假设已无法确定数目较多的未知数。因此,必须在基本假设之外,再根据具体情况增添若干补充假定,在这些补充假定中,有的假定岩土块之间接触面上作用力

的方向,有的假定该作用力的分布,也有的假定该作用力的位置等。由于分析观点的不同,采用补充假定的方式也不同,因此,在刚体极限平衡法中,又派生出各种不同类型的解法。

4.5.1　瑞典条分法

瑞典条分法首先由彼得森氏(PettersonK. E)提出,费伦纽斯(FelleniusW)和泰勒(TaylorD. W)进一步发展了这一方法。由于此法首先在瑞典被采用,因此常被称为瑞典条分法。

如图4.6所示边坡,设其由均质材料构成,其抗剪强度服从摩尔-库仑定律(式4.7)

$$\tau_f = c + f\sigma = c + \sigma \cdot \tan \varphi \tag{4.6}$$

式中　c——粘聚力,kPa;

　　　φ——内摩擦角;

　　　f——摩擦系数;

　　　σ——剪切面上的法向压应力,kPa。

当有孔隙压力存在时,可按有效应力法分析,此时 σ 指材料颗粒间的有效压应力,即接触应力,而 c 及 φ 亦分别表示与此相应的有效粘聚力及有效摩擦角。

它的计算方法如下:

①根据式(4.1),各圆弧上的 K 值可按式(4.6)计算:

$$K = \frac{\text{剪切面上能提供的抗滑力矩}}{\text{滑动力矩}} = \frac{M_R}{M_O} \tag{4.7}$$

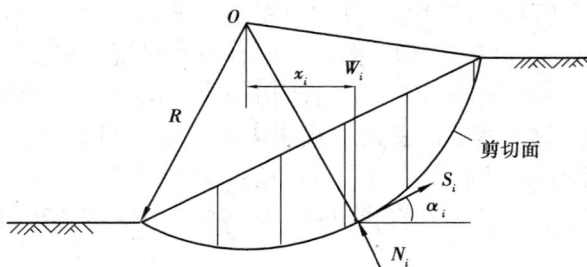

图4.6　瑞典条分法计算简图

所有这些力矩都以滑弧的圆心 O 为矩心。

②作用在滑动体上所有力(除圆弧面上的抗滑力)对 O 点的力矩叠加,即为 M_O。如果仅承受自重作用,可将滑动体分为 n 个竖向分条并计算每一分条的质量 W_i,令 W_i 作用线到矩心 O 的平距为 x_i,则:

$$M_O = \sum_{i=1}^{n} W_i \cdot x_i \tag{4.8}$$

以下将 $\sum_{i=1}^{n}$ 简写为 $\sum$。如果在滑动体上还作用其他外力,例如表面荷载、地震惯性力等,则可在 M_O 的公式中放入上述各力对于圆心 O 的力矩。

③抵抗力矩 M_R 的计算:计算每一分条在底面上所能提供的最大抗滑剪力:

$$S_i = c_i l_i + f_i \cdot N_i \tag{4.9}$$

式中,N_i 是作用在第 i 号分条的底面上的有效法向力;l_i 是该分条底面长度(m)。于是有

$$M_R = \sum S_i \cdot R = R \cdot \sum (c_i l_i + f_i N_i) \qquad (4.10)$$

④由于各分条的 N_i 等于 $W_i \cos \alpha_i$，则：

$$M_R = R \cdot \sum (c_i l_i + f_i W_i \cos \alpha_i) \qquad (4.11)$$

式中，α_i 是第 i 号分条底面与水平面的夹角。则

$$K = \frac{R \cdot \sum (c_i l_i + f_i W_i \cos \alpha_i)}{\sum W_i x_i} \qquad (4.12)$$

将 $x_i = R \sin \alpha_i$ 代入式(4.12)，简化后有：

$$K = \frac{\sum (c_i l_i + f_i W_i \cos \alpha_i)}{\sum W_i \sin \alpha_i} \qquad (4.13)$$

如果沿整个圆弧面 c 及 f 为常量，则有

$$K = \frac{cl + f \sum W_i \cos \alpha_i}{\sum W_i \sin \alpha_i} \qquad (4.14)$$

对于土坡、没有结构面的岩坡、强风化或非常破碎的岩坡，在一定条件下可看成平面问题，采用圆弧法进行稳定分析。由于圆心和滑动面是任意假定的，因此，要假定多个圆心和相应的滑动面作类似的分析并进行试算，从中找到最小的稳定系数即为该边坡的稳定系数，其对应的圆心和滑动面即为最危险的圆心和滑动面。

费伦纽斯(FelleniusW)在 1922 年通过大量计算分析发现：在 $\varphi = 0$ 的情况下，最危险滑弧通过坡角，其圆心位置可通过图 4.7 中 AO 和 BO 的交点确定。AO 与 BO 的方向由 β_1 和 β_2 确定，β_1 和 β_2 的值与坡角有关，如表 4.3 所示。对于 $\varphi \neq 0$ 的情况，最危险滑弧的圆心在 MO 的延长线上，图 4.7 所示的是 M 的位置，可在此延长线上选 O_1,O_2,O_3 等作为圆心，分别绘制过坡脚的试算圆弧，并计算安全系数，然后沿着延长线作 K 对圆心位置的曲线，从而求得最小安全系数 $K_{\min}$ 和对应的最危险滑弧的圆心 O_m。对于非均质土坡或外形、荷载比较复杂的土坡，为求得最危险滑弧，还应在过 O_m 点的 MO 垂直线两侧再取一些点作为圆心进行试算比较。

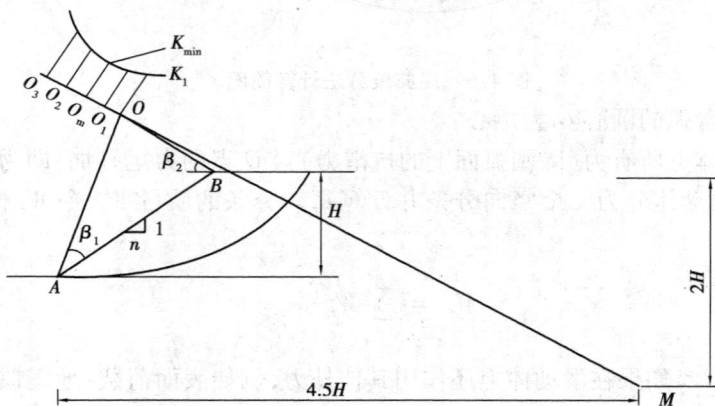

图 4.7 最危险滑弧的试算

4.5.2　改进的条分法

由于瑞典条分法假定滑动面是圆弧,且不考虑分条间的作用力,虽然简化了计算工作,但计算结果与实际情况出入较大。一般来讲,最危险的滑动面并不是圆弧。对于均质边坡而言,真正的临界滑动面与圆弧相差不大。但是对于非均质边坡来讲,真正的临界滑动面偏离圆弧甚大,特别在某些特殊的问题中,滑动面与圆弧相差甚远。若采用圆弧分析,就不合适,此时必须采用非圆弧的剪切面。

关于分条间的作用力,无论是边坡内实际存在的应力状态或边坡失稳时的临界应力状态,在分条间必然存在着相互作用力,包括水平向的压力及竖向的剪力。不计这些力的影响,不仅在理论上不可行,而且对稳定系数也有比较大的影响。为了合理的推定稳定系数,在计算中必须考虑分条间力的作用。

表 4.3　β_1 和 β_2 的值

坡比 1:n	坡角 $\beta(°)$	$\beta_1(°)$	$\beta_2(°)$
1:1.50	63.43	29.5	40.0
1:0.75	53.13	29.0	39.0
1:1.00	45.00	28.0	37.0
1:1.50	33.68	26.0	35.0
1:1.75	29.75	26.0	35.0
1:2.00	26.57	25.0	35.0
1:2.50	21.80	25.0	35.0
1:3.00	18.43	25.0	35.0
1:4.00	14.05	25.0	36.0
1:5.00	11.32	25.0	37.0

1）力多边形法岩坡稳定性分析

两个或两个以上多平面的滑动或者其他形式的折线和不规则曲线的滑动,都可以按照极限平衡条件用力多边形法来进行分析。

如图 4.8(a)所示,假定根据工程地质分析,ABC 是一个可能的滑动面,将这个滑动区域(简称为滑楔)用垂直线划分为若干条,对于每一岩条都考虑到相邻岩条的反作用力,并绘制每一岩条的力的多边形。如图 4.8(b)所示,以第 i 条为例,岩条上作用着下列各力:

W_i——第 i 条岩条的质量,kN。

R'——相邻的第 $i-1$ 岩条对 i 岩条的反作用力,kN。

cl'——相邻的 $i-1$ 岩条与 i 岩条垂直界面之间的粘聚力(这里 c 为单位粘聚力,l' 为相邻交界线的长度),kN;R' 与 cl' 组成合力 E',kN。

R'''——相邻的 $i+1$ 岩条对第 i 岩条的反作用力,kN。

cl'''——相邻的 $i+1$ 岩条与第 i 岩条之间的粘聚力(l''' 为相邻交界线的长度),kN;R''' 与 cl'''

组成合力 E''',kN。

R''——第 i 条岩条底部的反作用力,kN。

cl''——第 i 条岩条底部的粘聚力(l''为第 i 条岩条底部的长度),kN。

根据这些力绘制力的多边形如图 4.8(c)所示。在计算时,应当从上向下自第一块岩条一个一个地进行图解计算(在图中分为 6 条),一直计算到最下面的一块岩条。力的多边形可以绘制在同一个图上,如图 4.8(d)所示。如果绘到最后一个力多边形是闭合的。则说明岩坡刚好处于极限平衡状态,也就是稳定系数等于 1[图 4.8(d)的实线]。如果绘出的力多边形不闭合,如图 4.8(d)左边的虚线箭头所示,则说明该岩坡是不稳定的,因为图形闭合还缺少一部分粘聚力。如果最后的力的多边形如右边的虚线箭头所示,则说明岩坡是稳定的,因为使用多边形闭合可少用一些粘聚力,亦即粘聚力还有多余。

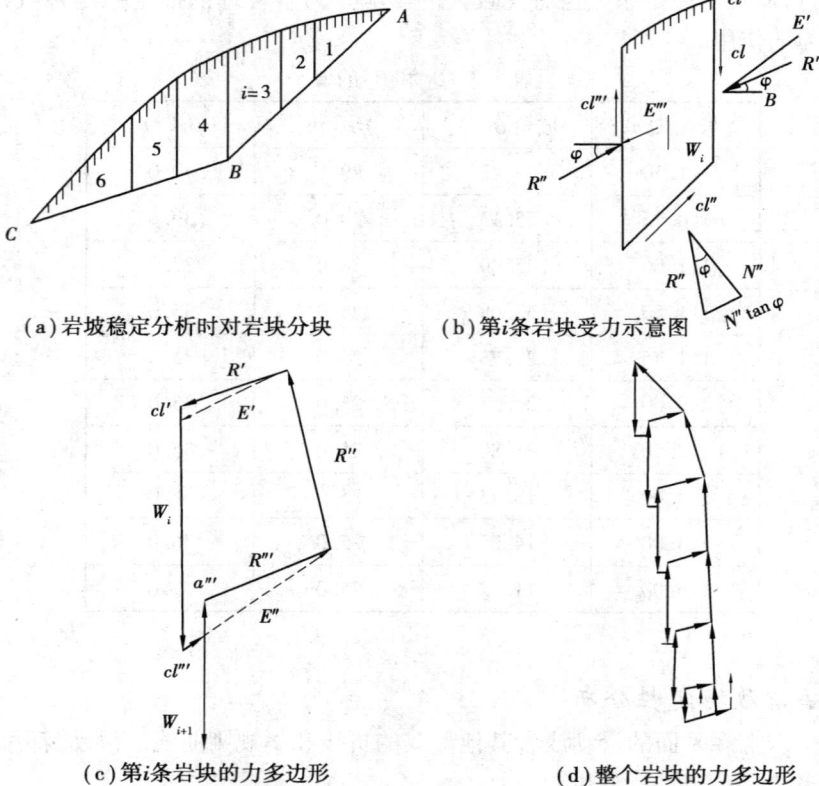

(a)岩坡稳定分析时对岩块分块   (b)第 i 条岩块受力示意图

(c)第 i 条岩块的力多边形   (d)整个岩块的力多边形

图 4.8   用力多边形进行岩坡稳定分析

用岩体的粘聚力 c 和内摩擦角 φ 进行上述的这种分析,只能看出岩坡是否稳定,为了求得稳定系数还必须进行多次试算。这时,一般可以先假定一个稳定系数 K,把岩体的粘聚力 c 和内摩擦系数 $\tan \varphi$ 都除以 K,亦即得到式(4.15):

$$\tan \varphi_1 = \frac{\tan \varphi}{K}$$

$$c_1 = \frac{c}{K} \tag{4.15}$$

然后用 c_1,φ_1 进行上述图解验算。如果图解结果中,力多边形刚好是闭合的,则所假定的稳定系数就是在这已滑动面下的岩坡的稳定系数;如果不闭合,则更新假定稳定系数,直到闭合为止,求出真正的稳定系数。

如果岩坡有水压力,地震惯性力以及其他的力也可在图解中把他们包括进去。

2）力的代数叠加法岩坡稳定分析

当岩坡的坡脚小于 45°时,采用垂直线把滑体分条,并作下列假定:分条块边界反力的方向与其下一条块的地面滑动线的方向一致。如图 4.9 所示,第 i 岩条的底部滑动线与下一岩条 $i+1$ 的底部滑动线相差 $\Delta\theta_i$ 角度,$\Delta\theta_i = \theta_i - \theta_{i+1}$。在这种情况下,岩条之间边界上的反力通过分析,用式(4.16)表达。

$$E_i = \frac{W_i(\sin\theta_i - \cos\theta_i\tan\varphi) - cl_i + E_i}{\cos\Delta\theta_i + \sin\Delta\theta_i\tan\varphi} \quad (4.16)$$

当 $\Delta\theta$ 角趋近于 0 时,上式分母就趋近于 1。如果式(4.16)中的分母等于 1,则解此方程式即可求出所有岩条的反力 E_i。

$$E_1 = W_1(\sin\theta_1 - \cos\theta_1\tan\varphi) - cl_1$$
$$E_2 = W_2(\sin\theta_2 - \cos\theta_2\tan\varphi) - cl_2$$
$$E_3 = W_3(\sin\theta_3 - \cos\theta_3\tan\varphi) - cl_3 \quad (4.17)$$
$$\vdots$$
$$E_n = W_n(\sin\theta_n - \cos\theta_n\tan\varphi) - cl_n$$

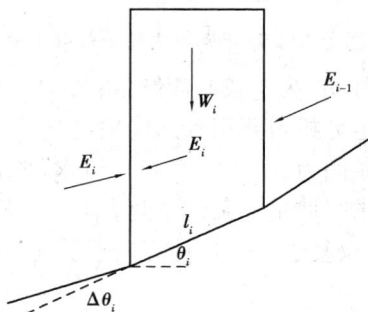

图 4.9　岩条受力图

式中　$l_1, l_2, \cdots, l_n$——各分条底部滑动线的长度,m;

其余符号同前。计算时,先算 E_1,然后再算 $E_2, E_3, \cdots, E_n$。如果算到最后

$$E_n = 0 \quad (4.18)$$

或者

$$\sum_{i=1}^{n} W_n(\sin\theta_n - \cos\theta_n\tan\varphi) - \sum_{i=1}^{n} cl_i = 0 \quad (4.19)$$

则表明岩坡处于极限平衡状态,稳定系数等于 1。如果 $E_n > 0$,则岩坡是不稳定的;反之如果 $E_n < 0$,则该岩坡是稳定的。为了求稳定系数,也可以采用上节的方法试算,即用 $c_1 = \dfrac{c_1}{K}$,$\tan\varphi_1 = \dfrac{\tan\varphi_1}{K}\cdots$,代入式(4.16),求出满足式(4.18)和式(4.19)的稳定系数。

用力的代数叠加法计算时,滑动面一般应为较为平缓的曲线或折线。

4.5.3　不平衡推力法

不平衡推力法又称为传递系数法,是我国验算山区土层沿着基岩面滑动最常用的边坡稳定分析方法,适用于任何形状的滑裂面。它在建立滑块模型时所采用的简化假定是土条间的条间力的合力与上一土条底面平行。单个土条的受力分析如图 4.10 所示。

取土条底面切线方向和法线方向的力平衡方程为

$$T_i + P_i - P_{i-1}\cos(\alpha_i - \alpha_{i-1}) - W_i\sin\alpha_i = 0 \quad (4.20)$$
$$N_i - W_i\cos\alpha_i - P_{i-1}\sin(\alpha_i - \alpha_{i-1}) = 0 \quad (4.21)$$

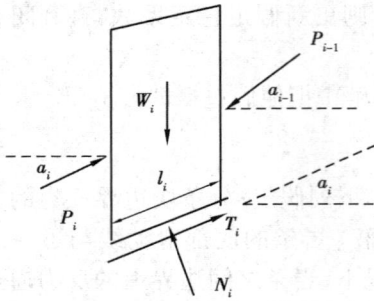

图 4.10　不平衡推力法土条受力分析图

按摩尔—库伦强度准则有

$$T_i = \frac{c_i l_i + N_i \tan \varphi_i}{F_s} \qquad (4.22)$$

$$P_i = W_i \sin \alpha_i - (W_i \cos \alpha_i \tan \varphi_i + c_i l_i)/F_s + P_{i-1} \Psi_i \qquad (4.23)$$

其中

$$\psi_i = \cos(\alpha_i - \alpha_{i-1}) - \tan \varphi_i \sin(\alpha_i - \alpha_{i-1}) \qquad (4.24)$$

式(4.20)～式(4.24)中,各分量下标 i 代表土条编号; α_i 为土条底面倾角; P_i、P_{i-1} 分别为土条左、右条间力。采用不平衡推力传递法进行土坡稳定分析需要用到迭代法,首先假定 F_s 的迭代初值,由坡顶第一个土条开始,已知第 0 个土条的条间力,由式(4.23)可以求得第一个土条的 P_i,并以此作为第二个土条的 P_{i-1}。以此递推可以求得坡足土条的条间力 P_i,如 F_s 满足平衡条件,则坡脚土条的 $P_i = 0$,否则调整 F_s,再递推求解,反复进行上述计算,直到坡脚土条的 $P_i = 0$,此时的 F_s 即为坡体的安全系数。

4.6　特殊滑动模式岩坡稳定性分析方法

4.6.1　平面滑动岩坡稳定性分析

平面滑动是一部分岩体在重力作用下沿着某一结构面的滑动,滑面的倾角必须大于滑面的内摩擦角,否则,无论坡角和坡高的大小如何,边坡都不会滑动。平面滑动不仅要求滑体克服滑面底部的阻力,而且还要克服滑面两侧的阻力。在软岩中,如果滑动倾面角远大于内摩擦角,则岩体本身的破坏即可解除侧边约束,从而产生平面滑动;而在硬岩中,如果结构面横切到坡顶,解除了两侧约束时,才可能发生滑动。

1)平面滑动的一般条件

岩坡沿着单一的平面发生滑动,一般必须满足下列几何条件:

①滑动面的走向必须与坡面平行或接近平行(约在 ±20° 的范围内)。

②滑动面必须在边坡面露出,即滑动面的倾角 β 必须小于坡面的倾角 α。

③滑动面的倾角 β 必须大于该平面的内摩擦角 φ。

④岩体中必须存在对于滑动阻力很小的分离面,以定出滑动的侧面边界。

2)平面滑动分析

大多数岩坡在滑动之前会在坡顶或坡面上出现张裂缝,如图 4.11 所示。张裂缝中不可避免地还充有水,从而产生侧向水压力,使岩坡的稳定性降低。在分析中往往作下列假定:

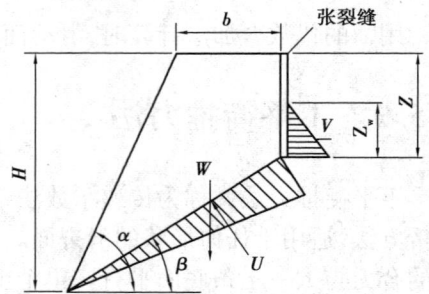

图 4.11　平面滑动分析简图

①滑动面及张裂缝的走向平行于坡面。

②张裂缝垂直,其充水深度为 Z_w。

③水沿张裂缝底进入滑动面渗漏,张裂缝底与坡趾间的长度内水压力按线性变化至零。

④滑动体块质量 W、滑动面上水压力 U 和张裂缝中水压力 V 三者的作用线均通过滑体的重心,即假定没有使岩块转动的力矩,破坏只是由于滑动。一般而言,忽视力矩造成的误差可以忽略不计,但对于具有陡倾斜构面的陡边坡要考虑可能产生倾倒破坏。

潜在滑动面上的稳定系数可按极限平衡条件求得。这时稳定系数等于总抗滑力与总滑动力之比,即

$$K = \frac{cL + (W\cos\beta - U - V\sin\beta)\tan\varphi}{W\sin\beta + V\cos\beta} \tag{4.25}$$

式中 L——滑动面每单位宽度内的面积,m^2;

其余符号同前。

$$L = \frac{H - Z}{\sin\beta} \tag{4.26}$$

$$U = \frac{1}{2}\gamma_w Z_w L \tag{4.27}$$

$$V = \frac{1}{2}\gamma_w Z_w^2 \tag{4.28}$$

W 按下列公式计算。

当张裂缝位于坡顶面时

$$W = \frac{1}{2}\gamma H^2\left\{\left[1 - \left(\frac{Z}{H}\right)^2\right]\cot\beta - \cot\alpha\right\} \tag{4.29}$$

当张裂缝位于坡面上时

$$W = \frac{1}{2}\gamma H^2\left[\left(1 - \frac{Z}{H}\right)^2\cot\beta(\cot\beta\tan\alpha - 1)\right] \tag{4.30}$$

当边坡的几何要素和张裂缝内的水深为已知时,用上列这些公式计算稳定系数很简单。但有时需要对不同的边坡几何要素、水深、不同抗剪强度的影响进行比较,这时用上述方程计算就相当麻烦。为了简化起见可以将式(4.25)重新整理为下列的无量纲的形式:

$$K = \frac{\left(\frac{2c}{\gamma H}\right)P + [Q\arctan\beta - R(P + S)]\tan\varphi}{Q + RS\arctan\beta} \tag{4.31}$$

$$P = \frac{1 - \dfrac{Z}{H}}{\sin\beta} \tag{4.32}$$

当张裂缝在坡顶面上时

$$Q = \left\{\left[1 - \left(\frac{Z}{H}\right)^2\right]\cos\beta - \cot\alpha\right\}\sin\beta \tag{4.33}$$

当张裂缝在坡面上时

$$Q = \left[\left(1 - \frac{Z}{H}\right)^2\cos\beta(\cot\beta\tan\alpha - 1)\right] \tag{4.34}$$

其他

$$R = \frac{\gamma_w}{\gamma} \times \frac{Z_w}{Z} \times \frac{Z}{H} \qquad (4.35)$$

$$S = \frac{Z_w}{Z} \times \frac{Z}{H} \sin \beta \qquad (4.36)$$

P, Q, R, S 均为无量纲的,它们只取决于边坡的几何要素,而不取决于边坡的尺寸大小。因此,当粘聚力 $c = 0$ 时,稳定系数 K 不取决于边坡的具体尺寸。

4.6.2 双平面滑动岩坡稳定性分析

如图 4.12 所示,岩坡内有两条相交的结构面,形成潜在的滑动面。上面的滑动面倾角 α_1 大于结构面内摩擦角 φ_1,设 $c_1 = 0$,则其上岩块体有下滑的趋势,从而通过接触面将力传递给下面的块体,称上面的岩块体为主动岩块体。下面的潜在滑动面的倾角 α_2 小于结构面的内摩擦角 φ_2,它受到上面滑动块体传来的力,因而也可能滑动,称下面的岩块体为被动滑块体。为了使岩体保持平衡,必须对岩体施加支撑力 F_b。该力与水平线成 θ 角。假设主动块体与被动块体之间的边界面为垂直,对上、下两滑块体分别进行图 4.12 所示力系的分析,可以得到极限平衡所需施加的支撑力

$$F_b = \frac{W_1 \sin(\alpha_1 - \varphi_1) \cos(\alpha_2 - \varphi_2 - \varphi_3) + W_2 \sin(\alpha_2 - \varphi_2) \cos(\alpha_1 - \varphi_1 - \varphi_3)}{\cos(\alpha_2 - \varphi_2 + \theta) \cos(\alpha_1 - \varphi_1 - \varphi_3)} \qquad (4.37)$$

式中　$\varphi_1, \varphi_2, \varphi_3$——上滑动面、下滑动面以及垂直滑动面上的内摩擦角;
　　　W_1, W_2——单位长度主动和被动滑动块体的质量。

为了简单起见,假定所有内摩擦角是相同的,即 $\varphi_1 = \varphi_2 = \varphi_3 = \varphi$。如果已知 F_b, W_1, W_2, α_1 和 α_2 之值,则可以用下列方法确定岩坡的稳定系数。首先用式(4.37)确定保持极限平衡($F_b = 0$)而所需要的内摩擦角值 $\varphi_{需要}$,然后将岩体结构面设计采用的内摩擦角值 $\varphi_{实有}$ 与之比较,确定稳定系数

$$K = \frac{\tan \varphi_{实有}}{\tan \varphi_{需要}} \qquad (4.38)$$

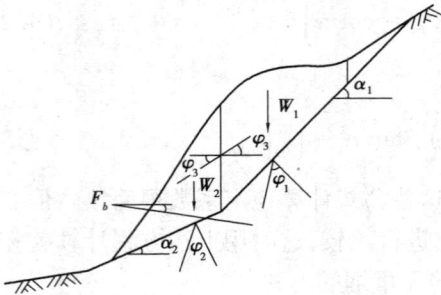

图 4.12　双平面抗滑稳定分析模型

在开始滑动的实际情况中,通过岩坡的位移测量可以确定出坡顶、坡趾以及其他各处总位移的大小和方向。如果总位移量在整个岩坡中到处一样,并且位移的方向是向外的和向下的,则可能是刚性滑动的运动形式。于是总位移矢量的方向可以用来定出 α_1 和 α_2 的值,并且张裂缝的位置可确定 W_1 和 W_2 的值。假设稳定系数为 1,可以计算出 $\varphi_{实有}$ 的值,此值即为式(4.38)的解。今后如果在主动区开挖或在被动区填方或在被动区进行锚固,均可提高稳定系数。

4.6.3 楔形滑动岩坡稳定性分析

前面所讨论的岩坡稳定分析方法,都是适用于走向平行或接近于坡面的滑动破坏。前已说明,只要滑动破坏面的走向是在坡面走向的 $\pm 20°$ 范围以内,用这些分析方法就是有效的。本节

讨论另一种滑动破坏,这时沿着发生滑动的结构软弱面的走向都交切坡顶面,而分离的楔形体沿着两个这样的平面的交线发生滑动,即楔形滑动,如图4.13(a)所示。

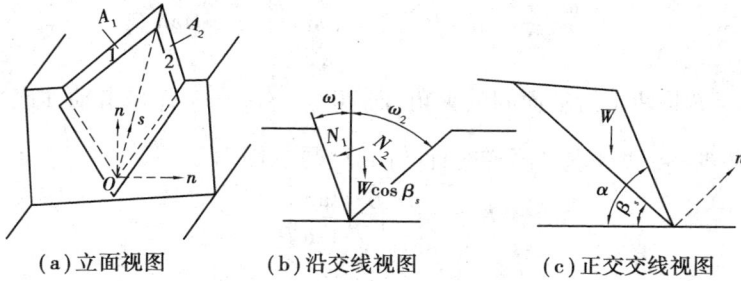

（a）立面视图   （b）沿交线视图   （c）正交交线视图

A_1—滑动面1；A_2—滑动面2

图4.13 楔形滑动分析

设滑动面1和2的内摩擦角分别为φ_1和φ_2,粘聚力分别为c_1和c_2,其面积分别为A_1和A_2,其倾角分别为β_1和β_2,走向分别为ψ_1和ψ_2,二滑动面的交线的倾角为β_s,走向为ψ_s,交线的法线$\vec{n}$和滑动面之间的夹角分别为ω_1和ω_2,楔形体质量为W,W作用在滑动面上的法向力分别为N_1和N_2。楔形体滑动的稳定系数为

$$K = \frac{N_1 \tan \varphi_1 + N_2 \tan \varphi_2 + c_1 A_1 + c_2 A_2}{W \sin \beta_s} \tag{4.39}$$

根据平衡条件有

$$N_1 \sin \omega_1 + N_2 \sin \omega_2 = W \cos \beta_s \tag{4.40}$$

$$N_1 \cos \omega_1 = N_2 \cos \omega_2 \tag{4.41}$$

从而可解得

$$N_1 = \frac{W \cos \beta_s \cos \omega_2}{\sin \omega_1 \cos \omega_2 + \cos \omega_1 \sin \omega_2} \tag{4.42}$$

$$N_2 = \frac{W \cos \beta_s \cos \omega_1}{\sin \omega_1 \cos \omega_2 + \cos \omega_1 \sin \omega_2} \tag{4.43}$$

式中

$$\sin \omega_i = \sin \beta_i \sin \beta_s \sin(\psi_s - \psi_i) + \cos \beta_i \cos \beta_s (i = 1,2) \tag{4.44}$$

如果忽略滑动面上的粘聚力c_1和c_2,并设两个面上的内摩擦角相同,都为$\varphi_j(j = 1,2)$,则稳定系数为

$$K = \frac{(N_1 + N_2) \tan \varphi_j}{W \sin \beta_s} \tag{4.45}$$

根据式(4.42)和式(4.43),得

$$N_1 + N_2 = \frac{W \cos \beta_s \cos \dfrac{\omega_2 - \omega_1}{2}}{\sin \dfrac{\omega_1 + \omega_2}{2}} \tag{4.46}$$

因而

$$K = \frac{\cos\dfrac{\omega_2 - \omega_1}{2}\tan\varphi_j}{\sin\dfrac{\omega_1 + \omega_2}{2}\tan\beta_s} = \frac{\sin\left(90° - \dfrac{\omega_2}{2} + \dfrac{\omega_1}{2}\right)\tan\varphi_j}{\sin\dfrac{\omega_1 + \omega_2}{2}\tan\beta_s} \qquad (4.47)$$

不难证明，$\psi_1 + \psi_2 = \xi$ 是两个滑动面间的夹角，而 $90° - \dfrac{w_2}{2} + \dfrac{w_1}{2} = \beta$ 是滑动面底部水平面与这夹角的交线之间的角度（自底部水平面逆时针转向算起）。因而

$$K = \frac{\sin\beta}{\sin\dfrac{1}{2}\xi}\left(\frac{\tan\varphi_j}{\tan\beta_s}\right) \qquad (4.48)$$

或写成

$$(K)_{楔} = k(K)_{平} \qquad (4.49)$$

式中　$(K)_{楔}$——仅有摩擦力时的楔形体的抗滑稳定系数；

　　　$(K)_{平}$——坡角为 α、滑动面的倾角为 β_s 的平面破坏的抗滑稳定系数；

　　　k——楔体系数，如式(4.48)中所示，它取决于楔体的夹角 ξ 以及楔体的倾斜角 β。

4.6.4　倾倒破坏岩坡稳定性分析

如图 4.14 所示，在不考虑岩体粘聚力影响的情况下，当 $\alpha < \varphi$ 及 $b/h < \tan\alpha$ 时，岩块将发生倾倒；当 $\alpha > \varphi$ 及 $b/h < \tan\alpha$ 时，岩块将会边滑动边倾倒。根据破坏的形成过程，可将其细分为弯曲式倾倒、岩块式倾倒、岩块弯曲复合式倾倒(见图 4.15)以及因坡角被侵蚀、开挖等引起的次生倾倒等类型。

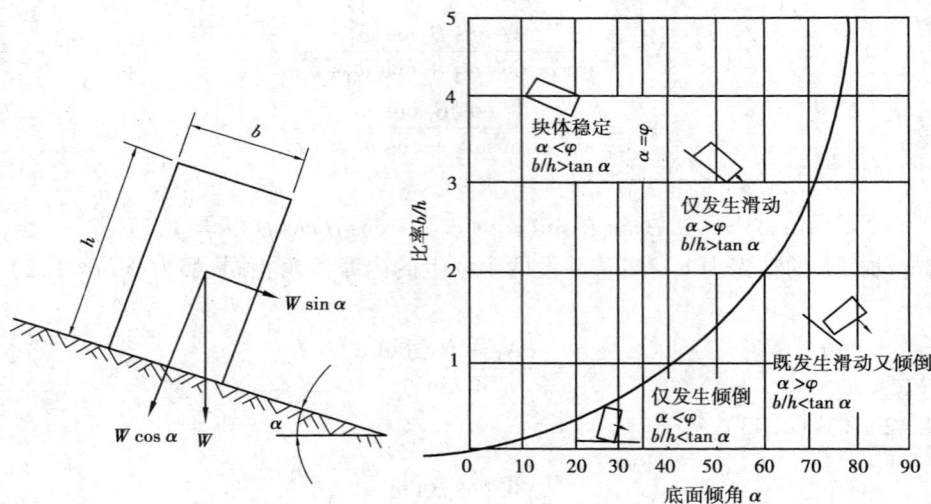

图 4.14　岩坡的倾倒破坏

如图 4.16 所示的岩块系统，设边坡坡角为 θ，岩层倾角为 $90° - \alpha$，阶梯状底面总倾角为 β，图中的常量 a_1，a_2 和 b(假定为理想阶梯形)分别为

$$a_1 = \Delta x \tan(\theta - \alpha)$$

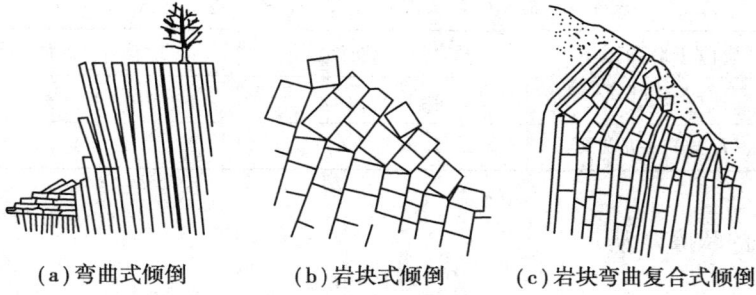

(a)弯曲式倾倒   (b)岩块式倾倒   (c)岩块弯曲复合式倾倒

图 4.15 倾倒破坏的主要类型

$$a_2 = \Delta x \tan \alpha \tag{4.50}$$

$$b = \Delta x \tan(\beta - \alpha)$$

式中 Δx——各个岩块的宽度。位于坡顶线以下的第 n 块岩块的高度

$$Y_n = n(a_1 - b) \tag{4.51}$$

位于坡顶线以上的第 n 块岩块的高度

$$Y_n = Y_{n-1} - a_2 - b \tag{4.52}$$

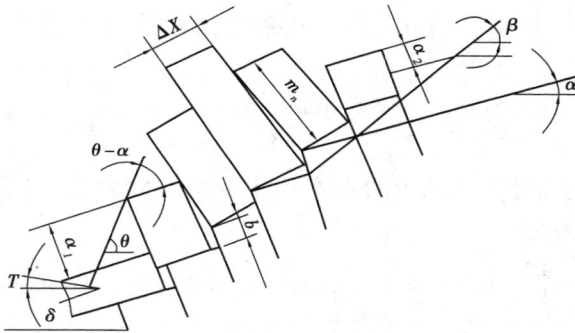

图 4.16 阶梯状底面上岩块倾倒的分析模型

图 4.17(a)表示一典型岩块,其底面上的作用力有 R_n 和 S_n,侧面上的作用力有 P_n,Q_n,P_{n-1},Q_{n-1}。当发生转动时,$K_n = 0$。M_n、L_n 的位置如表 4.4 所示。

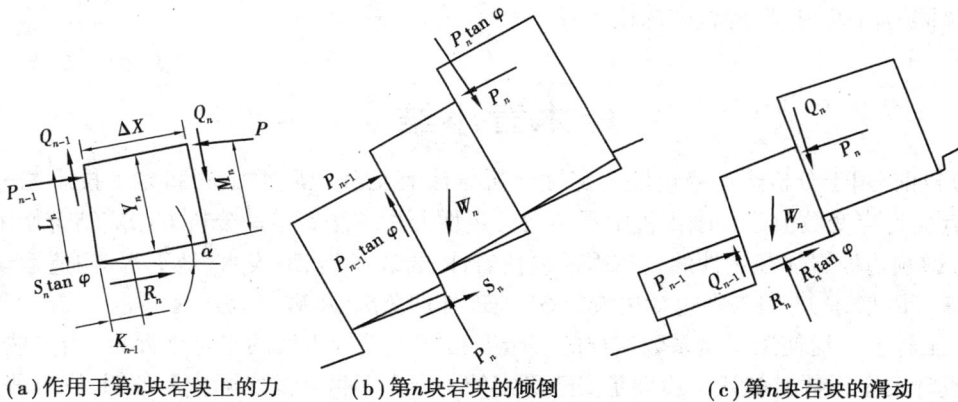

(a)作用于第 n 岩块上的力   (b)第 n 岩块的倾倒   (c)第 n 块岩块的滑动

图 4.17 第 n 块岩块倾倒与滑块的极限平衡条件

表 4.4　第 n 块岩块作用力 M_n、L_n 的位置表达式

岩块位于坡顶以下	岩块位于坡顶线处	岩块位于坡顶以上
$M_n = Y_n$	$M_n = Y_n - a_2$	$M_n = Y_n - a_2$
$L_n = Y_n - a_1$	$L_n = Y_n - a_1$	$L_n = Y_n$

岩块侧面上的摩擦力为

$$Q_n = P_n \tan \varphi$$
$$Q_{n-1} = P_{n-1} \tan \varphi \tag{4.53}$$

按垂直和平行于岩块底面力的平衡关系,有

$$R_n = W_n \cos \alpha + (P_n - P_{n-1}) \tan \alpha \tag{4.54}$$
$$S_n = W_n \sin \alpha + (P_n - P_{n-1}) \tag{4.55}$$

根据力矩平衡条件,如图 4.17(b)所示,阻止倾倒的力 P_{n-1} 的值为

$$P_{n-1,t} = \frac{P_n(M_n - \Delta x \tan \varphi) + \dfrac{W_n}{2}(Y_n \sin \alpha - \Delta x \cos \alpha)}{L_n} \tag{4.56}$$

且 $R_n > 0$,$|S_n| < R_n \tan \varphi$。根据滑动方向的平衡条件,如图 4.16(c)所示,阻止滑动的力 P_{n-1} 值为

$$P_{n-1,s} = P_n - \frac{W_n(\tan \varphi \cos \alpha - \sin \alpha)}{1 - \tan^2 \varphi} \tag{4.57}$$

在图 4.16 中,T 为施加于第 1 块上的锚固力,其距离底面为 L_1,向下倾角为 δ。为阻止第 1 岩块倾倒所需的锚固张力为

$$T_t = \frac{\left(\dfrac{W_1}{2}\right)(Y_1 \sin \alpha - \Delta x \cos \alpha) + P_1(Y_1 - \Delta x \tan \varphi)}{L_1 \cos(\alpha + \delta)} \tag{4.58}$$

为阻止第 1 岩块滑动所需的锚固张力为

$$T_s = \frac{P_1(1 - \tan^2 \varphi) - W_n(\tan \varphi \cos \alpha - \sin \alpha)}{\tan \varphi \sin(\alpha + \delta) + \cos(\alpha + \delta)} \tag{4.59}$$

所需的锚固力由 T_t 和 T_s 两者中选较大者。

本章小结

（1）目前,用于分析边坡稳定性的定性分析方法有工程地质类比法和赤平投影法;定量分析方法有应力应变数值法和刚体极限平衡法。定性分析方法和定量分析方法应结合使用。

（2）影响边坡岩体稳定性的自然因素包括岩性、岩体结构、地表水、地下水、构造运动、地震以及风雪等因素;人为因素则包括边坡开挖、地表外加荷载、爆破等因素。

（3）工程界广泛使用安全系数这样的安全度指标来进行边坡的稳定性评价,当边坡稳定系数大于设计安全系数时就认为边坡是安全稳定的。半个多世纪的实际应用证明,毕肖普的基于强度折减的安全系数具有良好的实用性,已被工程界广泛接受。

（4）岩土工程领域中对于边坡稳定性的分析评价工作,基本上遵循着一种比较成熟的模

式,在这个模式中,最重要的一环是对边坡失稳模式做出判别并选择适当的方法进行边坡稳定性分析,本章详细介绍了相关稳定性分析方法。

习　题

4.1　边坡稳定的定性分析方法和定量分析方法有哪些?

4.2　影响边坡稳定性的因素有哪些?

4.3　边坡稳定分析中的安全系数的含义是什么?

4.4　为什么不同工程和不同工期允许的安全系数不同?

4.5　边坡最危险滑动面如何确定?

4.6　某均质土坡高 $h = 8$ m,坡比为 $1:2$,内摩擦角 $\varphi = 19°$,粘聚力 $c = 10$ kPa,重力密度 $\gamma = 17.2$ kN/m^3,试用瑞典条分法计算土坡的稳定安全系数。

4.7　某均质土坡高 $h = 10$ m,坡比为 $1:2$,内摩擦角 $\varphi = 25°$,粘聚力 $c = 5$ kPa,重力密度 $\gamma = 18$ kN/m^3,在坑底以下 3 m 处有一软土薄层,其粘聚力 $c = 10$ kPa,内摩擦角 $\varphi = 5°$,试用不平衡推力法计算其稳定安全系数。

4.8　某均质土坡高, $h = 10$ m, $\varphi = 20°$, $c = 10$ kPa, $\gamma = 18$ kN/m^3,求其稳定坡角。

4.9　某均质土坡坡角 $\beta = 30°$, $\varphi = 16°$, $c = 7$ kPa, $\gamma = 16$ kN/m^3,求其安全高度。

参考文献

[1] 赵宜廉. 土力学及基础工程[M]. 沈阳:沈阳出版社,1991.

[2] 吴湘兴. 土力学及地基基础[M]. 2 版. 武汉:武汉大学出版社,1993.

[3] 卢廷浩. 土力学[M]. 南京:河海大学出版社,2002.

[4] 黄求顺,张四平,胡岱文. 边坡工程[M]. 重庆:重庆大学出版社,2003.

[5] 陈祖煜. 土质边坡稳定分析:原理·方法·程序[M]. 北京:中国水利水电出版社,2003.

[6] 靳世昌. 工程地质与土力学[M]. 杨凌:西北农林科技大学出版社,2004.

[7] 陈祖煜. 岩质边坡稳定分析:原理·方法·程序[M]. 北京:中国水利水电出版社,2005.

[8] 李建林. 岩石边坡工程[M]. 北京:中国水利水电出版社,2006.

[9] 陈书申,陈晓平. 土力学与地基基础[M]. 3 版. 武汉:武汉理工大学出版社,2007.

[10] 张永兴. 边坡工程学[M]. 北京:中国建筑工业出版社,2008.

[11] 龚文惠. 土力学[M]. 2 版. 武汉:华中科技大学出版社,2008.

[12] 佴磊,徐燕,代树林,等. 边坡工程[M]. 北京:科学出版社,2010.

5

边坡稳定分析数值方法

本章导读:

● **基本要求** 掌握边坡稳定分析数值方法的常见分类;掌握有限元分析方法的基本原理、基本过程,并结合案例体会其在工程实践中的应用;掌握有限差分法的基本概念及差分格式的建立过程,了解其与有限元分析方法的异同;结合实例熟悉不连续变形分析法的使用过程,了解其优缺点及基本假定;掌握反分析法的应用、分类及使用方法;了解离散元法、无网格法、边界元法及流形元法的基本概念及适用范围;对比分析各种稳定分析数值方法的优缺点,熟悉相关软件的使用过程。

● **难点** 有限元法、有限差分法、反分析法在工程实践中的应用及相关软件的使用方法;各种数值分析方法的优缺点及适用范围。

● **重点** 各数值分析方法在工程实践中的应用;各数值分析方法的优缺点及适用范围。

    采用极限平衡法来分析边坡稳定,由于没有考虑土体(岩石)本身的应力-应变关系和实际工作状态,所求出土条(岩石条块)之间的内力或土条底部的反力均不能代表边坡在实际工作条件下真正的内力和反力,更不能求出变形。我们只是利用这种通过人为假定的虚拟状态来求出安全系数而已。由于在求解中做了许多假定,不同的假定求取的结果是不相同的,但由于极限平衡法长期在工程中应用,积累了大量的经验,工程界就用这种虚拟状态来近似模拟实际工作状态,再加上工程经验从而做出工程设计判断。

    为了克服极限平衡法的不足,人们提出了以有限元法为代表的各种数值计算方法。数值分析方法是随着计算机技术发展而形成的一种计算分析方法,与极限平衡法不同的是,数值计算是以弹性(塑性)理论为基础,需要首先弄清楚岩土体的变形协调,同时还要考虑岩土体的破坏准则。由于岩土体应力-应变关系是非线性的,它使边坡的数值计算变得十分复杂。除有限单元法(FEM)以外,无网格法、边界元法、离散单元法(DEM)、有限差分法、DDA法(不连续变形分析法)等数值计算方法均得到飞速的发展,并不断深入应用到边坡工程的分析中。

各种数值方法都要遵循控制物理方程(微分方程或微分方程组),同时将计算域进行离散化的求解方法。期望学生在学习与运用这些数值方法的基础上,能够有所完善与发展。从教学角度考虑,要求学生既要掌握常用的数值方法,也要了解一些新的数值方法,还要注意每种数值方法的适用范围。

5.1 边坡稳定分析有限元法(FEM 法)

有限元法,是将边坡体离散成有限个单元体,或者说用有限个单元体所构成的离散化结构代替原来的连续体结构,通过分析单元体的应力和变形来分析整个边坡的稳定。该方法是目前应用最广泛的数值分析方法。其主要优点是:

①可用于非均质问题,多种土和材料、复杂区域。

②可用于非线性材料、各向异性材料。

③可适应复杂边界条件。

④可用于各种类型的问题。

⑤可用于计算应力变形、渗流、固结、流变、湿化变形以及动力和温度问题等。

其不足之处是:数据准备工作量大,原始数据易出错,不能保证某些物理量在整个区域内的连续性。

5.1.1 有限元法的基本原理

线弹性问题有限单元法是依据线弹性力学的基本方程所构造的有限单元法。尽管岩(土)体介质单纯表现直线弹性的情形并不多见,但由于线弹性问题,特别是平面线弹性问题的有限元求解格式简单明了,概念清晰,通过它可以看到有限单元法的基本原理、方法和特点;而空间问题及非线性问题(弹塑性、流变等)有限单元法都是在其基础上通过空间的延拓或本构方程的改变而构造的。

对于变形介质边坡,可通过最小势能原理导出有限元法的基本方程为

$$[k]\{U\} = \{p\} \tag{5.1}$$

式中　　$[k]$——由各单元特性矩阵$[k]_e$及$[k_{s2}]_e$按结点号组集得到的总体特性矩阵;

　　　　$\{U\}$——所有结点的待求值(通常为位移组成的矢量);

　　　　$\{p\}$——通常为结点荷载矢量。

当$\{U\}$取为结点位移(待求)时,$[k]_e$为单元刚度矩阵,其表达式为

$$[k]_e = \int_Z [B]^{\mathrm{T}}[D][B]\mathrm{d}A \tag{5.2}$$

式中　　$[D]$——弹性力学物理方程中的弹性矩阵;

　　　　$[B]$——根据弹性力学的几何方程推导出的几何矩阵。

$$\{\varepsilon\} = \left\{\frac{\partial u}{\partial x_i}\right\} = \left\{\frac{\partial \sum [N]_i u_i}{\partial x_i}\right\} = [B]\{u_i\} \tag{5.3}$$

式中　　$[N]_i$——单元 I 的位移插值函数；

　　　　u_i——结点位移；

　　　　u——单元内任一点的位移。

$$\{\sigma\} = [D]\{\varepsilon\} \tag{5.4}$$

以面力 $\{p\}$ 或体力 $\{q\}$ 为外荷载的等效结点荷载矢量也可由虚功原理导出

$$\{Q\}_e = \int_V [N]^T\{q\}dV \tag{5.5}$$

$$\{p\}_e = \int_S [N]^T\{p\}dA \tag{5.6}$$

5.1.2　有限元法的基本过程

有限元分析方法的求解过程一般有以下几个步骤。

1）研究区域的离散化

离散化就是将所研究问题的区域划分成有限个大小不等的单元体，并在单元体的指定点设置节点，把相邻的单元体在节点处连接起来组成单元的集合体，以代替所研究问题的原区域，并以所离散单元节点处的位移作为基本未知量。

挖一含断层 F_1 的垂直边坡（图 5.1），为分析边坡内的位移、应力特征，可将其离散化为边坡有限单元模型（如图 5.2）所示的有限个单元集合体。

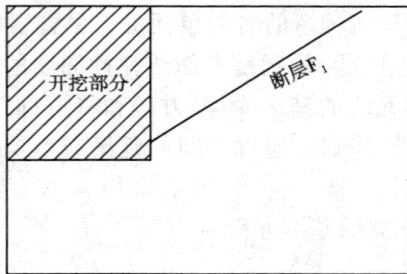

图 5.1　含断层 F_1 的垂直边坡图　　　　图 5.2　边坡的有限单元模型

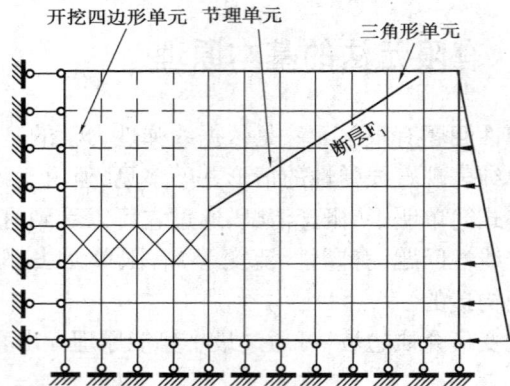

2）选择位移模式

由于采用节点位移为基本未知量，因此需要用节点位移表示单元体的位移。为此，必须对单元中位移分布做出一定的假定，一般假定位移是坐标的某种简单函数，这种函数称为位移模式或位移函数。位移模式的适当选取是有限单元分析中的关键。在有限元法中，一般选择多项式作为位移模式。因为多项式的数学运算较为方便，并且几乎所有光滑函数的局部都可以用多项式（即所谓不完全的泰勒级数）逼近。至于多项式项数和阶次的选择则要考虑到单元的自由度和有关解答的收敛性。一般来说，多项式的项数应等于单元的自由度数，其阶次应包含常数项和线性项，根据所选定的位移模式，即可导出用节点位移表示单元内任意一点位移的关系式，

其矩阵形式为

$$\{f\} = [N]\{U\}^e \tag{5.7}$$

式中　$\{f\}$——单元内任一点的位移列阵；

　　　$\{U\}^e$——单元节点的位移列阵；

　　　$[N]$——形函数矩阵，其元素是位置坐标的函数。

顺便指出,有限元法比经典的近似法在位移函数的选取上具有明显的优越性。在经典的里兹法中,要选取一个函数来近似地描述整个求解区域中的位移,并且必须满足边界条件,而在有限单元法中则采用分块近似,只需对某一种类型的单元选择一个近似位移函数。此时不必考虑位移边界条件,只需考虑单元之间位移的连续性即可。这就比在整个区域中选取一个连续函数要简单得多,特别是当研究区域为复杂的几何形态或复杂材料性质组合时。对于作用荷载有突变的结构,采用分段函数比采用连续性较强的整段函数更为适宜。

3)单元分析

位移模式选定后,即可进行单元力学特性的分析。它包括下面3部分的内容:

①将位移模式代入几何方程,可导出用节点位移表示的单元应变计算公式

$$\eta = [B]\{U\}^e \tag{5.8}$$

式中　$[B]$——应变矩阵。

②利用物理方程,由以上应变表达式导出用节点位移表示的单元应力计算公式

$$\{\sigma\} = [G]\{U\}^e \tag{5.9}$$

式中　$[\sigma]$——应力矩阵。

③利用虚功原理建立作用于单元上的节点力和节点位移之间的关系,即单元刚度方程

$$\{F\}^e = [k]\{U\}^e \tag{5.10}$$

式中　$[k]$——单元刚度矩阵。

4)计算等效节点荷载

将研究工程地质区域离散化后,即假定力是通过节点从一个单元传递到另一个单元的。但作为实际的连续体区域,力是从单元的公共边界上进行传递的。因而,这种作用在单元边界上的表面力以及作用于单元上的体积力、集中力等都需要等效地移置到节点上,也就是用等效的节点荷载来替代作用在单元上的力。这种力的移置必须遵循静力等效或虚功等效原则。

5)集合所有单元的刚度方程,建立整个结构的平衡方程

此过程包含两方面的内容:一是由各个单元的刚度矩阵集合成描述结构平衡条件的整体刚度矩阵;二是将作用于各单元的等效节点列阵集合成总的载荷列阵。最常用的集合刚度矩阵方法是直接刚度法。一般来说,集合所依据的理由是要求所有相邻的单元在公共节点处的位移相等。于是得到以总体刚度矩阵$[K]$、载荷列阵$\{R\}$以及节点位移列阵$\{U\}$表示的整个结构的平衡方程

$$[K]\{U\} = \{R\} \tag{5.11}$$

6)引入位移边界条件,修正总体平衡方程

在已形成的总体平衡方程中,由于总刚度矩阵$[K]$为一奇异性矩阵,即其不存在逆矩阵$[K]^{-1}$。因而需考虑所研究区域的位移边界条件(或约束条件),对总体平衡方程组进行修改,

以消除总刚度矩阵的奇异性(从力学意义上讲,是消除结构的刚体运动),这样才能由总体平衡方程组解出所有未知节点的位移。

7)解方程,求未知节点位移及单元应力

整体平衡方程为一线性代数方程组,求解此线性代数方程组得到节点的全部位移值$\{U\}$。根据求得的位移,利用单元分析结果,可计算出各单元体的应变及应力等。

下面对基于有限元的安全系数分析方法——有限元强度折减法作简要介绍。

5.1.3　基于有限元的安全系数分析方法

目前研究边坡稳定性的方法有很多,在边坡稳定性分析中常用的方法是传统的刚性体极限平衡法,如瑞典条分法、Bishop 条分法、Janbu 条分法、Sarma 法、Spencer 法等,但这些传统方法的缺点是忽视了边坡岩土体本身是变形体,边坡的破坏过程是其内部应力分布和变形不断调整的过程。此外,滑动面必须事先假定这个前提严重限制了上述方法的应用范围。鉴于此,基于弹塑性理论的各种数值分析方法,以强度折减法为代表的基于有限元的安全系数分析方法在工程中得到越来越广泛的应用。

1)有限元强度折减法的基本原理

有限元强度折减法已在多个边坡工程实例中成功运用。由相关文献可知,对于边坡潜在滑动面为曲面时,边坡的稳定安全系数满足下列关系式

$$F = \frac{\int_0^l (c + \sigma_n \tan \varphi)\,\mathrm{d}l}{\int_0^l \tau\,\mathrm{d}l} \tag{5.12}$$

式(5.12)可以进一步写为

$$1.0 = \frac{\int_0^l (c' + \sigma_n \tan \varphi')\,\mathrm{d}l}{\int_0^l \tau\,\mathrm{d}l} \tag{5.13}$$

强度折减法分析的实质是一种弹塑性有限元分析,与通常意义的弹塑性分析的差别在于,在分析过程中不是按荷载步调整加于计算模型上的荷载,而是在分析中,不断地按下式调整岩土材料的c,φ值。

$$\varphi' = \arctan(\tan \varphi / F) \tag{5.14}$$
$$c' = c/F \tag{5.15}$$

式中　c',φ'——分别为岩土材料的粘聚力和内摩擦角;

c,φ——分别为经过折减后的粘聚力和内摩擦角;

F——折减系数。

通常对于折减系数F在开始计算时可以凭计算者对实际问题的判定而确定一个适当的初值,再进行弹塑性分析。若分析过程在指定的迭代步中收敛则认为折减系数的取值太小,可适当地加大折减系数并按式(5.14)和式(5.15)对岩土材料的c,φ值进行调整,再按前述方法进行分析。当折减系数F达到某一值时计算就可能发散,此时所对应的折减系数F即认为是边坡的安全系数。

2）有限元强度折减法的优缺点

有限元强度折减法的主要优点有：

①不需要作任何假定和假设滑动面。

②通过分析可以比较直观地反映坡体的实际滑动面。

然而，在工程应用中，有限元强度折减法也暴露出了一些不足之处：

①式（5.14）和式（5.15）的成立要求强度参数 c,φ 值等比例折减，有研究者指出 c,φ 值折减时的非比例特性，说明式（5.14）和式（5.15）不能精确成立。

②有研究者指出要同时折减强度参数 c,φ 值必须满足关系式 $\sin\varphi \geqslant 1-2v$，否则会造成塑性区的失真，而实际操作中 c,φ 值折减后常常会使上述关系式得不到满足。

③对于坡角 $\beta \leqslant 45°$ 的边坡分析所得到的安全系数和实际情况不太符合，计算结果偏小，这点在下文的分析中有详细的说明。

④重复操作次数多，分析计算过程费时且繁琐，特别是对多层岩体的边坡，每次所需修改的强度参数工作量大。

⑤一旦更换屈服准则，若采用 D-P 准则，操作中需要将 c,φ 值转化为 α,k 值，对 α,k 进行折减后再进行分析计算，增加了数据处理过程。

5.1.4　有限元软件简介

有限元分析软件目前最流行的有 ANSYS,ADINA,ABAQUS,MSC 这 4 个比较知名的软件，其中 ADINA,ABAQUS 在非线性分析方面有较强的能力，是目前业内最认可的两款有限元分析软件，ANSYS,MSC 进入中国比较早，所以在国内知名度高，应用广泛。目前在多物理场耦合方面几大公司都可以做到结构、流体、热的耦合分析，但是，除 ADINA 以外其他 3 个必须与别的软件搭配进行迭代分析，唯一能做到真正流固耦合的软件只有 ADINA。下面主要对 ADINA,AN-SYS 及 ABAQUS 这 3 种常用软件进行简要介绍。

1）ADINA

ADINA 公司由 K. J. Bathe 博士及其合伙人创建于 1986 年，公司的唯一宗旨就是开发用于固体、结构、流体以及结构相互作用的流体流动分析的 ADINA 系统。ADINA 是 Automatic Dynamic Incremental Nonlinear Analysis 的首字母缩写，即为"动力非线性有限元分析"。

ADINA 系统是一个单机系统的程序，用于进行固体、结构、流体以及结构相互作用的流体流动的复杂有限元分析。借助 ADINA 系统，用户无须使用一套有限元程序进行线性动态与静态的结构分析，而用另外的程序进行非线性结构分析，再用其他基于流量的有限元程序进行流体流动分析。此外，ADINA 系统还是最主要的、用于结构相互作用的流体流动的完全耦合分析程序（多物理场），现被广泛应用于各个工业领域的工程仿真计算，包括土木建筑、交通运输等多个领域。模型的几何图形可直接创建，或者从多种 CAD 系统中引入，包括：从 Pro/ENGI-NEER 和基于 Parasolid 系统 CAD 引入的固体模型（如 Unigraphics 和 SolidWorks）；物理特性、载荷和边界条件可直接分配到模型的几何图形上，因此有限元网格得到修改，不受模型清晰度的影响；普通的几何图形上可使用全自动网格生成，它可灵活控制单元大小分布，而映射网格划分可用于更简单的几何图形；在模型创建期间，对话文件（Session）会记录下用户的输入和选取值。通过播放对话文件可以重新创建一个完整的模型,同时还可以修改对话文件创建一个不同的模型。

2) ANSYS

ANSYS 软件是融结构、流体、电场、磁场、声场分析于一体的大型通用有限元分析软件。ANSYS 有限元软件包是一个多用途的有限元法计算机设计程序,可以用来求解结构、流体、电力、电磁场及碰撞等问题。软件提供了 100 多种单元类型,用来模拟工程中的各种结构和材料。软件提供的分析类型包括:结构静力学分析、结构动力学分析、结构非线性分析、动力学分析、热分析、电磁场分析、流体动力学分析、声场分析、压电分析等。另外在现代通讯系统、雷达、计算机、天线、高速 PCB、集成电路、封装、连接器、光电网络、电机、开关电源、机电系统、汽车传动系统设计和复杂 EMI/EMC 仿真中,ANSYS 内的电磁分析模块基于物理原型的解决方案能够快速精确地仿真和验证设计方案,电磁场、电路和系统全集成化的设计环境能够在系统设计时精确考虑细节的电磁场效应,从而确保系统性能,降低设计风险,推进创新,洞察设计内核,获得长期竞争优势。

3) ABAQUS

ABAQUS 是一套功能强大的模拟工程的有限元软件,其解决问题的范围从相对简单的线性分析到许多复杂的非线性问题。ABAQUS 包括一个十分丰富的、可模拟任意实际形状的单元库。并与之对应拥有各种类型的材料模型库,可以模拟大多数典型工程材料的性能,其中包括金属、橡胶、高分子材料、复合材料、钢筋混凝土、可压缩高弹性的泡沫材料以及类似于土和岩石等地质材料。作为通用的模拟计算工具,ABAQUS 能解决结构相关(应力/位移)的许多问题。它可以模拟各种领域的问题,例如热传导、质量扩散、电子部分的热控制(热电耦合分析)、声学分析、岩土力学分析(流体渗透/应力耦合分析)及压电介质分析。

5.1.5　有限元法计算实例

在有限元计算过程中,所需的输入变量为所建模型的节点数、单元数、材料分组、材料参数、约束条件及荷载作用方式;输出变量为节点位移、单元应力、塑性区、锚索应力等。通常应根据实际需要选择相应的输出数据。

下面用大岗山坝肩边坡地震工况下的稳定性分析进行说明。该计算基于大型有限元程序ADINA 进行。

1) 工程地质概况

大岗山水电站位于川滇南北向构造带北段,为南北向与北西向、北东向等多组构造的交汇复合部位。大地构造部位属扬子准地台西部二级构造单元康滇地轴范畴,其西侧以锦屏山—小金河断裂、磨西断裂为界与雅江冒地槽褶皱带相邻,东面及东北面以金坪断裂、二郎山断裂为界分别与上扬子台褶带和龙门山台缘褶断带相连。在具体构造部位上,大岗山水电站坝址区和库首段即处于由磨西断裂、大渡河断裂和金坪断裂所切割的黄草山断块上。

坝肩左岸边坡 LPⅦ-Ⅶ地质情况如图 5.3 所示。

2) 计算模型及力学参数

大岗山坝肩左岸边坡的三维网格模型如图 5.4 所示,左岸边坡 LPⅦ-Ⅶ剖面的网格模型如

图 5.5 所示。

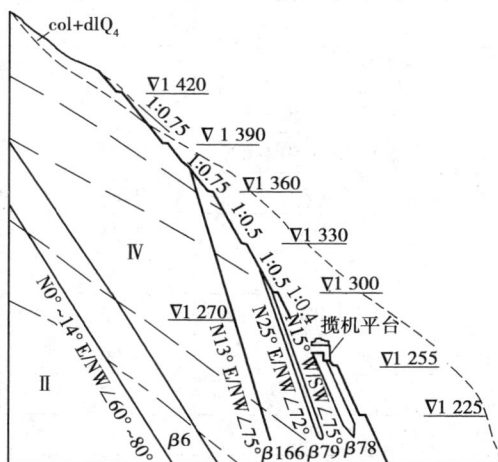

图 5.3　左岸边坡 LPⅦ-Ⅶ地质剖面图

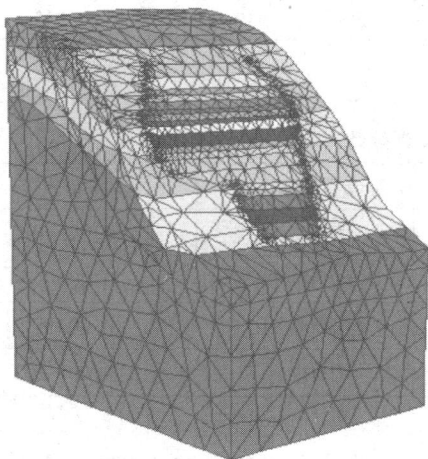

图 5.4　左岸边坡三维网格模型图　　　　图 5.5　LPⅦ-Ⅶ左岸边坡网格模型图

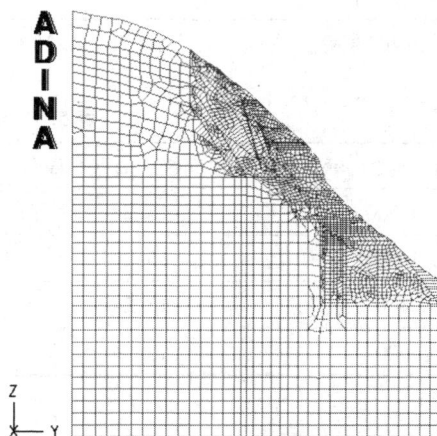

　　计算中运用的数值方法是有限元法,其基本力学模型是弹塑性本构关系,采用 M-C 屈服准则。有限元分析采用专业计算软件 ADINA 作为计算平台。计算参数如表 5.1~表 5.3 所示。

表 5.1　大岗山坝肩边坡岩体有限元力学计算参数

序号	岩类	变形模量(GPa)	泊松比	内摩擦角(°)	粘聚力(MPa)	干密度(g·cm⁻³)
1	Ⅱ	20.00	0.250	52.43	2.000	2.65
2	Ⅲ1	8.00	0.270	50.19	1.500	2.62
3	Ⅲ2	6.00	0.300	45.00	1.000	2.62
4	Ⅳ	2.00	0.350	38.66	0.700	2.58
5	Ⅴ1	0.30	0.375	31.10	0.220	2.45
6	Ⅴ2	0.30	0.375	21.80	0.175	2.45
7	坡积层	0.03	0.376	30.00	0.030	1.80

表5.2　左岸边坡岩脉及断层的物理力学参数

岩脉	岩类	结构面类型	抗剪断强度		
			f'	c'(MPa)	饱和折减系数
β166	Ⅳ	50%A2 + 50%A3	0.55	0.05	1.00
β79	Ⅳ~Ⅴ	50%B1 + 50%B2	0.42	0.08	0.80
β6(f109)	Ⅲ2~Ⅳ	B2	0.35	0.05	0.75
β78(f117,f152)	Ⅴ	B2	0.35	0.05	0.75
f150	Ⅴ	B3	0.30	0.02	—
β85	Ⅳ	B2	0.35	0.05	—
β146	Ⅱ~Ⅳ	A2	0.60	0.10	—
β170	Ⅳ	B2	0.35	0.05	—
γL5	Ⅲ~Ⅴ	A2	0.33	0.04	0.68
γL6	Ⅲ~Ⅴ	A2(B3)	0.30	0.02	—
XL9-15	Ⅱ~Ⅴ	A3	0.50	0.00	1.00
XL316-1	Ⅳ	A3	0.50	0.00	1.00

注:括号内为断层号。

表5.3　预应力锚索计算参数

锚索预应力(kN)	单根钢绞线直径(mm)	根数(个)	锚索截面积(m)	初始应变
1 500	15.24	10	0.001 40	0.005 102
1 000	15.24	7	0.000 98	0.004 859
800	15.24	6	0.000 84	0.004 535
600	15.24	4	0.000 56	0.005 102

在 ADINA 有限元程序中,可以通过 Truss 单元来模拟锚索和锚杆。按 ASTM A416—97 的规定:单根钢绞线为 φ15.24 mm,单根钢绞线面积 $A_y = 140$ mm^2,钢绞线标准强度 $R_{yb} = 1$ 860 MPa,钢绞线弹性模量 $E_y = 1.95 \times 105$ MPa。表5.3 中的参数只是初始参数,在计算时用的是均化后的参数:计算时初始应变应除以锚索的间距,主要是考虑到格构梁的作用,格构梁可以把锚索端部的力平均分配在锚索的周围。

采用拟静力法进行计算,分析中 0.15g 对应 50a 超越概率 5% 基岩水平向峰值加速度 0.336g 的折减值。计算中考虑 4 种工况:工况 1 为初始工况,工况 2 为加固工况,工况 3 为考虑岩体开挖卸荷的工况,工况 4 为地震工况。

3)计算结果分析

(1)位移及应力分析

左岸边坡 LPⅦ-Ⅶ剖面二维有限元计算所得的部分应力成果如图5.6、图5.7 和表5.4 所示。

（a）第一主应力等值线图

（b）第三主应力等值线图

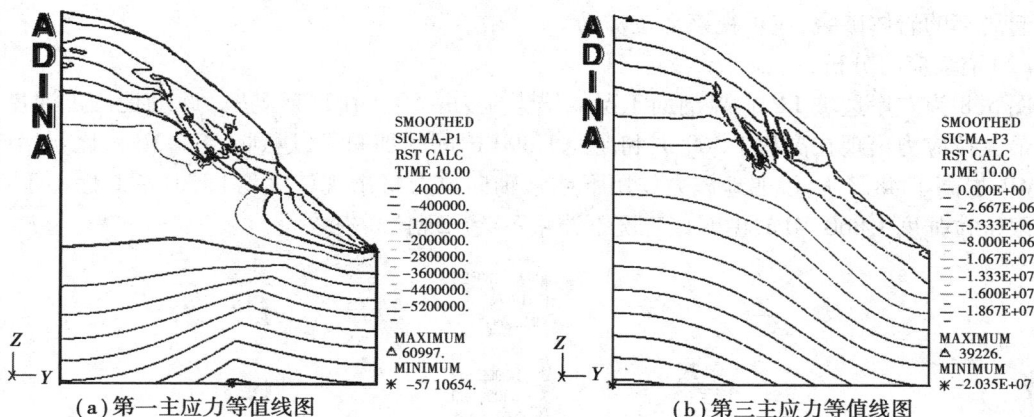

图 5.6　工况 1 应力等值线图

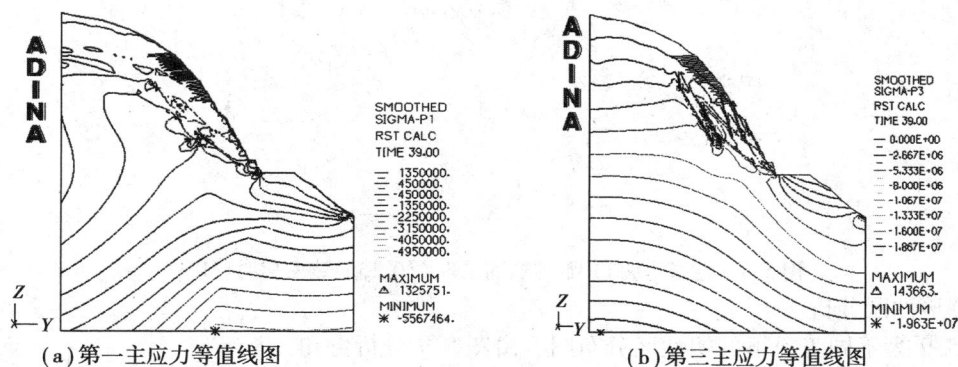

（a）第一主应力等值线图

（b）第三主应力等值线图

图 5.7　工况 4 应力等值线图($0.15g$)

表 5.4　左岸边坡 LP Ⅶ-Ⅶ 剖面二维有限元计算成果

工况	相对位移 Y_{max}（cm）		相对位移 Z_{max}（cm）		第一主应力最大值（MPa）		第三主应力最大值（MPa）	
	向坡外	向坡内	向上	向下	拉应力	压应力	拉应力	压应力
工况 1	0.000	0.000	0.000	0.000	0.609	5.710	0.039	20.35
工况 2	2.004	2.225	4.671	0.000	1.603	5.528	0.123	20.08
工况 3	2.105	2.287	4.800	0.000	1.161	5.528	0.115	20.09
工况 4（地震加速度 $0.15g$）	31.790	0.000	2.730	13.410	1.325	5.567	0.144	19.63

注：表中的工况 2,3,4 位移是相对于自重工况最后一步累积位移，表中各值均为最大值。

从位移等值线图中可以看出：朝向坡外的最大相对位移出现在边坡开口线上部坡顶附近，50 a 在超越概率 5% 的地震加速度下其量值达 318 mm，该部位为松散风化层，建议对该部位进行削坡处理或进行抗震重点加固。指向坡内的最大相对位移出现在坡脚附近或模型的左上部，竖直向上的最大相对位移出现在 1 225 m 高程开挖平台上方。

从应力等值线图分析可知，50 a 在超越概率 5% 的地震加速度下其量值达到 1.33 MPa，可能引起局部的岩体破裂,应重视该部位加固。

（2）锚索应力分析

图 5.8 为左岸边坡 LP Ⅶ-Ⅶ 剖面工况 4 锚索应力。50 a 在超越概率 5% 的地震加速度下,锚索最大拉应力出现在高程 1 360 m 和高程 1 390 m 间的加固段,达到 1 475 MPa,比初始应力 995 MPa 提高了 48.2%,说明地震力作用下锚索轴向拉力将出现较大增长,但该值仍小于锚索的极限抗拉强度 1 860 MPa,说明该工况下锚索不会出现拉断失效。

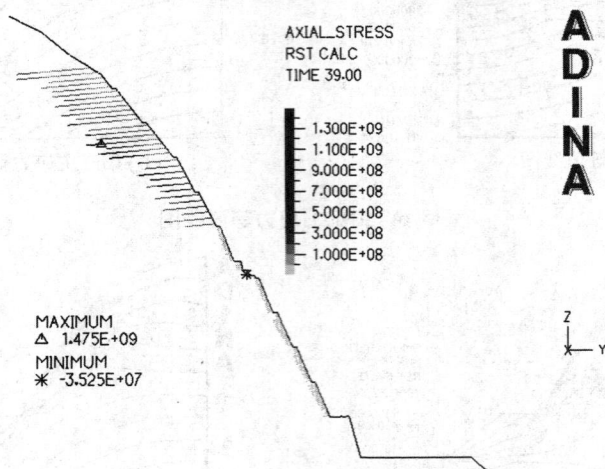

图 5.8　左岸边坡 LP Ⅶ-Ⅶ 剖面工况 4(0.15*g*)锚索应力(MPa)

（3）塑性区分析

图 5.9 为不同工况下的塑性区分布图。由图 5.9 分析可知:

①从自重工况下塑性区的分布特征来看,如图 5.9(a)所示,边坡塑性区主要沿 Ⅴ 类岩体全风化界线和强风化界线,β6 呈条带状分布,表明边坡的浅表层稳定性较差。

②边坡开挖完成时,如图 5.9 中(b)、(c)所示,塑性区明显减少,边坡的整体稳定性增强。

③在地震工况下,如图 5.9(d)所示,边坡 Ⅴ 类岩体全风化界线和强风化界线,Ⅳ 类岩体,表面坡积物和 β6 等处出现了明显的塑性区,并最终贯穿开挖面。因此,影响左岸边坡 LP Ⅶ-Ⅶ 横剖面整体稳定性的可能滑动模式为:以 β6 为底滑面,在 1 300 ~ 1 330 m 高程剪断 Ⅴ 类或在 1 165 ~ 1 195 m 高程剪断 Ⅳ 类岩体进行滑动。在锚索的内部也有塑性区,说明 50 a 超越概率 5% 的地震加速度下,边坡有失稳的可能性。

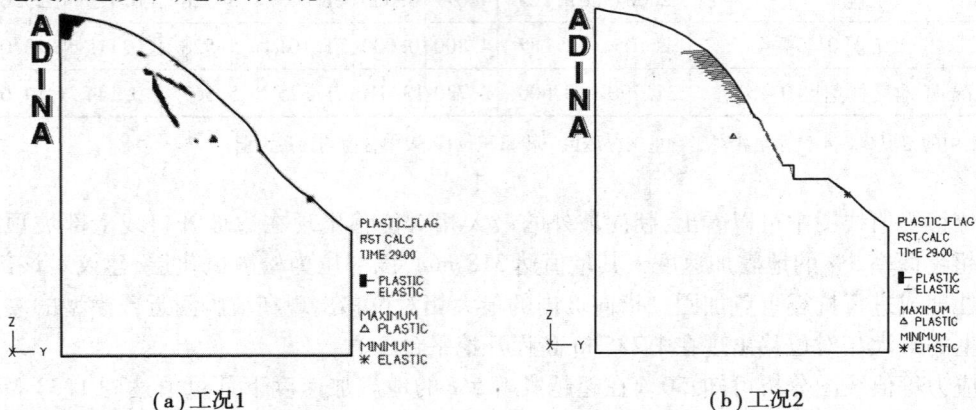

（a）工况1　　　　　　　　　　　　　　　　　　（b）工况2

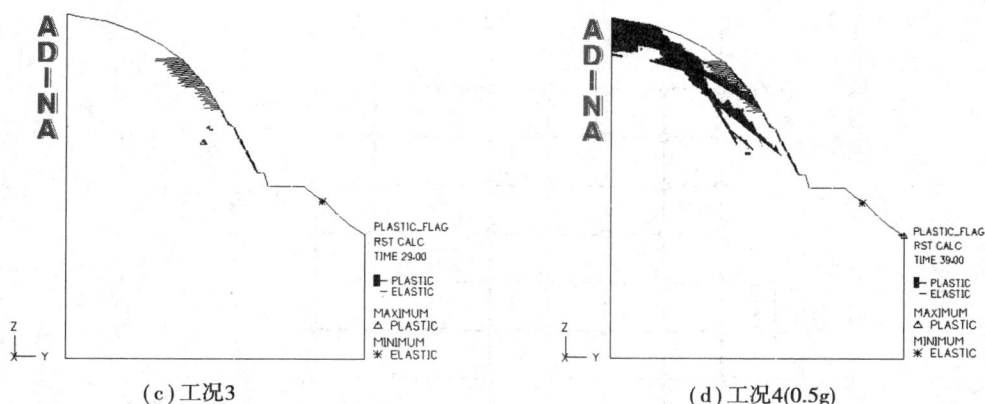

(c)工况3　　　　　　　　　　　　　　(d)工况4(0.5g)

图5.9　不同工况下的塑性区分布图

5.2　有限差分法(FDM法)

在岩土工程中常常会遇到大量的偏微分方程的求解问题,许多具体过程都可以用偏微分方程的定解问题来描述,例如渗流问题、土的固结问题等。除了一些特殊情况外,要直接得到偏微分方程的精确解很困难,不但受求解域几何形状、初始条件和边界条件不规则性的限制,而且由于方程中的参数往往依赖于方程的解,使得求解更加困难。随着科学技术的发展,特别是电子计算机的诞生及其运算速度的飞速提高,偏微分方程的近似解法(数值解)在理论上和方法上都有了很大的进展,过去许多难以解决的实际问题现在也得以解决。在偏微分方程的数值解法中应用最广的是有限元法和有限差分法。本节讨论岩土工程问题的有限差分法求解。有限差分法是最早被应用于工程科学中的数学方法之一,作为一种解决偏微分方程定解问题近似方法,在岩土工程中有着广泛的应用。

5.2.1　有限差分法的基本概念

差分法的基本思想就是把要求解问题的微分方程及其边界条件用离散的、只含有有限个未知数的差分方程(代数方程组)来表示,把求解微分方程的问题转化为求解代数方程的问题,并用代数方程的解作为微分方程的近似解。具体的做法是用差分网格离散求解域,用差商近似代替导数或用适当的近似式代替含有导数的表达式,得到差分方程组并求解得到差分解,原微分方程的解可用此差分解来近似代替。随着网格划分的细化,差分解就逐渐向精确解逼近。

1)有限差分网格的剖分

有限差分法求解偏微分方程组时先要把连续问题离散化,即把连续的求解区域作网格划分。下面以二维问题为例来说明网格划分。假设所研究的问题是关于空间变量 x 和时间变量 t 的偏微分方程组,而研究的区域是 $x \in [a, b]$, $t \in [0, T]$,如图5.10所示。在 $x\text{-}t$ 平面上画两簇平行于坐标轴的直线,把上述区域划分为矩形网格,这些直线的交点称为网格点或节点。一般来说,等距的网格划分较为常见(当然,不等距离的网格划分亦可)。设空间方向的距离为 Δx,记为 h,称其为空间步长;时间方向的步长为 Δt,记为 τ。为了研究方便起见,网格划分中的每一

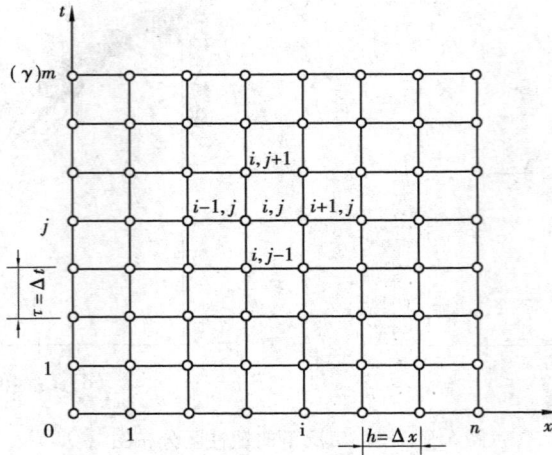

图 5.10　差分法网格划分

个节点(x_i, t_j)简记为(i, j)。

　　经过网格的划分,把连续的区域离散为以下区域(离散点的集合)

$$D = \left\{ (x_i, t_j) \left| \begin{array}{ll} x_i = a + ih & i = 0, 1, 2, \cdots, n \\ t_j = j\tau & j = 0, 1, 2, \cdots, m \end{array} \right. \right\}$$

2)常用差分公式

　　用差商来近似代替导数可得差分公式。设$f(x, t)$为所要求解的某一连续函数,则几种常用差分公式如下

$$\left(\frac{\partial f}{\partial x} \right)_i = \frac{f_i - f_{i-1}}{h} \text{(向前差分)} \tag{5.16}$$

$$\left(\frac{\partial f}{\partial x} \right)_i = \frac{f_{i+1} - f_i}{h} \text{(向后差分)} \tag{5.17}$$

$$\left(\frac{\partial f}{\partial x} \right)_i = \frac{f_{i+1} - f_{i-1}}{2h} \text{(中心差分)} \tag{5.18}$$

3)边界的处理

　　差分法将连续区域(包括其边界记为D)离散化为由节点组成的网格,如果两个节点在网格线方向只差一个步长,则称其为相邻节点。在二维问题中,如果2个节点的4个相邻节点都属于D,那么这样的节点称为内部节点(内点);如果1个节点的4个相邻节点中至少有1个不属于D,则称之为边界节点(界点)。内点的差分公式可以直接由其相邻节点得到,而界点的差分公式则需要做特殊处理方可得到。

　　如图 5.11 所示,差分网格与边界的交点不与网格节点重合,例如在网格线方向上界点A与边界的距离不等于步长Δx,此时无法应用正规内点的差分格式。就要对边界做适当的处理,把边界点转移到差分网格节点上,来建立界点的差分公式。

　　设边界B点的函数值为f_B,但是B点不与网格线的节点重合,为了把边界点转移到网格节点上去得到界点A的差分公式,有以下两种处理方法:

（1）直接转移

把 B 点的函数值直接给与 B 点靠近的外部网点 C，即

$$f_C = f_B \qquad (5.19)$$

通过节点的直接转移，网格点 A 由界点变为内点，其差分公式转化为内点差分格式。处理后的边界由原来的非规则边界变为台阶形边界，在网格划分很细时，这种台阶形边界可以用来近似的代替原非规则边界。

（2）线性插值

网格节点 C 点的函数值可通过 A 和 B 点的值通过线性插值得到。设 A,B 两点相距为 $a\Delta x$，则 B、C 两点相距为 $(1-a)\Delta x$，可得到

$$f_C = \frac{1}{a}f_B + \frac{a-1}{a}f_A \qquad (5.20)$$

以上把研究区域及其边界都用网格离散化，并建立了差分公式。下面要做的就是建立具体问题的差分格式。

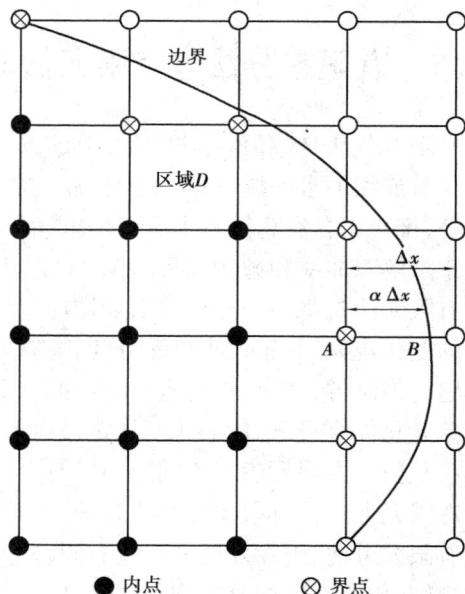

图 5.11　非规则边界的处理

5.2.2　有限差分格式的建立

差分格式的建立包括以下 3 方面的内容：差分方程的建立、初始条件的离散和边界条件的离散。具体做法是把差分公式代入偏微分方程及其初始、边界条件得到方程或方程组（即差分格式）。一般差分方程的建立是差分格式的重要步骤，而边界条件和初始条件的差分化与之类似。由于构造差分公式的方法不同，得到的差分格式也有多种，但是某种差分格式必须满足相容性、收敛性和稳定性等条件，并具有一定的精度。

当用差分公式来替代偏导数时，不可避免地存在一定的误差，当把偏微分方程中所有偏导数都用其相应的差分公式代替后，所得到的差分方程的解与偏微分方程的解在某个差分点上就存在一定的偏差，这一偏差称为这种差分格式的截断误差。例如有两个变量（时间 t，步长 τ；空间 x，步长 h）的偏微分方程差分化后，若截断误差可以表示为 $E = O(\tau^p + h^q)$，则称该差分格式对时间是 p 阶精度的，对空间是 q 阶精度的。如果 $p=q$，则称该差分格式是 p 阶精度的。

如果某一差分格式，当步长（如 τ 和 h）趋于 0 时截断误差 E 亦趋于 0，就称这种差分格式与原微分方程是相容的，即这种差分格式具有相容性。差分格式的收敛性是指当步长趋于 0（例如 $\tau \to 0, h \to 0$）时，差分方程的解 f_i^j 能否逼近微分方程的解 $f(x_i, t_j)$。差分法的计算过程一般是一层一层地计算，而每一层的计算都会产生一定的误差，这种误差能否在层间传播过程中逐渐变大，使差分的解远离原微分方程的解，这就涉及差分格式稳定性的问题，差分格式的稳定性不仅与差分格式本身有关，而且与网格比的大小有关。研究差分格式稳定性的方法很多，如 Fourier 法、Hirt 启示法、矩阵法、离散 Green 函数法和能量法等。构造差分格式虽有多种途径，但所得的差分格式必须满足相容性、收敛性和稳定性 3 个条件。

5.2.3 有限差分法与有限元法的比较

有限差分法是数值解法中最经典的方法。它是将求解区域划分为差分网格,用有限个网格节点代替连续的求解域,只考虑网格点上数值变化,然后将偏微分方程(控制方程)的导数用差商代替,推导出含有离散点上有限个未知数的差分方程组。这种方法发展比较早,比较成熟,较多用于求解双曲线和抛物线形问题。

有限元法是将一个连续的求解域任意分成适当形状的许多微小单元,必须假定值在网格点之间的变化规律,并于各小单元分片构造插值函数,然后根据极值原理(变分或加权余量法),将问题的控制方程转化为所有单元上的有限元方程,把总体的极值作为各单元极值之和,即将局部单元总体合成,形成嵌入了指定边界条件的代数方程组,求解该方程组就得到各节点上待求的函数值。有限元法对椭圆形问题有更好的适应性。

有限元方法比有限差分法优越的方面主要是能适应不规则区域,但是这指的只是传统意义上的有限差分法,现在发展的一些有限差分法已经能适应不规则区域。对于椭圆形方程,如果区域规则,传统有限差分法和有限元法都能解,在求解效率方面(主要指编程负责度和收敛快慢、内存需要),有限差分法则具有较大优势。

总体而言,二者的优缺点可概括如下:

有限差分法(FDM):直观、理论成熟,但是不规则区域处理繁琐,虽然网格生成可以使 FDM 应用于不规则区域,但是对区域的连续性等要求较严。使用 FDM 的好处是易于编程、易于并行。

有限元方法(FEM):适合处理复杂区域,缺憾在于内存和计算量巨大,并行不如 FDM 直观。不过 FEM 的并行是当前和将来应用的一个不错的方向。

5.3 不连续变形分析法(DDA 法)

由于岩体是非连续介质,通常存在各种类型的地质结构面,在力学性质上呈现出不连续性和非线性。因此,用传统的经典力学分析方法研究节理岩体的力学性质具有局限性。所以必须发展和研究离散介质数值模拟方法来解决实际的工程问题。其中,如何建立描述具有非连续性的岩体结构力学行为的数值模型已成为岩石力学领域的研究热点。

自 1968 年 Goodman 首次提出在数值分析中考虑岩体的节理单元以来,岩体不连续性研究日益受到重视,并取得了很大进展,现已广泛应用到岩体工程中。块体不连续变形分析(Discontinuous Deformation Analysis,简称 DDA 法)是由我国旅美学者石根华博士提出的用于解决不连续块体系统运动和变形的一种新型数值方法,它与 P. A. Cundall 提出的离散元法(也称 DEM法)以及日本学者 Kawai 提出的刚体-弹簧法(也称 RBSM 法)统称之为分析、研究块体系统运动和变形的三大方法。

不连续变形分析是以研究非连续块体系统不连续位移和变形为目的的一种数值方法。在假定位移模式下,由弹性理论位移变分法建立总体平衡方程式,通过施加或去掉块体界面刚硬弹簧,使得块体单元界面之间不存在嵌入和张拉现象,由此来满足位移边界条件。DDA 法允许每个块体有位移、变形和应变,还允许整个块体系统在块体交界面上有滑动、张开与闭合,它已克服了单纯几何分析方法的不足,能够考虑结构体的变形和位移,特别适合于模拟岩体移动的不连续大位移行为。

不连续变形分析包括两部分:正分析和反分析。两者都是为大位移与大变形而开发的。虽然 DDA 的正分析法看起来像离散元法,但 DDA 的分析过程更接近有限元法。DDA 与有限元法(FEM)的不同之处是:单元界面之间的变形可以是不连续的;单元形状可以是任意的凸形、凹形或组合多边形;单元之间的接触不一定要求角点与角点的接触;未知数是所有块体自由度的总和。

尽管离散元法(DEM)和不连续变形分析(DDA)都能模拟相互作用离散块体的复杂本构性质,但两者在理论上是不相同的。其不同之处在于:DDA 是一种位移方法,而离散元法是一种力学方法。

5.3.1 DDA 基本思路

不连续变形分析是一种模拟岩体在不连续情况下产生的大变形和大位移的数值计算方法。它以位移作为未知量,结合刚度、质量和荷载子矩阵,根据总势能最小化原理建立平衡方程式,通过求解结构矩阵的方法来分析块体系统的力和位移的相互关系,其时间步可用于静力学和动力学分析。在分析块体的运动中,它比有限元和离散元的应用范围更为广阔,集两者之长,允许各个块体有位移、变形和应变,允许整个块体系统存在滑动,允许块体界面间的滑动、转动、张开或闭合;它在块体的划分方面较有限元和离散元更为灵活,块体形状可以是任意凸边形或凹边形,还可以是带孔的多接点的多边形,块体网格不要求块体顶点与另一块体顶点相接触;它的位移和变形模式与有限单元法中结构矩阵分析相同;它在分析块体系统的运动、块体间的接触以及嵌入等方面都是有限元或离散元不可及的。

当前,基于非连续变形分析的研究大多局限在二维情形,随着 DDA 研究的深入,三维 DDA 方法的理论框架已基本形成,现结合有关文献资料,对三维块体不连续变形分析基本思路作简要介绍。

①以天然存在的不连续面(如节理、断层等)切割岩体,形成单个块体单元。单元的形状可以是任意多面体,块体之间的接触可以是面、边、角三者任意组合而成的 6 种形式之一。

②以 12 个块体位移变量(u_0, v_0, w_0, α_0, β_0, γ_0, ε_x, ε_y, ε_z, γ_{xy}, γ_{yz}, γ_{zx})来表示块体内任意一点的位移和变形特征,具有普遍的物理意义和直观简洁性。

③DDA 法采用与有限元法相似的位移模式,采用全一阶多项式近似或高阶多项式近似逼近,视问题的复杂性而定。

④块体满足平衡方程,块体接触面上采取合适的摩擦方式来消耗能量。块体间严格满足不侵入和不承受拉伸力的要求。

⑤通过块体间的接触和位移约束,将单个块体有机地联系起来,形成一个块体系统。在势能最小原理的条件下,建立单个块体的单元刚度矩阵以及块体系统的总体刚度矩阵。

⑥按不同的要求,反复形成和求解总刚度矩阵,最后求得每个块体和整个块体系统的位移变形。

5.3.2 DDA 计算实例

下面将举例分析 DDA 方法在岩质边坡倾倒破坏分析中的应用。

1)接触本构关系

因为大位移和大变形包含在非连续变形分析中,块体位置、块体形状和块体接触随荷载步或时间步而变化。在块体系统中,块体的运动不允许块体之间受拉和嵌入,对每一种接触有三种模式:张开、滑动和锁定。

DDA 将岩体视为非连续块体单元,块体与块体之间用虚拟的弹簧来传递相互的作用力。计算中的每一时间步,用如下判据加以判别:

①不允许存在法向拉应力,即 $\sigma_n \leqslant 0$;

②剪应力遵循 Mohr-Coulomb 准则

$$|\sigma_s| \leqslant c + \sigma_n \tan \varphi \tag{5.21}$$

式中 c——节理的粘聚力;

  φ——内摩擦角。

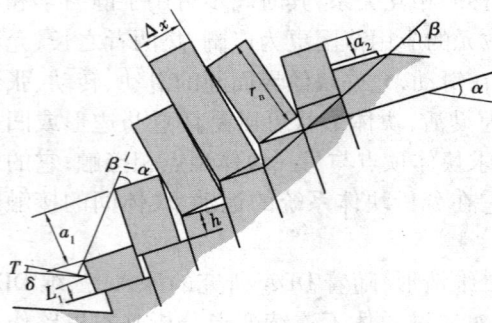

图 5.12 倾倒边坡的典型结构特征

2)计算实例

算例模型如图 5.12 所示。这个开挖的岩石边坡高 92.5 m,坡角为 56.6°,边坡岩体为倾角 60°倾向山体的层状岩体。一个由 16 个岩块组成的规则岩块系统,坐落在一阶梯状底面上,该梯状底面为每 5 个岩块上升 1 m($\beta - \alpha = 5.8°$)。如图 5.13 所示,几个常数分别是:$a_1 = 5.0$ m,$a_2 = 5.0$ m,$b = 1.0$ m,$\Delta x = 10.0$ m,$\gamma = 25$ kN/m³。岩块 10 处于边坡的坡顶线上,坡顶面倾角为 4°。由于 $\cot \alpha = 1.78$,故在所有摩擦角 $\varphi > 30°(\tan \varphi > 0.577)$ 的情况下,岩块 16,15 及 14 构成一个稳定区。实例中,取条块接触面粘聚力为 0,$\tan \varphi = 0.785\ 5$($\varphi = 38.1°$)时,阻止岩块 1 滑动所需要的抗滑力趋近于 0,这说明该边坡非常接近于极限平衡状态。此时,岩块 1~3 构成滑动区,岩块 4~13 构成了潜在的倾倒区,而岩块 14~16 构成稳定区。

采用 DDA 算法进行分析,时间步取 200,最大位移增量为 0.001,由此获得在内摩擦角为不同值时的边坡块体变形模式,如图 5.14~图 5.17 所示。

从对不同 φ 值情况下边坡的变形模式可以获得如下的结论:

倾倒区岩块的变形不仅有倾倒,而且有滑移,这使得各倾倒块之间的接触模式呈面接触,这种变形模式将使岩块间产生一定的摩擦阻力。但另一

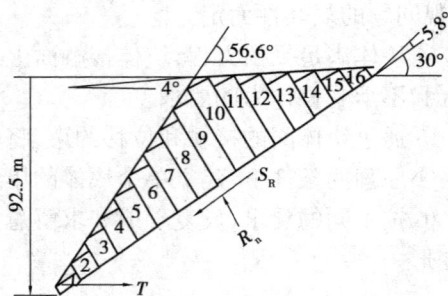

图 5.13 倾倒破坏典型算例

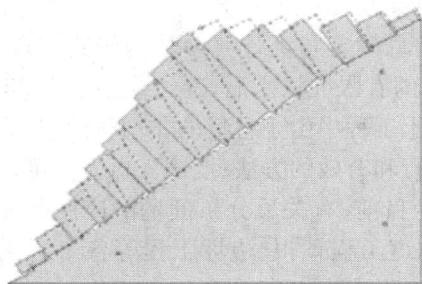

图 5.14　$\varphi = 30°$ 时边坡变形失稳模式

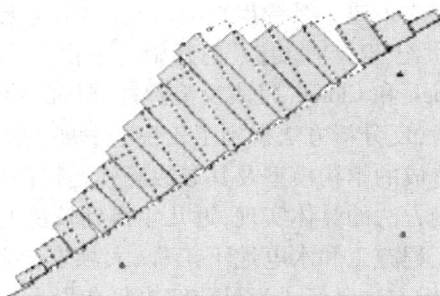

图 5.15　$\varphi = 38.1°$ 时边坡变形失稳模式

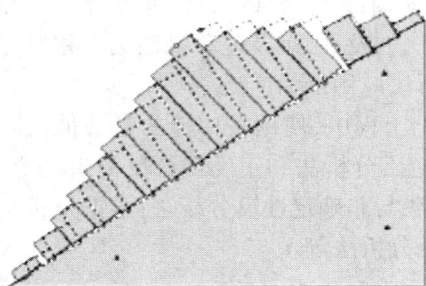

图 5.16　$\varphi = 40°$ 时边坡变形失稳模式

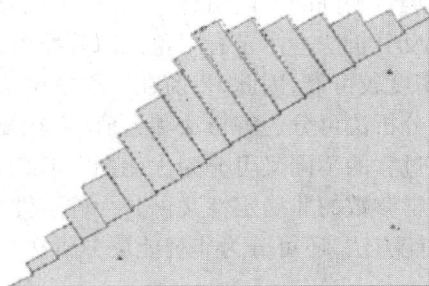

图 5.17　$\varphi = 50°$ 时边坡变形失稳模式

方面,由于倾倒块之间的接触位置和面积随变形而变化,从而岩块之间力的作用位置、方向和大小也将与假定有一定差别。

按照 DDA 算法,边坡在岩块节理面内摩擦角 $\varphi < 44°$ 时,将发生倾倒破坏,图 5.14 ~ 图 5.16 为第 200 时间步的变形。在内摩擦角 $\varphi = 44°$ 时,边坡趋于临界稳定。

采用 DDA 算法可以有效地确定倾倒边坡的变形失稳模式,并在一定意义上确定其安全储备,可以用于边坡的稳定状态的分析评估,并指导加固方案的设计。从理论上讲,如在模拟实际岩体节理裂隙并采用相应强度指标的同时,把完整岩体随机划分为数量足够大的块体,并在分割面上应用完整岩体的强度指标,可以确定各种边坡岩体的变形模式和潜在的临界滑裂面。

5.4　反分析法

5.4.1　反分析法的应用及分类

在岩土工程问题中,根据工程基本情况确定几何条件、荷载条件、边界条件,通过地质勘探和室内外试验确定地质条件、本构模型、力学参数等,通过解析法、半解析法或数值法,求解结构或岩土介质相关物理量(如应力、应变等)的求解过程称为正演分析或正分析。

反演分析(Inverse Analysis)和反分析(Back Analysis)通常指的是同一个问题,即根据已知的系统模型和系统响应来反演系统参数或根据已知的系统参数和系统响应来推求系统模型,比如利用工程中的实测值(如应力、孔压、位移等),通过数值试算确定岩土介质的参数或是本构模型。一般前者称为参数识别或模型参数反演,后者称为模型识别。对于参数的识别和估计,实际上都应隶属于系统识别的范畴,本节主要介绍模型参数的反演分析。

20 世纪 70 年代初,人们开始注意由现场量测信息确定各类计算参数的研究。自 1972 年 Kavananagh 和 Clough 发表反演弹性固体的弹性模量的有限元法之后,经过众多学者 30 多年的不懈努力,反分析方法得到了较快的发展,为解决岩土工程中由于材料的非均质性、非线性和不连续性造成的本构模型及其参数等问题提供切实可行和有效的方法,反演分析方法可以说是太沙基观测方法的具体实现,近几年得到较快的发展。目前,有关反分析问题的应用研究广泛涉及隧道工程施工和水电地下工程、大坝安全监控、坑道工程预报、边坡工程等各个岩土工程领域,反分析方法已经成为目前解决复杂岩土问题的主要方法之一,在岩土工程中得到越来越多的应用。

根据现场量测到的不同信息,反分析可以分为应力(荷载)反分析法、位移反分析法和应力与位移混合反分析法。由于有限单元法等数值计算方法的发展,以及位移量测信息相对比较容易获取,且精度较可靠,因此,目前在工程中位移反分析法应用最为广泛。

位移反分析法可分为解析法和数值法,在复杂岩土工程中,使用较广泛的是数值法。数值法就其求解过程的不同又可分为优化(正)反分析法、逆反分析法和正反耦合反分析法等;就其是否考虑力学参数的非确定性又可分为确定性反分析法与非确定性反分析法;根据是否利用神经网络等智能方法,还可分为非智能反分析法与智能反分析法等。

5.4.2 反分析基本理论

在岩土工程中,充分了解工程材料的性质是十分重要的。为了获得工程材料的性质,通常的做法是进行现场试验;对于复杂的问题,还需辅助于理论分析,综合两方面的数据方可获得所需结果;通过某些已知数据,例如位移、应力和速度(这些数据可通过试验得到),寻求所研究问题的材料性质。类似于这样的问题称为材料参数反分析问题,反分析是对应于一般意义下已知问题的材料性质和外力求位移、应力这种正常分析而言的。

工程反分析问题包含的范围很广,一般意义上的正分析问题如图 5.18 所示。

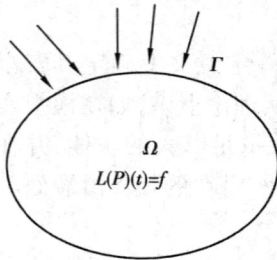

图 5.18　正分析问题

求解一个问题的未知量 φ,必须具备以下条件:

①给定的区域 Ω 及相应的边界 Γ。

②给定问题的控制方程。

③未知变量和相应各阶导数的边界条件或初始条件。

④外荷载。

⑤材料系数。

如果上述条件缺少任何一个,正分析则无法进行。反分析是在某些附加条件下反求上述条件的部分量。根据所求量的不同,反分析可分为:

①区域反分析。

②控制方程反分析。

③边界条件或初始条件反分析。

④外荷载反分析。

⑤材料参数反分析。

由于岩土工程中的问题常常涉及非均匀介质,其材料性质在大多数情况下也是未知的,因此材料参数反分析方法在岩土工程中起着重要作用。

5.4.3 反分析法计算实例

本节将以锦屏二级水电站地下厂房为例,说明 BP 神经网络在洞室围岩开挖卸荷参数反分析中的应用。

1)工程地质条件

厂区枢纽工程所在地区出露地层为中三迭统盐塘组地层,地质构造较简单,仅发育小型断层、破碎带及节理裂隙。厂房区岩性为微风化状 T_{2y}^4 灰绿色条带状云母大理岩和 T_{2y}^{5-1} 灰黑色中厚~厚层细晶大理岩,T_{2y}^{5-1} 多为中厚~厚层块状,围岩完整性较好,且稳定条件较好;T_{2y}^4 层由于层理发育,且层面裂隙中局部见有暗色矿物形成的软弱夹层,围岩稳定条件一般。地下厂房置于微风化状的 T_{2y}^4 灰绿色条带状云母大理岩和 T_{2y}^{5-1} 灰黑色中厚层细晶大理岩之中。岩石均为微风化状,岩体完整性以一般为主,局部较完整或较破碎~破碎。地下厂房轴向为 N35°E,置于近南北走向的高倾角岩层中,位于褶皱一翼,为单斜地层,无大的断裂构造通过,厂房地段断层构造主要为 f16,f17,f21,f24,f35,f36,f37,f56~f63,f65~f71,f77~f79 等 24 条小型断层,断层性质主要为岩块岩屑型和岩块岩屑夹泥型为主。地下厂房属中等地应力区,在厂房洞室开挖过程中局部可能发生岩爆,其量级为轻微,需进行相应支护处理。

2)反演点选取

在主厂房周围布置多个多点位移计,以厂右 2 断面为例,其布置如图 5.19 所示。从每个剖面的监测点中选取 7~10 个位移突变较少、变化较连续的监测点作为反演的关键点。

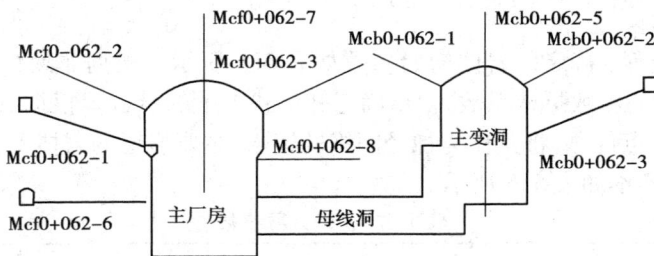

图 5.19 厂右 2 剖面位移监测布置示意图

3)有限元模型

(1)卸荷分区

卸荷区分为强、弱两种卸荷。从开挖面到坡内 3 m 为强卸荷区,再向边坡内 6 m 为弱卸荷区。强弱卸荷区还根据开挖过程细分,如第 N 步开挖的影响范围内的卸荷区分为第 N 步强、弱卸荷区。

(2)有限元模型

以 ADINA 有限元分析软件为计算平台,采用二维有限元计算模型,剖面模型宽 693 m,高 767 m,采用四边形和三角形网格,共剖分单元 1 370 个,节点 5 181 个,如图 5.20 所示。

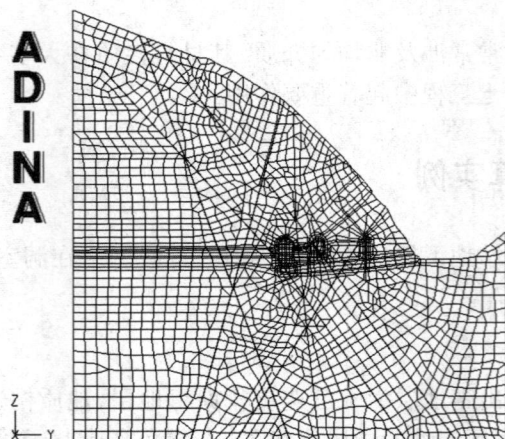

图 5.20　ADINA 有限元二维模型

（3）计算工况

计算分为初始、开挖、卸荷、加固 4 种工况，由于分步开挖，每步开挖后均有相应的卸荷工况和加固工况。厂房分 9 步开挖，则总的计算工况依次为：初始工况，第 1 步开挖、卸荷、加固，第 2 步开挖、卸荷、加固，……，第 9 步开挖、卸荷、加固。

4）神经网络反演

（1）神经网络模型

BP 神经网络模型由大量的 BP 神经元按一定规律连接而成，典型的 BP 神经网络为三层的前馈阶层网络，包括输入层、隐含层和输出层，各层间实行权连接。本文选取 5 个关键监测点位移作为模型的输入，主要岩层 T_{2y}^{5-1} 和 T_{2y}^4 的变形模量、泊松比作为模型输出，建立 5 输入、4 输出的 BP 神经网络模型。

（2）网络训练样本

根据工程勘测资料，确定的岩体初始参数如表 5.5 所示。根据非线性卸荷岩体力学的相关理论，分析卸荷区的参数折减系数，初步确定卸荷状态下的参数。根据有限元模型计算并导出与监测点对应的节点位移，将其作为神经网络的输入，主要岩层的岩体参数作为网络输出，则 BP 神经网络的训练样本如表 5.6 所示。

表 5.5　初始计算参数

材料名称		变形模量 （GPa）	泊松比	粘聚力 （MPa）	摩擦角 （°）	密度 （g/cm³）
断层	弱风化	0.5	0.33	2.5	10	2.6
	新鲜	0.8	0.3	4	15	2.65
T_{2y}^{6-1}	弱风化	4	0.25	4	15	2.7
	新鲜	8	0.23	8	18	2.75
T_{2y}^4	弱风化	3	0.25	3	13	2.7
	新鲜	7	0.23	6	16	2.75

表 5.6　神经网络训练样本

开挖步	岩体参数				测点水平 Y 方向位移值（mm）				
	T_{2y}^{5-1}		T_{2y}^{4}		Mcf0 + 062 − 2			Mcf0 + 062 − 1	
	变形模量（GPa）	泊松比 μ	变形模量（GPa）	泊松比 μ	c1	c2	c3	c1	c2
1	8	0.23	7	0.23	−1.814 8	−1.585 5	−0.362 2	0.060 1	0.129 3
2	7.2	0.241 5	6.3	0.241 5	2.318 2	1.856 3	2.007 7	−0.046 5	−0.003 6
3	6.4	0.246 1	5.6	0.246 1	5.836 2	5.365 1	5.368 9	3.645 6	2.971 1
4	5.6	0.250 7	4.9	0.250 7	7.802 6	7.357 0	7.356 8	5.631 0	4.729 0
5	4.8	0.255 3	4.2	0.255 3	10.084 8	9.621 1	9.577 1	8.166 5	7.051 4
6	4.4	0.259 9	3.85	0.259 9	12.034 2	11.511 8	11.368 0	10.685 0	9.335 9
7	4	0.264 5	3.5	0.264 5	14.297 7	13.734 9	13.517 1	13.403 9	11.892 7
8	3.6	0.269 1	3.15	0.269 1	17.550 7	16.969 4	16.695 0	17.016 8	15.394 0
9	3.2	0.273 7	2.8	0.273 7	19.076 7	18.481 7	18.155 8	18.846 6	17.152 5
10	2.8	0.278 3	2.45	0.278 3	20.602 6	19.993 9	19.616 7	20.676 4	18.911 0

（3）最优参数搜索

BP 网络参数很多,但目前尚无理论可直接获得最优网络,本例通过编程对参数在一定范围内进行遍历寻找到最优的训练结果。BP 网络主要参数为学习速率和动量因子,学习速率范围为 0~1,动量因子为 1~5,学习速率以 0.01 为步长变化,动量因子以 0.05 为步长变化,对每一组参数进行网络训练,寻求训练结果与实际误差最小的一组参数。将参数及训练完成的网络用于仿真。

通过 Matlab 编程计算发现,网络的学习率动量因子分别取 0.26、3.52 时训练结果最优。最大训练次数和网络的误差精度分别设为 3 000、10^{-5} 时,经 5 次训练即达到目标精度,如图 5.21 所示。

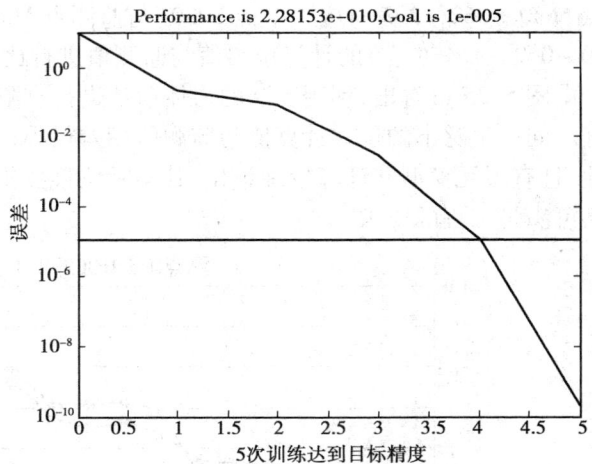

图 5.21　BP 神经网络的逼近误差

（4）神经网络仿真

以实际监测位移作为网络输入,利用训练完成的网络进行仿真,输出岩体的实际力学参数,并根据卸荷岩体力学理论确定卸荷状态参数的折减系数,确定地下厂房的围岩体参数,如表5.7所示。

表 5.7　神经网络反演的围岩体参数

材料名称		变形模量(GPa)	泊松比	粘聚力(MPa)	内摩擦角(°)	密度(10^3kg/m³)
断层	弱风化	0.50	0.33	2.5	10.0	2.65
	新鲜	0.80	0.30	4.0	15.0	2.65
	强卸荷	0.15	0.34	1.2	6.0	2.65
	弱卸荷	0.24	0.35	1.5	8.0	2.65
T_{2y}^{5-1}	弱风化	6.00	0.28	5.5	21.0	2.70
	新鲜	8.50	0.23	8.5	25.0	2.65
T_{2y}^4	弱风化	5.50	0.28	5.0	18.0	2.70
	新鲜	7.50	0.23	8.0	22.0	2.75
卸荷区	强卸荷	3.25	0.30	6.0	17.5	2.65
	弱卸荷	4.95	0.28	6.8	20.0	2.65

5) 反演结果分析

　　将上述参数输入模型中,通过 ADINA 二维有限元计算,将二维有限元模型中节点 4943(与监测点 Mcf0 + 062 − 2c1 对应)、节点 10709(与监测点 Mcf0 + 062 − 2c2 对应)、节点 10708(与监测点 Mcf0 + 062 − 2c3 对应)、节点 5030(与监测点 Mcf0 + 062 − 1c3 对应)、节点 5024(与监测点 Mcf0 + 062 − 1c4 对应)的计算位移值与监测值进行比较,如图 5.22 所示。

　　由图 5.25 可看出,利用反演的岩体参数进行有限元计算,得到的计算位移与监测位移吻合较好。同一工况下的位移计算值与监测值相差很小,表明参数取值恰当。但由于岩体自身的复杂性,且有限元模型和计算较理想化,其实际位移变化与计算结果总有一定出图。因此,计算结果已可满足工程的要求。

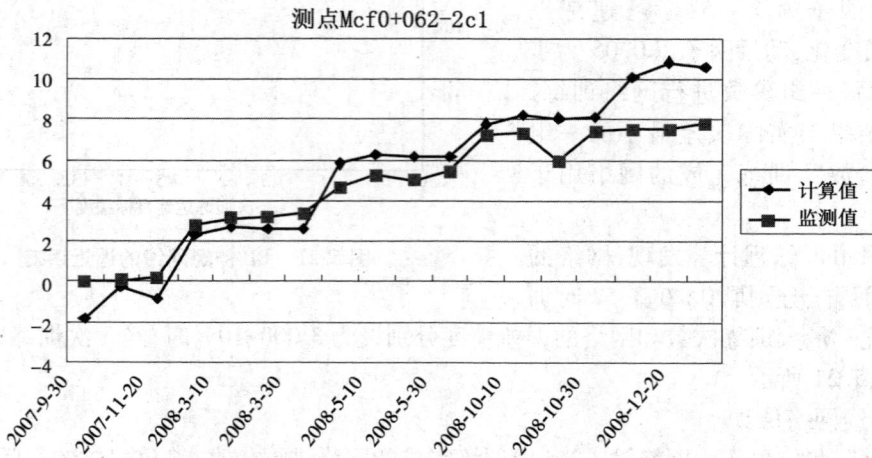

测点Mcf0+062-2c1

(a) 测点Mcf0+062-2c1

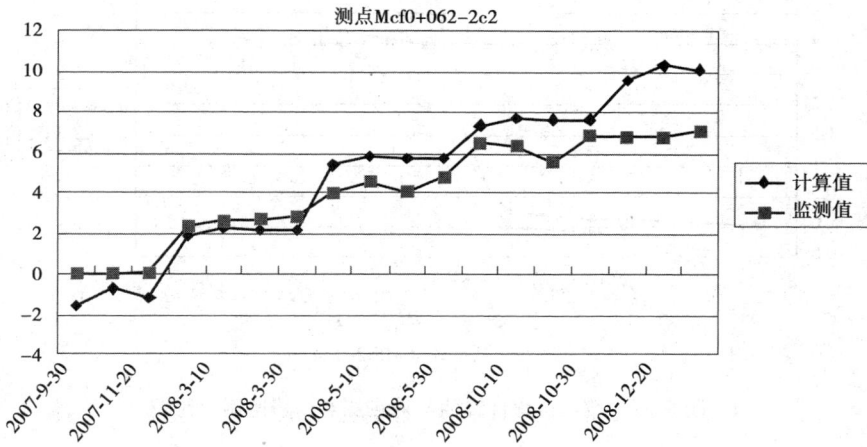

（b）测点Mcf0+062-2c2

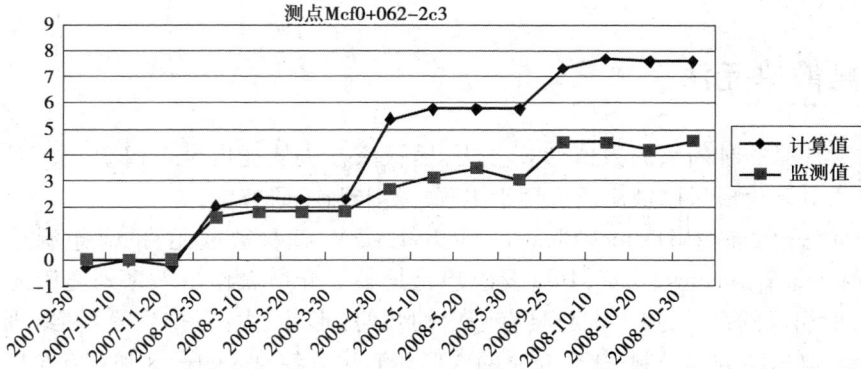

（c）测点Mcf0+062-2c3

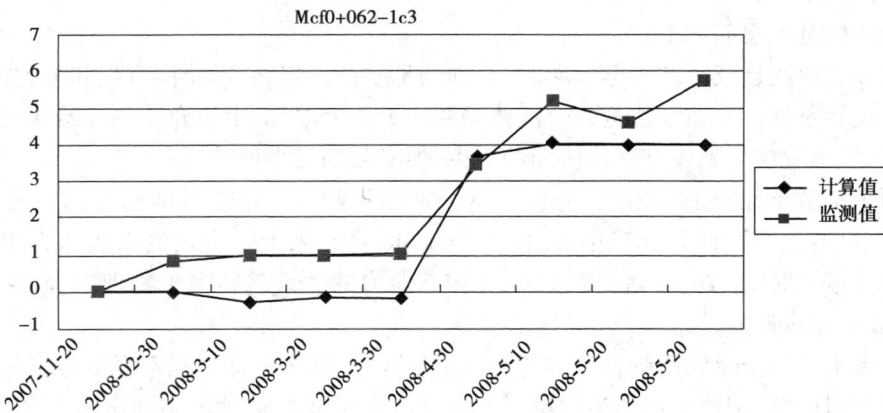

（d）测点Mcf0+062-1c3

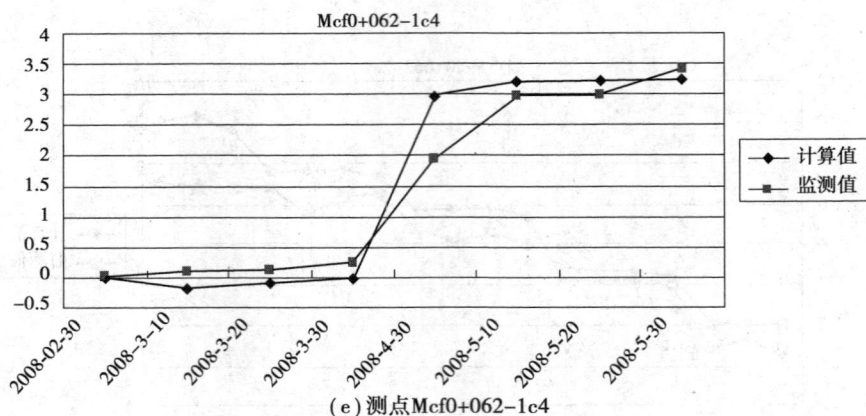

(e) 测点 Mcf0+062—1c4

图 5.22　测点位移计算值与对应测点位移监测值比较

5.5　数值分析的其他方法

5.5.1　离散单元法

离散单元法是一种新兴的数值计算方法,尽管该方法从提出至今仅 30 余年,但它发展迅速、充满活力,其理论成果已被广泛应用于工程计算与科学研究中。

离散单元法(Discrete/Distinct Element Method,DEM,简称离散元)的思想源于较早的分子动力学(Molecular Dynamics,MD),其主要思想是把整个介质看作由一系列离散的独立运动的粒子(单元)所组成的系统,单元本身具有一定的几何(形状、大小、排列等)和物理、化学特征。单元运动受经典运动方程控制,整个介质的变形和演化由各单元的运动和相互位置来描述。

离散元法的突出优势是能够方便地处理非连续介质力学问题,主要应用领域集中在岩土工程和粉体(颗粒散体)工程两个方面。

离散元法的基本思路如下:

应用有限元解决连续介质力学问题时,必须满足平衡方程、变形协调方程和本构方程,以及应力和位移边界条件。离散元法把每个散体颗粒作为一个单元,由于介质一开始就假定为离散体的集合,故散体颗粒之间没有变形协调的约束,但必须满足平衡方程。

如果两个离散单元的边界相互"叠合",就会产生接触力。这里所谓的"叠合"是指单元间的重叠部分,可通过"叠合"量计算接触力,如 Cundall,将它乘上一个比例系数作为接触力的一种度量。单元接触时的"叠合"量(接触深度)和接触力的关系就相当于物理方程,它可以是线性的,也可以是非线性的。

如果体系中的一个单元所受合力和合力矩不等于零,则不平衡力和不平衡力矩将使单元发生运动,这时牛顿第二定律可用于描述单元的运动。但单元的运动不是完全自由的,它会遇到相邻单元的阻力。计算按照时步并遍历整个散体集合进行迭代,直到对每一个单元都不再出现不平衡力和不平衡力矩为止。

根据散体颗粒的形状不同,单元类型可分为颗粒元(二维圆盘与三维球体)与块体元(多边形与多面体)两大类。与有限元法不同,在离散元法中,散体体系中的每个单元的运动用独立的动量原理和动力矩原理来描述。也就是说,每个单元的运动可独立求解,不是耦联的,这就使得离散元法可以不必满足连续介质力学要求的变形协调关系,因而可以模拟散体材料的大变形特征。

5.5.2　无网格法

有限元法用的主要策略是在每一计算步中重构网格,以使网格与非连续体保持一致,但这样会使计算精度降低,计算费用大大增加,有时还因为变形太大,致使网格畸变而计算中断,得不到结果。

鉴于有限元的这些缺陷,近几年来国际上许多著名的计算力学学者,如 T. Belytschko、W. K. Liu、S. N. Atluri、J. T. Oden、K. J. Bathe、O. C. Zienkiewi 等都对无网格方法进行了大量的研究,不需要网格的初始划分和重构,不仅可以保证计算的精度,而且可以减小计算的难度。无网格法是部分或彻底取消网格的数值计算方法,其基本思想是将有限元方法中的网格结构去除,使用一系列无网格节点排列,采用一种与权函数(或核函数)有关的近似,用权函数来表征节点信息。某个域上的节点可以影响研究对象上任何一点的力学特性。这样,摆脱了不连续性对问题的束缚(如网格的重构等),保证了求解的精度。

与有限元法不同,无网格法中使用的近似函数大都不具有插值特性,因此在基于 Galerkin 法的无网格法中处理本质边界条件具有一定的困难。目前已提出了直接配点法、拉格朗日乘子法,修正变分原理、罚函数法、有限元耦合法、容许近似法、达朗贝尔原理、修正配点法、变换法、位移约束法和奇异权函数法等方法。

建立近似函数时不借助网格,基于函数逼近近似而非插值近似是无网格法与有限元法的主要区别。采用定义在离散节点上具有紧支特性的函数来构造近似函数,而不用定义在全域上的级数展开形式是无网格法与经典加权残量法的主要区别。

无网格法具有以下优点:

①无网格法的近似函数没有网格依赖性,减少了因网格畸变而引起的困难,适用于处理高速碰撞、动态断裂、塑性流动、流固耦合等涉及大变形和需要动态调整节点位置(网格)的各类应用问题。

②无网格法的基函数可以包含能够反映待求问题特性的函数系列,适用于分析各类具有高梯度、奇异性等特殊性质的应用问题。

③采用紧支函数的无网格法和有限元法一样具有带状稀疏矩阵的特点,适用于求解大型科学与工程问题。

④无网格法的自适应性很强。在 h 自适应分析中不需要重新划分网格,而且极易实现 p 自适应分析,若引进小波函数还具有多尺度分析功能。

⑤无网格法的前处理只要节点位置信息,不要网格信息,容易分析复杂的三维结构。

⑥无网格计算的结果是光滑连续的,不必再进行应力光顺化等后处理。

无网格法才刚刚起步,在严格的数学论证、计算效率、边界条件处理和大量应用实例等方面都还不能与成熟的有限元法媲美,更未形成有效的通用软件。另外,用 MLS 和 RKRM 等建立无网格近似函数时,涉及对矩阵求逆,计算量较大。与有限元法不同,无网格法的近似函数大都不是多项式,因而基于 Galerkin 法的无网格法(如 EFG、RKPM 等)需要在每个背景网格或节点子域中使用高阶高斯积分以保证计算精度,因此无网格法的计算量一般大于有限元法。如何提高无网格法的计算效率也是近几年来的研究热点。虽然无网格法还远不成熟,但由于它不需要网格,在边坡爆炸等工程领域中具有广阔的前景。

5.5.3 边界元法

边界单元法又称边界积分方程-边界元方法,是继有限元法之后成为一种有效的数值方法,在固体力学、流体力学、电磁场等领域得到了广泛的应用。

早在19世纪就有不少物理学家和数学家把偏微分方程的边值问题化为求解边界积分方程公式。1967年F. J. Rizzo在《应用数学》季刊上发表了第一篇边界元方法的文章,此后,边界元方法才逐渐发展成为一种数值方法。

T. A. Cruse,C. A. Brebbia,S. L. Croch等都对其发展和应用做出过贡献。我国自20世纪70年代起进行岩石力学边界元方法的研究,在岩石渗流问题、地下工程支护、岩体稳定性分析等方面做出了有意义的成果。

边界单元法的最大特点是降低了求解问题的维数。由于采用边界变量表达物体内部变量,一般情况下只需在物体的外表边界上进行离散即可,这样原有问题用边界元法求解降低了一维。另外,这种方法具有较高的精度。由于采用的基本解是无限域(或半无限域)内的满足微分方程和无限域(或半无限域)边界条件的解析解,因而在用边界量求解内部物理量的过程中引入的误差较小。边界积分方程本身所讨论的问题也是一种精确提法,其误差仅来自于离散化的处理。

边界积分方程可通过两种途径来建立,即直接法和间接法,相应地求解方法就分为直接边界元法和间接边界元法。直接边界元法中,积分方程内出现的未知量是真实的物理变量,如弹性力学问题中以全部系统边界上的全部张力和位移为未知量建立直接边界元格式求解,而物体内部的张力和位移则可通过数值积分由边界值推算出来。而间接边界元法采用类似于弹性力学中的应力函数或流体力学中的流函数等为未知函数(如单层势、双层势、虚应力等),利用辅助变量构造边界元格式求解。一旦这些辅助变量求解出来,所求的真实物理量就可以通过辅助变量表达出来。

总体而言,边界元法具有输入数据少、问题的维数降低以及计算精度高等优点。缺点是:它最后形成的系数矩阵为非对称满阵,其矩阵元素的求值有大量积分计算,特别是采用高度协调的边界元时所涉及的积分计算量是比较大的。

5.5.4 流形元法

流形元法是石氏继创立块体理论和DDA后,并在此基础上首创的一种更新的现代数值方法。它以拓扑流形为基础,应用有限覆盖技术,吸收有限元法与DDA法各自的优点,通过在分析域内各物理覆盖上建立一般覆盖函数和加权求和形成总体位移函数,从而把连续和非连续变形的力学问题统一到流形方法之中。利用该法不仅可以计算不连续体的大变形、块体接触和运动,也可以像有限元那样提供单元应力和应变的计算结果,并且可有效地计算连续体的小变形到不连续体大变形的发展过程。

5.5.5　不同数值方法的相互配合

有限元、边界元、离散元与块体元方法等可相互配合使用,数值解和解析解也可相互结合。此外,数值方法与其他理论结合将产生非确定性的数值方法,如随机有限元、模糊有限元、概率数值分析等方法,应根据各种方法的不同特点灵活掌握其使用过程。

本章小结

(1)本章主要介绍了边坡稳定性分析的数值分析方法,包括有限单元法(FEM)、有限差分法(FDM)、DDA法(不连续变形分析法)、无网格法、离散单元法(DEM)、边界元法、流形元法等。在学习和应用这些数值分析方法时应注意掌握其数学、力学原理,基本假定和适用范围,并比较每种方法的差异性,从而确立正确的模拟思路。

(2)有限元法,是将边坡体离散成有限个单元体,通过分析单元体的应力和变形来分析整个边坡的稳定。其主要优点是可用于非均质问题,可用于非线性材料、各向异性材料,适应复杂边界条件,可用于计算应力变形、渗流、固结、流变、湿化变形,以及动力和温度问题等;其不足之处是数据准备工作量大,原始数据易出错,不能保证某些物理量在整个区域内的连续性。

(3)差分法的基本思想就是把要求解问题的微分方程及其边界条件用离散的、只含有有限个未知数的差分方程(代数方程组)来表示,把求解微分方程的问题转化为求解代数方程的问题,并用代数方程的解作为微分方程的近似解。差分格式的建立包括差分方程的建立、初始条件的离散和边界条件的离散。这种方法较多用于求解双曲线和抛物线形问题。

(4)不连续变形分析是以研究非连续块体系统不连续位移和变形为目的的一种数值方法。它能克服单纯几何分析方法的不足,能够考虑结构体的变形和位移,特别适合于模拟岩体移动的不连续大位移行为。

(5)反分析是指根据已知的系统模型和系统响应来反演系统参数或根据已知的系统参数和系统响应来推求系统模型,通过数值试算确定岩土介质的参数,或是本构模型。其中材料参数反分析在工程实践中有着重要作用。

(6)前述内容所涉及的部分数值分析方法的理论特点及使用条件可总结为如表5.8所示的内容。

表5.8　边坡稳定性预测方法

	预测方法	理论依据与假设	适用条件
数值分析方法	有限差分法	弹塑性力学基础,连续介质体,变形连续	适用于裂隙不甚不发育的完整岩土体或发育多组的岩体,但可考虑规模较大断层或剪切带的影响
	有限单元法	同上	同上
	边界单元法	同上	更适合求解弹性问题,一般不适宜考虑断层、剪切带等地质的结构面
	离散单元法	牛顿定律,非连续介质体,非连续变形	适合于节理岩体,能够模拟岩块脱落、冒顶等非连续变形
	不连续变形分析(DDA)	同上,但可考虑到块体本身的变形	同上

习 题

5.1 数值计算的理论基础是什么？使用前需要注意的问题有哪些？

5.2 有限元法的优缺点有哪些？并简述其适用范围。

5.3 简述有限元分析方法的求解过程。

5.4 什么是离散化？

5.5 有限差分法的基本思想是什么？并简述其具体做法。

5.6 举例说明什么是差分格式的截断误差。

5.7 简述不连续变形分析法的基本概念及假定。

5.8 简述三维块体不连续变形分析的基本思路。

5.9 离散元法、无网格法、边界元法及流形元法的基本原理是什么？并分别简述其优缺点。

参考文献

[1] 王元淳.边界元法基础[M].上海:上海交通大学出版社,1988.

[2] 石根华.块体系统不连续变形数值分析方法[M].任放,译.北京:北京科学出版社,1993.

[3] 哈秋舲,张永兴.岩石边坡工程[M].重庆:重庆大学出版社,1995.

[4] 杨林德.岩土工程问题的反演理论与工程实践[M].北京:科学出版社,1996.

[5] 吴中如,顾冲时.大坝原型反分析及其应用[M].南京:江苏科学技术出版社,1999.

[6] 杨志法,王思敬,冯紫良,等.岩土工程反分析原理及应用[M].北京:地震出版社,2002.

[7] 黄醒春,陶连金,曹文贵.岩石力学[M].北京:高等教育出版社,2005.

[8] 李建林,王乐华,刘杰,等.岩石边坡工程[M].北京:中国水利水电出版社,2006.

[9] 廖红建,王铁行.岩土工程数值分析[M].北京:机械工业出版社,2006.

[10] 卢廷浩.岩土数值分析[M].北京:中国水利水电出版社.2008.

[11] 郑颖人,赵尚毅,张鲁渝.用有限元强度折减法进行边坡稳定分析[J].中国工程科学,2002,4(10):57-61.

[12] 郑颖人,赵尚毅.有限元强度折减法在土坡与岩坡中的应用[J].岩石力学与工程学报,2004,23(10):3381-3388.

[13] 郑宏,李春光,李焯芬,等.求解安全系数的有限元法[J].岩土工程学报,2002,24(5):626-628.

[14] 周少怀,杨家岭.DDA数值方法及工程应用研究[J].岩土力学,2000,21(2):123-125,140.

[15] 王书法,朱维申.考虑空间影响的两种非连续变形分析方法[J].岩石力学与工程学报,2000,19(3):369-372.

[16] 孙东亚,彭一江,王兴珍.DDA数值方法在岩质边坡倾倒破坏分析中的应用[J].岩石力学与工程学报,2002,21(1):39-42.

[17] 刘君,孔宪京.三维连续与非连续变形分析[J].力学学报,2002,34(6):941-948.

[18] Lucy L B. A numerical approach to the testing of the fission hypothesis[J]. The Astron. J.,

1997, 8(12):1013-1024.

[19] Masri S F, Chassiakos A G, Ganghey T K. Identification of nonlinear dynamic system using neural networks[J]. J. App. Mech., 1993,60(3):123-133.

[20] 乔春生,张清,黄修云. 岩石工程数值分析中选择岩体力学参数的神经元网络方法[J]. 岩石力学与工程学报, 2000, 19(1): 64-67.

[21] 冯夏庭,杨成祥. 智能岩石力学(2)——参数与模型的智能辨识[J]. 岩石力学与工程学报, 1999, 18(3): 350-353.

[22] Belytschko T, Krongauz Y, Organ D et al. Meshless methods: An overview and recent developments[J]. Comput. Methods Appl. Mech. Engrg., 1996,139:3-47.

[23] Li S, Liu W K. Meshfree and particle methods and their applications[J]. Appl. Mech. Rev., 2002, 55(1):1-34.

[24] 张雄,宋康祖,陆明万. 无网格法的研究进展及其应用[J]. 计算力学学报,2003, 20(6): 730-742.

[25] 刘杰,李建林,张玉灯. 基于拟静力法的大岗山坝肩边坡地震工况稳定性分析[J]. 岩石力学与工程学报, 2009, 28 (8):1562-1570.

[26] 李剑武,李映霞. 大型地下厂房围岩参数反演及位移监测分析[J]. 水电能源科学,2010, 28(3):98-100.

[27] 孙东亚,彭一江,王兴珍. DDA 数值方法在岩质边坡倾倒破坏分析中的应用[J]. 岩石力学与工程学报, 2002,21(1):39-42.

6

边坡工程设计

本章导读：

● **基本要求** 了解边坡工程设计的基本资料及基本原则；掌握坡率法与削坡减载设计的相关内容；在了解侧向岩土压力分类的基础上，结合不同条件下的侧向岩土压力的计算实例来深入理解各类侧向岩石压力的计算方法；认识重力式挡土墙的构造并掌握其设计方法，结合实例体会该方法在工程实践中的运用；重点掌握悬臂式及单支点支护结构设计的静力平衡法和等值梁法，能结合实例对基坑边坡工程进行设计；熟悉锚杆(索)设计及排水设计的相关内容。

● **难点** 侧向岩土压力的计算；重力式挡土墙稳定性验算及强度复核；支护结构嵌固深度及最大弯矩的确定；锚杆(索)锚固长度的确定。

● **重点** 重力式挡土墙的设计；悬臂式支护结构及单支点支护结构设计的静力平衡法和等值梁法；锚杆(索)的设计。

6.1 边坡工程设计的基本资料与基本原则

边坡工程设计是边坡工程治理的重要阶段，在该阶段主要确定边坡工程治理方案、措施以及投资预算。对边坡进行稳定性分析以后，若边坡不稳定或存在潜在失稳的可能，而边坡的破坏将导致建筑物破坏、道路阻塞或其他重大损失时，一方面要加强监测，同时还应根据边坡岩体的工程性质、环境因素、地质条件、植被完整性、地表水汇集等因素进行综合治理，采用相关防治措施来改善边坡的稳定性。

6.1.1 边坡工程设计的基本资料

边坡工程设计开始之前,应掌握整个边坡的有关资料。这些资料主要包括建筑物总体设计资料、工程地质资料、水文地质资料及地震资料等相关资料。

1)建筑物总体设计资料

边坡工程一般是整个枢纽或单体建筑物的组成部分。为满足枢纽或单体建筑物与路基连接、挡土、水流冲刷、防渗排水等各项要求,需要具有与总体设计有关的资料。

建筑物总体设计资料包括:建筑物的工程等级及设计标准;建筑物总体布置图以及相邻建筑物的布置,并根据总体布置要求确定挡土墙平面和立面的布置及基本尺寸的要求;工程影响范围内的管线布置情况;设计、建成、正常运营及施工期墙前、墙后各种水位;根据总体防渗排水要求确定挡土墙需满足的侧向防渗排水要求。

2)工程地质资料

①区域构造状况和构造特点、不良地质条件、新构造运动和地震,对这些资料进行深入调查和详细描述,尽可能作出定量分析。

②边坡岩土体组成,岩土体强度,风化程度及其变化,结构面产状和充填物质,尤其是与边坡的软弱结构面、破碎带、节理裂隙发育程度、风化程度应有准确全面观测和分析。

③岩土体的物理力学性质,主要包括岩土体的容重 γ、粘聚力 c、内摩擦角 φ、软化系数、抗压强度、弹性模量、泊松比,软弱结构面的粘聚力 c、内摩擦角 φ 等。这些指标应通过现场试验和室内试验获取,并应该说明试验条件和加载方式。

④工程地质勘察成果的图表,主要包括:工程地质平面图、纵剖面图、横剖面图,赤平极射投影图,钻孔柱状图,裂隙密度玫瑰花图等。

3)水文地质资料

水文地质资料包括:降雨强度、降雨过程,对边坡有影响的集水面积和地表径流,地下水位,地下水类型及其与地表水的联系,岩土体的渗透系数,断层破碎带的含水性、渗透性及其与各含水层的水利联系。还应了解地下水性质和流量,以便分析选用土的物理力学性质指标,分析静水、动水压力的影响,采取必要的排水措施。

浸水挡土墙应收集以下资料:

①河床土的粒径,水流的流速、流向,河流的变动和下切情况,根据这些资料确定挡土墙基础埋深;

②各种水位(包括测量时水位、枯水位、设计水位),洪水季节洪峰持续时间,分析这些因素对挡土墙设计和施工的影响。

4)工程地震资料

边坡设计时,应查阅国家地震烈度区划图,当地震烈度低于 6 度时,可不考虑地震荷载;当地震烈度达到 6 度以上(含 6 度)时,应计算地震荷载的影响。

6.1.2 边坡工程设计的基本原则

1）边坡工程极限状态设计原则

在边坡工程设计中采用的极限状态设计法（其基准期以主体建筑物的设计基准期为准，永久性边坡的设计使用年限应不受其影响相邻建筑的使用年限）可分为下列两类极限状态。

①承载能力极限状态：对应于支护结构达到承载力破坏、锚固系统失效或坡体失稳。

②正常使用极限状态：对应于支护结构和边坡的变形达到结构本身或临近建（构）筑物的正常使用限值或影响耐久性能。

2）边坡工程设计中关于荷载效应的规定

边坡工程设计采用的荷载效应最不利组合应符合下列规定：

①按地基承载力确定的支护结构立柱（肋柱或桩）和挡墙的基础底面积及其埋深时，荷载效应组合应采用正常使用极限状态的标准组合，相应的抗力应采用地基承载力特征值。

②边坡与支护结构的稳定性和锚杆锚固体与地层的锚固长度计算时，荷载效应组合应采用承载能力极限状态的基本组合，但其荷载分项系数均取1.0，组合系数按国家标准的规定采用。

③在确定锚杆、支护结构立柱、挡板、挡墙等的截面尺寸、内力及配筋时，荷载效应组合应采用承载能力极限状态的基本组合，并采用现行国家标准规定的荷载分项系数和组合值系数；支护结构的重要性系数 γ_0，按有关规范的规定采用，如《建筑边坡工程技术规范》中，对安全等级为一级的边坡取1.1，二、三级边坡取1.0。

④计算锚杆变形和支护结构水平位移与垂直位移时，荷载效应组合应采用正常使用极限状态的准永久组合，不计入风荷载和地震作用。

⑤在支护结构抗裂计算时，荷载效应组合应采用正常使用极限状态的标准组合，并考虑长期作用影响。

⑥抗震设计的荷载组合和临时性边坡的荷载组合应按现行有关标准执行。

3）边坡工程设计中关于地震作用的规定

边坡工程应按下列原则考虑地震作用的影响：

①边坡工程的抗震设防烈度可采用地震基本烈度，且不应低于边坡破坏影响区建筑物的设防烈度。

②对抗震设防的边坡工程，其地震效应计算应按现行有关标准执行；岩石基坑工程可不作抗震计算。

③对支护结构和锚杆外锚头等，应采取相应的抗震构造措施。

4）边坡工程设计中关于支护结构的要求

边坡工程设计中应包括支护结构的选型、计算和构造，并对施工、监测及质量验收提出要求。边坡支护结构设计时应进行下列计算和验算：

①支护结构的强度计算，包括立柱、挡板、挡墙及其基础的抗压、抗弯、抗剪及局部抗压承载力计算以及锚杆杆体的抗拉承载力计算等，均应满足现行相应的标准要求。

②在锚杆挡墙设计中，应对锚杆锚固体的抗拔承载力和立柱与挡墙基础的地基承载力

计算。

③当边坡位于滑坡地段或边坡的滑塌可能影响到周围的建筑物时,应对边坡工程进行支护结构整体或局部稳定性验算。

④当对边坡的变形有较高的要求时,应对边坡进行变形分析,并根据分析结果采取有效的措施控制变形量,使之满足规定要求。

⑤地下水控制计算和验算。

⑥对施工期可能出现的不利工况进行验算。

5)边坡工程设计中的综合治理原则

边坡工程设计,应根据边坡的具体情况,结合主体工程建筑物实施多项措施综合治理原则。在保证边坡自身整体稳定的前提下,综合考虑主体建筑物、周边建筑物、周边环境以及整体美观、适用、经济等特点进行优化设计。

6.2 坡率法与削坡减载设计

6.2.1 坡率法与削坡减载概述

1)坡率法与削坡减载的概念

对于无黏性土坡,只要坡面上的土颗粒在重力作用下能够保持稳定,整个土坡就处于稳定状态。如图 6.1 所示,通过漏斗在地面上堆砂堆,无论砂堆多高,所能形成的最陡坡角总是一定的,这个坡角就是坡体处于极限平衡状态的坡角。对于黏性土坡,由于粘聚力作用,只要坡体高度不超过一定值,无论坡度多大,都可以维持稳定。

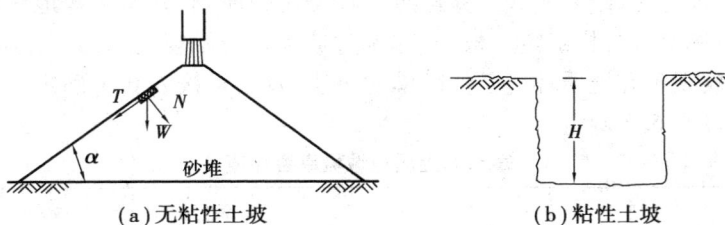

图 6.1 坡角示意图

在工程实践中,只要把边坡的高度和坡度控制在一定范围内,坡体即可自稳。在工程设计中如果通过控制边坡的高度和坡度,使边坡达到自稳,并满足相关规范最小安全系数要求,这种边坡设计方法,称为坡率法。

削坡减载的概念一般是针对滑坡而言。滑坡体的滑动面一般上陡下缓,滑坡体后缘由于坡度大,岩土体有下滑趋势,而前缘的坡度小,具有阻滑作用,通过减少下滑段的岩土体体积,可减少滑坡下滑力,从而提高滑坡整体的稳定性。

2)坡率法与削坡减载的适用条件

坡率法是利用岩土体自身的强度来保证坡体的稳定。由于岩土体的自然变异性,构成边坡的岩土体其物理力学性质随时间而发生变化,在采用坡率法设计时应考虑边坡使用年限内岩土体的长期力学性质。

采用坡率法治理的边坡无需采用工程措施对边坡进行整体加固,因此在开挖量不大时,坡率法一般比较经济。通常在工程条件许可时,应优先采用坡率法。坡率法适用于岩层、黏性土和良好的砂性土边坡,要求地下水位较低,放坡时有足够的场地。根据《建筑边坡工程技术规范》下列边坡不应采用坡率法:

①放坡开挖对拟建或相邻建(构)筑物有不利影响的边坡。

②地下水发育的边坡。

③稳定性差的边坡。

削坡减载是减轻滑坡体下滑段的滑体超重部分,不同于一般边坡削坡,如果误将滑坡下部的阻滑部分削去,将进一步加剧滑坡的发展。在滑坡治理中,与减载相对应的另一种方式是压脚,即通过在滑坡阻滑段堆载来提高阻滑力、提高滑坡稳定性的方法。削坡减载和压脚阻滑都是滑坡处理中最直接、有效的方法,工程中应用广泛。但在山区,滑坡体常常是城镇、道路、耕地的建设基地,削坡减载和压脚方法的应用受到一定限制。由于削坡减载使滑坡体应力调整,可能会引发新的地质灾害,对于地质条件复杂的滑坡,应作论证,谨慎使用。

6.2.2 坡率法的设计

坡率法的设计内容包括确定坡率、马道设置、排水以及坡面防护等。在进行设计之前必须查明边坡的工程地质条件,包括边坡岩土体力学性质、各种结构面产状和发育程度、地表水和地下水。

1)坡率的确定

边坡维持稳定的坡率是由边坡的岩性、地质构造、边坡高度、地下水及地表水、荷载条件等多种因素决定的。设计时,结合实践经验按照工程类比的原则,并参考该地区地质条件相似的已有稳定边坡的坡率综合分析确定。根据《建筑边坡工程技术规范》,对于土质均匀良好、地下水贫乏、无不良地质现象和地质环境条件简单的土质边坡,可按表6.1确定;对于岩质边坡,无外倾结构面时,可按表6.2确定。

表6.1 土质边坡坡率容许值

边坡土体类别	状态	坡率容许值(高宽比)	
		坡高小于5 m	坡高5~10 m
碎石土	密实	1:0.35~1:0.50	1:0.50~1:0.75
	中密	1:0.50~1:0.75	1:0.75~1:1.00
	稍密	1:0.75~1:1.00	1:1.00~1:1.25
黏性土	坚硬	1:0.75~1:1.00	1:1.00~1:1.25
	硬塑	1:1.00~1:1.25	1:1.25~1:1.50

注:①表中碎石土的充填物为坚硬或硬塑状态的黏性土;

②对于砂土或充填物为砂土的碎石土,其边坡坡率允许值应按自然休止角确定。

在整个边坡高度范围,可按相同的坡率进行放坡,也可以根据边坡岩土性质变化情况采用不同的坡率。边坡高度较大时,可在坡面设置马道,形成台阶式边坡,马道一般宽 1~2 m。边坡高度很大时,可设多级马道,一般每 10 m 左右可设一级马道,台阶形边坡稳定性较好,但相应土石方量增加。如果边坡存在局部的不稳定块体或危岩体,应清除或另行加固。

对下列边坡的坡率允许值应通过稳定性分析计算确定:

①有外倾软弱结构面的岩质边坡。

②土质较软的边坡。

③坡顶边缘附近有较大荷载的边坡。

④坡高超过表 6.1、表 6.2 中数值的边坡。

表 6.2　岩质边坡坡率容许值

边坡土体类别	状态	坡率容许值(高宽比)		
		$H < 8$ m	8 m $\leq H < 15$ m	15 m $\leq H < 25$ m
Ⅰ类	微风化	1:0.00~1:0.10	1:0.10~1:0.15	1:0.15~1:0.25
	中等风化	1:0.10~1:0.15	1:0.15~1:0.25	1:0.25~1:0.35
Ⅱ类	微风化	1:0.10~1:0.15	1:0.15~1:0.25	1:0.25~1:0.35
	中等风化	1:0.15~1:0.25	1:0.25~1:0.35	1:0.35~1:0.50
Ⅲ类	微风化	1:0.25~1:0.35	1:0.35~1:0.50	
	中等风化	1:0.35~1:0.50	1:0.50~1:0.75	
Ⅳ类	微风化	1:0.50~1:0.75	1:0.75~1:1.00	
	强风化	1:0.75~1:1.00		

注:①表中 H 为边坡高度;
　　②Ⅳ类强风化包括各类风化程度的极软岩。

2)排水设计

采用坡率法治理边坡后,通常还要设置排水系统。在边坡的坡顶、坡脚和马道设置地表排水沟;在坡顶外围应设截水沟,减少地表水入渗;坡脚设置排水沟,防止坡脚冲刷影响边坡稳定。当边坡有地表积水、地下水渗出或泉眼时,根据实际情况设置排水孔、排水盲沟等。

3)坡面防护

采用坡率法仅能保证边坡的整体稳定,对于岩质边坡易发生风化剥落,造成危害。对于泥岩等风化快的软岩,还有可能因岩土体强度降低发生整体失稳;对于土质边坡,易受雨洪冲刷,造成坡面破坏、水土流失。因此,坡率法通常与护坡措施结合使用。

边坡的坡面防护主要有工程防护和植被防护两种形式。工程防护使用较早,是传统的边坡防护方法,以混凝土圬工为主体,包括浆砌片石护坡、拱形截水骨架、素混凝土挂网、喷射砂浆护面等;而植被防护主要是以种植草木、花草为主的生态防护。生态防护方法参考第 7 章。

工程防护有喷护、锚杆挂网喷浆和砌块护坡等。

喷护适用于坡度缓于 1:0.5,易风化但未遭强风化的岩石边坡。采用砂浆防护时,喷浆厚度不宜小于 50 mm,强度不低于 M10;采用喷射混凝土防护时,厚度宜不小于 80 mm,强度不应低于 C15,喷护坡面应设置泄水孔和伸缩缝。

锚杆挂网喷浆适用于坡面为碎裂结构的硬质岩石或层状结构的不连续地层以及坡面岩石与基岩分离并有可能下滑的挖方边坡。锚杆深度应根据岩体性质确定,喷射混凝土厚度不应小于 100 mm,亦不应大于 250 mm。

砌块护坡可分为干砌石护坡、浆砌石护坡和混凝土预制块护坡等。干砌石护坡适用于坡率小于 1∶1.25 的土质边坡,厚度不宜小于 250 mm。浆砌块石护坡适用于坡率小于 1∶1 的易风化的岩石和土质边坡,厚度不宜小于 250 mm,砂浆强度不应低于 M5,护坡应设置沉降缝和泄水孔。

4)边坡稳定性验算

对采用坡率法设计的边坡应进行稳定性验算,验算方法应根据边坡性质确定,土质边坡或严重切割成块状岩质边坡可采用圆弧法。具有优势结构面的岩质边坡以结构面为滑动面进行验算,验算时的强度参数应取结构面的参数,根据边坡等级确定验算工况及荷载。分级放坡时应验算边坡整体和各级的稳定性。具体验算方法参考第 4 章。

5)坡率法施工

边坡坡率法施工开挖应自上而下有序进行,并应保持两侧边坡的稳定,保证弃土、弃渣不导致边坡附加变形或破坏现象发生。边坡工程在雨季施工时应做好水的排导和防护工作。

6.2.3 削坡减载设计

削坡减载属于改变边坡几何形态的一种治理方法,该技术简单可行、工期短,治理效果与削坡减载部位及地质环境关系密切。

削坡减载适用于滑坡后壁及两侧地层稳定、不会因削方引起新的塌方滑坡;恶化地质环境的推移式滑坡(特别是矩形或圆弧形滑面,前缘后翘的推移式滑坡);错落坍塌转变成的滑坡以及主滑段、牵引段后部较陡而前缘较缓,具有上陡下缓滑床、前缘采用压坡或支挡阻滑的牵引式滑坡。

采用削坡减载治理滑坡,若处理部位不当,有复活滑坡的可能,必须注意减载后是否会引起后部产生次生滑坡,还应验算滑坡减载后,滑面从残存滑体的薄弱部分剪出的可能性。削方后应有利于排水,不因削方导致汇集地表水,且要有合适的弃方场地。对于一般牵引式滑坡或滑带土会松弛膨胀,经水浸湿后抗滑力急剧下降,则不宜采用削坡减载方法。

削坡减载部位宜清除表层滑体及变形体,设置马道等方法降低边坡总坡度。一般在滑体上部削坡形成减载平台,其后缘及两侧开挖成 1∶3~1∶5 的较缓横坡。

上部开挖后,增大了滑体暴露面,加大了地表水渗入滑体及岩石风化速度。为减少上述不利影响,开挖坡面应整平、封填压实并做好排水及防渗处理,削坡减载的弃土不能堆置在滑坡的主滑段。

滑体上的开挖高度小于 8 m 时,可以一次性开挖到底。土质边坡的开挖高度为 8~10 m、岩质坡开挖高度为 15~20 m 时,采用自上而下分段开挖。边开挖边用喷锚网、钢筋混凝土格构支护或采用浆砌块石挡墙支挡。

堆积体或土质边坡每级台阶设置马道宽度为 2~3 m;岩质边坡马道宽度为 1.5~2.5 m。每级马道上设横向排水沟,纵向排水沟宜与城市或公路排水系统衔接。

1）削坡减载设计一般规定

①削坡减载设计前必须弄清滑坡的成因和性质,查明滑动面的位置、形状及可能发展的范围,根据稳定滑坡和修建防滑构筑物的要求进行设计计算,以决定减重范围。对于小型滑坡可以全部清除。

②削坡减载的弃土,不能堆置在滑坡的主滑地段,应尽量堆填于滑坡前缘,以便起到堆载阻滑的作用。

③牵引式滑坡或滑带具有卸载膨胀性质的滑坡,不宜采用滑坡减重的方法。

④削坡减载之后,应验算滑面从残存滑体的薄弱部分剪出的可能性。

⑤削坡减载后的坡面必须注意整平、排水及防渗处理。

2）削坡减载后边坡稳定性验算

对滑坡进行削坡设计,应注意控制滑坡从残存滑体的薄弱部分剪出。为了检验设计是否满足边坡稳定的要求,需要对减重后的滑坡进行稳定性验算。验算时除了验算原滑动面外,还要对滑坡从残存滑体的薄弱部分剪出的潜在滑动面进行验算。当所有验算均满足要求时,可认为滑坡的减重设计可行,否则需重新修改设计或采用其他方案。

在进行滑坡稳定性验算时,滑带岩土抗剪强度指标的选取除采用试验方法外,还应用反分析法和经验数据法加以验证。

6.3　边坡支护结构的侧向岩土压力

6.3.1　侧向岩土压力类型

作用在边坡支护结构上的荷载主要是土压力。土压力即岩土体或基坑边坡坑壁原位土对支挡结构产生的侧向岩土压力,例如作用在挡土墙上的主动土压力,基坑边坡支护结构上的主动土压力和被动土压力等。根据边坡支挡结构的位移方向、大小及背后岩土体所处的状态,边坡支护结构侧向岩土压力可分为静止土压力、主动土压力和被动土压力。

1）静止土压力

当支挡结构在土压力作用下,结构不发生任何变形和位移,保持原有的位置不动,背后岩土体处于弹性平衡状态,此时作用在支挡结构上的土压力为静止土压力,用 E_0 表示,如图 6.2(a)所示。

2）主动土压力

当支挡结构在土压力作用下,结构向离开岩土体方向发生位移或转动,随着位移或转动的增加,作用在支挡结构上的土压力逐渐减小,当支挡结构的位移或转动达到某一数值时,岩土体出现滑裂面,支挡结构背后岩土体处于主动极限平衡状态,此时作用在支挡结构上的土压力称为主动土压力,用 E_a 表示,如图 6.2(b)所示。

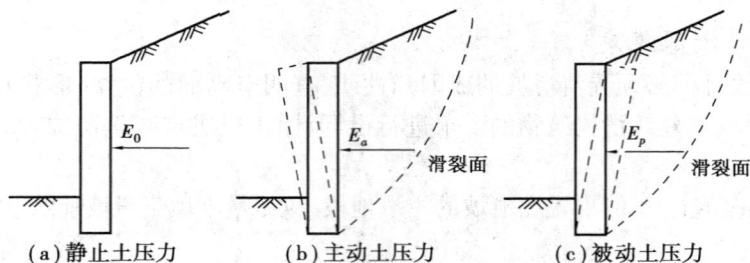

图 6.2　作用在支护结构上的三种土压力示意图

3)被动土压力

当支挡结构在外荷载作用下,结构向着岩土体方向发生位移和转动,随着位移或转动的增大,作用在支挡结构上的土压力逐渐增大,当支挡结构的位移量达到某一数值时,岩土体出现滑裂面,支挡结构背后岩土体处于被动极限平衡状态,此时作用在支挡结构上的岩土压力称为被动土压力,用 E_p 表示,如图 6.2(c)所示。

图 6.3 为土压力与支护结构的关系曲线,图中横坐标 δ 为支挡结构的位移量,纵坐标为土压力 E。" + "表示向着岩土体方向;" - "表示背离岩土体方向。

由图可知:随着支挡结构位移的变化,支挡结构背后岩土体的应力应变状态不同,因而土压力值也在变化。当支挡结构位移为零,即 $\delta = 0$ 时,土压力为静止土压力;当支挡结构背离岩土体方向移动,即 $\delta = \Delta\delta_a$ 时,土压力为主动土压力;当支挡结构向着岩土体方向移动,即 $\delta = \Delta\delta_p$ 时,土压力为被动土压力。

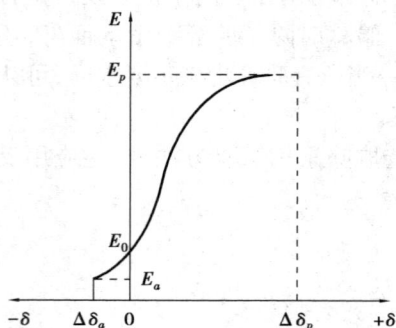

图 6.3　支挡结构位移与土压力关系曲线

6.3.2　侧向岩土压力计算

土压力的计算,实质是土的抗剪强度理论的运用。静止岩土压力计算,主要是运用弹性理论方法和经验方法。计算主动和被动岩土压力,主要是应用极限平衡理论(岩土体处于塑性状态)的库伦理论和郎肯理论及依上述理论为基础发展的近似方法和图解法。

1)静止土压力计算

静止土压力可根据半无限弹性体的应力状态求解。如图 6.3 所示,在土体表面以下任意深度 z 处取一单元体,其上作用着竖向的土的自重应力,则该点的静止土压力强度可按式(6.1)计算

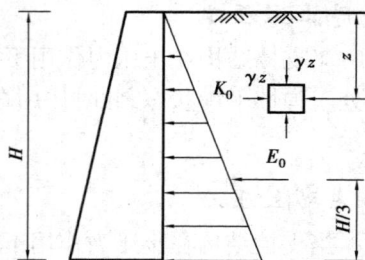

图 6.4　静止土压力分布图

$$e_0 = K_0 \gamma z \tag{6.1}$$

式中　e_0——静止土压力强度,kN/m^2;

K_0——静止土压力系数,宜由试验确定,当无试验条件时,对砂土可取 0.34 ~ 0.45,对黏

土可取 $0.5 \sim 0.7$，对于正常固结土，也可采用半经验公式 $K_0 = 1 - \sin \varphi'$ 计算（φ' 为土体的有效应力内摩擦角）；

z——计算土压力点的深度，m；

γ——土体的重度，kN/m^3。

由式（6.1）可知，静止土压力沿墙高为三角形分布，则作用在墙上的静止土压力合力为

$$E_0 = \frac{1}{2}\gamma H^2 K_0 \tag{6.2}$$

式中　E_0——静止土压力合力，kN/m^2；

H——挡土墙高度，m。

合力作用点即三角形形心，位于距墙底 $\dfrac{H}{3}$ 处。

2）主、被动土压力计算

当支挡结构满足郎肯理论条件时，主、被动土压力系数可按郎肯主动土压力理论确定；对于无黏性土和粉土，主、被动土压力可按库伦土压力理论进行确定；对于黏性土或粉土，主、被动土压力可采用楔体试算法图解求得。

①当墙背竖直、坡顶水平时，支挡结构满足郎肯条件，主动土压力可按式（6.3）计算

$$e_a = \gamma z K_a - 2c\sqrt{K_a} \tag{6.3}$$

式中　e_a——主动土压力标准值，kN/m^2，当 $E_a < 0$ 时，取 $E_a = 0$；

K_a——主动土压力系数，取 $K_a = \tan(45° - \varphi/2)$；

c——土的粘聚力，kPa；

φ——土的内摩擦角，（°）。

对于无黏性土，粘聚力 $c = 0$，式（6.3）变为

$$e_a = \gamma z K_a \tag{6.4}$$

由式（6.3）和式（6.4）可知，主动土压力 e_a 呈三角形分布，如图6.5（b）所示，作用在墙背上的主动土压力的合力 E_a，即为 e_a 分布图形的面积，其作用点位置在分布图形的形心处。

$$E_a = \frac{1}{2}\gamma H^2 K_a \tag{6.5}$$

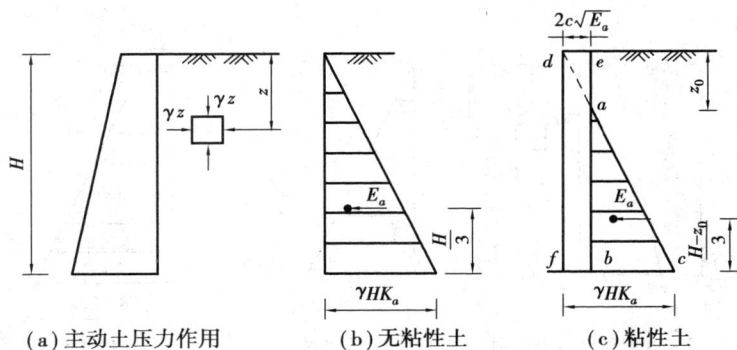

图6.5　主动土压力分布图

（a）主动土压力作用　　（b）无粘性土　　（c）粘性土

黏性土和粉土的主动土压力强度包括两部分：一部分是自重引起的土压力；另一部分是有粘聚力引起的负侧压力。这两部分土压力叠加的结构如图6.5（c）所示，其中部分是 ade 负侧

压力,对墙背是拉力,但实际上墙与土在很小的拉力作用下就会分离,故在计算土压力时,这部分可以忽略不计,因此黏性土的土压力分布仅是 abc 部分。

a 点离土体表面的深度 z_0 称为临界深度,在土体表面无荷载时,可令式(6.3)为 0 求得 z_0 值,即

$$e_a = \gamma z K_a - 2c\sqrt{K_a} = 0$$

得

$$z_0 = \frac{2c}{\gamma\sqrt{K_a}} \qquad (6.6)$$

取单位墙长计算,则作用在墙背上的土压力为

$$E_a = \frac{1}{2}\gamma(H - z_0)^2 \qquad (6.7)$$

将式(6.6)代入式(6.7)得

$$E_a = \frac{1}{2}\gamma H^2 K_a - 2cH\sqrt{K_a} + \frac{2c^2}{\gamma} \qquad (6.8)$$

类似地,被动土压力按式(6.9)计算

$$e_p = \gamma z K_p + 2c\sqrt{K_p} \qquad (6.9)$$

式中　e_p——被动土压力标准值,kN/m^2;

　　　K_p——被动土压力系数,取 $K_p = \tan(45° + \varphi/2)$。

对于无黏性土,粘聚力 $c = 0$,式(6.9)即为

$$e_p = \gamma z K_p \qquad (6.10)$$

其余符号同前。

被动土压力的分布图如图 6.6 所示。

由式(6.9)和式(6.10)可知,无黏性土被动土压力强度呈三角形分布,如图 6.6(b)所示;黏性土、粉土被动土压力呈梯形分布,如图 6.6(c)所示。如取单位墙长计算,则被动土压力可由下式计算:

无黏性土　$E_p = \frac{1}{2}\gamma H^2 K_p \qquad (6.11)$

黏性土和粉土　$E_p = \frac{1}{2}\gamma H^2 K_p + 2cH\sqrt{K_p} \qquad (6.12)$

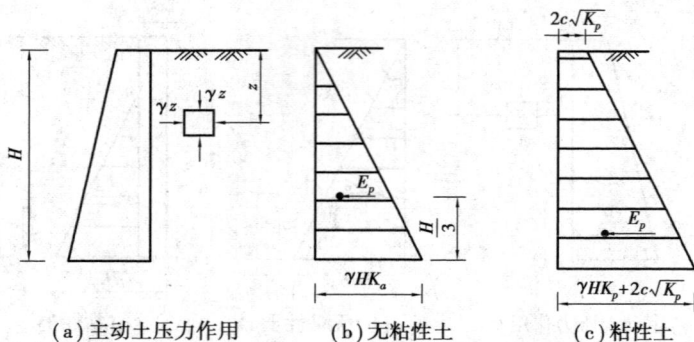

图 6.6　被动土压力分布图

②当墙背倾斜粗糙或坡顶倾斜且有连续均布荷载作用时,支挡结构满足库伦土压力条件,根据平面滑裂面假定,如图 6.7 所示,主动土压力合力按式(6.5)计算,主动土压力系数由式

(6.13)计算

$$K_a = \frac{\sin(\alpha+\beta)}{\sin^2\alpha\,\sin^2(\alpha+\beta-\varphi-\delta)}\{K_q[\sin(\alpha+\beta)\sin(\alpha-\beta)+\sin(\varphi+\delta)\sin(\varphi-\delta)]+2u\cdot$$

$$\sin\alpha\cos\varphi\cos(\alpha+\beta-\varphi-\delta)-2\sqrt{K_q\sin(\alpha+\beta)\sin(\varphi-\delta)+\eta\sin\alpha\cos\varphi}\} \quad (6.13)$$

$$K_q = 1 + \frac{2q\sin\alpha\cos\beta}{\gamma H\sin(\alpha+\beta)} \quad (6.14)$$

$$\eta = \frac{2c}{\gamma H} \quad (6.15)$$

式中　E_a——主动土压力合力,kN/m;

K_a——主动土压力系数;

H——挡土墙高度,m;

γ——土体重度,kN/m³;

c——土的粘聚力,kPa;

φ——土的内摩擦角,(°);

q——地面均布荷载,kN/m²;

δ——岩土对挡土墙墙背摩擦角,(°);

β——岩土表面与水平面间的夹角,(°);

α——挡土墙墙背倾斜角,(°);

θ——滑裂面与水平面间的夹角,(°)。

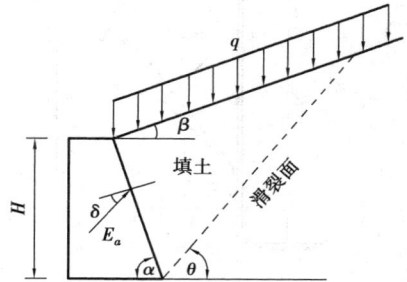

图6.7　主动土压力计算简图

表6.3　土对挡土墙墙背的摩擦角 δ

挡土墙情况	摩擦角 δ	挡土墙情况	摩擦角 δ
墙背平滑,排水不良	$(0\sim0.33)\varphi$	墙背很粗糙,排水良好	$(0.50\sim0.67)\varphi$
墙背粗糙,排水良好	$(0.33\sim0.50)\varphi$	墙背与填土间不可能滑动	$(0.67\sim1.00)\varphi$

3)有超载时的土压力计算

在设计支挡结构时,一般应考虑土体表面的各种可能出现的荷载,例如施工荷载、车辆荷载和建筑材料堆载等,这类活荷载称为超载,它的存在增加了作用于支挡结构荷载上的土压力。

确定超载的影响,一般有两种方法:弹性力学解析法和近似解法。为了便于分析,可将超载简化为集中荷载或均布荷载。

(1)线荷载 Q_L 作用

距支护结构顶端 a 处作用有线分布荷载 Q_L 时,附加侧向压力分布可简化为等腰三角形,如图6.8所示。最大附加侧向土压力标准值可按式(6.16)计算:

$$E_{h,\max} = \left(\frac{2Q_L}{h}\right)\sqrt{K_a} \quad (6.16)$$

式中　$E_{h,\max}$——最大附加侧向压力标准值,kN/m²;

h——附加侧向压力分布范围,m,$h=a(\tan\beta-\tan\varphi)$,$\beta=45°-\dfrac{\varphi}{2}$;

Q_L——线分布荷载标准值,kN/m;

K_a——主动土压力系数，$K_a = \tan^2\left(45° - \dfrac{\varphi}{2}\right)$。

（2）均布荷载作用

距支护结构顶端 a 处作用有宽度 b 的均布荷载时，附加侧向土压力标准值可按式（6.17）计算

$$E_{hk} = K_a \cdot q_L \qquad\qquad (6.17)$$

式中　E_{hk}——附加侧向土压力标准值，kN/m^2；

q_L——局部均布荷载标准值，kN/m^2，附加侧向压力分布见图6.9所示。

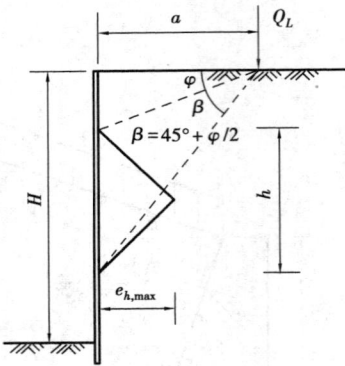

图6.8　线荷载产生的附加侧向压力分布图　　　图6.9　局部荷载产生的附加侧向压力分布图

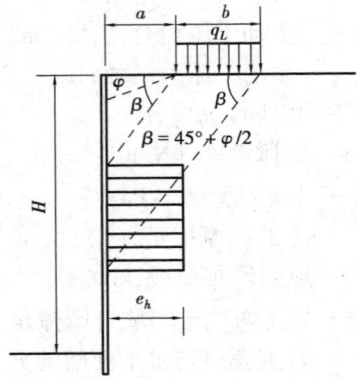

4）成层土的土压力计算

墙后土体可能有多层不同性质的水平土层。如图6.10所示，当有两层土体，计算土压力时，第一层的土压力按均质土计算，土压力的分布为图中的 abc；计算第二层土压力时，将第一层土按重度换算成与第二层土相同的当量土层，即其当量土层的厚度为 $h_1' = h_1 \gamma_1 / \gamma_2$，然后以 $h_1' + h_2$ 为墙高，按均质土计算，但只在第二层土层厚度范围内有效，如图中的 $dbef$ 部分。

多层土时，再将一、二层的土体重度换算成重度为 γ_3 的当量厚度，然后计算第三层范围内土压力分布，以此类推，直到最下层土体。必须注意：由于各层土的性质不同，土压力系数值也不同。

5）有地下水作用的土压力计算

挡土墙后的回填土常会部分或全部处于地下水位以下，由于地下水的存在将使土的含水量增加，抗剪强度降低，而使土压力增大，因此挡土墙应该有良好的排水措施。

当墙后填土有地下水时，作用在墙背上的侧压力有土压力和水压力两部分。地下水位以下土的重度应采用浮重度 γ'［由式（6.18）计算］，地下水位以上和以下土的抗剪强度指标也可能不同，因而有地下水情况是成层土的一个特定情况。有地下水位计算土压力时，假设地下水位上下土的内摩擦角相同，在图6.11中，$abdec$ 部分为土压力分布图，cef 部分为水压力分布图，总侧压力为土压力和水压力之和。当具有地区工程经验时，对于黏性土，也可采用水土合算原则计算土压力，地下水位以下取饱和重度（γ_{sat}）和总应力固结不排水抗剪强度（c_{cu}, φ_{cu}）指标计算。

$$\gamma' = \gamma_{sat} - \gamma_w \qquad\qquad (6.18)$$

式中　γ_{sat}——饱和重度，kN/m^3；

γ_w——水的重度，kN/m^3。

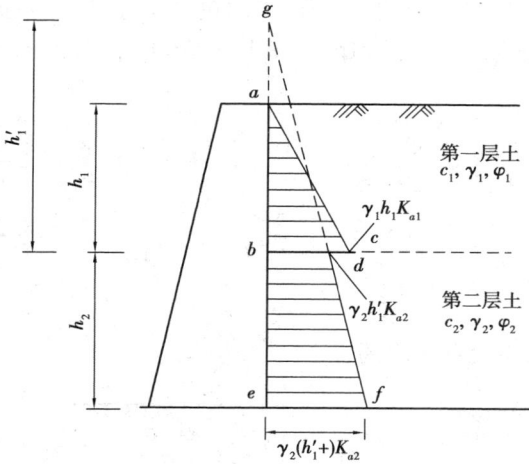

图 6.10 成层土的土压力分布图　　　　图 6.11 有地下水作用的土压力分布图

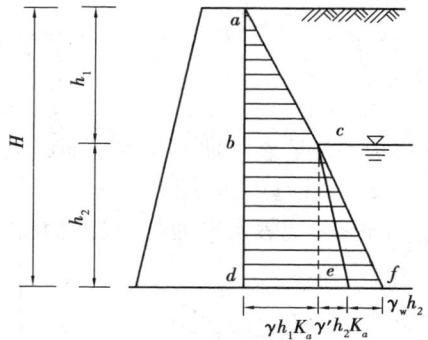

采用水土分算还是水土合算,是当前比较有争议的问题。一般认为,对砂土与粉土采用水土分算,黏性土采用水土合算。水土分算时采用有效应力抗剪强度;水土合算时采用总应力抗剪强度。对于正常固结土,一般以室内自重固结下不排水指标求主动土压力,以不固结不排水指标求被动土压力。多数规范都比较肯定水土分算,其理由是水土分算符合土力学的有效应力原理,理论方面比较严密。但是,水土分算在实际应用中有两个问题:其一,按有效原理计算时,理应采用有效应力强度指标,而这样的指标很难获得;其二,按水土分算做出的设计需要投入的费用明显高于水土合算,而工程实践又不能证明水土合算是不安全的。

6) 有限范围内土体的土压力计算

库伦理论和郎肯理论都要求破裂面能在土体中形成。如图 6.12 所示,当挡土墙后不远处有岩石坡面或坚硬的稳定的坡面,岩坡的坡角 $\theta > 45° + \varphi/2$ 时,在这种情况下,墙后土体不是沿着计算破裂面滑动,而是沿着已知滑动面滑动,这属于有限范围土体土压力计算问题。主动土压力合力按式(6.5)计算,主动土压力系数由式(6.19)计算。

图 6.12 有限范围填土土压力计算图

$$K_a = \frac{\sin(\alpha + \beta)}{\sin(\alpha - \delta + \theta - \delta_R)\sin(\theta - \beta)} \times$$

$$\left[\frac{\sin(\alpha + \theta)\sin(\theta - \delta_R)}{\sin^2\alpha} - \eta\frac{\cos\delta_R}{\sin\alpha}\right] \quad (6.19)$$

式中　θ——稳定岩石坡面倾角,(°);

　　　δ_R——稳定且无软弱层的岩石坡面与填土间的摩擦角,(°),宜根据实验确定。当无试验资料时,黏性土与粉土可取 $\delta_R = 0.33\varphi$,砂性土与碎石土可取 $\delta_R = 0.5\varphi$。

7) 坡顶地面非水平时的土压力计算

图 6.13 给出了坡顶地面非水平的几种情况。对于此类问题,常按坡顶为水平或倾斜的情况分别进行计算,然后组合。

①如图 6.13(a)所示的情况,可延长倾斜面交墙背于 C 点,分别计算出墙背为 AB 并且坡顶

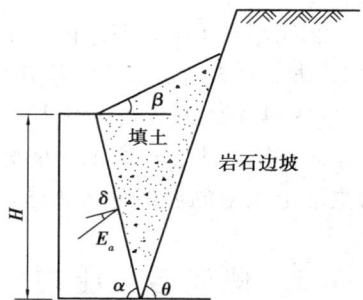

地面水平时的主动土压力分布图 ABD，以及墙背为 AC 而坡顶地面倾斜时的主动土压力分布图 ACE，这两个图形交于 F 点，则实际主动土压力分布图形可近似图中图形 $AEFBA$，主动土压力按式(6.20)或式(6.21)计算。

$$E_a = \gamma z \cos \beta \frac{\cos \beta - \sqrt{\cos^2 \beta - \cos^2 \varphi}}{\cos \beta + \sqrt{\cos^2 \beta - \cos^2 \varphi}} \tag{6.20}$$

$$E'_a = K_a \gamma (z + h) - 2c \sqrt{K_a} \tag{6.21}$$

式中　β——地表斜坡面与水平面的夹角，(°)；

　　　z——计算点的深度，m；

　　　h——地表水平面与地表斜坡和支护结构相交点的距离，m。

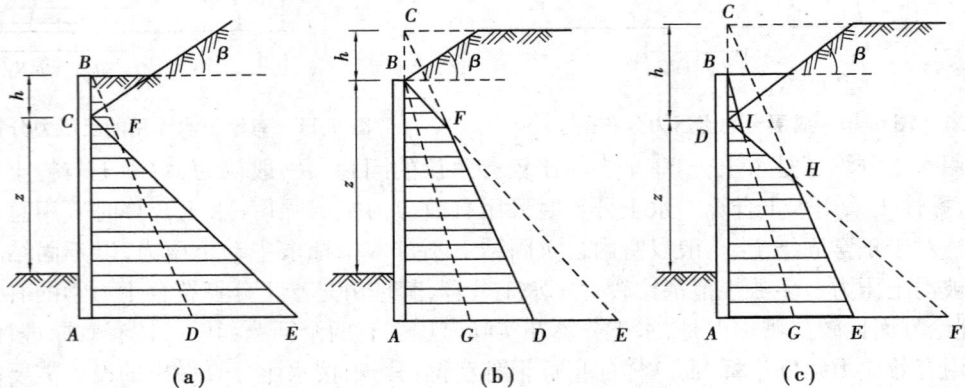

图 6.13　坡顶倾斜时的主动土压力计算

②如图 6.13(b) 所示的情况，可分别计算墙背 AB 在坡顶表面为倾斜时的主动土压力分布图形 ABE，以及虚设墙背 AC 在坡顶为水平时的主动土压力分布图形。这两个图形相交于 F 点，则图形 $ABFDA$ 为主动土压力的近似分布图形。

③如图 6.13(c) 所示的情况，可按图 6.13(a) 和图 6.13(b) 的方法叠加计算，图形 $ABIHEA$ 为主动土压力的近似分布图形。

6.3.3　侧向岩石压力

1)静止岩石压力

静止岩石压力合力标准值按式(6.22)计算。

$$E_{0k} = \frac{1}{2} \gamma H^2 K_0 \tag{6.22}$$

$$K_0 = \frac{1 - \nu}{\nu} \tag{6.23}$$

式中　ν——岩石泊松比，宜采用实测数据或当地经验数据。由于实验室测得的岩块泊松比是岩石的泊松比，而不是岩体的泊松比，因而由此算得的是静止岩石侧压力系数。根据《建筑边坡工程技术规范》，岩质边坡静止侧压力系数应按表 6.4 进行修正。

表 6.4 岩质边坡静止侧压力折减系数 β_1

边坡岩体类型	I	II	III	IV
静止岩石侧压力折减系数 β_1	0.30 ~ 0.40	0.40 ~ 0.55	0.50 ~ 0.65	0.65 ~ 0.85

注:当裂隙发育时取表中大值,裂隙不发育时取小值。

2）主动岩石压力

①对沿外倾结构面滑动的边坡,其主动岩石压力合力标准值可按式(6.24)计算。

$$E_{ak} = \frac{1}{2} \gamma H^2 K_a \tag{6.24}$$

$$K_a = \frac{\sin(\alpha + \beta)}{\sin^2 \alpha \sin(\alpha - \delta + \theta - \varphi_s) \sin(\theta - \beta)} \times [K_q \sin(\alpha + \theta) \sin(\theta - \varphi_s) - \eta \sin \alpha \cos \varphi_s] \tag{6.25}$$

$$\eta = \frac{2c_s}{\gamma H} \tag{6.26}$$

式中　θ——外倾结构面倾角,(°);

　　　c_s——外倾结构面粘聚力,kPa;

　　　φ_s——外倾结构面内摩擦角,(°);

　　　K_q——系数,按式(6.14)计算;

　　　δ——岩石与挡墙背的摩擦角,(°),一般取$(0.33 ~ 0.5)\varphi$。

当有多组外倾结构面时,侧向岩石压力应计算每组结构面的主动岩石压力并取其最大值。

②对沿缓倾的外倾软岩结构面滑动的边坡(见图6.14),主动岩石压力合力标准值可按式(6.27)计算。

$$E_{ak} = G \tan(\theta - \varphi_s) - \frac{c_s L \cos \varphi_s}{\cos(\theta - \varphi_s)} \tag{6.27}$$

式中　G——四边形滑裂体自重,kN/m;

　　　L——滑裂面长度,m;

　　　θ——缓倾的外倾软弱结构面的倾角,(°);

　　　c_s——外倾软弱面粘聚力,kPa;

　　　φ_s——外倾软弱面内摩擦角,(°)。

有些岩体中存在外倾的软弱结构面,即使结构面倾角很小,仍可能产生四面楔体滑落,对滑落体的大小按当地实际情况确定。滑落体的稳定分析采用力多边形法验算。

当坡肩有建筑物,挡墙的变形量较大时,将危及建

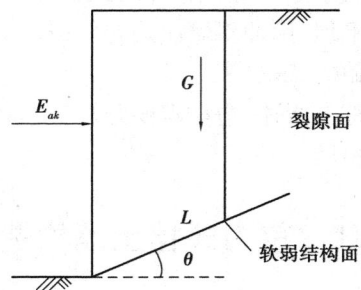

图 6.14 岩质边坡四边形滑裂时侧向压力计算图

筑物的安全及正常使用。为使边坡的变形量控制在允许范围内,根据建筑物基础与边坡外边缘的关系采用规范规定的岩土侧压力修正值,使边坡仅发生较小变形,保证坡顶建筑物的安全及正常使用。

6.4 重力式挡土墙设计

重力式挡土墙是以挡土墙自身重力来维持挡土墙在土压力作用下的稳定。它是我国目前最常用的一种挡土墙,一般可用块石、片石、混凝土预制块作为砌体,或采用片石混凝土、混凝土进行整体浇筑。它具有就地取材、施工方便、经济效果好等优点。因此,重力式挡土墙在我国铁路、公路、水利、港湾、矿山等工程中得到广泛的应用。

由于重力式挡土墙靠自重维持平衡稳定,体积、质量都较大,因而在软弱地基上由于受承载力的限制而不宜采用。在地基较好,挡土墙高度不大,石料较丰富的地区,应优先选用重力式挡土墙。重力式挡土墙一般不配钢筋或只在局部范围内配以少量的钢筋,墙高在 6 m 以下,地层稳定、开挖土石方时不会危及相邻建筑物安全的地段,其经济效益明显。采用重力式挡土墙时,土质边坡不宜大于 8 m,岩质边坡不宜大于 10 m。

根据墙背倾斜方向的不同,墙身断面形式可分为仰斜、垂直、俯斜、凸形折线式和衡重式等几种,如图 6.15 所示。

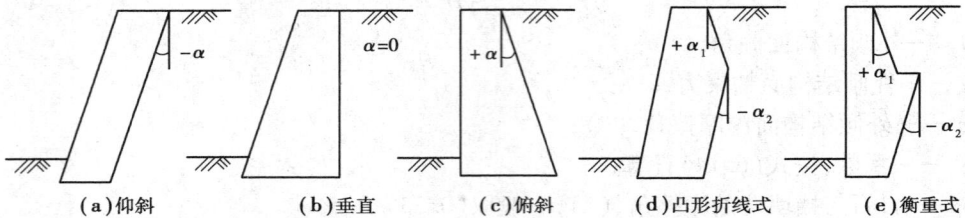

图 6.15 重力式挡土墙断面形式图

分析仰斜、垂直和俯斜三种不同的墙背所受的土压力可见,仰斜墙背所受的主动土压力最小,垂直墙背次之,而俯斜墙背的主动土压力最大。当挡土墙修建需要开挖时,因仰斜墙背可与开挖的临时边坡相结合,而俯斜墙背后需要回填土,因此,对于支挡挖方工程的边坡,以仰斜墙背为好;反之,如果是填方工程,则宜用俯斜墙背或垂直墙背,以便于填土夯实。在个别情况下,为了减小土压力,采用仰斜墙也是可行的,但应注意墙背附近的回填土质量。当墙前原有地形比较平坦,用仰斜墙比较合理;若原有地形较陡,用仰斜墙会使墙身增高很多,此时宜采用垂直墙或俯斜墙。

综上所述:边坡需要开挖时,仰斜墙施工方便、土压力小、墙身截面经济,故设计时应优先选用仰斜墙。

6.4.1 重力式挡土墙构造

挡土墙的构造必须满足强度与稳定性的要求,同时应考虑就地取材、经济合理、施工养护的方便与安全等因素。

重力式挡土墙一般由墙身、基础、排水设施与伸缩缝等部分组成,挡土墙的组成示意如图 6.16 所示。

1)墙身

对于仰斜式挡土墙,墙背越缓,所受土压力越小,但施工越困难,故仰斜式墙背不宜过缓,一般常控制 $\alpha < 14°$(即墙背的仰斜度为 $1:0.25$)。俯斜墙背所受的土压力较大,因此墙身断面比仰斜式要大,墙背坡度一般控制 $\alpha < 21°14'$(即 $1:0.4$)。衡重式墙背可视为在凸形折线式的上下墙之间设一衡重台,并采用陡直墙面。上墙墙背的坡度,一般为 $1:0.25 \sim 1:0.45$,下墙墙背一般为 $1:0.25$ 左右,上下墙的墙高比,通常采用 $2:3$。

通常,基础以上的墙面均为平面,前面坡度除应与墙背的坡度相协调外,还应考虑到墙趾处地面的横坡度。当地面横坡较陡时,墙面直立或外斜 $1:0.05 \sim 1:0.2$;当地面横坡平缓时,墙面可放缓,一般采用 $1:0.20 \sim 1:0.35$ 较为经济,但不宜缓于 $1:0.4$。

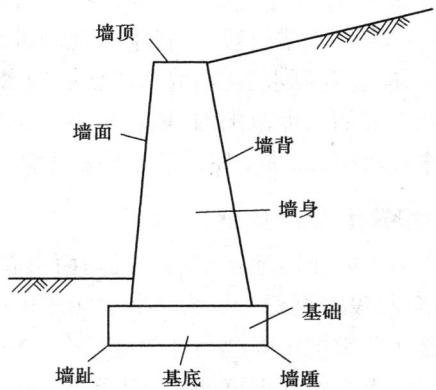

图 6.15 挡土墙的组成示意图

重力式挡墙材料可使用浆砌块石、条石或素混凝土。块石、条石的强度等级应不低 MU30,混凝土的强度等级应不低 C15,块、条石挡土墙的墙顶宽度不应小于 0.4 m,素混凝土挡土墙墙顶宽度不宜小于 0.3 m。

2)基础

基础设计的主要内容包括基础形式的选择和基础埋置深度的确定。

挡土墙通常采用浅基础,只有在特殊情况下,才使用桩基。挡土墙的基础一般直接设置在天然地基上。当地基软弱时,为减少基底压应力,增加稳定性,墙趾可伸出台阶,以拓宽基底,台阶宽度不小于 0.2 m,高宽比可用 $3:2$ 或 $2:1$,也可采用砂砾、碎石、矿渣或石灰土等质量好的材料换填,以提高地基承载力。

基础的埋置深度,应根据地基稳定性、地基承载力、冻结深度、水流冲刷和岩石风化程度等因素确定。在土质地基中,基础最小埋置深度不宜小于 $0.5 \sim 0.8$ m(挡土墙较高时取大值,反之取小值);在岩质地基中,基础埋置深度不宜小于 0.3 m。基础埋置深度应从坡脚排水沟底起算。

3)排水措施

挡土墙的排水处理是否得当,直接影响到挡土墙的安全及使用效果。因此,挡土墙应设置完善的排水设施,以排干墙后填料的水分,防止地表水下渗造成墙后积水,使墙身承受额外的静水压力;消除黏性土填料因含水率增加而产生的膨胀压力;减小季节性冰冻地区填料的冻胀压力。

挡土墙的排水设施通常由地面排水和墙身排水两部分组成。

地面排水主要是为了防止地表水渗入墙背填料或地基。通常,地面排水的措施有:设置地面排水沟,以截引地表水;夯实回填土和地表松土,以减少雨水和地面水下渗,必要时可设铺砌层;加固边沟,防止边沟水渗入地基。

墙身排水主要是为了迅速排除墙后积水,通常在墙身的适当高度处布置一排或数排泄水孔;泄水孔尺寸可视泄水量大小分别采用 0.05 m×0.1 m、0.1 m×0.1 m、0.15 m×0.2 m 的方孔或直径为 0.05 ~ 0.2 m 的圆孔;孔眼间距一般设为 2.0 ~ 3.0 m,最下排泄水孔的底部应高出地面 0.3 m,若为浸水挡土墙,应设于常水位以上 0.3 m;浸水挡土墙孔眼间距一般设为 1.0 ~ 1.5 m,上下交错设置;下排泄水孔的进水侧应设反滤层,厚度不小于 0.3 m,在最下排泄水孔的底部,应设置隔水层;当墙背填土的透水性不良或可能发生冻胀,应在最低一排泄水孔至墙顶以下 0.5 m 的高度范围内,填筑不小于 0.3 m 厚的砂砾石或无砂混凝土块或土工织物等渗水性材料作排水层,以排干墙后填土中的水。

4)沉降缝与伸缩缝

为了防止因地基不均匀沉陷而引起墙身开裂,应根据地基地质条件及墙高、墙身断面的变化情况,设置沉降缝。为了减少圬工砌体因硬化收缩和温度变化作用而产生的裂缝,需设置伸缩缝。通常把沉降缝与伸缩缝结合在一起,统称为沉降伸缩缝或变形缝。

挡土墙的伸缩缝间距,对条石、块石挡土墙应采用 20 ~ 25 m;对素混凝土挡土墙应采用 10 ~ 15 m。在地基性状和挡土墙高度变化处应设置沉降缝,缝宽应采用 2 ~ 3 cm,缝中应填塞沥青麻筋或其他有弹性的防水材料,填塞深度不应小于 0.15 m,在挡墙拐角处,应适当加强构造措施。

6.4.2　重力式挡土墙设计

作用在挡土墙上的荷载一般有墙后填土及表面的超载引起的土压力、墙身自重。作用在挡土墙上的约束反力一般有地基反力和摩擦力、墙前的被动土压力(为安全考虑,通常不计被动土压力)。对浸水挡土墙而言,应考虑常水位时的静水压力和浮力。在必要时,还应考虑冻水压力、波浪冲击力及地震作用等相关影响因素。

挡土墙在墙后填土土压力作用下,必须具有足够的整体稳定性和强度,故设计时应验算挡土墙在荷载作用下,沿基底的滑动稳定性,绕墙趾转动的倾覆稳定性和地基的承载力。当基底下存在软弱土层时,应当验算该土层的滑动稳定性。在地基承载力较小时,应考虑采用工程措施,以保证挡土墙的稳定性。

1)挡土墙稳定性验算

(1)抗滑稳定性验算

挡土墙的抗滑稳定性是指土压力和其他外荷载的作用下,基底摩阻力抵抗挡土墙滑移的能力,即为保证重力式挡土墙抗滑稳定性,应验算在土压力及其他外力作用下,基底摩阻力抵挡挡土墙滑移的能力;用抗滑稳定系数 K_s 表示,即作用于挡土墙的抗滑力与实际下滑力之比,如图 6.17 所示,根据《建筑边坡工程技术规范》,抗滑稳定性按式(6.28)进行验算。

$$K_s = \frac{(G_n + E_{an})u}{E_{at} - G_t} \geqslant 1.3 \tag{6.28}$$

与墙底面垂直的墙自重分量　　　　　$G_n = G\cos\alpha_0$ (6.29)

与墙底面平行的墙自重分量　　　　　$G_t = G\sin\alpha_0$ (6.30)

与墙底面平行的土压力合力分量　　　$E_{at} = E_a\sin(\alpha - \alpha_0 - \delta)$ (6.31)

与墙底面垂直的土压力合力分量　　　$E_{an} = E_a\cos(\alpha - \alpha_0 - \delta)$ (6.32)

式中　G——挡土墙自重,kN/m;

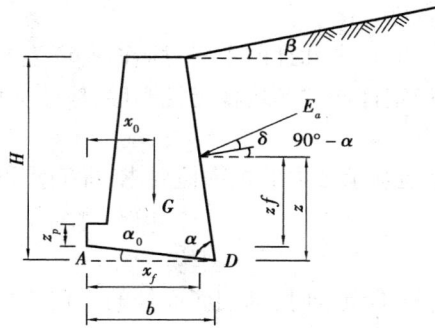

图 6.17　挡土墙抗滑移稳定性及抗倾覆稳定性验算示意图

E_a——主动土压力合力,kN/m;

α_0——挡土墙基底倾斜角,(°);

α——挡土墙墙背倾斜角,(°);

δ——岩土对挡土墙墙背摩擦角,(°),可按表 6.3 选用;

u——岩土体对挡土墙基底的摩擦系数,宜由试验确定,也可按表 6.5 选用。

表 6.5　岩土对挡土墙基底摩擦系数 u

岩土类别		摩擦系数 u
黏性土	可塑	0.20 ~ 0.25
	硬塑	0.25 ~ 0.30
	坚硬	0.30 ~ 0.40
粉土		0.25 ~ 0.35
中砂、粗砂、砾砂		0.35 ~ 0.45
碎石土		0.40 ~ 0.50
极软岩、软岩、较软岩		0.40 ~ 0.60
表面粗糙的坚硬岩、较硬岩		0.65 ~ 0.75

（2）抗倾覆稳定性验算

挡土墙的抗倾覆稳定性是指抵抗墙身绕墙趾向外转动倾覆的能力,用抗倾覆稳定系数 K_L 表示,即各力系对墙趾的稳定力矩之和与各力系对墙趾的倾覆力矩之和的比值,如图 6.17 所示,根据《建筑边坡工程技术规范》,抗倾覆稳定性按式（6.33）进行验算。

$$K_L = \frac{Gx_0 + E_{az}x_f}{E_{ax}z_f} \geqslant 1.6 \tag{6.33}$$

土压力合力的水平分量　　　$E_{ax} = E_a \sin(\alpha - \delta)$ 　　　　（6.34）

土压力合力的垂直分量　　　$E_{az} = E_a \cos(\alpha - \delta)$ 　　　　（6.35）

作用点与点 D 的水平距离　　　$x_f = b - z \cot \alpha$ 　　　　（6.36）

作用点与点 D 的垂直距离　　　$z_f = z - b \tan \alpha$ 　　　　（6.37）

式中　z——岩土压力作用点至墙踵 A 的高度,m;

　　　x_0——挡土墙重心至墙趾 D 的水平距离,m;

b——基底的水平投影宽度,m。

在验算挡土墙的稳定性,一般均未计趾前土层对墙面所产生的被动土压力。验算结构如果不满足以上要求,则表明抗滑稳定性或抗倾覆稳定性不够,应改变墙身断面尺寸重新核算。

(3)地基承载力验算

地基应力的设计值应满足地基承载力的抗力值要求,即满足以下各式。

当轴心荷载作用时

$$P_k \leqslant F_a \tag{6.38}$$

式中　P_k——相应于荷载效应标准组合时,基础底面处的平均压力值;

　　　F_a——修正后的地基承载力特征值。

当偏心荷载作用时,除符合上式要求外,还应符合式(6.39)要求。

$$P_k \leqslant 1.2F_a \tag{6.39}$$

(4)基底合力的偏心距

为了使挡土墙墙型结构合理和避免发生显著的不均匀沉陷,还应控制作用于挡土墙基底的合力偏心距。

$$Z_N = \frac{\sum M_y - \sum M_0}{\sum N} \tag{6.40}$$

式中　Z_N——基底合力对墙趾的力臂;

　　　$\sum N$—— 作用于基底合力的法向分力之和;

　　　$\sum M_y$—— 各力系对墙趾的稳定力矩之和;

　　　$\sum M_0$—— 各力系对墙趾的倾覆力矩之和。

合力的偏心距为

$$e = \frac{b}{2} - Z_N \leqslant \frac{b}{4} \tag{6.41}$$

式中　b——基础底面宽度。

2)挡土墙截面强度验算

重力式挡土墙一般用石器或混凝土砌块砌筑,为保证墙身的安全可靠,需验算任意截面处的法向应力和剪切应力,保证这些应力应小于墙身材料的极限承载能力。对于截面转折或急剧变化的地方,应分别进行验算。对于一般地区的挡土墙,应选取一两个控制截面进行强度计算,如墙身底部、1/2 墙高处、上下墙(凸形及衡重式墙)交界处,如图 6.18 所示。

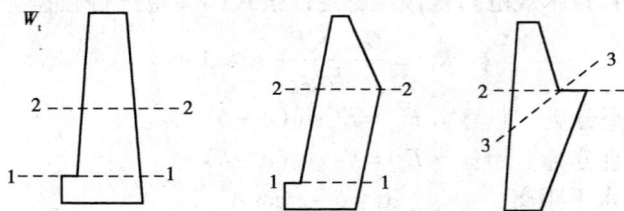

图 6.18　墙身验算断面的选择

（1）抗压验算

根据《砌体结构设计规范》，砌体偏心受压构件承载力计算为

$$N \leqslant \varphi \cdot f \cdot A \tag{6.42}$$

式中　N——轴向力设计值；

　　　A——截面面积；

　　　f——砌体抗压强度设计值；

　　　φ——高厚比 β 和轴向力的偏心距 e 对受压构件承载力影响系数，按下式计算：

当 $\beta \leqslant 3$ 时　$\varphi = \dfrac{1}{1 + 12\left(\dfrac{e}{h}\right)^2}$

当 $\beta \geqslant 3$ 时　$\varphi = \dfrac{1}{1 + 12\left[\dfrac{e}{h} + \sqrt{\dfrac{1}{12}\left(\dfrac{1}{\varphi_0} - 1\right)}\right]^2}$

式中　e——轴向力的偏心距，当为石砌体时，不宜超过 $0.6y$；

　　　β——构件的高厚比，对矩形截面 $\beta = \gamma_\beta H_0 / h$；

　　　γ_β——不同砌体材料构件的高厚比修正系数，按表 6.5 选用；

　　　H_0——受压构件的计算高度，对于上端自由的挡土墙 $H_0 = 2H$（H 为墙高）；

　　　h——矩形截面的轴向力偏心方向的边长；

　　　y——截面重心到轴向力所在偏心方向截面边缘的距离；

　　　φ_0——轴心受压构件的稳定系数，$\varphi_0 = \dfrac{1}{1 + \alpha\beta^2}$（$\alpha$ 是砂浆强度等级有关的系数，当砂浆

　　　　强度等级 $\geqslant$ M5 时，$\alpha = 0.0015$；砂浆强度等级 = M2.5 时，$\alpha = 0.002$；砂浆强度等

　　　　级 $\geqslant 0$ 时，$\alpha = 0.009$）。

表 6.6　高厚比修正系数 γ_β

砌体材料类别	γ_β
烧结普通砖、烧结多孔砖	1.0
混凝土及轻骨料混凝土砌块	1.1
蒸压灰砂砖、蒸压粉煤灰砖、细料石、半细料石	1.2
粗料石、毛石	1.5

对混凝土灌注的挡土墙，则应按素混凝土偏心受压计算。受压承载力按式（6.43）计算。

$$N \leqslant \varphi \cdot f_{cc} \cdot b(h - 2e_0) \tag{6.43}$$

式中　N——轴向力设计值；

　　　φ——素混凝土构件的稳定系数，对重力式挡土墙可取 1.0；

　　　f_{cc}——素混凝土轴心抗压强度设计值；

　　　e_0——受压区混凝土的合力点至截面重心的距离；

　　　b——截面宽度，挡土墙计算中通常取 $b = 1.0$ m；

　　　h——截面高度，即取挡土墙厚度。

当 $e_0 \geqslant 0.45 \dfrac{h}{2}$ 时的受压构件,应在混凝土受拉区配置构造钢筋,否则必须满足式(6.44)方可不配构造钢筋。

$$N \leqslant \frac{\gamma_m f_{ct} bh}{\dfrac{6e_0}{h} - 1} \tag{6.44}$$

式中 f_{ct}——素混凝土抗拉强度设计值;

  γ_m——截面抵抗矩塑性影响系数,当挡土墙计算截面为矩形时,$\gamma_m = 1.55$。

(2)抗剪承载力验算

对于重力式挡土墙截面大,剪应力很小,通常可不作剪力承载力验算。

3)增加挡土墙稳定性措施

(1)增加抗滑稳定性的方法

①设置倾斜基底。设置向内的倾斜基底,可以增加抗滑力和减少滑动力,从而增加了抗滑稳定性,如图 6.19 所示。

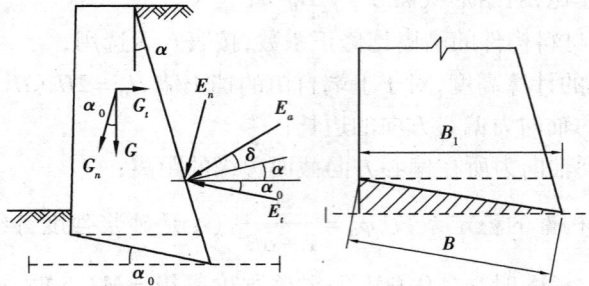

图 6.19 倾斜基底增加挡土墙抗滑稳定性

基底倾斜角 α_0 越大,越有利于抗滑稳定性,但应考虑挡土墙连同地基土体一起滑走的可能性,因此对地基倾斜度应加以控制。通常,对土质地基不陡于 1:10;岩石地基不陡于1:5。浸水地区挡土墙,当基底摩擦系数 $u < 0.5$ 时,一般不设倾斜基底;当 $u \geqslant 0.5$,可以设 1:10 的倾斜基底。

此外,在验算沿基底的抗滑稳定性的同时,还应验算通过墙踵的地基水平面(图 6.19 中 Ⅰ—Ⅰ 水平面)的滑动稳定性。

②采用凸榫基础。如图 6.20 所示,在挡土墙基础底面设置混凝土凸榫,与基础连成整体,利用榫前土体产生的被动土压力以增加挡土墙的抗滑稳定性。

为了增加榫前被动阻力,应使榫前被动土榫不超过墙趾。同时,为了防止因设凸榫而增加墙背的主动土压力,应使凸榫后缘与墙踵的连线同水平线的夹角不超过 φ 角。因此应将整个凸榫置于通过墙趾并与水平线成 $45° - \dfrac{\varphi}{2}$ 角线和通过墙踵并与水平线成 φ 角线所成的三角线范围内。

凸榫的深度 h 根据抗滑的要求确定,凸榫的宽度 b_2 按截面的强度要求确定。

(2)增加抗倾覆稳定性的方法

增加抗倾覆稳定性,应加大稳定力矩和减小倾覆力矩,可采取的主要方法如下:

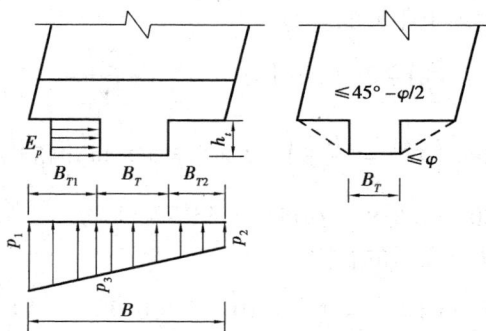

图 6.20 凸榫基础示意图

①展宽墙趾。在墙趾处展宽基础以增加稳定力臂,是增加抗倾覆稳定性的常用方法。但在地面横坡较陡处,会由此引起墙高增加。

②改变墙面及墙背坡度。改缓墙面坡度可增加稳定力臂,改陡俯斜墙背或改为仰斜墙背可减少土压力。在地面纵坡较陡处,均须注意墙高的影响。

③改变墙身断面类型。当地面横向坡度较陡或墙前净空受到限制,要求胸坡尽可能陡立,以争取"有效墙高"时,在墙背设立衡重台或卸荷平台等,以达到减少墙背土压力和增加稳定力矩的效果。设置卸荷板的方法不但可用于新建的挡土墙,也可作为已成挡土墙的改建补强措施。

【例6.1】设计重力式挡土墙,用 MU30 级毛石及 M5 级水泥砂浆砌筑,砌体的抗压强度设计值 $f = 0.61$ MPa,抗剪强度设计值 $f_v = 0.16$ MPa,墙顶宽 1.45 m,墙高 5 m,墙背仰斜角 $\alpha = 14.04°(1:0.25)$,墙面与墙背平行如图 6.21 所示。墙后填土水平与墙顶齐高,即 $\beta = 0$,其上作用有均布超载 $q = 10$ kN/m²。墙后填料为黏土,其容重 $\gamma_1 = 18$ kN/m³,摩擦角 $\varphi = 26.5°$,粘聚力 $c = 8$ kN/m²,土与墙背的摩擦角 $\delta = 14.04°$。浆砌毛石的容重 $\gamma_2 = 22$ kN/m³,基底摩擦系数 $u = 0.4$。墙底地基承载力特征值 $f_a = 150$ kPa。

【解】(1)挡土墙各部分尺寸(计算时取 1 延米长)

由墙顶宽度 $B_2 = 1.45$ m 可换算出:$b = 1.38$ m, $h_1 = 4.73$ m, $h_2 = 0.27$ m, $d_1 = 0.07$ m。

(2)主动土压力及其力臂计算

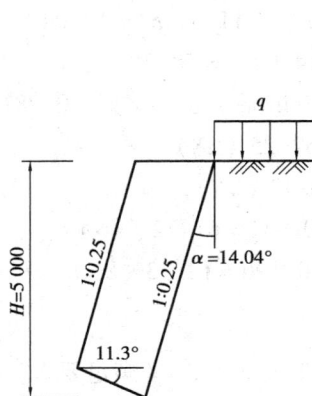

图 6.21 挡土墙断面图

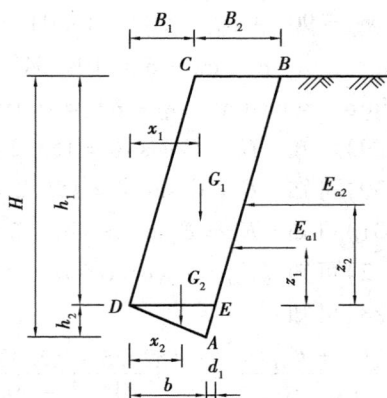

图 6.22 挡土墙受力图

①由填土自重引起的主动土压力的合力

$$E_{a1} = \frac{1}{2}\gamma_1 H^2 \tan^2\left(45° - \frac{\varphi}{2}\right) - 2cH\tan\left(45° - \frac{\varphi}{2}\right) + \frac{2c^2}{\gamma_1}$$

$$= \frac{1}{2} \times 18 \times 5^2 \times \tan^2\left(45° - \frac{26.5}{2}\right) - 2 \times 8 \times 5 \times \tan\left(45° - \frac{26.5}{2}\right) + \frac{2 \times 8^2}{18}$$

$$= 225 \times 0.383 - 80 \times 0.619 + 7.111 = 43.77 \text{ (kN)}$$

②地面超载引起的主动土压力的合力

$$E_{a2} = qH\tan^2\left(45° - \frac{\varphi}{2}\right) = 10 \times 5 \times 0.383 = 19.15 \text{ (kN)}$$

③填土自重及超载所引起的主动土压力的合力为 $E_a = E_{a1} + E_{a2}$, 即

$$E_a = E_{a1} + E_{a2} = 43.77 + 19.15 = 62.92 \text{ (kN)}$$

④土压力对墙趾 D 点的力臂分别为

$$z_1 = \frac{H}{3} - h_2 = \frac{5}{3} - 0.27 = 1.40 \text{ (m)}$$

$$z_2 = \frac{H}{2} - h_2 = \frac{5}{2} - 0.27 = 2.23 \text{ (m)}$$

（3）挡土墙的质量及重心计算

①墙身质量：墙身界面可分为平行四边形 $BCDE$ 和 $\triangle ADE$ 两部分，其质量分别为 G_1 和 G_2。

$$G_1 = B_2 \times h_1 \times \gamma_2 = 1.45 \times 4.73 \times 22 = 150.89 \text{ (kN)}$$

$$G_2 = \frac{B_2 \times h_2 \times \gamma_2}{2} = \frac{1.45 \times 0.27 \times 22}{2} = 4.31 \text{ (kN)}$$

墙身总重
$$G = G_1 + G_2 = 150.89 + 4.31 = 155.2 \text{ (kN)}$$

②G_1, G_2 对墙趾 D 点的重心距分别为

$$x_1 = \frac{B_1 + B_2}{2} = \frac{1.18 + 1.45}{2} = 1.315 \text{ (m)}$$

$$x_2 = \frac{2}{3}(b + d_1) = \frac{2}{3}(1.38 + 0.07) = 0.967 \text{ (m)}$$

（4）抗滑动稳定性计算

$$\alpha = 90° + \alpha_1 = 90° + 14.04° = 104.04°, \alpha_0 = 11.3°, \delta = 14.04°$$

$$\alpha - \alpha_0 - \delta = 104.04° - 11.3° - 14.04° = 78.7°$$

$$\sin\alpha_0 = \cos(\alpha - \alpha_0 - \delta) = 0.196, \cos\alpha_0 = \sin(\alpha - \alpha_0 - \delta) = 0.981$$

由式（6.29）可知 $G_n = G\cos\alpha_0 = 155.2 \times 0.981 = 152.25 \text{ (kN)}$

由式（6.30）可知 $G_t = G\sin\alpha_0 = 155.2 \times 0.196 = 30.42 \text{ (kN)}$

由式（6.31）可知 $E_{at} = E_a\sin(\alpha - \alpha_0 - \delta) = 62.92 \times 0.981 = 61.72 \text{ (kN)}$

由式（6.32）可知 $E_{an} = E_a\cos(\alpha - \alpha_0 - \delta) = 62.92 \times 0.196 = 12.33 \text{ (kN)}$

由式（6.28）可知

$$\frac{(G_n + E_{an})u}{E_{at} - G_t} = \frac{(152.25 + 12.33) \times 0.4}{61.73 - 30.42} = 2.1 > 1.3 \text{ （满足要求）}$$

（5）抗倾覆稳定性计算

由图 6.23 可知，$\alpha - \delta = 104.04° - 14.04° = 90°$，得到 E_{a1} 和 E_{a2} 为水平力，即

$$E_{ax} = E_a = 62.92 \text{ kN/m}, E_{az} = 0$$

$$Gx_0 = G_1x_1 + G_2x_2 = 150.89 \times 1.315 + 4.31 \times 0.96 = 202.59 \text{ (kN)}$$

$$E_{ax}z_f = E_{a1}z_1 + E_{a2}z_2 = 43.77 \times 1.40 + 19.15 \times 2.23 = 103.98 \text{ (kN)}$$

由式(6.26)可知

$$\frac{Gx_0 + E_{az}x_f}{E_{ax}z_f} = \frac{Gx_0}{E_{ax}z_f} = \frac{202.59}{103.98} = 1.95 > 1.6 \quad \text{（满足要求）}$$

（6）基底允许承载力验算

由图 6.24 可知，$e = \dfrac{B}{2} - Z_N$，其中 B 为直线 DA 的长度。

已知 $B = \dfrac{B_1}{\cos 11.3°} = \dfrac{1.39}{0.981} = 1.407 \text{ （m）}$

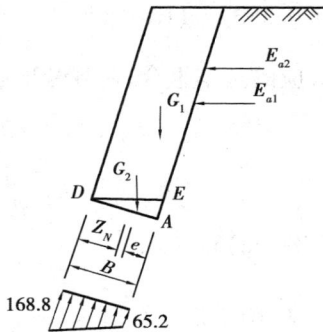

图 6.23 地基承载力验算

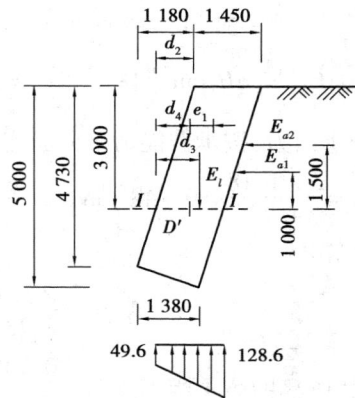

图 6.24 墙身应力验算

挡土墙上各力对基底的合力点距 D 点的距离 c 为

$$Z_N = \frac{G_1x_1 + G_2x_2 - E_{a1}z_1 - E_{a2}z_2}{G\cos 11.3° + E_a\sin 11.3°}$$

$$= \frac{150.89 \times 1.315 + 4.31 \times 0.967 - 43.77 \times 1.40 - 19.15 \times 2.23}{155.2 \times 0.981 + 62.92 \times 0.196}$$

$$= \frac{98.61}{164.58} = 0.60 \text{ （m）}$$

$$e = \frac{B}{2} - Z_N = \frac{1.407}{2} - 0.60 = 0.104 \text{ （m）} < \frac{B}{4} = 0.353 \text{ （m）}$$

①墙趾 D 处的基底反力 p_D

$$p_D = p_{max} = \frac{G\cos 11.3° + E_a\sin 11.3°}{B}\left(1 + \frac{6e}{B}\right)$$

$$= \frac{155.2 \times 0.981 + 62.92 \times 0.196}{1.407}\left(1 + \frac{6 \times 0.104}{1.407}\right)$$

$$= 116.97 \times 1.443 = 168.8 \text{ （kPa）} < 1.2f_a = 1.2 \times 150 = 180 \text{ （kPa）} \quad \text{（满足要求）}$$

②墙踵 A 处的基底反力 p_A 为

$$p_A = p_{min} = \frac{G\cos 11.3° + E_a\sin 11.3°}{B}\left(1 - \frac{6e}{B}\right)$$

$$= \frac{155.2 \times 0.981 + 62.92 \times 0.196}{1.407}\left(1 - \frac{6 \times 0.104}{1.407}\right)$$

$$= 116.97 \times 0.557 = 65.2 \text{ (kPa)} < 1.2f_a = 1.2 \times 150 = 180 \text{ (kPa)} \quad (满足要求)$$

（7）墙身强度验算

取距墙顶 3 m，截面 I—I（$H_1 = 3$ m）处进行验算。

① I—I 上部的每延米墙重为 G_1

$$G_1 = B_2 H_1 \gamma_2 = 1.45 \times 3 \times 22 = 95.7 \text{ (kN)}$$

② I—I 上部的每延米主动土压力

$$E_{a1} = \frac{1}{2}\gamma_1 H_1^2 \tan^2\left(45° - \frac{\varphi}{2}\right) - 2cH_1\tan\left(45° - \frac{\varphi}{2}\right) + \frac{2c^2}{\gamma_1}$$

$$= 0.5 \times 18 \times 3^2 \times 0.383 - 2 \times 8 \times 3 \times 0.619 + 2 \times 8^2 \div 18$$

$$= 31.02 - 29.71 + 7.11 = 8.42 \text{ (kN)}$$

$$E_{a2} = qH_1\tan^2\left(45° - \frac{\varphi}{2}\right) = 10 \times 3 \times 0.383 = 11.49 \text{ (kN)}$$

③ 截面 I—I 内力：按承载能力极限状态下荷载效应的基本组合，荷载分项系数取 1.35。

法向力 $\quad d_2 = \dfrac{3 \times 1.18}{4.73} = 0.748$ （m）

相关尺寸计算：

$$d_2 = \frac{3 \times 1.18}{4.73} = 0.748 \text{ (m)}$$

G_1 作用点距 D' 点的水平距离 $\quad d_3 = \dfrac{0.748 + 1.45}{2} = 1.10$ （m）

I—I 剖面以上各力对 I—I 剖面的合力点距 D' 点的水平距离 d_4 为

$$d_4 = \frac{G_1 d_3 - \dfrac{E_{a1}H_1}{3} - \dfrac{E_{a2}H_1}{2}}{G_1}$$

$$= \frac{95.7 \times 1.1 - 8.42 \times 1 - 11.49 \times 1.5}{95.7} = \frac{79.62}{95.7} = 0.832 \text{ (m)}$$

④ I—I 截面上的偏心距

$$e_1 = \frac{B_2}{2} - d_4 = \frac{1.45}{2} - 0.832 = -0.107 < \frac{B_2}{4} = \frac{1.45}{4} = 0.363 \text{ (m)}$$

⑤ 截面 I—I 上的正应力

$$\sigma_{\max} = \frac{1.35G_1}{B_2}\left(1 + \frac{6e_1}{B_2}\right)$$

$$= \frac{1.35 \times 95.7}{1.45}\left(1 + \frac{6 \times 0.107}{1.45}\right)$$

$$= 1.35 \times 66 \times 1.443 = 128.6 \text{ kPa} < f = 0.61 \text{ MPa} \quad (满足要求)$$

$$\sigma_{\min} = \frac{1.35G_1}{B_2}\left(1 - \frac{6e_1}{B_2}\right)$$

$$= \frac{1.35 \times 95.7}{1.45}\left(1 - \frac{6 \times 0.107}{1.45}\right)$$

$$= 1.35 \times 66 \times 0.557 = 49.6 \text{ kPa} < f = 0.61 \text{ MPa} \quad (满足要求)$$

⑥截面 Ⅰ—Ⅰ 上的剪应力

$$\tau = \frac{1.35(E_{a1} + E_{a2})}{B_2}$$

$$= \frac{1.35 \times (8.42 + 11.49)}{1.45}$$

$$= 18.5 \text{ kPa} < f_v = 0.16 \text{ MPa} \quad (满足要求)$$

6.5　悬臂式及单支点支护结构设计

基坑边坡支护是土木工程建设中常见边坡问题,基坑支护的重要性也已被人们所认知。基坑边坡支护形式多样,悬臂式支护结构和单支点支护结构是较为常用的支护结构形式。

1)悬臂式支护结构

悬臂式支护结构是依靠自身的刚度与强度就能维持其稳定平衡的一种支护结构,又称为自立式支护结构。悬臂式支护结构常采用钢筋混凝土排桩、木板桩、钢板桩、钢筋混凝土板桩、地下连续墙等形式。钢筋混凝土桩常采用钻孔灌注桩、人工挖孔灌注桩、沉管灌注桩及预制桩。如图 6.25 所示,悬臂式支护结构依靠足够的入土深度和结构的抗弯能力来维持整体的稳定和结构的安全,对开挖深度很敏感,容易产生较大的变形,从而对相邻建(构)筑物产生影响。悬臂式支护结构适用于土质较好、开挖深度较浅(一般在 6 m 以内)的基坑边坡工程。

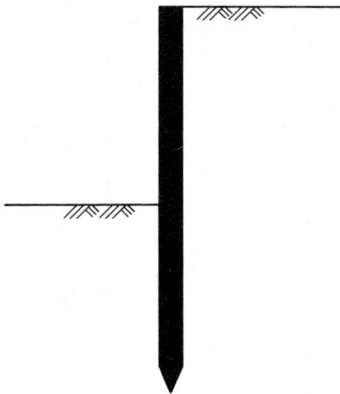

图 6.25　悬臂式支护结构　　　　图 6.26　内撑式支护结构

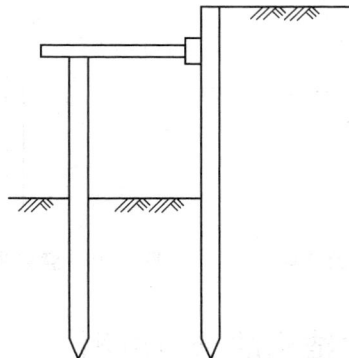

2)单支点支护结构

单支点支护结构是指在基坑边坡开挖面上,在挡土结构上设置支撑或锚固支点,提供一个支点与挡土结构结合而成的支护结构,适用于基坑较深、悬臂式支护结构无法满足强度与变形要求的基坑边坡工程。单支点支护结构分为内撑式支护结构和拉锚式支护结构两种。

内撑式支护结构由支护结构体系和内撑体系两部分组成,如图 6.26 所示。支护结构体系常采用混凝土排桩和地下连续墙。内支撑有竖向斜支撑和水平支撑两大类。斜支撑适用于支护结构高度不大,所需支撑力不大的情况。内支撑常采用钢筋混凝土支撑和钢管支撑两种。钢筋混凝土支撑体系的优点是刚度好、变形小;而钢管支撑的优点是钢管可以回收,且加预压力方便。

拉锚式支护结构由支护结构体系和锚固体系两部分组成。支护结构体系同于内撑式支护结构。锚固体系可分为锚杆式和地面拉锚式两种。锚杆需要地基土能提供锚杆较大的锚固力，因而较适用于砂土地基或黏土地基，由于软土地及不能提供锚杆较大的锚固力，所以很少使用；地面拉锚式则需要有足够的场地设置锚桩或其他锚固物。

6.5.1 支护结构的破坏形式

支护结构的破坏或失效有多种形式，主要分为以下几类：

①当支护结构强度不足以抵抗水土压力形成的弯矩时，墙体折断造成基坑边坡倒塌，如图6.27所示。对撑锚支护结构，支撑或锚位系统失稳，锚撑节点断裂、支护墙体承受弯矩变大，也会产生墙体折断破坏。悬臂式排桩墙最容易出现墙体断裂。

②当支护结构插入深度不够，或撑锚系统失效时易造成基坑边坡整体滑动破坏，即基坑发生整体失稳破坏，如图6.28所示。

③在软土地基中，当基坑土体不断挖去，坑内外土体的高差使支护结构外侧土体向坑内方向挤压时，易造成基坑土体隆起，导致基坑外地面沉降，坑内侧被动土压力减小，引起支护体系失稳破坏，即基坑发生隆起破坏，如图6.29所示。

④地基中存在承压水，当基坑底土层不能承受承压水的浮托力时，基坑底容易产生流沙或管涌而导致支护结构发生破坏。

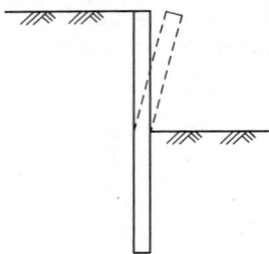

图6.27 墙体折断破坏　　　图6.28 整体失稳破坏　　　图6.29 基坑隆起破坏

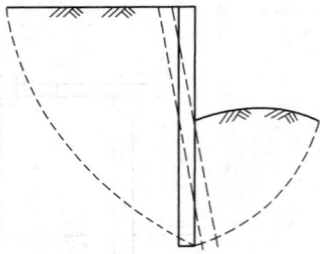

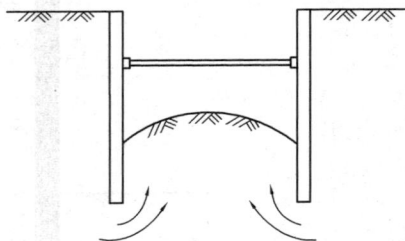

6.5.2 支护结构的选用原则

支护结构的选用原则是安全、经济、方便施工和因地制宜。

安全不仅指支护体系本身安全，保证基坑开挖、地下结构施工顺利，而且要保证临近建（构）筑物和市政设施的安全和正常使用。

经济不仅是指支护体系的工程费用，而且要考虑工期长短、挖土是否方便、安全储备是否足够，采用综合分析，确定该方案是否经济合理。

方便施工也应是支护体系的选用原则之一，不仅可以降低挖土费用，而且可节省工期、提高支护体系的可靠性。

支护结构可以根据基坑周围环境、开挖深度、工程地质与水文地质、施工作业设备和施工季节等条件选用排桩、地下连续墙、水泥土墙及土钉墙等；应考虑结构的空间效应和受力特点，采用有利于支护结构材料的受力形状的形式。软土地区可采用深层搅拌、注浆、间隔或全部加固等方法对局部或整个基坑底进行加固,或采用降水措施提高基坑内侧被动抗力。

6.5.3 支护结构的设计

1)悬臂式支护结构设计

悬臂支护结构由于只靠一端支承维持结构的稳定,自由端容易产生较大的位移,因此对于荷载大小、土质特性、悬臂长短等因素的变化较为敏感,一般多用于临时支护和开挖深度不大的基坑开挖中。设计中一个关键的问题确定支护结构的插入深度问题。

(1)计算原理

悬臂式支护结构破坏一般是绕桩底端 B 点以上的某点 O 以上转动,如图6.30(a)所示。这样在转动点 O 以上的桩身前侧以及 O 点以下的桩身后侧,将产生被动土压力。由于精确确定土压力的分布较困难,一般近似地假定土压力分布如图6.30(b)所示,桩身前侧是被动土压力,其合力为 E_p;桩身后为主动土压力,合力为 E_a;主动土压力和被动土压力相抵消后的土压力分布如图6.30(c)所示。

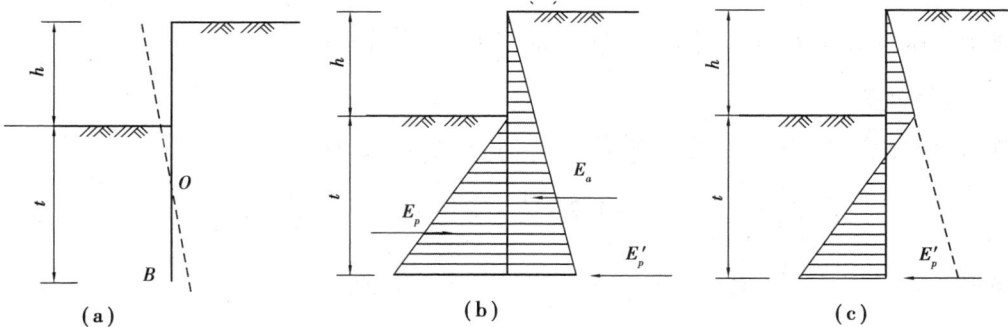

图6.29 悬臂支护结构计算图示

(2)嵌固深度计算

悬臂桩主要依靠嵌入土内的深度,以平衡上部地面荷载、水压力及主动土压力形成的侧压力,因此插入深度至关重要。计算钢板桩、灌注桩所承受的最大弯矩,便于核算钢板桩的截面及灌注桩直径和钢筋。计算时所有力对桩底端 B 点取矩,令 $\sum M_B = 0$,则可求出嵌固深度。

根据《建筑基坑支护技术规程》,悬臂式支护结构嵌固深度设计值按式(6.45)计算。

$$h_p \sum E_{pj} - 1.2\gamma_0 h_a \sum E_{aj} \geq 0 \qquad (6.45)$$

式中 $\sum E_{pj}$ ——桩墙底以上基坑内侧各土层水平抗力标准值的合力之和,kN;

h_p ——合力 $\sum E_{pj}$ 作用点至桩墙底的距离,m;

$\sum E_{aj}$ ——桩墙底以上基坑外侧各土层水平抗力标准值的合力之和,kN;

h_a ——合力 $\sum E_{aj}$ 作用点至桩墙底的距离,m;

γ_0 ——建筑基坑侧壁重要性系数,对基坑侧壁安全等级为一级时取1.10,二级时取1.00,三级时取0.90。

【例6.2】某基坑边坡工程开挖深度为10 m,采用悬臂式支护结构,土层为砂土,$c=0$,$\varphi=30°$,$\gamma=18$ kN/m³,如图6.31所示。试计算支护结构嵌固深度及最大弯矩。

【解】(1)计算土压力

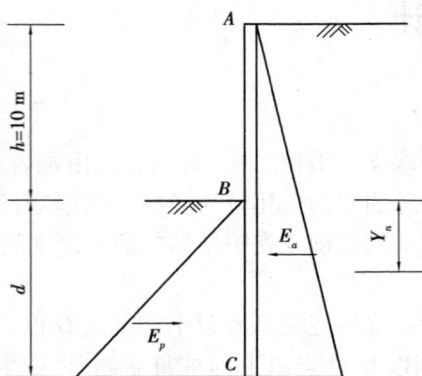

图6.31 例6.2图

主动土压力系数:$K_a=\tan^2\left(45°-\dfrac{\varphi}{2}\right)=\tan^2\left(45°-\dfrac{30°}{2}\right)=0.33$

被动土压力系数:$K_p=\tan^2\left(45°+\dfrac{\varphi}{2}\right)=\tan^2\left(45°+\dfrac{30°}{2}\right)=3.0$

(2)计算d值

外力对C点取矩,代入公式$h_p\sum E_{pj}-1.2\gamma_0 h_a\sum E_{aj}\geqslant 0$,即

$$\frac{1}{2}\gamma d^2 K_p\cdot\frac{d}{3}-1.2\cdot\frac{1}{2}\gamma(h+d)^2 K_a\cdot\frac{h+d}{3}\geqslant 0$$

解得

$$d\geqslant\frac{h}{\sqrt[3]{\dfrac{5K_p}{6K_a}}-1}=\frac{10}{\sqrt[3]{\dfrac{5}{6}\times\dfrac{3}{0.33}}-1}=10.44\ (\text{m})$$

(3)计算剪力为0的点至基坑底面的距离Y_n

由$E_a=E_p$,即$\dfrac{1}{2}\gamma(h+Y_n)^2 K_a=\dfrac{1}{2}\gamma Y_n^2 K_p$,得

$$Y_n=\frac{h}{\sqrt{\dfrac{K_p}{K_a}}-1}=\frac{10}{\sqrt{\dfrac{3.0}{0.33}}-1}=5.0\ (\text{m})$$

(4)计算最大弯矩

最大弯矩是剪力为0的位置,即

$$M_{\max}=\frac{h+Y_n}{3}\times\frac{(h+Y_n)^2}{2}\times\gamma\times K_a-\frac{Y_n}{3}\times\frac{Y_n^2}{2}\times\gamma\times K_p$$

$$=\frac{10+5}{3}\times\frac{(10+5)^2}{2}\times 18\times 0.33-\frac{5}{3}\times\frac{5^2}{2}\times 18\times 3$$

$$=2\ 250\ (\text{kN}\cdot\text{m})$$

(3)稳定性验算

①整体稳定性验算。整体稳定性验算可按圆弧滑动法验算。

②基底坑隆起稳定性验算。当基底坑为软土时,根据《建筑基坑工程技术规范》,基坑底土抗隆起稳定性可按式(6.46)计算,如图6.32所示。

$$\frac{N_c \tau_0 + \gamma t}{\gamma(h + t) + q} \geq 1.6 \tag{6.46}$$

式中　N_c——承载力系数,条形基础时取5.14;

τ_0——抗剪强度,由十字板试验或三轴不固结不排水试验确定,kPa;

γ——土的重度,kN/m³;

t——支护结构入土深度,m;

h——基坑开挖深度,m;

q——地面荷载,kPa。

(3)基坑底抗渗流稳定性验算。当上部为不透水层,坑底下部某深度处有承压水层时,根据《建筑基坑工程技术规范》,基坑底抗渗流稳定性验算可按式(6.47)验算,如图6.33所示。

$$\frac{\gamma_m(t + \Delta t)}{P_w} \geq 1.1 \tag{6.47}$$

式中　γ_m——透水层以上图的饱和重度,kN/m³;

$t + \Delta t$——透水层底面距基坑底面的距离,m;

P_w——含水层水压力,kPa。

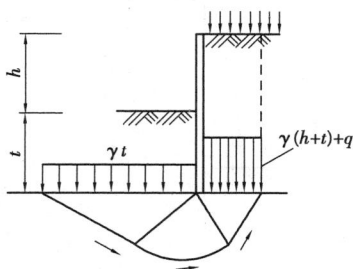

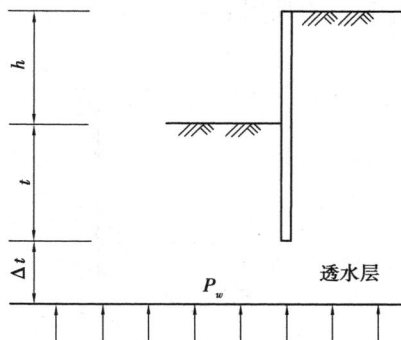

图6.32　基坑底抗隆起稳定性验算示意图　　图6.32　基坑底抗渗流稳定性验算

当基坑内外存在水头差时,粉土和砂土应进行抗渗流稳定性验算,渗透的水力梯度不应超过临界水力梯度。

2)单支点支护结构设计

尽管悬臂支护结构具有使用方便、受力简单等优点,但对于土质差、基坑开挖深度较大的边坡工程,悬臂式支护结构断面设计往往可能无法满足强度与变形要求。有支撑的支护结构与悬臂式支护结构在变形上存在较大的区别。悬臂式支护结构通常是顶端的位移较大,而有支撑的支护结构,由于上部有支撑,限制了支护结构的位移,改善了结构受力条件。

(1)单支点支护结构的嵌固类型

单支点支护结构随入土深度的不同,将发生不同的变形,而支护结构的变形反过来又影响土压力的分布。目前,在计算单支点支护结构的入土深度和内力时,多采用两种情况。

①单支点浅桩。当支护结构的入土深度较浅或坡脚土体较软弱时,支护结构整体发生向坑

内的位移,在支护结构背后受主动土压力作用,支护结构前受主动土压力作用,如图 6.34 所示,桩身只有一个方向的弯矩,桩身入土部分的位移较大,这时可把支护结构上端视为简支,下端为自由支承,它的作用相当于单跨简支梁。

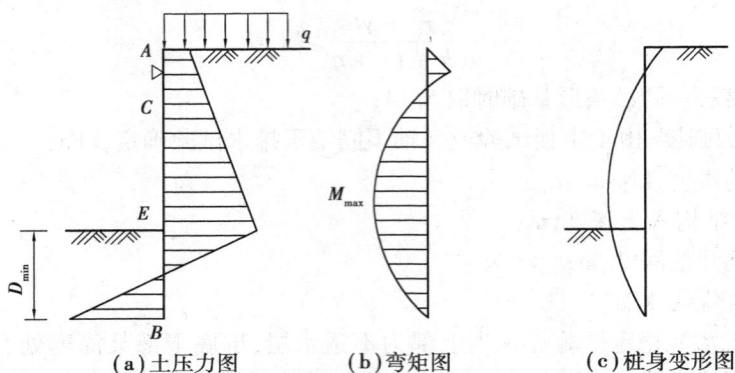

(a)土压力图　　　　**(b)弯矩图**　　　　**(c)桩身变形图**

图 6.34　单支点浅桩的土压力、弯矩和变形示意图

②单支点深桩。当支护结构入土深度较大或为岩层或坡脚土体较坚硬时,其下端发生向坑外的位移时,支护结构前后都出现被动土压力,形成了嵌固弯矩,如图 6.35 所示,支护结构在土中处于嵌固状态,相当于上端简支下端固定支承的超静定梁,此时的最大弯矩已大大减小,而且出现正负两个方向的弯矩,其中在坑底部分出现的反弯矩较小,坑底部分位移也较小,稳定性较好。这是目前常采用的一种支护形式。

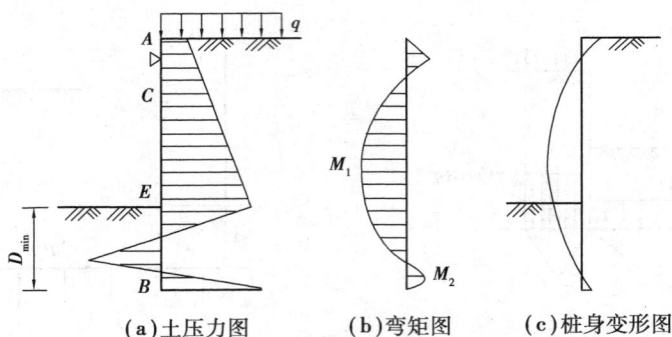

(a)土压力图　　　　**(b)弯矩图**　　　　**(c)桩身变形图**

图 6.35　单支点深桩的土压力、弯矩和变形示意图

(2)单支点支护结构的内力计算

单支点支护结构内力计算的理论主要由以下三类。

古典钢板桩计算理论:将土压力作为已知荷载,不考虑墙体的变形和支撑的变形,将设支撑处视为墙体的刚性支撑点。该理论对于自由端支撑有静力平衡法,对于弹性嵌固支撑有等值梁法。

弹性支点法:将土压力作为已知荷载,考虑墙体和支撑的变形,设支撑处都作为墙体的弹性支撑点,主要有弹性支点法和杆系有限单元法两种方法。

共同变形理论:该理论考虑土压力随着墙体的变化而变化,考虑墙体支撑的变形。

本节主要用静力平衡法和等值梁法进行计算。

①静力平衡法。静力平衡法适用于单支撑支护结构入土深度较浅或坡脚土体较软弱的情

况,可视为单支点梁的计算。计算简图见图 6.36 所示。

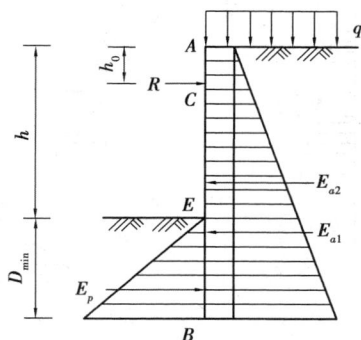

图 6.36　静力平衡法计算图示

a. 由静力平衡条件 $\sum N = 0$,根据《建筑边坡工程技术规范》,作用在基坑边坡上的支撑轴力按式(6.48)计算。

$$R = E_{a1} + E_{a2} - E_p \tag{6.48}$$

式中　R——支撑轴力;

　　　E_{a1}——作用在支护结构上的主动土压力合力标准值,kN;

　　　E_p——支护结构在坡脚地面以下岩土层内的被动土压力标准值,kN;

　　　E_{a2}——附加侧向土压力标准值,kN;

b. 作用在支护结构上的各个力对 A 点取矩,要保持墙体不发生转动,应有 $\sum M_A = 0$,根据《建筑边坡工程技术规范》,最小入土深度 $D_{\min}$ 可按式(6.49)计算。

$$E_{a1}\left(\frac{h + D_{\min}}{2} - h_0\right) + E_{a2}\left[\frac{2(h + D_{\min})}{3} - h_0\right] - E_p\left(\frac{h - h_0 + 2D_{\min}}{3}\right) = 0 \tag{6.49}$$

式中　h_0——支撑杆距地面的高度,m;

　　　h——基坑边坡的高度,m;

　　　$D_{\min}$——单支点浅桩的最小插入深度。

立柱入土深度可按式(6.49)计算。

$$D = \xi D_{\min} \tag{6.50}$$

式中　ξ——增大系数,根据《建筑边坡工程技术规范》对一、二、三级边坡分别为 1.50、1.40、1.30;

　　　D——立柱入土深度。

在求出入土深度和支承轴力后,即可求解立柱的弯矩和剪力。

②等值梁法。等值梁法用于支护结构下端为嵌固时的计算,通常维护结构需要有较大的插入深度。立柱为超静定梁,需利用变形协调条件才能求解其内力。为了避免利用变形协调条件,等值梁法假定:静土压力零点同时也是弯矩零点。如图 6.37 中 B 点,立柱两侧分别受主动土压力和被动土压力作用,两者相互叠加后,存在一个土压力合力为零的作用点 B,由于 B 点的弯矩为零可视为铰支点,此时的单支点桩可简化为两个在 B 点相连的简支梁。其计算步骤如下:

a. 根据净土压力零点 B 处墙后主动土压力和墙前被动土压力相等,求出 u,即

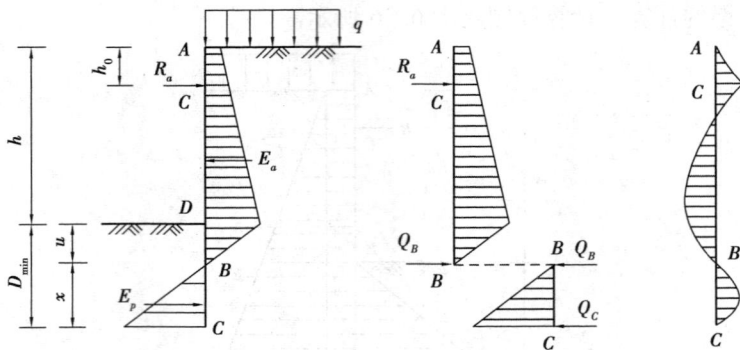

图 6.37　等值梁法计算图示

$$\gamma(h + u)K_a = \gamma u K_p \tag{6.51}$$

$$u = \frac{hK_a}{K_p - K_a} \tag{6.52}$$

b. 取等值梁进行计算,对 B 点取矩可求出 R_a,即

$$R_a(h + u - h_0) = \sum P(h + u - a) \tag{6.53}$$

对 A 点取矩求出 Q_B,即

$$Q_B(h + u - h_0) = \sum P(a - h_0) \tag{6.54}$$

c. 取 BG 段梁计算立柱的入土深度,对 G 点取矩

$$Q_B x = \frac{1}{6}\gamma(K_p - K_a)x^3 \tag{6.55}$$

$$x = \sqrt{\frac{6Q_B}{\gamma(K_p - K_a)}} \tag{6.56}$$

立柱的入土深度为

$$D_{min} = u + 1.3x \tag{6.57}$$

在求出入土深度和支承轴力后,即可求解立柱的弯矩和剪力。

【例 6.3】设计一个下端自由支承,上部有锚定拉杆的板桩挡土墙,如图 6.38 所示。周围土重度 $\gamma = 19\ \text{kN/m}^3$,$\varphi = 30°$,粘聚力 $c = 0$,锚定拉杆距地面 1 m,其水平间距 $a = 2.5$ m,基坑开挖深度为 $h = 8$ m。试分别用静力平衡法和等值梁法计算桩墙的入土深度和桩身内力。

【解】(1)土压力计算

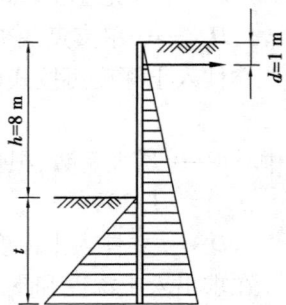

图 6.38　例 6.3 图

主动土压力:$E_a = \frac{1}{2}\gamma(h + t)^2 K_a = \frac{1}{2} \times 19 \times (8 + t)^2 \tan^2 \left(45° - \frac{30°}{2}\right) = \frac{19}{6}(t + 8)^2$

被动土压力:$E_p = \frac{1}{2}\gamma t^2 K_p = \frac{1}{2} \times 19 \times t^2 \tan^2 \left(45° + \frac{30°}{2}\right) = \frac{57}{2}t^2$

（2）外力对支撑点取矩

$$E_a\left[\frac{2}{3}(h+t)-d\right]=\frac{E_p}{K}\left(h-d+\frac{2}{3}t\right)$$

将 E_a 和 E_p 代入上式,可得三次方程

$$t^3+\frac{99}{14}t^2-48t-\frac{832}{7}=0$$

解上式得桩的入土深度 $t=5.5$ m。

水平支撑的作用力

$$R=\left(E_a-\frac{E_p}{K}\right)a=\left[\frac{19}{6}\times(5.5+8)^2-\frac{57}{4}\times5.5^2\right]\times2.5=365.16\text{（kN）}$$

桩身最大弯矩处即是剪力为 0 点,设该点到地面的距离为 h_0。

$$\frac{T}{a}=\frac{1}{2}\gamma h_0^2K_a$$

$$h_0=\sqrt{\frac{2T}{a\gamma K_a}}=\sqrt{\frac{2\times365.16}{2.5\times19\times0.33}}=6.79\text{（m）}$$

最大弯矩

$$M_{max}=\frac{T}{a}(h_0-d)-\frac{1}{2}\gamma h_0^2K_a\cdot\frac{h_0}{3}$$

$$=\frac{365.16}{2.5}\times(6.79-1)-\frac{1}{2}\times19\times6.79^2\times0.33\times\frac{6.79}{3}$$

$$=515.25\text{（kN·m）}$$

【例6.4】如图6.39所示两支护结构条件同例6.3,但下端为固定支承,计算桩墙入土深度及锚杆拉力。

【解】由于下端为固定支承,因此采用等值梁法。

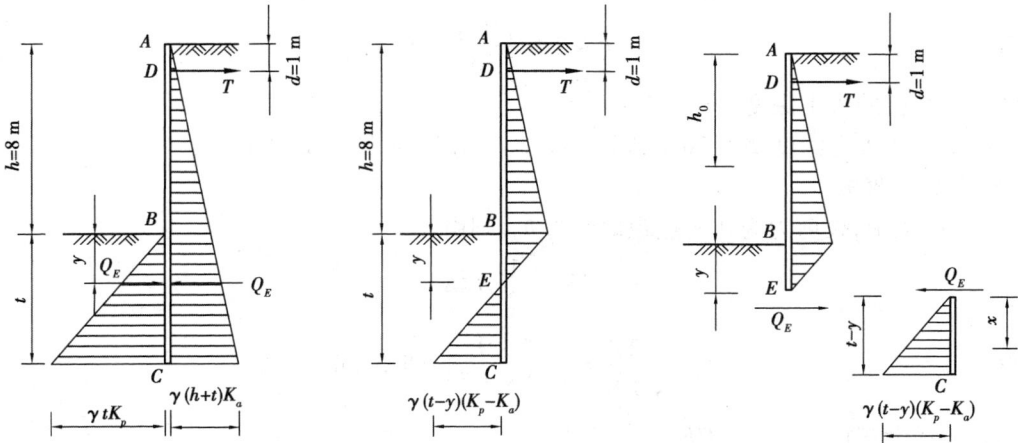

图 6.39 例 6.4 图

（1）求反弯点

设反弯点到基坑底的距离为 y,由该点净土压力为 0 的条件得

$$\gamma(h+y)K_a=\gamma yK_p$$

解得
$$y = \frac{hK_a}{K_p - K_a} = \frac{8 \times 0.33}{3 - 0.33} = 1.0 \ (\text{m})$$

（2）求锚杆拉力

取上段梁 AC 计算，外力对 C 点取矩：

$$T'(h + y - d) + \frac{1}{6}\gamma y^3 K_p = \frac{1}{6}\gamma(h + y)^3 K_a$$

解得
$$T' = \frac{\gamma \left[(h + y)^3 K_a - y^3 K_p \right]}{6(h + y - d)}$$

$$= \frac{19 \times \left[(8 + 1)^3 \times 0.33 - 1^3 \times 3 \right]}{6 \times (8 + 1 - 1)}$$

$$= 95 \ (\text{kN})$$

（3）求反弯点处的剪力

由平衡条件 $\sum N = 0$，即

$$\frac{1}{2}\gamma y^2 K_p + V_c + T - \frac{1}{2}\gamma(h + y)^2 K_a = 0$$

得
$$V_c = \frac{1}{2}\gamma \left[(h + y)^2 K_a - y^2 K_p \right] - T$$

$$= \frac{1}{2} \times 19 \times \left[(8 + 1)^2 \times 0.33 - 1^2 \times 3 \right] - 95$$

$$= 133 \ (\text{kN})$$

（4）根据下段梁求入土深度

在 BC 段梁中对 B 点取矩，则有

$$\frac{1}{6}\gamma(t - y)^3(K_p - K_a) = V_c(t - y)$$

得
$$t^2 - 2t - \frac{1\ 121}{76} = 0$$

解上式得桩的入土深度 $t = 4.97$ m。

桩墙实际的入土深度增大30%，则 $t' = 1.3\ t = 1.3 \times 4.97 = 6.5$ m。

（5）求最大弯矩

在 AC 段梁中，设剪力为0的点距地面为 h_0，则由

$$T' = \frac{1}{2}\gamma h_0^2 K_a$$

得
$$h_0 = \sqrt{\frac{2T'}{\gamma K_a}} = \sqrt{\frac{2 \times 95}{19 \times 0.33}} = 5.5 \ (\text{m})$$

该处的最大弯矩　$M_{\max} = T'h_0 - \frac{1}{6}\gamma h_0^3 K_a$

$$= 95 \times 5.5 - \frac{1}{6} \times 19 \times 5.5^3 \times 0.33$$

$$= 347 \ (\text{kN} \cdot \text{m})$$

（6）求最大负弯矩

在 BC 段梁中，设剪力零点到反弯点的距离为 x，根据平衡条件

$$\frac{1}{2}\gamma x^2(K_p - K_a) = V_c$$

$$x = \sqrt{\frac{2V_c}{\gamma(K_p - K_a)}} = \sqrt{\frac{2 \times 133}{19 \times (3 - 0.33)}} = 2.3 \text{（m）}$$

$$M_{\min} = \frac{1}{6}\gamma x^3(K_p - K_a) - V_c x$$

$$= \frac{1}{6} \times 19 \times 2.3^3 \times (3 - 0.33) - 133 \times 2.3$$

$$= -203.2 \text{（kN · m）}$$

从以上两个例题可以看出，同样的条件，将桩墙设计成不同的受力状态，其入土深度不同，最大弯矩不同。设计成自由端时，入土深度较小，但弯矩大；设计成固定支承端时，入土深度较大，但弯矩较小。若计算出的桩墙身的弯矩过大，可以降低支承位置，减小弯矩，优化设计。

6.6　锚杆（索）设计

岩土锚固就是通过预先在地质体中埋设受拉杆件，将结构物与地质体连锁在一起，依靠受拉杆件与地质体间的相互作用，将结构物的荷载传递到地质体，或使地质体自身得到加固、增强其承载力。

常见的锚杆结构如图 6.40 所示一般可分外锚头、自由段、锚固段。外锚头是露出坡面的部分，把锚杆杆体和需要加固的不稳定坡体锚固在一起，承受不稳定坡体的荷载。锚杆在坡体内的部分分为自由段和锚固段。自由段是穿过不稳定坡体的部分；锚固段位于稳定的坡体内，杆件与稳定坡体锚固在一起，锚固段位于坡体内部，所以也称为内锚段，相应的也把锚头称为外锚段或外锚头。

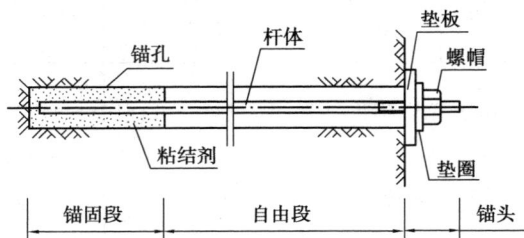

图 6.40　锚杆结构图

锚杆的杆体常用高强螺纹钢锚杆或普通钢筋。锚索是锚杆技术发展的产物，采用高强钢绞线作为受拉构件，为了充分发挥钢绞线的强度，锚索通常施加预应力，在被加固体表面产生一定压力，能够主动控制被加固体的变形，调整被加固体内部的应力状态，使被加固体稳定。广义的锚杆包括锚索。在工程中，锚杆通常指杆体采用钢筋的锚固系统，而锚索专指采用钢绞线的锚固系统。

工程实践证明，岩土锚固是一种有效的加固措施，它在改善岩土体的应力状态，提高岩土体的承载力和稳定性等方面的作用已为大量工程实践所证实。

边坡锚固设计应具备如下资料：

①与锚固工程有关的地形、地貌及边坡总体布置设计。

②岩土体类别、主要构造的产状、各种结构面的组合关系及地下水发育程度。

③锚固工程所涉及部位岩土体的抗压强度，岩土体的 c、φ 值，以及可能失稳的结构的 c、φ 值和胶结材料与被锚固介质的粘结强度。

对边坡锚杆(索)加固设计首先必须对边坡的破坏方式进行判断，并分析采用锚杆方案的可行性和经济性，如果采用锚杆方案可行，则开始计算边坡作用在支挡结构上的侧压力，根据侧压力大小和边坡实际情况选择合理的锚杆形式，并确定锚杆数量、布置形式、承载力设计值，计算锚筋截面、选择锚筋材料和数量。在确定锚筋后，按锚筋承载力设计值进行锚固体设计(包括锚固段长度，锚固体直径，注浆材料和工艺等)。如果采用预应力锚杆，还要确定预应力张拉值，并给出张拉程序。最后进行外锚头和防腐构造设计并给出施工、试验、验收和监测要求。

6.6.1　锚杆(索)类型

锚杆的类型较多，随着岩土技术、锚固理论的发展及预应力锚索在工程中的广泛应用，预应力的吨位和数量越来越大，锚固形式和张拉方式也呈现多样化。有资料表明，国内外使用的锚杆种类有数百种，但在工程中常用的锚杆也是有限的，按锚杆锚固段的锚固方式大致可分为以下种类，如表 6.6 所示。

表 6.6　常见的锚杆锚固段的锚固方式

端头锚固式锚杆	机械锚固锚杆	楔缝锚杆
		倒楔锚杆
		涨壳锚杆
	粘结锚固式锚杆	砂浆锚杆
		快硬水泥卷锚杆
		树脂药卷锚杆
全长粘结式锚杆		树脂锚杆
		砂浆锚杆
摩擦式锚杆		缝管锚杆
		楔管锚杆
其他类型锚杆		屈服锚杆
		可回收式锚杆
		自进式锚杆
		土中打入式锚杆

注:机械锚固锚杆结构复杂,加固困难,成本较高,目前使用较少。

锚索种类也非常繁多，按不同的方法可将锚索划分为不同的类型，按外锚头的结构类型分为 OVM 锚、QM 锚、XM 锚、弗氏锚等；按锚索体种类分为钢绞线束锚，高强钢丝束锚；按锚固段结构受力状态分为拉力型、压力型、荷载分散型等。一般外锚头和锚索体材料的技术参数都不难满足锚固技术的要求,而锚固段却因为地质条件复杂,较难确保其可靠性。因此,将锚索按锚固段的受力状态分类,更具有实用性。

1)拉力型锚索

拉力型锚索,主要依靠内锚固段提供足够的抗拔力,以保证预应力的施加。内锚固段一般采用水泥砂浆将锚固段部分的锚索体固结在岩体的稳定部分,按其张拉段是否粘结又可分为全长粘结式和自由式。如图 6.41 所示为自由式拉力型锚索,由于钢绞线外包套管,张拉段钢绞线不直接与锚固体或围岩体粘结,张拉时钢绞线自由伸缩不受影响,可一次性完成锚杆注浆,再进行锚索张拉,并可进行二次张拉,满足锚索需要补偿张拉的要求。自由式锚索的特点是,局部岩体变形引起的局部应力,能分布在整个张拉段上。粘结式锚索的钢绞线没有外包套管,注浆分次进行,首先是锚固段注浆,张拉后再进行张拉段注浆,所以也称为二次注浆锚索。二次注浆锚索的特点是一旦锚头失效也能保持预应力。

拉力型锚索内锚段受力机制不尽合理,在内锚段底部岩体产生拉应力,且应力较集中,使内锚段上部产生较大拉力,易把浆体拉裂,影响抗拔力和锚索的永久性,但由于其构造简单,施工方便,施工技术相对成熟,故拉力型锚索仍是现阶段最为常用的锚索形式。

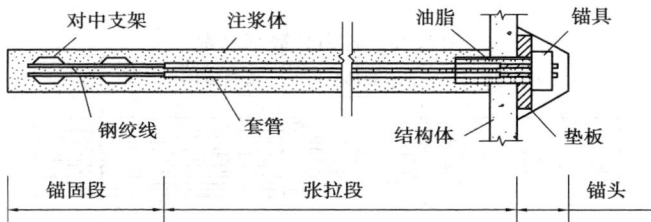

图 6.41   拉力型锚索

2)压力型锚索

压力型锚索与拉力型锚索受力机理不同,如图 6.41 所示。通过无粘结的预应力钢绞线,直接把拉力荷载传递到设置在锚固段底部的压板上,使得注浆体由传统的受拉应力状态转变为受压应力。压力型锚索特点是在锚固体的底部荷载大,靠近孔口的方向荷载明显变小,有利于将不稳定体锚定在地层深部,充分利用有效锚固段,从而可以缩短锚索长度;浆体受压,被锚固体受压范围更大,可提供更大的锚固力;锚索体采用无粘结钢绞线,因而多了一层防护措施,防腐性能更好;下锚索后一次全孔注浆,减少了注浆工序。

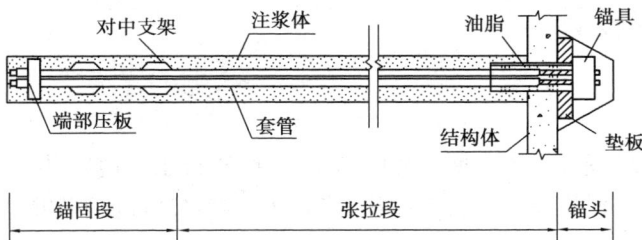

图 6.42   压力型锚索

3）荷载分散型锚索

荷载分散型锚索,是将施加的预应力分散在整个锚固段上,使应力变分散、减小,从而确保锚固体不受破坏。这类锚索可分为拉力分散型、压力分散型、拉压分散型和剪力型锚索。

拉力分散型锚索如图 6.43 所示,锚索体采用无粘结钢绞线,其传力机制是将处于内锚固段不同部位处的钢绞线按一定顺序逐步剥除其表面的高密度聚乙烯(PE)套管(剥除长度视土体承载力而定,一般为 2～3 m),即变成粘结段,从而将拉力荷载逐段分散的传递至锚固段砂浆体。

压力分散型锚索如图 6.44 所示,锚索体也采用无粘结钢绞线,在不同长度的无粘结钢绞线末端套以承载板和挤压套。当锚索体被浆体固结后,以一定荷载张拉对应于承载体的钢绞线时,设置在不同位置深度部位的数个承载体将压力分段传递至锚固段砂浆体。

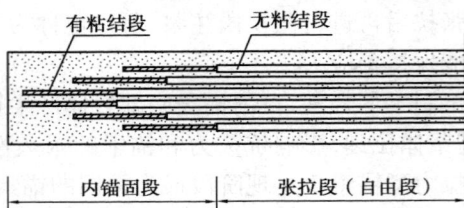

图 6.43 拉力分散型锚索

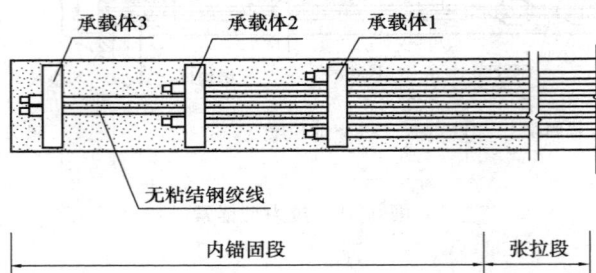

图 6.44 压力分散型锚索

拉压分散型锚索是拉力分散型和压力分散型的"结合体"。两根无粘结钢绞线下部剥除 1～3 mPE 套管,变成拉力型锚固段;在无粘结段部位安装承载板,变成压力型锚固段;另外的无粘结钢绞线也如此处理,然后将它们编织在一起,无粘结段呈台阶状布置,这样就可以形成拉压分散型锚索,使得锚固段应力分布更为均匀。

6.6.2 锚杆结构设计

1）基本原则

在边坡锚固工程设计前,调查边坡工程的地质条件,进行工程地质勘察,进行有关的岩土物理力学性能实验,取得工程范围内的岩土性状、抗剪强度等物理性质和物理状态指标,以及地下水、地震等资料。

设计锚杆应考虑其耐久性,锚杆使用寿命应不小于边坡或被服务建筑物的正常使用年限,一般使用期限在两年以内(或 5 年,按规范要求)的工程锚杆应按临时锚杆设计,使用期限在两年以上的锚杆应按永久性锚杆进行设计。

　　设计的锚杆必须达到所设计的锚固力要求,防止边坡滑动剪断锚杆,锚杆选用的钢筋或钢绞线必须满足有关国家标准,同时必须保障钢筋或钢绞线有效防腐,以避免锈蚀导致材料强度降低。

　　进行锚固施工前,选择的材料必须进行材性试验,锚杆施工完毕后必须对锚杆进行抗拔试验,验证锚杆是否达到设计承载力的要求;同时对于大型滑坡在采用预应力锚索加固后必须进行位移监测。

　　在边坡锚杆加固中要选择合理的锚杆形式,必须结合被加固边坡的具体情况,根据锚固段所处的地层类型、工程特征、锚杆承载力的大小、锚杆材料、长度、施工工艺等条件综合考虑选择锚杆形式。

2)锚杆(索)锚固设计步骤

　　由于我国各部门之间的规范尚不统一,不同行业间的规范略有差异,本书关于锚杆设计的方法主要参考《公路路基设计规范》和《建筑边坡工程技术规范》。实际工程中还需要根据不同的行业部门,严格依据规范进行设计。

　　(1)单根锚杆荷载的确定

　　锚杆(索)锚固设计荷载的确定应根据边坡的剩余下滑力和锚杆布置方案综合考虑进行确定。首先应当计算边坡的剩余下滑力或土压力,即该边坡要达到稳定需要锚固提供的支撑力;然后根据支挡结构的布置形式,确定锚杆数量、单根锚杆(索)锚固荷载的大小,该荷载的大小作为锚筋截面计算和锚固体设计的重要依据。

　　根据边坡下滑力确定单根锚杆的需承担的推力设计值后,应对锚固边坡进行稳定性进行验算,锚杆作用力可简化为作用于坡面上的一个集中力,也可简化为作用于滑面上的一个集中力,如图6.45所示。

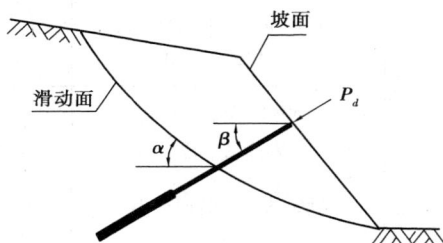

图6.45　锚杆作用力简化

　　单根锚杆(索)轴向拉力标准值按式(6.58)确定。

$$P_d = \frac{F_n}{\sin(\alpha + \beta)\tan\varphi + \cos(\alpha + \beta)} \qquad (6.58)$$

式中　P_d——锚杆设计锚固力,kN;

　　　　F_n——设锚处单孔锚杆承担的滑坡推力设计值,kN;

　　　　φ——滑动面内摩擦角,(°);

　　　　α——锚杆与滑动面交角处,滑动面与水平面夹角,(°);

　　　　β——锚杆与水平面夹角,(°)。

　　对于土质边坡、加固厚度(锚杆自由段)较大的岩质边坡或非预应力锚杆,摩擦阻力不能充分发挥,因此应对式(6.58)作一定的折减,即

$$P_d = \frac{F_n}{\lambda \sin(\alpha + \beta)\tan\varphi + \cos(\alpha + \beta)} \qquad (6.59)$$

式中　λ——折减系数,在0~1选取。

（2）锚杆（索）锚筋的设计

在确定锚杆轴向设计荷载后,需要对锚杆进行结构设计。结构设计的第一步就是根据锚杆轴向设计荷载计算锚杆的锚筋截面,并选择合理的钢筋或钢绞线配置锚筋;在配置锚筋后,由锚筋的实际面积和锚筋的抗拉强度标准值计算出锚杆承载力设计值,然后进行锚杆体和锚固体的设计计算。

①锚杆锚筋的截面积计算。对于预应力锚杆,则可由式(6.60)初步计算出锚杆要达到设计荷载所需的锚筋截面。

$$A_s = \frac{KP_d}{f_{yk}} \quad 或 \quad A_s = \frac{KP_d}{f_{ptk}} \tag{6.60}$$

式中　A_s——锚杆体截面积,m^2;

　　　K——安全系数,按表6.7选取;

　　　f_{yk}、f_{ptk}——钢筋、钢绞线的抗拉强度标准值,kPa。

表 6.7　预应力锚杆锚固体设计安全系数

锚杆破坏后危害程度	安全系数	
	锚杆服务年限≤2 年 （临时性锚杆）	锚杆服务年限 >2 年 （永久性性锚杆）
危害轻微,不会构成 公共安全问题	1.4 ~ 1.6	1.6 ~ 1.8
危害较大,但公共 安全无问题	1.6 ~ 1.8	1.8 ~ 2.0
危害大,会出现公共 安全问题	1.8 ~ 2.0	2.0 ~ 2.4

注:如果在土体或全风化岩中,应取表中较高值。

对于全长粘结型锚杆,按轴心受拉构件设计,其所需锚筋面积按式(6.61)计算。

$$A_s = \frac{KN_t}{f_y} \tag{6.61}$$

式中　A_s——通钢筋的截面积,m^2;

　　　K——安全系数,可采用2.0;

　　　N_t——锚杆轴向拉力设计值,kPa;

　　　f_y——钢筋抗拉强度设计值,kPa。

根据锚筋截面计算值,对锚杆进行锚筋的配置,要求实际的锚筋配置截面不小于计算值。配筋的选材应根据锚固工程的作用、锚杆承载力、锚杆的长度、数量以及现场提供的施加应力和锁定设备等因数综合考虑。

②锚固段长度的确定。锚杆的锚固力由锚杆强度、注浆体与锚孔壁的粘结强度及锚杆与注浆体的粘结强度三部分控制。

对于预应力锚杆,锚固体长度应同时满足式(6.62)和式(6.63)。地层与注浆体的粘结长度应满足式(6.62)。

$$L_r = \frac{KP_d}{\xi_1 \pi D f_{rb}}$$

(6.62)

式中　L_r——地层与浆体间的粘结长度,m;

K——安全系数,按表6.7选取;

ξ_1——锚固体与地层粘结工作条件系数,对永久锚杆取1.00,对临时锚杆取1.33;

D——锚固段锚孔直径,m;

f_{rb}——地层与注浆体间的粘结强度特征值,kPa。

粘结强度应通过试验确定,当无资料时,可参考表6.8和表6.9选用。

表6.8　岩体与注浆体界面粘结强度特征值

岩体类型	粘结强度 f_{rb}(kPa)	岩体类型	粘结强度 f_{rb}(kPa)
极软岩	135~180	较硬岩	550~900
软岩	180~380	坚硬岩	900~1 300
较软岩	380~550		

注:①表中数据使用于注浆强度等级M30的情况;

　　②表中数据仅使用于初步设计,施工时应通过试验检验;

　　③岩体结构面发育时,取表中下限值;

　　④表中岩体类型根据天然单抽抗压强度 f_r 划分:$f_r < 5$ MPa为极软岩,5 MPa$\leq f_r < 15$ MPa为软岩,15 MPa$\leq f_r < 30$ MPa为较软岩,30 MPa$\leq f_r < 60$ MPa为较硬岩,$f_r \geq 60$ MPa为硬岩。

表6.9　土体与锚固体粘结强度特征值

土体类型	土的状态	粘结状态 f_{rb}(kPa)
黏性土	坚硬	32~40
	硬塑	25~32
	软塑	15~20
砂土	松散	30~50
	稍密	50~70
	中密	70~105
	密实	105~140
碎石土	稍密	60~900
	中密	80~110
	密实	110~150

注:①表中数据使用于注浆强度等级M30的情况;

　　②表中数据仅使用于初步设计,施工时应通过试验检验。

注浆体与锚杆间的粘结长度应满足式(6.63)。

$$L_g = \frac{KP_d}{\xi_3 n \pi d f_b}$$

(6.63)

式中　L_g——注浆体与锚杆间粘结长度,m;

K——安全系数,按表 6.7 选取;

ξ_3——锚杆体与砂浆粘结工作条件系数,对永久锚杆取 0.60,对临时锚杆取 0.72;

d——锚杆体直径,m;

f_b——注浆体与锚杆间的粘结强度设计值,kPa;

n——锚杆体根数。

注浆体与锚杆间的粘结强度设计值应由试验确定,当不具备试验条件时可参考表 6.10 选用。

表 6.10   钢筋、钢绞线与砂浆之间的粘结强度设计值 f_b (MPa)

锚杆类型	水泥浆或水泥砂浆强度等级		
	M25	M30	M35
水泥砂浆与螺纹钢筋间	2.10	2.40	2.70
水泥砂浆与钢绞线、高强钢丝间	2.75	2.95	3.40

注:①当采用两根钢筋电焊成束的做法时,粘结强度应乘折减系数 0.85;
②当采用三根钢筋电焊成束的做法时,粘结强度应乘折减系数 0.7。

对于全长粘结型锚杆,有效锚固长度应满足式(6.64)和式(6.65),且有效锚固长度不宜小于 2.0 m,也不宜大于 10.0 m。

$$L = \frac{KN_t}{\pi D f_{rb}} \tag{6.64}$$

式中 L——锚杆有效锚固有效长度,m;

N_t——锚杆轴向拉力设计值,kN;

D——锚孔直径,m;

f_{rb}——地层与注浆体的粘结强度特征值,kPa;

K——安全系数,可采用 2.5。

$$L = \frac{KN_t}{n \pi d \beta f_{rb}} \tag{6.65}$$

式中 n——锚杆钢筋根数;

d——锚杆钢筋直径,m;

f_{rb}——注浆体与锚杆间的粘结强度设计值,kPa;

β——考虑成束钢筋系数,单根钢筋取 1.0,两根一束取 0.85,三根一束取 0.7;

K——安全系数,可采用 2.5。

对于岩体中的锚索,在某些条件下,即使采用较大的安全系数,远小于 3 m 的锚固段长度也已足够,但是对于应力较大的锚索,若是锚固长度过短,锚固段岩体质量的突然下降或施工质量原因可能会严重降低锚索的锚固力。因此岩石锚杆的锚固长度宜采用 3~8 m,土层锚杆的锚固段长度宜采用 6~12 m。当采用荷载分散型锚杆时,锚固段长度可根据需要确定。

锚固段的最佳长度与粘结力的分布范围、地层类型以及锚索预应力大小有关。由于问题的复杂性,目前对于这一问题的研究尚在继续。

【例 6.5】某边坡倾角为 22°,滑动下滑力 $F = 700$ kN/m,滑面综合摩擦角 $\varphi = 15°$,拟采用预应力锚索进行整治,试对该边坡进行设计。

（1）确定锚索钢绞线规格

采用 ϕ15.2 钢绞线，强度标准值 1 860 MPa、截面积 139 mm²。

（2）锚索设计位置及设计倾角的确定

在设计中应考虑自由段伸入滑动面不小于 1 m，锚索布置在滑坡前缘，锚索与滑动面相交处滑动面倾角为 22°；锚索自由段长度为 20 m，锚索倾角确定为 18°。

（3）设计锚固力及锚索间距的确定

采用预应力锚索整治滑坡时，锚索提供的作用力主要有沿滑动面产生的抗滑力及锚索在滑动面的法向产生的摩擦阻力。例中折减系数 λ 按 0.5 计算。

$$P_d = \frac{F_n}{\lambda \, \sin(\alpha + \beta) \tan \varphi + \cos(\alpha + \beta)}$$

$$= \frac{700}{0.5 \times \sin(18° + 22°) \tan 15° + \cos(18° + 22°)}$$

$$= 821.7 \ (\text{kN})$$

设计锚索间距 $d = 4$ m，锚杆排数为 $n = 4$，则每孔锚索设计锚固力为

$$N_t = \frac{P_d \times d}{4} = \frac{821.7 \times 4}{4} = 821.7 \ (\text{kN})$$

（4）拉杆设计

锚杆安全系数取 $K = 1.8$，每股钢绞线的截面积为 139 mm²，拉杆所需钢绞线股数为

$$m = \frac{A}{139} = \frac{KN_t}{139 f_{ptk}} = \frac{1.8 \times 821.7 \times 1\,000}{139 \times 1\,860} = 5.72$$

取整数 $m = 6$，则采用 6 束 ϕ15.2 mm 钢绞线的锚索。

（5）锚固体设计计算

设计采用锚索钻孔直径 $D = 110$ mm，单根钢绞线直径 $D = 0.015\,2$ m；注浆材料采用 M35 水泥砂浆，锚索拉杆钢材与水泥砂浆的粘结强度 $f_b = 2\,340$ kPa；锚索锚固段置于中等风化的软岩中，锚孔壁与砂浆之间的粘结强度 $f_{rb} = 800$ kPa。

①按水泥砂浆与锚索拉杆钢材粘结强度确定锚固段长度 L_a

$$L_a = \frac{KP_d}{\xi \cdot n \cdot \pi \cdot d \cdot f_b} = \frac{1.8 \times 8.21}{0.72 \times 6 \times 3.14 \times 0.015\,2 \times 2\,340} = 3.06 \ (\text{m})$$

②按锚固体与孔壁的粘结强度确定锚固段长度 L_a

$$L_a = \frac{KN_t}{\pi \cdot D \cdot f_{rb}} = \frac{1.8 \times 821.7}{3.14 \times 0.11 \times 800} = 5.35 \ (\text{m})$$

锚索的锚固段长度取 3.06 m 和 5.35 m 的大值，并取整，得锚固段长度 $L_a = 6$ m。

（6）锚杆（索）的锁定荷载和锚头设计

对于预应力锚杆，原则上可按锚杆设计轴向力（工作荷载）作为预应力值加以锁定，但锁定荷载应视锚杆的使用目的和地层性状而加以调整。

①边坡坡体结构完整性较好时，可将设计锚固力的 100% 作为锁定荷载。

②边坡坡体有明显蠕变且预应力锚杆与抗滑桩相结合，或因坡体地层松散引起的变形过大时，应由张拉试验确定锁定荷载。通常这种情况下将锁定荷载取为设计锚固力的 50% ~ 80%。

③当边坡具有崩滑性时，锁定荷载可取为设计锚固力的 30% ~ 70%。

④如果设计的支挡结构容许变位时，锁定荷载应根据设计条件确定，有时按允许变形的大

小可取设计锚固力的50% ~ 70%。

⑤当锚固地层有明显的徐变时,可将锚杆张拉到设计拉力值的1.2 ~ 1.3 倍,然后再退到设计锚固力进行锁定,这样可以减少地层的徐变量引起的预应力损失。

锚杆头部的传力台座(张拉台座)的尺寸和结果构造应具有足够的强度和刚度,不得产生有害的变形;可采用 C25 以上的现浇钢筋混凝土结构,一般为梯形断面。

预应力锚杆的锚具品种较多,锚具型号、尺寸的选取应保持锚杆预应力值的恒定,设计中必须在工程设计施工图上注明锚具的型号、标记和锚固性能参数。

6.6.3 锚杆(索)材料与防腐

1)锚杆体

锚索用材料时,应考虑材料的特点、锚固力大小、锚索长度和施工场地等因素。钢绞线和高强钢丝具有柔性好、强度高和运输方便等特点,适用于制作大吨位的长锚索。特别是它具有便于安装的特点,即使在比较小的工作面或狭小的碉室内,也很容易安装长度达数十米的锚索。由于每卷材料的长度可达数千米,所以在制作锚索时可以任意截成需要的长度而不需要接长。由于锚索通常长时间在高应力状态下,其质量好坏将严重影响锚索的锚固效果和永久性,所以对使用的材料应按规定进行严格的检验和检查。

锚索采用的锚索体有钢绞线、刻痕钢丝、矫直回火钢丝、碳素钢丝、冷拉光圆钢丝等。常见的钢绞线如图 6.46 所示。钢绞线按照表面形态可以分为光面钢绞线、刻痕钢绞线、模拔钢绞线、镀锌钢绞线、涂环氧树脂钢绞线等;还可以按照直径、强度级别或标准分类。

图 6.46　常见的钢绞线

钢绞线一般是由 2,3 或 7 或 19 根高强度钢丝构成的绞合钢缆,并经稳定化处理(为减少应用时的应力松弛,钢绞线在一定张力下进行短时间热处理),适合预应力混凝土或类似用途,如图 6.46 所示。GB/T 5224—2003 规定的钢绞线按结构分为 5 类,如表 6.11 所示。

表 6.11　常见的钢绞线结构

钢绞线结构	结构代号
用 2 根钢丝捻制的钢绞线	1×2
用 3 根钢丝捻制的钢绞线	1×3
用 3 根刻痕钢丝捻制的钢绞线	$1 \times 3I$
用 7 根钢丝捻制的标准型钢绞线	1×7
用 7 根钢丝捻制又经模拔的钢绞线	$(1 \times 7)C$

锚索体中最常用的是用冷拉钢丝捻制的钢绞线,又称为标准型钢绞线。预应力钢绞线的主要特点是强度高和松弛性能好,另外展开时较挺直。常见抗拉强度等级为 1 860 MPa,还有 1 720,1 770,1 960,2 000,2 100 MPa 之类的强度等级。

2) 锚具

锚具是锚索的重要部件。锚索锚固性能是否满足设计要求,所选用的锚具质量是关键。目前,国内已研制和生产出了适用于不同用途的多种锚具系列产品。例如,用于钢绞线锚固的锚具就有 JM 系列、XM 系列、XYM 系列、QM 系列和 OVM 系列等产品,如图 6.47 所示为 OVMM15-7 锚具示意图。

目前普遍采用的锚具规格有:

①M15—N 锚具。M 代表锚具(锚具汉语拼音第一个字母);15 代表钢绞线的规格为 15.24 的钢绞线(我国一般普遍使用的钢绞线强度为 1 860 MPa 级的 15.20 钢绞线);—N 是指所要穿载的钢绞线根数,表 6.12 为 OVMM15 系列锚具及配套千斤顶型号及参数。

②M13—N 锚具。M 代表锚具(锚具汉语拼音第一个字母);13 代表钢绞线的规格为 12.78 的钢绞线(国外一般普遍使用的钢绞线强度为 1 860 MPa 级的 13.78 钢绞线);—N 是指所要穿载的钢绞线根数。

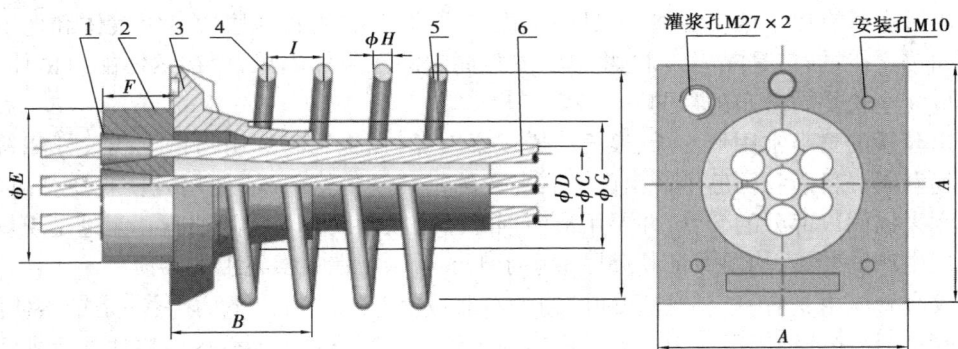

1—夹片 2—锚板 3—锚垫板 4—螺旋筋 5—波纹管 6—钢绞线

图 6.47　OVM M15-7 锚具示意图

表 6.12　OVMM15 系列锚具及配套千斤顶

锚具规格	钢绞线根数	锚固能力			配套千斤顶
		理论破断力(kN)	张拉时(kN)	超张拉时(kN)	
15-1	1	260.7	195.5	208.6	YC20Q
15-3	3	782.1	586.6	625.7	YCW100
15-4	4	1 042.8	782.1	834.2	YCW100
15-5	5	1 303.5	977.6	1 042.8	YCW100
15-6	6	1 564.2	1 173.2	1 251.4	YCW150
15-7	7	1 824.9	1 368.7	1 459.9	YCW150
15-9	9	2 346.3	1 759.7	1 877.0	YCW250

续表

锚具规格	钢绞线根数	锚固能力			配套千斤顶
		理论破断力（kN）	张拉时（kN）	超张拉时（kN）	
15-12	12	3 128.4	2 346.3	2 502.7	YCW250
15-19	19	4 953.3	3 715.0	3 962.6	YCW400
15-27	27	7 038.9	5 279.2	5 631.1	YCW650
15-31	31	8 081.7	6 061.3	6 465.4	YCW650
15-37	37	9 645.9	7 234.4	7 716.7	YCW900
15-43	43	11 210.1	8 407.6	8 968.1	YCW900
15-55	55	14 338.5	10 753.9	11 470.8	YCW1200

注：①表中所示钢绞线为 GB 5334、1 860 MPa 钢绞线；

②张拉时，张拉力为 $0.75 F_{ptk}$，超张拉时，张拉力为 $0.8 F_{ptk}$。

3）自由段套管和波纹套管

自由段套管有以下两个功能：一是用于锚索体的防腐，阻止地层中有害气体和地下水通过注浆体向锚索渗透；二是隔离效果，将锚索体与周围的注浆体隔离，使锚索体能自由伸缩，达到应力和应变全长均匀分布的目的。

自由套管的材料常用聚乙烯、聚丙乙烯或聚丙烯，在施工时选用与钢绞线尺寸相符的塑料套管现场套制。目前我国已生产出由工厂生产的带套管的钢绞线，使用方便且质量可靠，但施工时要剥去锚固段部分的套管，并要用清洁剂除净附在钢绞线周围的油脂。无论是现场自制或使用工厂生产的套管，均要保证其壁厚不小于 1 mm，以防在锚索施工中破损。

波纹套管应由具有一定韧性和硬度的塑料制成。其功能有以下两点：一是锚索体防腐，同塑料套管；二是保证锚固段应力向地层传递的有效性。波纹管可使管内注浆体与管外注浆体形成互相咬合的沟槽，以使锚索的应力通过注浆体有效的传入地层。

波纹管宜采用聚氯乙烯塑料管，管壁厚度不小于 0.8 mm，波纹间距一般为壁厚的 6 ~ 12 倍，齿高一般应不小于壁厚的 3 倍。

4）配件

锚索配件主要包括导向帽、隔离支架和对中支架。

导向帽主要用于钢绞线和高强钢丝制作的锚索，如图 6.48（a）所示，其功能是便于锚索推送。导向帽在锚固段的远端，腐蚀液不会影响锚索性能，因此其材料可使用一般的金属薄板或钢管制作。

隔离支架作用是使锚固段各钢绞线相互分离，以保证锚固段钢绞线周围均有一定厚度的注浆体覆盖，其结构如图 6.48（b）所示。

对中支架用于张拉段，其作用是使张拉段锚索体在锚孔中居中，以使锚索体被一定厚度的注浆体覆盖，其结构如图 6.48（c）所示。隔离支架和对中支架位于锚索体上，均属锚索的重要配件。所以对于永久锚索，隔离和对中装置应使用耐久性与耐腐蚀性良好，且对锚索体无腐蚀性的材料，一般宜选用硬质塑料。

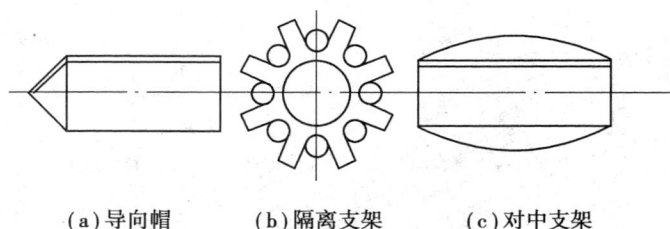

（a）导向帽　　　（b）隔离支架　　　（c）对中支架

图6.48　锚索的主要配件示意图

5）锚杆（索）防腐

　　岩层中锚杆的使用寿命取决于锚具及锚杆的耐久性，而影响其耐久性的最直接和最主要因素是腐蚀，所以对锚固工程中的锚杆特别是永久性锚杆必须进行防腐设计。

　　锚索防腐方法主要有碱性环境防护、物理防护和电力防护等。碱性环境防护是依靠水泥质注浆体对锚索提供的碱性环境，达到对锚索保护的目的；物理防护是在锚索体材料上直接覆盖塑料等材料，从而阻止外部腐蚀性物质与锚索体的接触；电力防护是使锚索体形成一个电路，并使锚索体表面极化成阴极的保护方法，所以又称阴极保护，通常是为保护大批锚索而采用的一种方法。由于造价等方面的原因，目前的防腐蚀主要以前两种方法为主。

　　在确定锚索防腐系统时，应重点考虑以下因素：锚索服务年限、地层腐蚀级别、工程的重要性以及腐蚀破坏所产生的后果与施加防腐措施所增加费用的对比。

　　（1）自由段防腐

　　防腐构造必须不影响张拉钢材的自由伸长，对于采用Ⅱ、Ⅲ级钢筋制作锚杆的非锚固段处理可采用除锈、刷沥青船底漆两遍，沥青玻纤布缠裹两层。对采用钢绞线、精轧螺纹钢筋制作的预应力锚杆（索）非锚固段防腐宜采用杆体表面除锈、刷沥青船底漆两遍后最后装入塑料套管中，形成双层防腐。

　　（2）锚固段防腐

　　锚固段在进行防腐处理时，防腐系统应能确保把锚索内部的应力有效地传入地层，同时要确保防腐系统的有效性，一般采用波纹管对锚固段进行防护，如图6.49所示。

　　（3）锚头防腐

　　锚头防腐包括垫板下部和垫板上部两个部分的防腐，上部是对外露部分进行防腐处理，下部是对由于注浆体收缩而形成的空洞进行处理。

　　垫板下部的防腐处理不应影响锚索性能，对于自由锚索，防腐处理后的锚索体应能自由伸缩，所以对垫板下部要注入油脂，且要求油脂充满整个空间，如图6.50所示。

　　当锚索需要补偿张拉时，垫板上部的锚头部分必须使用可拆除式的防护帽进行防护，防护帽可使用金属或塑料制作，防护帽与垫板应有可靠的联结和密封，内部用油脂充填。当锚索不需要补偿张拉时，可使用混凝土进行防护处理，混凝土覆盖厚度应不小于25 cm。

6.6.4　锚杆（索）的构造要求

　　（1）锚杆的一般构造要求

　　①锚杆总长度为锚固段长、自由段长和外锚段长之和。锚杆自由段长度按外锚头到潜在滑

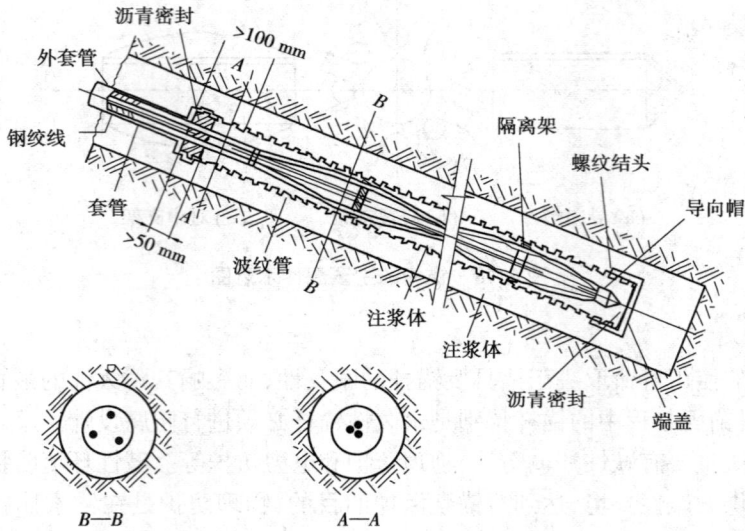

图 6.49 采用波纹管防护的锚固段

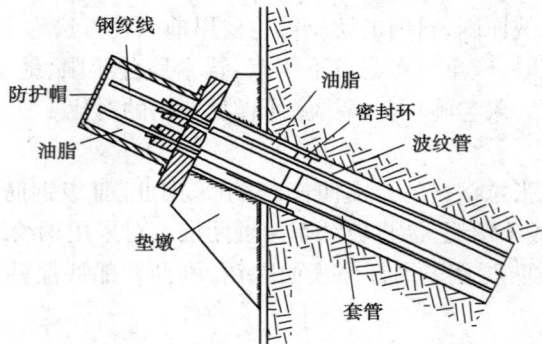

图 6.50 锚头防腐示意图

裂面的长度计算;预应力锚杆自由段长度应不小于 5 m,且应超过潜在滑裂面;锚杆锚固段长度按计算确定,同时,土层锚杆的锚固段长度不应小于 4 m,且不宜大于 10 m;岩石锚杆的锚固段长度不应小于 3 m,且不宜大于 $45D$ 和 6.5 m,或 $55D$ 和 8 m(对预应力锚索);位于软质岩中的预应力锚索,可根据地区经验确定最大锚固长度。当计算锚固段长度超过上述数值时,应采取改善锚固段岩体质量、改变锚头构造或扩大锚固段直径等技术措施,提高锚固力。

②锚杆隔离架(对中支架)应沿锚杆轴线方向每隔 $1 \sim 3$ m 设置一个,对土层应取小值,对岩层可取大值。

③在无特殊要求的条件下,锚杆浆体一般采用水泥砂浆,其强度设计值不宜低于 M20。

④锚杆外锚头、台座、腰梁及辅助件应按《公路钢筋混凝土及预应力混凝土桥涵设计规范》《钢结构设计规范》进行设计。

⑤当锚固段岩体破碎、渗水量大时,宜对岩体作固结灌浆处理。

⑥临时性锚杆的防腐蚀可采取下列处理措施:

a. 非预应力锚杆的自由段,可采用除锈后刷沥青防锈漆处理;

b. 预应力锚杆的自由段,可采用除锈后刷沥青防锈漆或加套管处理;

c.外锚头可采用外涂防腐材料或外包混凝土处理。

（2）锚杆的布置与安设角度

锚杆的布置与安设角度原则上应根据实际地层情况以及锚杆与其他支挡结构联合使用的具体情况确定，一般有如下基本要求：

①锚杆上覆地层厚度应满足最小值要求。对于路堤边坡，锚杆上覆地层厚度不小于 4.0 m，以避开车辆反复荷载的影响，也避免由于采用高压注浆使上覆土层隆起。

②锚杆垂直间距不宜小于 2.5 m，水平间距不宜小于 2 m，以免群锚效应发生而降低锚固力。

③锚杆的安设角度需要考虑邻近状况、锚固地层位置和施工方法。理论分析表明，锚索的最优锚固角 $\theta = \alpha - (45° + \varphi/2)$，$\alpha$ 为滑面倾角、φ 为滑面内摩擦角；同时对于注浆锚索，锚固角度必须大于 11°，否则需增设止浆环进行压力注浆。

6.7 排水设计

水是边坡失稳的重要因素之一。据资料统计，我国的边坡失稳中 90% 与地表水及地下水有关，特别是在暴雨之后往往会出现大量的滑坡、崩塌、泥石流等边坡失稳现象。

6.7.1 地表排水设计

设置地表排水系统来排除地表水，对治理各类边坡工程都是适用的，合适的地表排水设施，特别是对于软弱岩层或易受侵蚀的岩层，能够改善由于地表水作用引起的斜坡稳定性降低。常见的地表排水措施为设置截水沟、排水沟。图 6.51 为大石板滑坡地表排水工程的示意图。

图 6.51   大石板滑坡地表排水工程

1）地表排水沟的布置

滑坡体以外的地表水，以拦截和旁引为原则；滑坡体以内的地表水，以防渗、尽快汇集和引出为原则。滑体外，设置一条或多条环形截水沟（见图 6.52），拦截或旁引地表径流，不使流入滑坡范围之内；滑体内，充分利用自然沟谷，布置成树枝状排水系统（见图 6.53），修建渗沟及明沟等引水工程，减少地表水对坡面冲刷和入渗。

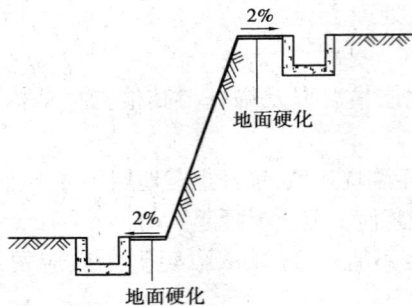

图 6.52　边坡坡顶坡底排水沟　　　　图 6.53　滑坡排水系统

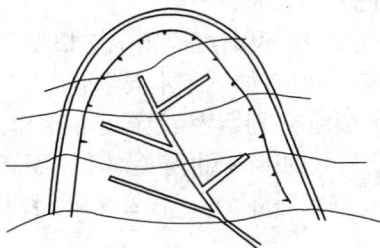

截水沟应设置在滑坡体边界以外不小于 5 m 处,环形布置。当山坡坡面较大,地表径流流速较大时,应设计数条排水截水沟,间距以 50～60 m 为宜。当截水沟长度超过 500 m 时应选择适当地点设出水口,将水引至山坡侧的自然冲沟或桥涵进水口;截水沟必须有牢靠的出水口,必要时需要设置跌水或急流槽,出水口必须与其他排水设施平顺衔接。

在滑坡体内布置排水沟时,应充分利用滑坡范围内的自然沟谷排除地表水,为防止天然冲沟的进一步下切,对自然沟谷要整修、加固和铺砌,达到不溢流、不渗漏的目的,一般修成复式断面,沟底沟坡铺砌厚度 30 cm 的浆砌块石。在泉水出露处设置排水沟以减少泉水的二次入渗;在滑坡坡面渗透系数变化的地带,坡面纵坡变化的地带布置排水沟,可以减少降雨入渗量。

2）排水沟的一般要求

排水沟断面形状有矩形、梯形、复合型、U 形等形状,如图 6.54 所示。无论采用何种排水沟形式,应注意排水沟的集流条件,沟边不得超过地表。

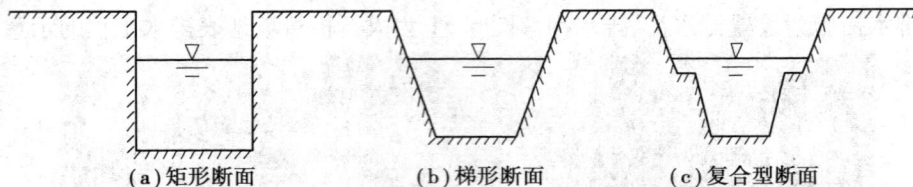

（a）矩形断面　　　　（b）梯形断面　　　　（c）复合型断面

图 6.54　滑坡地面排水沟断面形状示意图

滑坡体上若有水田,应改为旱地耕作。滑坡体后缘（外围）,若分布有可能影响滑坡的积水池、塘、库时,宜停止耕作;否则,其底和周边均需实施防渗工程。

当排水沟通过裂缝时,应设置成叠瓦式的沟槽,可用土工合成材料或钢筋混凝土预制板做成。有明显开裂变形的坡体,应及时用黏土或水泥浆填实裂缝,整平积水坑、洼地,使降雨能迅速向排水沟汇集、排走。

排水沟进出口平面布置,宜采用喇叭口或八字形导流翼墙。导流翼墙长度可取设计水深的3～4 倍。当排水沟断面变化时,应采用渐变段衔接,其长度可取水面宽度之差的 5～20 倍。在排水沟纵坡变化处,应避免上游产生壅水。断面变化,宜改变沟道宽度,深度保持不变。

设计排水沟的纵坡,应根据沟线、地形、地质以及与山洪沟连接条件等因素确定,并进行抗冲刷计算。当自然纵坡大于 1∶20 或局部高差较大时,应设置陡坡或跌水。跌水和陡坡进出口段,应设导流翼墙,与上、下游沟渠护壁连接。梯形断面沟道,多做成渐变收缩扭曲面;矩形断面沟道,多做成"八"字墙形式。

　　陡坡和缓坡连接剖面曲线,应根据水力学计算确定;跌水和陡坡段下游,应采用消能和防冲措施。当跌水高差在 5 m 以内时,宜采用单级跌水;跌水高差大于 5 m 时,宜采用多级跌水。

　　排水沟宜用浆砌片石或块石砌成;地质条件较差,如坡体松软段,可用毛石混凝土或素混凝土修建。砌筑排水沟砂浆的标号,宜用 M7.5 ~ M10。对坚硬块片石砌筑的排水沟,用比砌筑砂浆高 1 级标号的砂浆进行勾缝,且以勾阴缝为主。毛石混凝土或素混凝土的标号,宜用 C10 ~ C15。陡坡和缓坡段沟底及边墙,应设伸缩缝,缝间距为 10 ~ 15 m。伸缩缝处沟底,应设齿前墙,伸缩缝内应设止水或反滤盲沟或同时采用。

3)排水沟断面设计

　　地表排水工程水力设计,应首先对排水系统各主、支沟段控制的汇流面积进行分割计算,并根据设计降雨强度分别计算各主、支沟段汇流量和输水量;在此基础上,确定排水沟断面和过流能力。在确定排水沟断面时应考虑坡面排水沟的堵塞,取堵塞系数 1.5 选取过水断面,即过水断面增大 1.5 倍。

　　地表排水工程的设计降雨标准为 20 年一遇,对于重要工程经论证可以提高设计标准。地表排水流量按式(6.66)计算:

$$Q = q\psi F \tag{6.66}$$

式中　Q—设计地表流量,L/s;

　　　　q—设计暴雨强度,L/(s·ha);

　　　　ψ—径流系数,按表 6.13 及表 6.14 选取;

　　　　F—承雨面积,ha。

　　径流系数是一定汇水面积地面径流量(mm)与降雨量(mm)的比值,是任意时段内的径流总量,与同时段内的降水总量的比值。

表6.13　径流系数

地面种类	径流系数
各种屋面、混凝土或沥青路面	0.85 ~ 0.95
大块石铺砌路面或沥青表面处理的碎石路面	0.55 ~ 0.65
级配碎石路面	0.40 ~ 0.50
干砌砖石或碎石路面	0.35 ~ 0.40
非铺砌土路面	0.25 ~ 0.35
公园或绿地	0.10 ~ 0.20

表6.14　综合径流系数

区域情况	径流系数
城市建筑密集区	0.60 ~ 0.80
城市建筑较密集区	0.45 ~ 0.60
城市建设稀疏区	0.20 ~ 0.45

　　地表排水沟一般按明渠均匀流进行水力计算,见式(6.67)和式(6.68)。

$$Q = Av \tag{6.67}$$

$$v = C\sqrt{RJ} \tag{6.68}$$

式中　Q——设计流量，m^3/s；

A——水流有效断面面积，m^2；

v——流速，m/s；

C——谢齐系数；

R——水力半径；

J——水力坡度。

在明渠恒定均匀流中，水力坡度 J 与排水沟底坡度相等。谢齐系数 C 与排水沟的断面形状、尺寸及排水沟的粗糙系数 n 有关，一般按曼宁公式确定。

$$C = \frac{1}{n}R^{\frac{1}{6}} \tag{6.69}$$

粗糙系数可表 6.15 选取。

表 6.15　不同材料排水沟粗糙系数

衬砌结构类别及特征		粗糙系数
砌石	浆砌料石、石板	0.015 0 ~ 0.023 0
	浆砌块石	0.020 0 ~ 0.025 0
	浆砌卵石	0.023 0 ~ 0.027 5
	干砌块石	0.025 0 ~ 0.033 0
混凝土	抹光水泥砂浆面	0.012 0 ~ 0.013 0
	金属模板浇筑、平整顺直，表面光滑	0.012 0 ~ 0.014 0
	刨光木模板浇筑，表面一般	0.15
	预制板砌筑	0.016 ~ 0.018

在确定排水沟断面时应考虑坡面排水沟的堵塞，取堵塞系数 1.5 选取过水断面，即过水断面增大 1.5 倍。

当排水沟的水流速过大，将造成排水沟遭水流冲刷而侵蚀破坏，不同结构的排水沟的允许不冲流速如表 6.16 所示。当排水沟的水流速过小，容易造成排水沟淤堵，一般最小流速不小于

表 6.16　允许不冲流速

结构类型		允许不冲流速（m/s）
砌石	干砌卵石	2.5 ~ 4.0
	单层浆砌块石	2.5 ~ 4.0
	双层浆砌块石	3.0 ~ 5.0
	浆砌料石	4.0 ~ 6.0
混凝土	现浇混凝土	<8.0
	预制混凝土铺砌	<5.0

0.4 m/s,因此在设计排水沟时应满足最小排水坡度的要求。当现场地形坡度大,排水沟的水流速将超过允许不冲流速,这时必须有消能措施,常用的方法是在沟底设置消能齿,增加排水沟表面的粗糙系数,排水沟设跌水坎,沟底做出台阶状。

6.7.2 地下排水设计

地下排水措施应根据边坡所处的位置、边坡与建筑物关系、工程地质和水文地质条件,确定地下截水、排水系统的整体布置设计方案,可选用盲沟、排水孔、排水井、排水洞、大口径管井、水平排水管或排水截槽等。当排水管在地下水位以上时,应采取措施防止渗漏。对于重要的边坡工程,宜设多层排水洞形成立体地下排水系统,必要时,在各层排水洞之间以形成排水帷幕,各层排水洞高差不宜超过40 m。

1)盲沟

地下水是边坡不稳定的主要原因之一,当滑坡表层有积水湿地和泉水露头时,可将排水沟上端做成排水盲沟,伸进湿地内,达到疏干湿地内上层滞水的目的。盲沟指其作用的不同可分支撑盲沟和截水盲沟。

(1)支撑盲沟

支撑盲沟可起到排水作用,同时提供支撑力,一般深度为数米至十几米。对于规模较小、滑面埋深较小的滑坡,采用支撑盲沟排除滑坡体地下水,具有施工简便、效果明显的优点,并将起到抗滑支撑的作用。

支撑盲沟一般顺滑坡移动方向修筑,布置在地下水露头处和由于地下水作用形成坍塌位置。为了更好地汇集和排泄地下水,首先应查明地下水流向及分布,以确定盲沟的位置。支撑盲沟的平面布置形式有 Y 型、YYY 型和 Ⅲ 型,盲沟的间距根据土质情况而定,一般采用 6 ~ 15 m。支撑盲沟的上部分分岔成支沟,支沟方向与滑坡移动方向成 30° ~ 45°夹角为宜。支撑盲沟的底部一般要放在滑动面以下 0.5 m 的稳定地层中,并修成 2% ~ 4%的排水纵坡。沟底设计成台阶形,台阶宽度一般不小于 2 m,底部用浆砌片石铺砌。

渗水盲沟,需用不含泥的块石、碎石填实,两侧和顶部做反滤层,如图 6.55 所示。

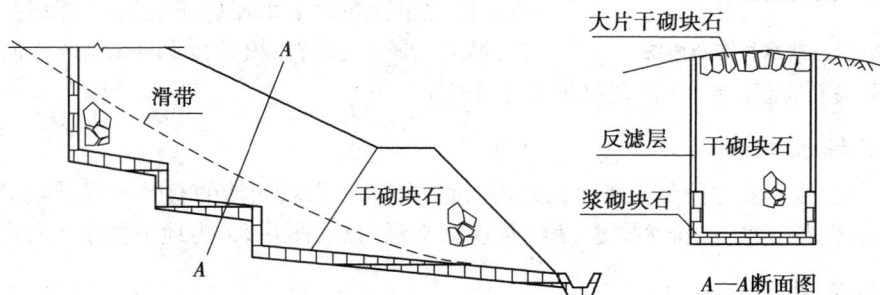

图 6.55 滑坡地下排水支撑盲沟断面示意图

①支撑盲沟长度计算按式(6.70)计算。

$$L = \frac{K_s T \cos \alpha - T \sin \alpha \tan \varphi}{\gamma h b \tan \varphi} \tag{6.70}$$

式中 L——支撑盲沟长度,m;

T——作用于盲沟上的滑坡推力，kN；

α——支撑盲沟后的滑坡滑动面倾角，(°)；

h,b——分别为支撑盲沟的高、宽，m；

γ——盲沟内填料重度，采用浮重度，kN/m³；

φ——盲沟基础与地基内摩擦角，(°)；

K_s——设计安全系数，取值1.3。

②支撑盲沟排除地下水的出水量计算：当设计盲沟长度大于50 m时，支撑盲沟长度按式(6.71)计算。

$$Q = LK \frac{H^2 - h^2}{2R} \qquad (6.71)$$

式中 Q——盲沟出水量，m³/d；

L——盲沟长度，m；

K——渗透系数，m/d；

H——含水层厚度，m；

h——动水位至含水层底板的高度，m；

R——影响半径，m。

当设计盲沟长度小于50 m时，支撑盲沟长度按式(6.72)计算

$$Q = 0.685K \frac{H^2 - h^2}{\lg \dfrac{R}{0.25L}} \qquad (6.72)$$

式中公式意义同式(6.71)。

(2)截水盲沟

当滑坡外界有比较丰富的地下水补给时，常常采用截水盲沟，如图6.56所示，以便将地下水未流入滑坡体之前被拦截引走。

一般布置在滑坡边界以外约5 m的稳定地段，沟底宽度不小于1 m，深度大于5 m时，底宽不小于2 m。截水盲沟布置与地下水流向垂直，沟较深时，沟壁应垂直，填料为碎石、卵石、粗砂以利于排水，背面设隔水层

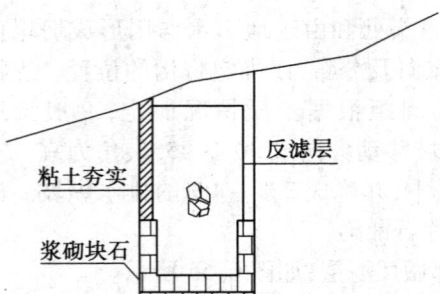

图6.56 截水盲沟断面图

（黏土或浆砌块石、土工膜）。沟底纵坡不小于5%。

2)深层地下排水工程

当滑坡滑动的主要原因是地下水活动时，地下排水是滑坡防治的有效工程措施。地下排水工程一般由垂直向排水井、排水廊道(硐)及观测支硐组成，图6.57为地下排水工程断面图。

3)排水井的布置

排水井的布置应以最大限度地降低地下水面为目的，并综合考虑地形地质条件及排水系统（排水井、排水廊道等）的整体布置的合理性。

(1)垂直钻孔排水

垂直钻孔排水就是将滑坡体内的部分或全部地下水体借助钻孔穿透滑床—隔水层而转移到下伏另一较强透水层或含水层，目的在于提高边坡的稳定性，适用于排除相对稳定阶段的滑

坡的地下水。

（2）集水井-水平钻孔排水

集水井-水平钻孔排水就是用仰斜角度不大的集水钻孔打入滑坡体内,将滑体内的滞水、潜水汇集到集水井中,再通过水平钻孔排出,以达到疏干滑体,降低地下水位,稳定边坡的目的。钻孔的仰斜坡度应以 10°～15°为宜,间距视滑体含水层渗透系数和要求疏干的程度而定,一般采用 5～15 m 为宜。在平面上,根据滑坡内水文地质条件的不同,水平排水孔为平行排列或扇形放射状排列。在立面上,应根据要求排除的地下水层数、滑动面的陡缓和要求疏干的范围布置一层或多层。图 6.58 为集水井-水平钻孔排水示意图。

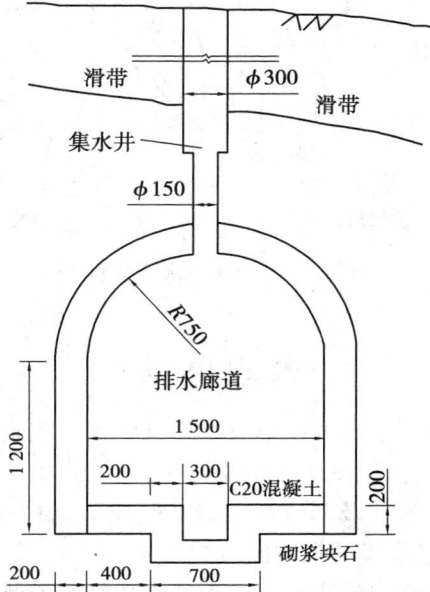

图 6.57　滑坡地下排水廊道剖面示意图（单位:mm）

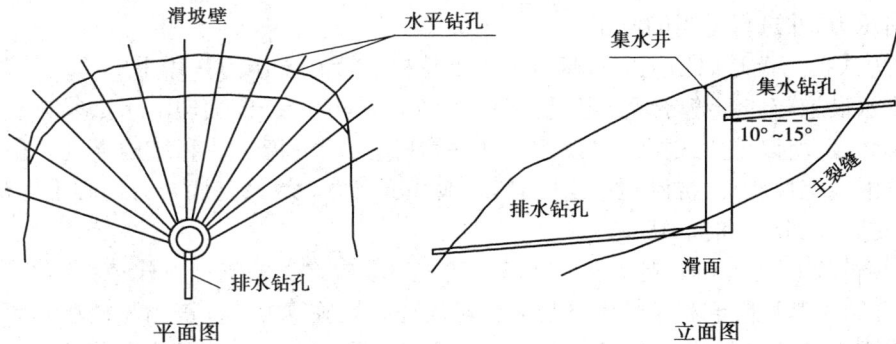

平面图　　　　　　　　立面图

图 6.58　集水井-水平钻孔排水示意图

（3）排水隧洞

对于某些大型滑坡或排水量较大的滑坡,可以在滑面以下的稳定土层中,与滑坡轴线垂直方向开凿排水隧洞或利用勘察平洞作排水隧洞,通过在洞顶施钻穿过滑面的排水孔组成排水幕,来截排或引排滑体深处(大于 15～30 m)及滑面附近的潜水、承压水,并改变渗流方向,从而增加滑坡稳定性。图 6.59 为隧洞排水示意图。

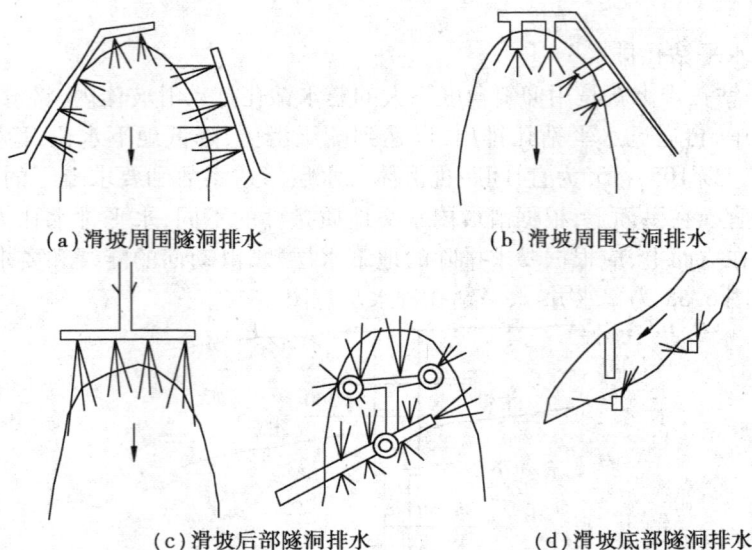

(a)滑坡周围隧洞排水　　　　　　(b)滑坡周围支洞排水

(c)滑坡后部隧洞排水　　　　　　(d)滑坡底部隧洞排水

图 6.59　隧洞排水示意图

本章小结

（1）对边坡工程进行设计时，首先要搜集与工程有关的建筑物总体设计、工程地质、水文地质及地震等基本资料；了解边坡工程设计的原则。

（2）在边坡工程设计中，坡率法及削坡减载设计是在有条件的情况下优先考虑的方案；坡率法的内容包括坡率的确定，排水设计及坡面防护。

（3）在支挡结构设计时，首先应确定作用在边坡支护结构上侧向岩土压力。侧向岩土压力分为静止岩土压力、主动岩土压力和被动岩土压力。在实际应用，应根据支挡结构的变形选取合适的侧向压力，并进行适当的修正。

（4）重力式挡土墙是以挡土墙自身重力来维持挡土墙在土压力作用下的稳定的，一般由墙身、基础、排水设施与伸缩缝等部分组成。挡土墙在墙后填土土压力作用下，必须具有足够的整体稳定性和强度，所以重力式挡土墙设计时，应验算挡土墙的稳定性和结构强度。稳定性验算主要包括抗滑稳定性验算、抗倾覆稳定性验算、地基承载力验算及基底合力偏心距的验算；强度验算主要包括抗压验算和抗剪验算。

（5）悬臂式支护结构和单支点支护结构是基坑边坡中常见的支挡方式；对针对基底边坡支护的特点，介绍了基坑隆起稳定性和基坑底抗渗流稳定性验算方法。静力平衡法和等值梁法是支护结构稳定性分析的两种方法，用以求解最小立柱埋深和单点支撑的支撑荷载。

（6）锚杆结构设计时要确保锚筋强度，锚固体与岩土界面及锚筋与锚固体间有足够的粘结力；应考虑锚固力大小、锚索长度和施工场地等因素选择合适的材料和锚固段类型，防腐设计是影响锚杆（索）使用寿命的关键。由于锚杆（索）加固边坡的力学机理复杂，同时考虑到施工因素，锚杆设计应满足构造要求。

（7）边坡工程的排水设计分为地表排水设计和地下排水设计两种；常见的地表排水措施有截水、排水沟；常见的地下水排水措施有盲沟、排水孔、排水井、排水洞、大口径管井、水平排水管或排水截槽等。

习　题

6.1　某挡土墙高 $H = 5$ m,墙背垂直为砂土,$\gamma = 18$ kN/m^3,$\varphi = 40°$,$c = 0$ kPa,填土表面水平,试比较静止、主动和被动土压力的大小。

6.2　某挡土墙高 $H = 6$ m,墙背直立、光滑,墙后填土表面水平,填土分两层,第一层为砂土,第二层为黏性土,各层土的物理力学指标如图 6.60 所示,试求主动土压力强度,并绘出沿墙高分布图。

6.3　某挡土墙高 $H = 6$ m,墙背直立、光滑,墙后填土表面水平,填土重度 $\gamma = 18$ kN/m^3,$\varphi = 40°$,$c = 0$ kPa。试确定:

(1)墙后填土无地下水时的主动土压力;

(2)当地下水位离墙底 2 m 时,作用在挡土墙上的总压力(包括水压力和土压力),地下水位以下填土的饱和重度为 $\gamma_{sat} = 18$ kN/m^3。

6.4　某重力式挡土墙高 $H = 6$ m,用毛石和 M5 水泥砂浆砌筑,砌体重度 $\gamma = 22$ kN/m^3,抗压强度标准值 $f_y = 160$ MPa,墙背倾角 $\alpha = 80°$,填土面倾角 $\beta = 40°$,$\delta = 15°$,$u = 0.4$,填料为中砂,$\gamma = 18.5$ kN/m^3,$\varphi = 30°$,地基承载力特征值 $f_a = 180$ kPa,试设计该挡土墙。

6.5　某边坡工程开挖深度为 8 m,采用悬臂式支护结构,地质资料和地面荷载如图 6.61 所示。试计算支护结构嵌固深度及最大弯矩。

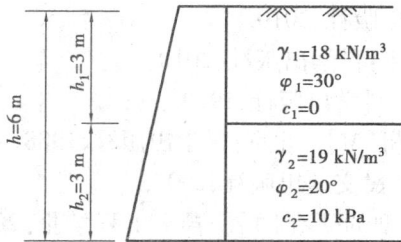

图 6.60　习题 6.2 图　　　　　图 6.61　习题 6.5 图

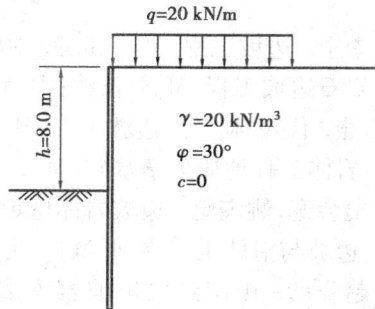

6.6　某基坑边坡土层为软土,基坑开挖深度 $h = 5$ m,支护结构入土深度 $t = 5$ m,坑顶地面荷载 $q = 20$ kPa,土重度 $\gamma = 18$ kN/m^3,$\varphi = 0°$,$c = 10$ kPa,设 $N_c = 5.14$,$N_q = 5.14$,试计算坑底图抗隆起稳定安全系数。

6.7　某地下连续墙支护结构,如图 6.62 所示,墙厚 0.6 m,基坑开挖深度 $h = 8$ m,钢筋混凝土地面下 2.0 m 设水平支撑,支撑平面间距 3.0 m,土层为黏土,$\gamma = 18$ kN/m^3,$\varphi = 10°$,$c = 10$ kPa,试计算支护结构的嵌固深度及最大弯矩。

6.8　某一级建筑土质边坡平均水平土压力标准值为 $e_{ch} = 20$ kPa,采用永久性锚杆挡土墙支护,锚杆钢筋抗拉强度设计值 $f_y = 300$ N/mm^2,锚杆间距为 2.5 m,锚杆倾角为 20°,锚杆钢筋于砂浆之间的黏结强度设计值 $f_b = 2.1$ MPa,锚固体与土体间粘结强度特征值为 $f_{rb} = 30$ kPa,试计算:

（1）锚杆钢筋截面积 A_0 不宜小于多少？

（2）如取钢筋截面直径为 30 mm，锚杆钢筋于锚固砂浆间的锚固长度为多少？

（3）如锚固体直径为 20 cm，锚杆锚固体与地层间的锚固长度宜为多少？

（4）如锚杆的自由段长度为 5.0 m，外锚段长度为 0.5 m，锚杆总长度宜为多少？

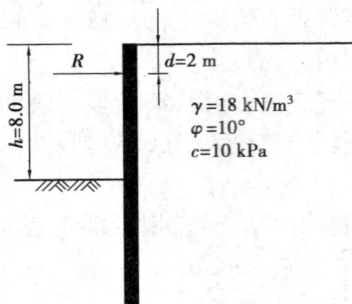

图 6.62　习题 6.7 图

6.9　某边坡工程永久性岩层锚杆采用三根热处理钢筋，每根钢筋直径 $d = 10$ mm，抗拉强度设计值为 $f_y = 1\,000$ N/mm²，锚固体直径 $D = 100$ mm，锚固段长度为 4.0 m，锚固体与软岩的粘结强度特征值为 $f_{rb} = 0.3$ MPa，钢筋与锚固砂浆间粘结强度设计值 $f_b = 2.4$ MPa，已知夹具的设计拉拔力 $y = 1\,000$ kN，当拉拔锚杆时，试计算锚杆轴向拉力设计值。

参考文献

[1] 崔政权，李宁. 边坡工程[M]. 北京：中国水利水电出版社，1999.

[2] 熊传治. 岩石边坡工程[M]. 长沙：中南大学出版社，2010.

[3] 佴磊，徐燕，代树林，等. 边坡工程[M]. 北京：科学出版社，2010.

[4] 谷德振. 岩体工程地质力学基础[M]. 北京：科学出版社，1979.

[5] 孙玉科，牟会宠，姚宝魁. 边坡岩体稳定性分析[M]. 北京：科学出版社，1988.

[6] 郑颖人. 边坡与滑坡工程治理[M]. 北京：人民交通出版社，2007.

[7] 胡厚田，赵晓彦. 中国红层边坡岩体结构类型的研究[J]. 岩土工程学报，2006，28（6）：689-694.

[8] 中华人民共和国国家标准 GB 50330—2002　建筑边坡工程技术规范[S]. 北京：中国建筑工业出版社，2002.

[9] 中华人民共和国行业标准 JGJ 120—1999　建筑基坑支护技术规程[S]. 北京：中国建筑工业出版社，1999.

[10] 中华人民共和国行业标准 YB 9258—1997　建筑基坑工程技术规范[S]. 北京：中国冶金工业出版社，1999.

[11] 中华人民共和国行业标准 SL 386—2007　水利水电工程边坡设计规范[S]. 北京：中国水利水电出版社，2007.

[12] 中华人民共和国行业标准 DL/T 5353—2006　水利水电工程边坡设计规范[S]. 北京：中国电力出版社，2006.

[13] 中华人民共和国国家标准 GB 50011—2010　建筑抗震设计规范[S]. 北京：中国建筑工

业出版社,2010.

［14］中华人民共和国国家标准 GB 50021—2009　岩土工程勘察规范［S］. 北京：中国建筑工业出版社,2009.

［15］中华人民共和国行业标准 TB 10001—2005　铁路路基设计规范［S］. 北京：中国铁道出版社,2005.

［16］中华人民共和国行业标准 JTGD 30—2004　公路路基设计规范［S］. 北京：人民交通出版社,2004.

［17］刘兴远,雷用,康景文.边坡工程——设计·监测·鉴定与加固［M］.北京：中国建筑工业出版社,2007.

［18］郑颖人,陈祖煜,王恭先,等.边坡与滑坡工程治理［M］. 2 版. 北京：人民交通出版社,2010.

［19］赵明阶,何光春,王多垠.边坡工程处治技术［M］.北京：人民交通出版社,2003.

［20］黄求顺,张四平,胡岱文. 边坡工程［M］.重庆：重庆大学出版社,2003.

［21］哈秋舲,张永兴.岩石边坡工程［M］.重庆：重庆大学出版社,1995.

［22］杨林德.岩土工程问题的反演理论与工程实践［M］.北京：科学出版社,1996.

［23］苏爱军.湖北省三峡库区滑坡防治地质勘察与治理工程技术规定［M］.武汉：中国地质大学出版社,2003.

［24］GB 50003—2011　砌体结构设计规范［S］. 北京：中国建筑工业出版社,2011.

［25］GB 50007—2011　建筑地基基础设计规范［S］. 北京：中国建筑工业出版社,2011.

［26］赵其华,彭社琴.岩土支挡与锚固工程［M］.成都：四川大学出版社,2008.

［27］张永兴.边坡工程学［M］.北京：中国建筑工业出版社,2008.

［28］侔磊,徐燕,代树林,等.边坡工程［M］.北京：科学出版社,2010.

［29］黄生根,张希浩,曹辉,等.地基处理与基坑支护工程［M］.武汉：中国地质大学出版社,1997.

［30］赵明阶,何光春,王多垠.边坡工程处治技术［M］.北京：人民交通出版社,2003.

［31］邓学均.路基路面工程［M］. 北京：人民交通出版社,2008.

7 边坡绿化

7.1 边坡绿化的必要性与特点

生态绿化，又称边坡生态防护、植被护坡、植被固坡、坡面生态工程等，是指单独用植物或者将植物与土木工程和非生命的植物材料相结合，以减轻坡面的不稳定性和侵蚀。生态绿化可在一定程度上解决边坡开挖破坏原有的植被覆盖层导致土地裸露而造成的一系列生态环境问题，如水土流失、滑坡、泥石流、局部小气候恶化、光声污染及生物链丧失等，以快速恢复开挖边坡的生态环境，并实现坡面的植被保护。

7.1.1 边坡绿化护坡的必要性

1）边坡工程需求

"十五"以来，国家加大对水电、铁路、公路等基础设施建设的投入，如西南水电资源丰富地区大中型水电枢纽工程大规模的规划和开发,公路系统"五纵七横"约3.5万千米的国道主干线系统,铁路系统在"四纵两横"既有路网基础上强化"八纵八横"的路网主骨架等。由于大型建设项目多在山区丘陵地带实施,在人力或机械的介入下,不可避免地对工程所在地造成规模巨大的工程扰动。工程活动大规模的改变了地表结构,破坏生态系统的空间连续性,对生态系统造成了强烈干扰,植被大量破坏,次生裸地伴随出现,进而导致工程扰动区内出现生物多样性降低、水源涵养能力下降、水土保持功能丧失等一系列的生态环境问题,严重影响工程扰动区及周边的环境、景观及可持续发展。在开挖、回填、支护等工程活动中,自然生境剧烈改变,植被赖以生存的土壤和环境丧失,植物在扰动区内自然定居过程极其缓慢。采取传统的边坡支护方法,可有效防止边坡失稳、封闭坡面以减少水土流失,但对于坡面植被的生长和生态的恢复极为不利,对坡表进行绿化是恢复边坡生态、创造边坡良好生态环境的重要手段。

2)宏观政策需求

2000年国务院31号文件明确指出了建设绿色山川的重大举措,要求我国从总体上构建以重点林业生态为骨架,实现以城镇、村庄绿化为依托的国土绿化战略的需要;国家中长期科学和技术发展纲要(2006—2020)中明确将"生态脆弱区域生态系统功能的恢复重建"确定为优先支持的主题;同时随着国家对环境问题的重视,岩土工程学科中增加了环境保护的内涵,岩土体开挖创面的植被恢复技术、废弃渣体的合理利用等都成为岩土与生态环境工程界研究的热点。在政策引导及民众对自然生态的内在需求双重作用下,边坡绿化技术在国内近十年兴起并蓬勃发展。从2000年起,生态防护技术应用面积正以每年以2亿~3亿 m^2 的速度迅速增长。

3)工程经济效益需求

边坡绿化技术可以像浆砌片石、喷射混凝土一样起到边坡浅层防护的作用,其施工成本比浆砌片石护坡要低许多,且生态效益是传统护坡无法比拟的。因此,基于边坡工程活动的综合经济效益考虑,边坡绿化及防护工程有着自身的优势,这一优势很大程度上促进了边坡绿化工程的发展。

7.1.2 边坡绿化护坡的特点

1)边坡绿化植被的护坡效益

边坡绿化工程中除了可能存在的工程防护外,植被在护坡中起到了显著作用。具体表现在:坡面植物能减弱雨水对坡面土体的侵蚀,通过根系的加筋和锚固作用提高根系分布区土体的强度,蒸腾作用降低孔隙水压,有利于边坡的浅层稳定。

护坡植物地上茎叶能截留降雨,削弱雨水对坡面土体的击溅分离作用。一部分降雨在达到坡面之前就被植物截留,以后重新蒸发到大气或重新落回坡面。植物拦截高速落下的雨滴,减少雨水滴落的能量及土壤的飞溅。此外,植物增加了坡面的粗糙度,延长了径流路径,能有效地抑制地表径流;植物根系在土体中纵横交织,其三维空间结构将土粒包裹,增强了土体的稳定性,都能有效控制土壤流失。

护坡植物垂直根系穿过浅层风化层,锚固到深处较稳定的岩土层上,起到预应力锚杆的作用。禾草、豆科植物和小灌木在地下0.75~1.5m有明显的土壤加强作用,树木根系的锚固可能影响到地下更深的岩土层。植草的根系在土中盘根错节,使边坡根系分布区土体成为土与草根的复合材料。草根可视为带预应力的三维加筋材料,使土体强度提高。此外,植物通过根系吸收和蒸腾坡体内的水分,降低土体的空隙水压力,提高土体的抗剪强度,有利于边坡体的稳定。

边坡绿化植物的这种防护作用在边坡绿化工程初期可能较弱,但是随着坡面植物群落的不断发展,护坡植物的这种防护效果会逐步增强并趋于稳定,这相对工程防护随着水泥的老化和钢筋的锈蚀防护效果明显减弱的缺点来说,有利于护坡的长远发展。

2)边坡绿化植被生态效益

边坡绿化植被具有明显的生态效应,它能净化环境并改善小气候、进行生态环境修复、视觉美化和降低噪声等。

绿色植物能够通过光合作用吸收二氧化碳、排出氧气和水分,能够调节空气中二氧化碳和氧气的平衡以及空气的湿度,提高空气的质量,保持空气新鲜。其次,由于生产和生活及工业建设过程中产生大量的废气和尘埃,不仅污染环境,影响人居生活环境的质量,有些甚至还威胁人体健康,致使各种疾病的产生,绿色植物能够吸收大量的废气和有毒气体,粘附大量浮尘,起到净化空气质量的作用,为人类创造了一个清洁、健康的生产生活环境。植物的分泌物和酶能促进土壤中的微生物的活性,增强其生物转化作用和矿化作用,有利于植物对有机污染物的吸收和分解。

基础建设不仅占用了大量土地,还改变了原来的生态环境,影响了植物的生长,阻碍了动物的繁衍,阻隔了区域生态环境内部的物质流动、信息流动,造成了整个生态系统的功能退化。积极开展和推广边坡绿化技术,有利于边坡生态功能的修复。因为边坡植物不仅可以为动植物提供栖息繁衍的场所,还有效地促进了不同生态板块之间的联系,促进了整个生态系统的稳定。

边坡绿化植物的视觉美化效应在于:在裸露的边坡上种植植物,利用乔灌草的特点,在水平方向、垂直方向和时间尺度上进行不同的设计,改善边坡在空间和时间上景观效应,创造出一种舒适、美观的享受。

植物的茎叶覆盖于地表,茂密而松软的叶片有着很好的弹性,能有效地吸收声音,减缓噪声的危害。有研究表明,野牛草在生长茂盛时期,叶面积能够达到其占地面积的9倍,能像海绵一样吸收声音。北京林业科学研究所测定,20 m宽的草坪,可减少噪声2 dB。

3)边坡绿化护坡的不足

边坡绿化工程中植物的作用也存在一定的局限性,如植被根系的延伸使岩土体劈裂,增加了岩土体的渗透率;植物根系的深根锚固仍无法控制边坡更深层的滑动,若根系延伸范围内无稳定岩土层,其作用则不明显。另外对于高陡边坡,若不采取工程措施,植物生长基质也难以附着于坡面,植物难以生长。因此,边坡绿化护坡技术应进一步结合工程手段,充分发挥二者各自的优点,有效解决边坡工程防护与生态环境破坏的矛盾,既保证边坡的稳定,又实现坡面的快速恢复,达到了人类活动与自然环境的和谐共处。

7.2 边坡绿化技术

边坡绿化是一种新兴的能有效防护裸露坡面的生态护坡方式,它与传统的工程护坡相结合,可有效实现坡面的生态植被恢复。生态护坡工程利用生物(主要指植物)对边坡进行植被重建措施,建立新的植被群落,以达到重建生态环境,治理水土流失的目的。

生态护坡的雏形是植被护坡,最初用于河堤护岸以及荒山的治理。1591 年我国最早将柳树等应用于河岸边坡的加固与保护,17 世纪利用植被护坡技术保护黄河河岸。1633 年日本学者采用铺草皮、栽树苗的方法治理荒坡,至 20 世纪 30 年代,这种生物护坡方法首次被引入中欧,并在欧洲推广应用。1936 年北美开始应用植被护坡技术,并借鉴中欧的经验致力于与农林业和道路建设相关的土壤侵蚀控制。20 世纪 50 年代美国 Finn 公司开发出喷播机,实现了边坡植被恢复与重建的机械化,随后英国发明了用乳化沥青作为粘结剂的液压喷播技术,至此,边坡植被与重建的技术飞速发展。

边坡绿化技术产生于欧美,但大规模推广应用在日本。随着喷射乳化沥青和植物种子喷播技术从欧洲传入日本,日本技术人员又开发出了实用的喷射绿化技术——沥青乳剂覆盖膜养生绿化技术,并用于名古屋—神户的高速公路生态修复工程中。20 世纪 60 年代初,日本从美国引进了喷播机和喷射专用纤维,把当时先进的液压喷播技术也用在了名古屋—神户高速公路生态修复工程中。1965 年日本实现了喷射纤维的国产化。1973 年,日本开发出纤维土绿化方法,标志着岩体绿化工程的开始,这也是日本最早开发的厚层基材喷射工法。该方法采用了纤维、沙质土和水泥,并呈台阶形喷射。该方法有较大缺陷,主要是初期 pH 值过高,易侵蚀,喷层保水、保肥性能差。为克服纤维土绿化方法的缺点,日本于 1983 年开发出了高次团粒 SF 绿化方法,配方使用了纤维、壤土和乳化沥青,喷层 pH 值呈中性,抗侵蚀性更强。1987 年,日本从法国引进连续纤维加筋土方法并与已有的技术方法结合,开发出了连续纤维绿化方法(TG 绿化方法),该法使用了连续纤维和沙质土,喷层具备更高的抗侵蚀性;施工体系由绿化基材供给系统、团粒剂供给系统、连续纤维供给系统组成,机械化程度高。20 世纪末,在已有技术基础上,日本开发出土壤菌永久绿化法,用有效土壤菌加速岩石的土壤化进程,快速形成适应草木生存所需的土壤,人为地制造出一个生态循环系统,以促使植物生长。目前,日本在岩石边坡绿化上已形成一整套技术系统,即"从种子到树林的再生技术",除已开发的一系列客土喷射技术外,还有框架护坡绿化技术、框架 + 客土喷射绿化技术、植生袋绿化技术、开沟钻孔客土绿化技术等。

我国在边坡绿化技术上的研究与实践起步较晚,20 世纪 90 年代以前一般多采用撒草种、穴播或沟播、铺草皮、片石骨架植草等护坡方法。国内常见的边坡植被重建方法根据实施手段的不同,可分为点播法、铺挂法和喷播法。1989 年,广东省水利水电科学研究所从香港引进一台喷播机,开始在华南地区进行液压喷播试验,开始了机械化手段的以植草为新型技术的坡面植被重建手段。自此,边坡植被重建机械喷播的技术开发与应用在借鉴国外相似技术的基础上飞速发展。短短十余年,国内可查的有关喷播类植被重建的技术名称有液压喷播、水力喷播、客土喷播、混喷快速绿化技术、喷播绿化技术、混喷植生技术(阶梯式植生带绿化工法)、喷混植草、植被混凝土、边坡生态种植基、喷植、三维植被网喷播植草、乳液喷播建植、TBS 植被护坡、边坡植生基质生态防护、有机基材喷播绿化、植生基材喷射技术等。

现有的边坡绿化技术根据施工方法通常可分为三大类,即点植类边坡绿化技术、铺挂类边坡绿化技术、喷播类绿化技术等。以下针对各类技术作简要介绍。

7.2.1 点植类边坡绿化技术

点植类边坡绿化技术包括鱼鳞坑、燕窝穴、种植槽(板槽)、飘台、石壁挂笼等,主要针对在十分陡峭的岩壁上开展绿化的情况。由于这些陡峭岩壁基本不具备植物生长基材附着或存蓄的条件,因此采取在岩壁上开凿坑穴,或在岩壁上砌筑或浇筑小型围挡结构(如坑、槽、台)的方法,然后在这些坑穴、槽台内填充基材,种植特别耐干旱、贫瘠的小型灌木或藤蔓,在边坡上形成点状式绿化。图7.1 为山坡鱼鳞坑绿化,图7.2 为混凝土边坡种植穴绿化。

图7.1　山坡鱼鳞坑绿化图

图7.2　混凝土边坡种植穴绿化图

7.2.2　铺挂类边坡绿化技术

1) 植生带(植生毯)技术

绿化植生带技术是一种综合性的护坡和绿化方法,其核心是采用多功能过滤毯状纤维技术、绿化辅料(含草种、灌木种、培养料、保水剂、溶岩剂和肥料等)的配方技术,运用针刺法和喷胶法生产出各种不同类型的绿化植生带,用于水土保持及护坡的一套严格的综合性施工工艺,如图7.3 所示。该技术是在吸收国外先进技术的基础上,经过消化、改进而研制而成,是集工程措施和生物措施为一体的护坡新方式,不仅能够有效地防止或控制坡面水土流失,而且可以美化环境。

植生带是一种可供植物生长的载体。目前草坪植生带由基带层、加固层和草种承接层等几部分组成。基带层的材料多为无纺布、纸、棕纤维、稻草麦秸等;加固层则为尼龙网;草种承接层为天然纤维,其结构相对较为复杂。草坪护坡植生带可应用于城市园林绿化,建植高档、重点而低成本的绿地工程、园林景观、高速公路护坡、运动场坡地建植以及水土保持、国土治理等大型环保工程。

2) 植生袋绿化技术

植生袋是在植生毯的基础上发展而来的一种产品。植生袋是采用专用机械设备,依据特定生产工艺,把植物种子、肥料、保水剂等按一定的配比定植在可自然降解的无纺布或其他材料上,经过机器的滚压和针刺的复合定位工序,形成一定规格的产品。植生袋里可填充土壤和营养成分混合物,然后采用铺、叠、填等方式在垂直或接近垂直的陡峭岩石坡面、排水沟、堤坝及框格梁边坡上实施边坡的绿化和防护,对水土流失保护有很好的效果。目前聚丙烯也作为植生袋的制作材料,配合专用的连接扣、加筋栅格和锚杆,可起到良好的边坡防护与绿化作用。如图7.4 所示为某边坡植生袋绿化。

图7.3　植生带绿化技术示意图

图7.4　某边坡植生袋绿化图

3）三维网垫植被固土绿化技术

三维植被网防护适用于砂性土、土夹石及风化岩石，且坡率小于1:0.75；三维植被网中的回填土采用客土或土、肥料及含腐殖质土的混合物。三维网垫是由多层塑料凹凸网和高强度平网复合而成的立体网结构。面层外观凹凸不平，材质疏松柔韧，留有90%以上的空间可填充土壤及沙粒，将草籽及表层土壤牢牢护在立体网中间。同时，由于网垫表面凹凸不平，可使风及水流在网垫表层产生无数小涡流，起到缓冲消能作用；同时促使其携带物沉积在网垫中，有效地避免草籽及幼苗被雨水冲走流失，大大提高了植草覆盖率。当植草生长茂盛后，植物根系可从网垫中舒适均衡地穿过，深入地下达半米以上，与网垫、泥土三者形成一个牢固的复合整体。植被根系可增加土壤的透水性能，一旦遇有雨水可迅速渗透。植被的覆盖可使地表土壤免受雨水的直接冲击，并减缓雨水流速，阻止水流形成，即使形成水流也是几乎清澈且不含任何泥土的。三维网垫及植物根系还可起到浅层加筋的作用。因此这种复合体系具有极强的抗冲刷能力，能够达到有效防护边坡的目的。三维网垫植被固土绿化法造价低廉，经济可靠，施工方便快捷，并且绿化了环境，具有良好的环保作用。图7.5为三维网垫，图7.6为该绿化技术绿化示意图。

图7.5　三维网垫

图7.6　三维植被网绿化示意图

4）生态多孔混凝土培土植草绿化技术

植草砖、植草格、生态砖等生态护坡构件的研发和推广，使得生态多孔混凝土培土植草绿化技术能兼顾坡面防护同时满足植物生长对土壤基质的需求。此类生态多空混凝土砖或格子通常耐高热、耐寒，并且透水性较强，抗压强度较高，样式和颜色灵活多变，施工简单。对于土夹石、土质边坡，边坡较稳定时，采用此类绿化护坡方法能有效地减轻雨水对坡面的侵蚀，多孔砖进行组合能形成比较协调的艺术图案，并且当植物根系生长覆盖坡面后还能显著改善边坡区域内景观。图7.7为多孔生态砖植草绿化技术示意图。

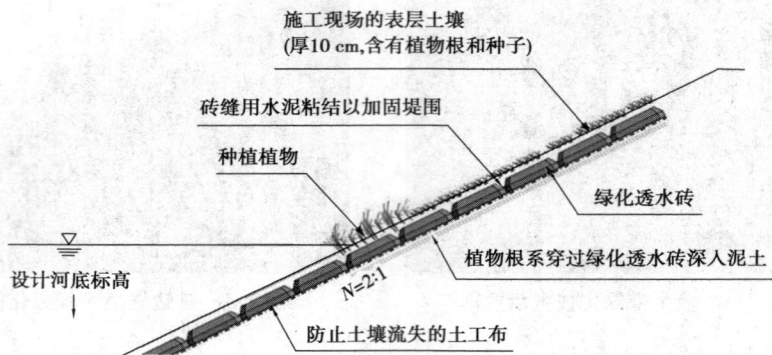

施工现场的表层土壤
(厚10 cm,含有植物根和种子)

砖缝用水泥粘结以加固堤围

种植植物

绿化透水砖

设计河底标高

植物根系穿过绿化透水砖深入泥土

防止土壤流失的土工布

N=2:1

图7.7　多孔生态砖植草绿化技术示意图

5)土工格室技术

　　土工格室是20世纪80年代国外开发的一种新型的土工合成材料,它由高密度聚乙烯经超声波焊接而成的具有蜂窝状格室结构的立体材料。与土工格栅、土工网等平面加筋材料相比,土工格室最大的特点是具有立体结构、强度高、刚度大,整体性能好,并且伸缩自如。土工格室生态护坡是土工格室与植草相结合而形成的一种新型绿化护坡形式。由于土工格室能对流水起到缓解消能作用,可促使其携带物沉淀在格室中,有效避免了草籽及幼苗被雨水冲走流失,大大提高植草覆盖率。植物根系可增加土壤透水性能,一旦遇到雨水可迅速渗透;植被的覆盖可使坡面免受雨水的直接冲击,减缓雨水流速。随着植物的生长,植物根系可深入表层土体达0.5 m以上,起到浅层加筋作用;并与土工格室共同构成一个牢固的复合加筋体,其能抵抗的极限冲刷流速为一般草皮的2倍多。因此,土工格室生态护坡具有更高的抗冲蚀能力,能达到长期有效防护边坡的目的。根据以往的应用经验,该技术在各地区均可应用,但在干旱、半干旱地区应保证养护用水的持续供给;一般应用于坡度缓于1:1.0的泥岩、灰岩、砂岩等岩质边坡;对于坡度陡于1:1.0而缓于1:1.05的边坡也可应用,不过需要采用叠砌式施工;为了保证草种的正常发芽和生长,一般选择春季和秋季施工,并尽量避开暴雨季节。土工格室技术边坡绿化施工剖面示意如图7.8所示。

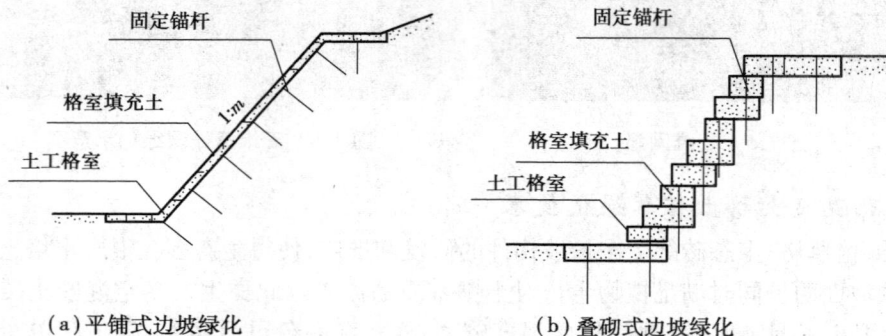

固定锚杆

格室填充土

土工格室

1:m

固定锚杆

格室填充土

土工格室

(a)平铺式边坡绿化　　　　　　(b)叠砌式边坡绿化

图7.8　土工格室边坡绿化施工剖面示意图

　　铺挂类边坡绿化技术除了上述5种外,还有人工铺草皮、绿色罩面网技术(布鲁特绿化法)等,合理地应用这些技术都能达到较好的边坡防护和绿化效果。

7.2.3　喷播类边坡绿化技术

1）高次团粒 SF 绿化技术

高次团粒 SF 绿化技术由日本彩光株式会社土地和绿化研究所研制,主要是利用吹附机械将植物种子夹裹在营养基质中喷播在沟谷、裸岩等施工地表,种子在团粒保水剂的湿润条件下迅速发芽,形成根系网,加之客土、肥料的支撑,使得植物健康地生长发育。使用 SF 绿化技术分两步进行:第一步在绿化斜面进行表面框架铺设,一般用金属网或绳网通过钢筋、水泥或其他材料固定在岩面或地表;第二步利用吹附机械将与高次团粒植生材料计量混合搅拌后的植物种子吹附到要绿化的地表。其技术的关键是人工制造出了一个土壤层——植生基盘,这层土壤具有"高次团粒结构",既能保水、保肥、透气、透水,适于植物生长,又能有效抵抗雨蚀和风蚀,抑制水土流失。

2）液压喷播建植草坪工程技术

草坪喷播一般采用液压喷播植草。液压喷播建植草坪工程技术是美国、日本等一些发达国家研究开发出的一种生物防护生态环境、防止水土流失、稳定边坡的机械化快速植草绿化系统工程。因该技术以水为载体,用水力实现喷敷式播种的过程,所以国际上称其为水力播种。该技术需采用专用的喷播机械,将加在搅拌箱水中的草种、肥料和养生材料用喷射泵通过管路和喷枪以足够高的压力喷敷在土壤表面,形成松软而稳定的养生覆盖层(喷播层),在适宜的条件下草种便会很快萌芽和生长。喷播施工时,要求按一定的程序,将水、草种、肥料、天然木纤维、保水剂、粘合剂、染色剂等材料定量的加入喷播机的搅拌箱中;在搅拌器工作时,边加水边加料,待物料搅拌均匀后,通过机械的喷射系统将均质粘稠的混合物敷在绿化施工的表面上,形成覆盖草种养生的喷播层。某路堑边坡液压喷播绿化效果如图 7.9 所示。

图 7.9　某路堑边坡液压喷播绿化图　　　　图 7.10　某高切坡喷混植生绿化图

3）喷混植生绿化护坡技术

喷混植生绿化护坡是在稳定岩质边坡上施工短锚杆、铺挂镀锌铁丝网后,采用专用喷射机,将拌和均匀的种植基材喷射到坡面上,植物依靠"基材"生长发育,形成植物护坡的施工技术。它具有防护边坡、恢复植被的双重作用,可以取代传统的喷锚防护、片石护坡等圬工措施。该技术使用的种植基材由种植土、混合草灌种子、有机质、肥料、团粒剂、保水剂、稳定剂、pH 缓解剂和水等组成,其配方是技术成功的关键。良好的配方既能够在陡于 1:0.75 的岩质边坡上具备一定的强度,保护坡面和抵抗雨水冲刷,又具有足够的空隙率和肥力以保证植物生长。同时,该技术采用镀锌铁丝网和钢杆锚固,抗拉强度大,可有效地防止崩塌和碎石掉落,确保山体安全和道路畅通。所以,该方法适用于恶劣环境的岩石边坡,如砾石层、软岩、破碎层及较硬的基岩石等。施工特点是:机械化施工,一台喷播机一天可喷播 1 万~2 万 m^2,建坪速度快、效率高;草坪质量效果好,生长均匀、致密;应用范围广,在复杂及恶劣条件下可实现强制绿化,成功建植。喷混植生绿化效果如图 7.10 所示。

4)厚层基材喷射技术

厚层基材喷射技术是采用混凝土喷射机把基材与植被种子的混合物按照设计厚度均匀喷射到需防护的工程坡面的绿色护坡技术。该技术由植被生长技术、植被维持技术和植被组合技术三部分组成。其基材由有机质、肥料、保水剂、稳定剂、团粒剂、酸度调节剂、消毒剂等按一定比例混合而成。该方法可结合锚杆(或锚索)、防护网(土工网、铁丝网、纤维网,在高陡边坡结合混凝土或轻钢格子梁、钢绳)、基材混合物对岩石边坡进行防护绿化,形成与周围生态环境相协调的永久性生态护坡工程,快速恢复边坡的生态景观。厚层基材喷射技术在国内铁路、公路及市政工程中得到了一定应用。该技术在保证坡面防护稳定的同时,兼顾了生态的恢复和环境绿化的协调。但由于基材强度等因素的限制,该技术还未能广泛应用于高陡边坡的生态恢复。某高速公路厚层基材喷射技术绿化如图 7.11 所示。

图 7.11　某高速公路边坡厚层基材喷射绿化图

图 7.12　某高陡边坡植被混凝土绿化图

5)植被混凝土生态防护技术

植被混凝土生态防护技术是由三峡大学科研技术人员开发的具有自主知识产权的生态防护新技术。它是集岩石工程力学、生物学、土壤学、肥料学、硅酸盐化学、园艺学、环境生态和水土保持学等学科于一体的综合环保技术。此技术主要应用于坡度在 50°~80°的岩石边坡、混凝土边坡、硬化河道的生态修复工程。植被混凝土根据边坡的地理位置、边坡角度、岩石性质、绿化要求等来确定水泥、土、有机质、保水剂、长效肥、混凝土绿化添加剂及混合植绿种子的组成比例。混合植绿种子采用冷季型草种和暖季型草种,根据生物生长特性混合优选而成,植被能四季常青、多年生长、自然繁殖。该技术的核心是混凝土绿化添加剂,其应用不仅可以增加植被混凝土中的水泥用量,增强护坡强度和抗冲刷能力,而且使植被混凝土层不产生龟裂;还可以改变植被混凝土的化学特性,营造较好的植物生长环境。植被混凝土层分底层和面层,其中底层为 7~8 cm 厚的植被混凝土,面层为 1~2 cm 厚的含混合植绿种子的植被混凝土。植被混凝土生态防护技术绿化效果如图 7.12 所示,其剖面构造和锚钉挂网布置分别如图 7.13 所示。

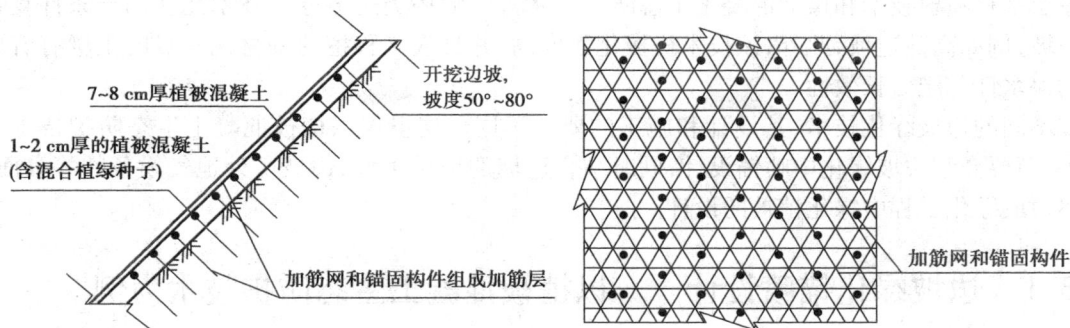

图 7.13　植被混凝土生态防护技术剖面图

6)防冲刷基材生态护坡技术

防冲刷基材生态护坡技术(见图 7.14)是在植被混凝土生态防护技术基础上演化而来的新技术。它适用于坡度为 30°～50°的各类边坡的生态修复。防冲刷基材由三层组成,由外至内分别是防冲刷层、加筋层和基材层。其关键之处在于防冲刷层采用 1～3 cm 厚的含混合植绿种子的植被混凝土;其加筋层一般采用铁丝网(或土工网)配合钢筋锚钉;基材层一般采用腐殖土。由前文的介绍可知植被混凝土具备很强的抗冲刷能力,故此技术称之为防冲刷基材生态护坡技术。

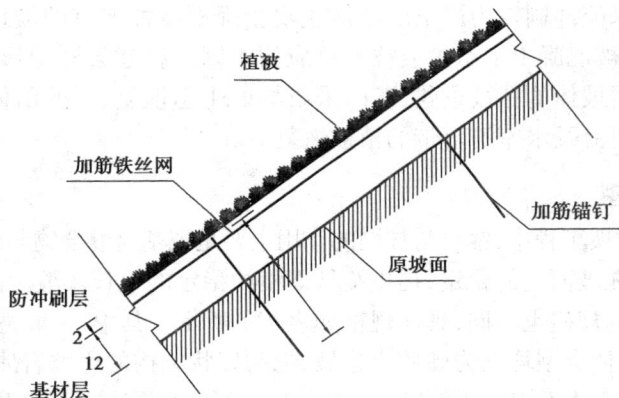

图 7.14　防冲刷生态护坡技术剖面示意图

7.3　边坡绿化工程设计

边坡绿化工程按边坡的性质可分为岩质边坡绿化工程和土质边坡绿化工程两大类。其中,岩质边坡表面缺乏土壤基质,需要人工移植基材以便于植物的固定与生长,此类边坡绿化工程涉及坡面上人工基材的稳定性以及护坡绿化植物物种的合理选择等问题,其设计和施工要比土质边坡的绿化工程复杂得多。但总的来说,无论是岩质边坡绿化还是土质边坡绿化,设计中需考虑的因素主要有两个,即是否需人工移植人工基材以及能否保证基材在坡面上的稳定性与护坡植物生长的适应性。从 7.2 节边坡绿化技术的介绍可知,人工基材的移植方法有多种,例如点植类边坡绿化技术中的飘台技术、铺挂类边坡绿化技术中的三维网垫植生绿化技术、喷播类的厚层基材喷射技术和植被混凝土生态防护技术等。喷播类边坡绿化技术能适用于条件复杂的边坡,例如高陡边坡,此外,该技术机械化程度高,并且人工移植的基材比一般的土壤有着更好的保水性和肥力长效性。

不同的边坡绿化技术,其设计和施工的要点不同。这里仅以植被混凝土生态防护技术为例,来简要介绍边坡绿化中喷锚设计;同时结合边坡的地质条件、边坡所处地气候条件等方面,阐述边坡绿化工程中绿化植被的设计。

7.3.1 边坡绿化锚喷设计——以植被混凝土生态防护技术为例

边坡绿化设计中喷锚设计主要是为了保证人工移植基材在坡面的稳定性,为植物的生长和植被群落的重建提供保障条件。其过程主要包括锚钉和挂网的选型、根据实际边坡条件人工基材的配比设计、人工基材的喷薄设计、附属排水设计以及养护设计等。以下仅以植被混凝土生态防护技术为例进行说明。

由于植被混凝土具有一定的强度和整体性能(能抵御 110 mm/h 的强暴雨的冲刷),又是良好的植物生长基材,能够达到边坡浅层防护、修复坡面营养基质、营造植被生长环境、促进植被良好生长的多重功效。该技术主要适用于各种类型的硬质边坡、坡度大于 45°的各种高陡边坡以及受水流冲刷较为严重的坡体浅层防护与植被恢复重建。其中,硬质边坡包括各种风化程度的岩石边坡、混凝土边坡、浆砌石干砌石边坡等;各种高陡边坡除硬质边坡外,还包括高陡土切坡、堆积体边坡等;受水流冲刷较为严重的坡体主要指降雨侵蚀严重的坡地,湖泊、河流及水库的消落带等。由此,植被混凝土生态护坡技术可应用于因工程建设开挖形成坡体的植被修复、采取工程硬化措施之后坡体的植被重建、矿山采石场的生态恢复、裸露山体及堆积体的快速复绿、水土保持和湖泊、河流及水库消落带的植被恢复等。

1)锚钉和挂网的选型

植被混凝土生态护坡工程中,锚钉与挂网的作用主要是把基材混合物与坡面岩土体紧密地连接在一起,以保持基材在坡面上的稳定,提供给坡面植物稳定的生长环境。由于坡体岩土体的结构类型不同,锚钉与网的规格也不同,具体规格如表 7.1 所示。其中,一般把整体状结构、块状结构及层状结构的边坡岩体类型均划为硬质岩边坡,把裂碎状结构的边坡岩体作为软质岩边坡;散体状结构的边坡岩体作为土石混合边坡;另外,把浆砌片石面和混凝土面均看作硬质边坡。

表 7.1 不同类型边坡的锚钉与挂网规格初步选型

边坡类型	锚钉的初步选型	挂网的初步选型
硬质岩边坡	A3 螺纹钢,ϕ12～18,沥青防腐,砂浆锚固	土工网或 14#镀锌(或过塑)机编活络铁丝网,网孔 50 mm×50 mm
软质岩边坡	A3 螺纹钢,ϕ12～18,砂浆锚固	14#镀锌机编活络铁丝网,网孔 50 mm×50 mm
土石混合边坡	A3 螺纹钢,ϕ12～18,直接钉入	14#普通活络铁丝网,网孔 50 mm×50 mm
瘠薄土质边坡	A3 螺纹钢,ϕ12～18,直接钉入	14#普通铁活络丝网,网孔 50 mm×50 mm

一般情况下,边坡坡度 < 60°时,锚钉间距为 100 cm;边坡坡度 60°~75°时,锚钉间距为 80 cm;边坡坡度 > 75°,锚钉间距为 60 cm。锚钉入坡深度根据边坡地质情况确定;不仅要保证锚钉本身牢固,而且能使加筋网及植被混凝土基材层局部稳定。通常,稳定完整岩石边坡及混凝土边坡为 25 cm;软质岩边坡可为 25~40 cm;土石混合边坡、瘠薄土质边坡可为 40~60 cm。如果边坡坡度大于 85°,每层锚钉上应加一道配置钢筋,并加大锚钉直径。对于边坡周边锚钉均需加密,软质岩边坡、土石混合边坡、瘠薄土质边坡的高陡边坡坡顶及植被结合部顶处的锚钉还需增长,可达到 1.5 m。当然,对于有特殊要求的工程,可以根据实际需要提高大钢筋的型号,加大钢筋的长度和密度。

按照设计的锚钉规格、入岩深度、间距垂直于坡面配置好锚钉后,铺设合适型号的加筋网。加筋网从植被结合部顶由上至下铺设,加筋网铺设要张紧,网间搭接宽度不应小于5 cm,并用 18#铁丝绑扎牢固,在锚钉接触处也一并用 18#铁丝与锚钉绑扎牢固。网片距坡面保持 2/3 喷层厚度的距离,否则用垫块支撑。

2) 植被混凝土生态防护基材的配比设计

植被混凝土生态防护基材由砂壤土、水泥、有机质、植被混凝土绿化添加剂混合组成,各组分材料的选择要求如下。

砂壤土:选择工程所在地原有的地表土壤经风干粉碎过筛而成,要求土壤中砂粒含量不超过 5%,最大粒径应小于 8 mm,含水量不超过 20%。

水泥:采用 P32.5 普通硅酸盐水泥。

有机质:一般采用酒糟、醋渣或新鲜有机质(稻壳、秸秆、树枝)的粉碎物,其中新鲜有机质的粉碎物在基材配置前应进行自然发酵处理。

植被混凝土绿化添加剂:添加剂能中和因水泥添加带来的严重碱性,调节基材 pH 值,降低水化热;增加基材空隙率,提高透气性;改变基材变形特性,使其不产生龟裂;提供土壤微生物和有机菌,有利于加速基材的活化;含有缓释肥和保水剂。

植被混凝土基材的配制分基层和表层分别按不同配比配制,根据不同的边坡类型和坡度范围,各组分配比设计如表 7.2 所示。

表 7.2　植被混凝土生态防护基材各组分配比

配比		坡度 45°~60°	坡度 60°~75°	坡度 >75°
硬质岩边坡	基材基层	100:6:6:3	100:8:6:4	100:10:6:5
	基材表层	100:5:6:3	100:6.5:6:4	100:7.5:6:5
软质岩边坡	基材基层	100:7:5.5:3.5	100:9:5.5:4.5	100:10:5.5:5
	基材表层	100:6:5.5:3.5	100:7:5.5:4.5	100:7.5:5.5:5
土石混合边坡	基材基层	100:8:5:4	100:10:5:5	100:12:5:6
	基材表层	100:6.5:5:4	100:7.5:5:5	100:8:5:6
瘠薄土质边坡	基材基层	100:8:4.5:4	100:10:4.5:5	100:12:4.5:6
	基材表层	100:6.5:4.5:4	100:7.5:4.5:5	100:8:4.5:6

3)植被混凝土生态防护基材的喷播

完成坡面整治、网和锚钉铺设，并做好植被混凝土基材组分备料并配制后，即可进行 CBS 基材喷射施工。喷射所用设备为一般混凝土喷射机，分基层和表层分别进行。从坡面由上而下进行喷射，先基层后表层，每次喷射单宽 4 ~ 6 m，高度 3 ~ 5 m。

锚喷设计的同时要进行辅助截(排)沟的设计；喷锚设计完成后还要进行绿化养护(喷灌)设计。

7.3.2　边坡绿化工程植被设计

1)植被设计原则

边坡绿化不是简单的工程护坡或绿化，而是将工程防护措施与边坡生态防护有机结合，建立既稳固又有生态效应的防护结构体系。植被设计的总原则是建立符合当地的立地条件，形成适宜立地要求和协调周围环境的植物群落。根据生态学相关原理，设计合理的植物群落类型应满足以下几个原则。

(1)自然性原则

边坡生态恢复的植物群落类型要符合当地的自然环境，尽量做到恢复植被与当地原有植被相协调。因此，就要求在植物群落类型确定前，先对当地的植被情况与气候等做详细调查，从而根据当地实际情况确定适合的物种，并进行合理的组合。

(2)安全性原则

植被群落类型设计应与边坡类型相结合，所选物种不会对边坡稳定和周边环境构成威胁。在物种选择上要尽量选择当地的乡土物种，避免外来物种的大量引进，尤其是入侵性强的植物物种，以免将来产生物种入侵。

(3)多样性原则

稳定的植物群落大多由乔、灌、草等多种物种组成，单一的物种难以形成稳定的植物群落。因此，在植被群落类型设计时应注意乔、灌、草等多种物种在垂直结构、水平结构和时间结构上的合理搭配，改变目前边坡生态修复中单一使用草本植物的现状，构建物种丰富、稳定的植物群落。

(4)功能性原则

边坡生态修复的目的是通过工程手段来恢复原有的植物类型，从而达到边坡稳定和防治水土流失的目的。根据边坡特点，植被群落类型设计时应考虑植物的功能和特性，尽量选择具有水土保持、固坡能力和耐旱性强的植物类型。

(5)景观性原则

植被群落类型设计时除了满足以上原则外，还应考虑植物的景观效果。在满足护坡功能要求的基础上尽量选择具有较高景观价值的物种，以形成与周围环境协调一致的景观效果。

2)物种选择

边坡绿化的主体是植物，不同的植物具有各自不同的基因特征，因而对环境条件表现出不同的适应性。所以在进行边坡绿化植被设计时，首先要对边坡的地域、气候、土壤和当地植被进行全面了解，在此基础上根据坡面的不同部位、坡度、坡面平整度、坡面裂隙发育及其所处地理位置的重要性等实际情况进行综合考虑,选择合适的物种,做到节约成本又最大限度地治理水土流失和改善环境,并维持长久的生态景观效果。在进行植被设计物种选择时需考虑以下因素:

①适应当地的气候条件。大的气候分南、北方气候,即北方冷、雨水少,南方热、雨水多;小的气候要考虑施工边坡的温度、湿度、降雨量,日照天数及海拔高度等诸多因素。

②适应当地的土壤条件。在详细了解施工边坡的土壤特性(水分、pH值、土壤性质等)后,选择出适合当地土壤的种子。

③乡土物种与外来物种相结合。乡土物种是大自然长期选择的结果,适应当地气候、土壤环境,能自然繁殖,保持群落的长期稳定;但其种子不易大量采集,不利于边坡绿化技术的大量应用。基于此,选择与乡土物种的生理、生态等特性相近的且易于大量获得的外来物种与乡土物种相结合,取长补短,既能达到快速见效、节约绿化成本的目的,又能加速植物群落向终极群落的过渡,达到快速修复的目标。

④抗逆性强。要考虑物种的抗旱性、抗冲刷能力、抗酸碱能力和抗病虫害等因素,选择侵占能力强、适宜粗放管理的物种。

⑤越年生或多年生物种。尽量选择多年生和绿期长的草种,冬、夏季都能生长;或者特性互补的多种物种混播。

⑥根系发达的物种。地上部较矮,根系发达,生长迅速,能在短期内覆盖坡面物种,能有效地固土、护坡,并从较深处吸取水分。

⑦美观性。边坡绿化的目标之一是美化环境,特别是对于市政工程或位于显要位置的边坡,可在选择物种中加入一定比例的草花种子。

3)植被设计

为了达到理想的生态护坡效果,不同类型的边坡应根据其高度和形状等具体情况来布置植被。一般在边坡上部种植较矮的灌木,在边坡底部种植大树。这样既可以开拓坡顶的视野,又可减少坡顶荷载,加固坡底。

(1)公路(铁路)边坡植被设计

虽然公路(铁路)在建设过程中采取了多种避让措施,但还是不可避免地形成了大量的裸露边坡,破坏了当地的自然环境。因此,必须依靠人工方法恢复植物群落,防治水土流失。公路(铁路)边坡的植物群落类型,应根据其所在位置来确定。

①城市郊区公路(铁路)边坡植被设计。在离市区较近的边坡或者高速公路入口处,对景观要求较高,因此植物群落类型要和周围环境相协调,以观赏价值高的灌木和花草为主,建立特殊型植物群落。物种选择上要注意颜色、形状的合理搭配,形成一个既能与周围环境相协调又能体现自身特点的植物群落。

②山区公路(铁路)边坡植被设计。远离市区的路段边坡,以建立草灌型植物群落或灌草型植物群落为宜,避免栽植乔木。因为乔木自身重量较大,栽植后反而会导致边坡的不稳,且影响司乘人员视野,提高交通事故发生的几率。在物种选择上应以一些根系发达,水土保持效果好、耐干旱、耐贫瘠的物种为首选,并对其进行垂直结构上的合理搭配,形成一个物种丰富度高、景观富于变化的群落。

(2)矿山废弃地植被设计

根据矿山废弃地不同区域的地貌特点和治理难易程度,其植物群落可具体采用坡顶垂吊脚爬藤、中间喷植加点缀、迹地植树造景观,整体和谐、回归自然的设计模式,因地制宜地实现植物的时空配置,增强生态系统功能。

①迹地植被设计。迹地的坡度通常较缓,相对石壁施工要容易得多,且植物较易扎根,因此,生态修复也较容易。目前,国际上迹地目标生态系统重建主要包括重建为耕地、重建为林地、重建为旅游休闲用地、重建为牧业用地等几种形式。在进行迹地生态恢复植被群落类型设计时要先根据其周围环境选择合适的重建形式,然后再进行植被群落类型设计。由于迹地的大部分区域都是废矿渣等,不利于植物生长,在生态修复时要在表面覆盖一层土壤,所以选择的物种最好是一些具有改良土壤能力的固氮植物。如要重建为林地,就要以乔灌型为目标植物群落。在生态修复时可选择一些生长快、有改良土壤作用的草本植物作为先锋物种,以达到控制迹地的水土流失和改善土壤质量的目的;然后再选择一些当地的乔木和灌木种,逐渐恢复成乔、灌、草相结合的立体生态系统。若重建为公园,在植被群落类型设计时就应以景观效果比较好的乔、灌、花、草等为首选物种;同时结合周围环境,设计一些特别的造型,形成一个与周围环境能融为一体、物种丰富度高、观赏价值大的生态公园。若要恢复为牧业用地,就要以草本型为目标植物群落,多选用牧草类植物;生命力强、生长迅速、耐践踏、管理粗放的草种是首选。

②石壁植被设计。由于石壁十分陡峭,表面又很光滑,无任何土壤或松散基材,且温差大,边坡保水保肥十分困难。因此,在进行植被群落类型设计时,植物选择是否合理对生态恢复成功与否起着至关重要的作用。石壁生态修复应根据石壁的岩性、坡度、表面粗糙程度等特点进行物种选择。矿山废弃地石壁植物群落应以草本植物为主,藤本植物和小灌木为辅,建立草灌型植物群落。具体做法为:在石壁上喷植草本植物;在小平台和空穴处适量点植一些藤本植物和小灌木,起到点缀效果。

③坡顶与坡脚植被设计。在开挖的坡顶上修筑种植槽,并回填种植土,在种植槽内种植垂吊藤本和灌木,于山顶形成点状绿化带。藤本植物下垂可覆盖部分裸露岩体,且水土保持功能强大,景观视觉效果生动鲜活。同时可在坡脚的种植槽中栽植攀岩、带花物种,形成和谐的植物群落。

(3)滨水岸坡植被设计

滨水岸坡是连接水体和陆地的纽带,也是地面污染物进入水体的最后一道屏障。健康的岸坡植被可有效控制面源污染,降低径流中污染物的含量,截留径流中的有机物,吸收和使用天然或人为排放的各种营养物质,使河流水质得到提高,避免浮游植物和藻类的大量繁殖。对岸坡植被的特殊功能要求决定了在进行滨水岸坡植被群落类型设计时,除了要考虑植被护岸、美化环境的功能,还应考虑植物对水中污染物的消减作用。

①水上坡面植被设计。水上坡面植物群落主要作用是护坡和截留坡面污染物,因此应以灌草型为目标植物群落。物种选择应以根系发达,且有吸附、降解污染物的小灌木和草本植物为主,并与周围环境相结合,适当配以花卉,建成一个适合人们休闲娱乐的滨水景观带。

②水下坡面植被设计。水下坡面常年浸泡水中,通光量不足,因此在植被设计时应以一些耐水淹、根系发达且对水中污染物有消减作用的两栖类植物为主。在护岸固坡的同时形成库岸净化带,对通过地表径流流入江中的水起过滤作用;阻拦、吸收、转化可能进入水体的有机质及营养盐,以达到净化水体,防止水体的富营养化,抑制浮游藻类的生产,增加水体透明度的目的。

本章小结

(1)边坡绿化工程主要通过植被减小坡面雨水侵蚀、提高根系分布区岩土体强度、蒸腾作用降低孔隙水压等作用对坡体的浅层稳定起到积极作用。边坡绿化植被的生态效应包括净化环境并改善小气候、进行生态环境修复、视觉美化和降低噪声等。

（2）边坡绿化技术根据施工方法通常可分为点植类边坡绿化技术、铺挂类边坡绿化技术、喷播类绿化技术三大类。

（3）植被混凝土生态防护设计中，一般把边坡分为硬质岩边坡、软质岩边坡、土石混合边坡、瘠薄土质边坡。针对不同类型边坡，植被混凝土生态防护技术中的锚钉与挂网规格、喷播基材配比均存在较大的差异。

（4）边坡绿化工程植被设计需考虑自然性原则、安全性原则、多样性原则、功能性原则、景观性原则。植被设计和物种选择需根据边坡具体特性和功能要求进行综合考虑。

习　题

7.1　简述边坡绿化护坡的特点，阐述植被在护坡中的作用。

7.2　边坡绿化技术有哪些类型？各种类型试列举三种技术。

7.3　植被混凝土生态防护基材由哪几种材料组成？画出其技术简图。

7.4　边坡绿化锚喷设计中，边坡类型分为哪几类？

7.5　边坡绿化工程植被设计有何原则？

7.6　简述公路边坡的植被设计。

参考文献

［1］周德培,张俊云.植被护坡工程技术[M].北京:人民交通出版社,2003.

［2］张文军,等.植被护坡设计施工与相应地质灾害对策及生态恢复指导手册[M].北京:科学知识出版社,2005.

［3］赵方莹,赵廷宁.边坡绿化与生态防护技术[M].北京:中国林业出版社,2009.

［4］许文年,夏振尧,周明涛,等.植被混凝土生态防护技术理论与实践[M].北京:水利水电出版社,2012.

［5］许文年,叶建军.岩石边坡护坡绿化技术应用研究[J].水利水电技术,2002(7):35-36,40.

［6］许文年,李建林,叶建军,等.清江隔河岩电厂高陡混凝土边坡绿化技术研究.水利水电技术,2003(6):43-46.

［7］许文年,夏振尧,戴方喜,等.恢复生态学在岩质边坡绿化工程中的应用[J].中国水土保持,2005(4):31-33.

［8］吴少儒,许文年,王路根,等.喷射护坡绿化技术的物种选择[J].中国水土保持,2006(6):41-43.

［9］李少丽,许文年,丰瞻,等.边坡生态修复中植物群落类型设计方法研究[J],中国水土保持,2007(12):53-55.

［10］戴方喜,宋玲,汪婷,等.边坡绿化技术及应用辨析[J].中国水土保持,2009(11):22-24.

8 边坡工程施工与监测

本章导读：

● **基本要求** 掌握边坡施工的内容、岩石边坡开挖的基本要求与开挖方式、抗滑挡土墙施工、挖孔抗滑桩与锚杆施工方法、信息施工法的概念、边(滑)坡监测作用、监测内容与方法；熟悉边坡工程施工的一般规定、边坡开挖的前期准备、土方路堑边坡与填方边坡的施工、边坡工程爆破施工、边坡工程施工组织设计、边坡监测项目的选定；了解爆破器材、边坡绿化工程施工、边坡监测技术要求、监测网点的布设与监测周期。

● **难点** 岩石边坡开挖的基本要求与开挖方式、挖孔抗滑桩与锚杆施工方法、信息施工法的概念、边(滑)坡的监测作用、监测内容与方法。

● **重点** 边坡施工的内容、岩石边坡开挖的基本要求与开挖方式、抗滑挡土墙施工、挖孔抗滑桩与锚杆施工方法、信息施工法的概念、监测内容与方法。

8.1 边坡工程施工

边坡是由天然地层构成的，开挖后暴露于大气中，受到各种自然和人为因素的影响，容易发生变形和破坏。边坡的稳定与施工方法有着密切关系。

边坡施工包括边坡的开挖与填筑、边坡防护与支挡加固工程的修筑等。边坡开挖方式应根据深度和纵向长度以及地形、土质、土方调配情况和开挖机械设备等因素确定，以提高工作效率，加快施工进度。

8.1.1 边坡工程施工的一般规定

边坡工程施工的一般规定如下：

①边坡工程应根据其安全等级、边坡环境、工程地质和水文地质等条件编制施工方案,采取合理、可行、有效的措施保证施工安全。

②对土石方开挖后不稳定或欠稳定的边坡,应根据边坡的地质特征和可能发生的破坏等情况,采取自上而下、分段跳槽、及时支护的逆作法或部分逆作法施工。严禁无序大开挖、大爆破作业。

③不应在边坡潜在塌滑区超量堆载,危及边坡稳定和安全。

④边坡工程的临时性排水措施应满足地下水、暴雨和施工用水等排放要求,有条件时宜结合边坡工程的永久性排水措施进行。

⑤边坡工程开挖后应及时按设计实施支护结构或采取封闭措施,避免长期裸露,降低边坡稳定性。

⑥一级边坡工程施工应采用信息施工法。

8.1.2   边坡开挖的前期准备

1)征地拆迁

边坡涉及的征地按用途可分为临时设施用地(包括生活区、生产区、临时道路用地等)征地拆迁和路基施工用地征地拆迁。施工单位进场前应提供给施工业主一份用地平面位置图,说明征地拆迁用途,拆迁建筑物的结构类型,建筑面积以及其他构造物的规格、数量。

2)测量放样

施工恢复定线测量及施工放样是施工准备阶段的主要技术工作。承包单位根据设计图纸及监理提供的各导线点坐标及水准点高程进行复测,闭合后将复测资料交监理工程师审核。承包人应根据监理工程师批准的定线(位)数据进行施工放线。经过准确放样后,应提供放样数据及图表,报监理工程师审批。经批准后,承包人才可进行清理地表、开挖边坡等工程施工。测量精度应满足有关工程验收标准或合同规定的施工技术标准要求。

3)开挖边坡前应做的排水设施

由于水是造成边坡各种病害的主要原因,所以不论采取何种开挖方法,均应保证开挖过程中及竣工后的有效排水。

在边坡开挖前,应在开挖边坡的上方适当距离(一般为5 m)处做好截水沟,土方工程施工期间应修建临时排水沟。临时排水设施与永久性排水设施相结合,流水不得排于农田、耕地,污染自然水源,也不得引起淤积和冲刷。

边坡施工时应注意经常维修排水沟渠,保证流水畅通。渗水性土质或急流冲刷地段的排水沟应予以加固,防渗防冲。水文地质不良地段,必须严格处理好坡顶排水,引走一切可能影响边坡稳定的地面水和地下水,在边坡走向的方向上保持一定的纵向坡度(单向或双向),以利排水。

8.1.3   岩石边坡开挖的基本要求和开挖方式

1)基本要求

在开挖程序确定之后,根据岩石条件、开挖尺寸、工程量和施工技术要求,通过方案比较拟定合理的方式。其基本要求如下：

①保证开挖质量和施工安全。

②符合施工工期和开挖强度的要求。

③有利于维护岩体完整和边坡稳定性。施工时需要首先提出合理的开挖步骤,且每开挖一步都必须确保工程施工期安全;必要时需做施工验算。

④可以充分发挥施工机械的生产能力。

⑤辅助工程量小。

2)开挖方式

按照破碎岩石的方法,开挖方式主要有钻爆开挖和直接应用机械开挖两种。20 世纪 80 年代初,国内外出现了一种用膨胀剂作为破岩材料的"静态破碎法"。

(1)直接应用机械开挖

使用带有松土器的重型推土机破碎岩石,一次破碎深度 0.6 ~ 1.0 m。该法适用于施工场地宽阔、大方量的软岩石方工程。优点是没有钻爆工序作业,不需要风、水、电辅助设,不但简化了场地布置,而且施工进度快,生产能力高,但不适于破碎坚硬岩石。

(2)爆破开挖

爆破开挖是当前广泛采用的开挖施工方法。开挖方式有薄层开挖、分层开挖(梯段开挖),全断面一次开挖和特高梯段开挖等。

(3)静态破碎法

在炮孔内装入破碎剂,利用药剂自身产生的膨胀力,缓慢地作用于孔壁,经过数小时至 24 h 达到 300 ~ 500 MPa 的压力,使介质开裂。该法适用于在设备附近、高压线下以及开挖与浇筑过渡段等特定条件下的开挖和切割岩石或拆除建(构)筑物。优点是使用安全可靠,没有爆破所产生的公害;缺点是破碎效率低,开裂时间较长。对于大型或复杂工程,主要使用破碎剂时,还要考虑使用机械挖除等联合手段或者与控制爆破配合,才能提高工作效率。

8.1.4　土方路堑边坡的开挖方法

1)横挖法

(1)一层横挖法

对路堑整个横断面的宽度和深度,从一端或两端逐渐向前开挖的方法称为横挖法。这种开挖方法适用于开挖深度小且较短的路堑,如图 8.1(a)所示。

(2)多层横挖法

如图 8.1(b)所示,路堑虽较短,但深度较大时,可分成几个台阶进行开挖。但各层要有独立的出土道和临时排水设施。分层横挖法使得工作面纵向拉开,多层多向出土,可容纳较多的施工机械,若用挖掘机配合自卸汽车进行,台阶高度可采用 3 ~ 4 m。人力横挖时,一般为 1.5 ~ 2.0 m。

2)纵挖法

(1)分层纵挖法

沿路堑全宽以深度不大的纵向分层挖掘前进的作业方式称为分层纵挖法,如图 8.2(a)所示。本法适用于较长的路堑开挖。施工中,当路堑长度较短(小于 100 m)、开挖深度不大于 3.0 m、地面较陡时,宜采用推土机作业,其适当运距为 20～70 m,最远不宜大于 100 m;当地面横坡较平缓时,表面宜横向铲土,下层宜纵向推运;当路堑横向宽度较大时,宜采用两台或多台推土机横向联合作业;当路堑前方为陡峻山坡时,宜采用斜铲推土。

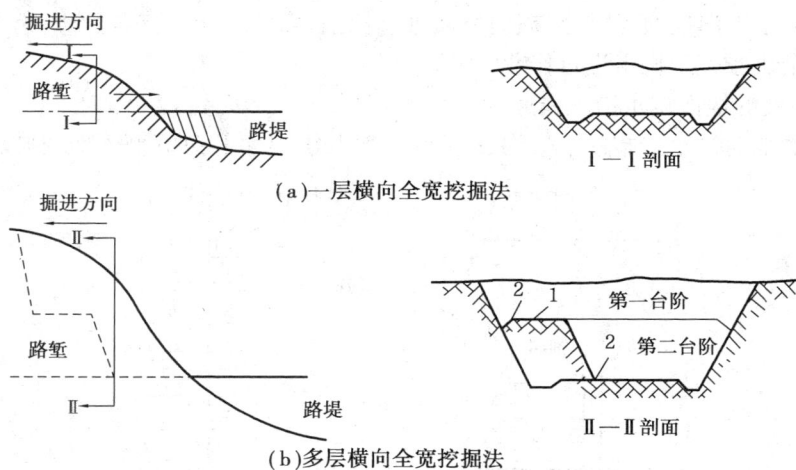

（a）一层横向全宽挖掘法

I—I 剖面

（b）多层横向全宽挖掘法

图 8.1　横向全宽挖掘法
1—第一台阶运土道;2—临时排水沟

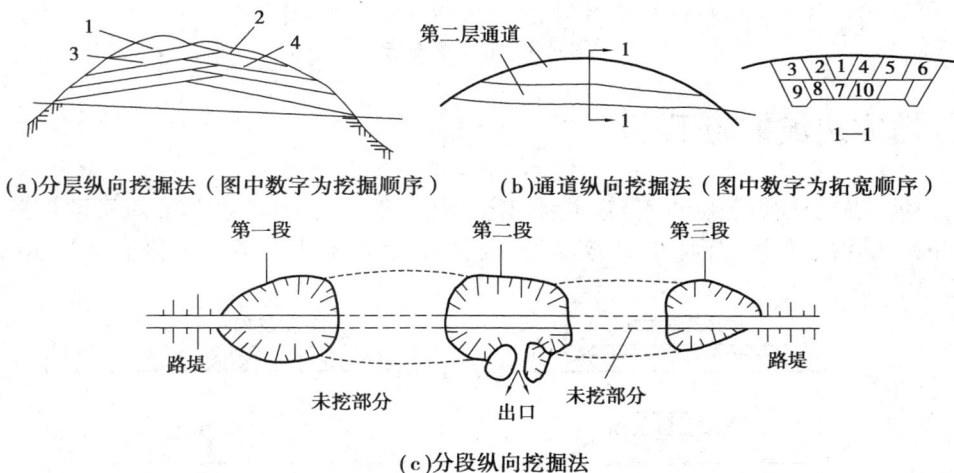

（a）分层纵向挖掘法（图中数字为挖掘顺序）

（b）通道纵向挖掘法（图中数字为拓宽顺序）

（c）分段纵向挖掘法

图 8.2　纵向挖掘法

（2）通道纵挖法

沿路堑纵向挖掘一通道,然后将通道向两侧拓宽,如图 8.2（b）所示。上层通道拓宽至路堑边坡后,再开挖下层通道,按此方向直至开挖到挖方路基顶面高程,称为通道纵挖法。这是一种快速施工的有效方法,通道可作为行驶运输土方车辆的道路,便于挖掘和外运的流水作业。

（3）分段纵挖法

沿路堑纵向选择一个或几个适宜处,将较薄一侧路堑横向挖穿,将路堑在纵方向上按桩号分成两段或数段,各段再纵向开挖,称为分段纵挖法,如图 8.2（c）所示。本法适用于路堑较长,弃土运距过远的傍山路堑或一侧的堑壁不厚的路堑开挖。同时还应满足其中各段有经批准的弃土场,土方调配计划有多余的挖方废弃条件。

（4）混合式开挖法

混合式开挖法是将横挖法与通道纵挖法混合使用,这种方法适用于路堑纵向长度和深度都很大时。先将路堑纵向挖通,然后沿横向坡面进行挖掘,以增加开挖坡面,如图8.3所示。每一个坡面应设一个机械施工班组进行作业。

（5）挖方边坡的地面排水措施作业

挖方边坡的地面排水措施包括边沟、截水沟、排水沟、跌水和急流槽等地面排水设施。

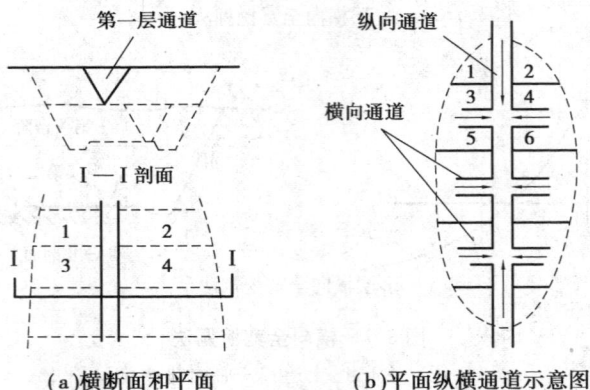

(a)横断面和平面　　　　　(b)平面纵横通道示意图

注:箭头表示运土和排水方向,数字表示工作面号数。

图8.3　混合挖掘法

8.1.5　填方边坡的施工

填筑边坡应分层填筑分层压实,并达到规定的压实度,如图8.4所示。压实度是指工地上压实达到的干容重 γ 与用室内标准击实试验所得的该类填筑土的最大干容重 γ 之比（意为压

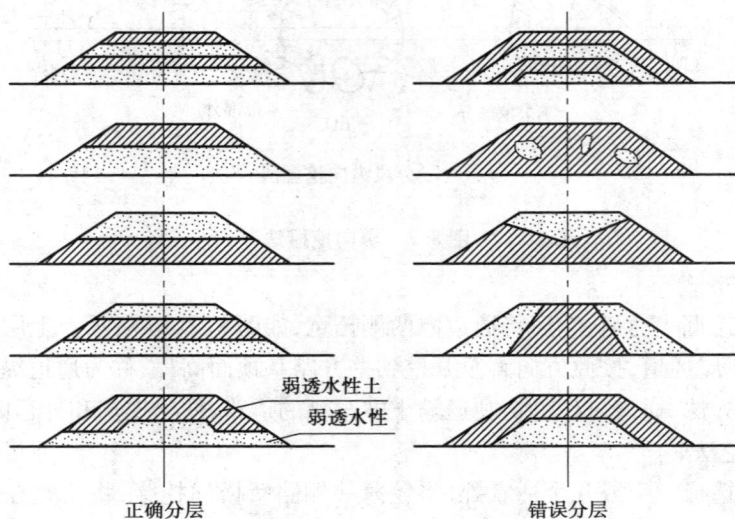

正确分层　　　　　　　　　　错误分层

图8.4　路堤分层填筑

实的程度),用 K 表示,即

$$K = \frac{\gamma}{\gamma_0} \times 100\% \tag{8.1}$$

以公路路基填方路堤为例,其要求的压实度如表8.1所示。

表 8.1　路基填筑压实度标准

填挖类别	路面底面以下深度(m)	路基压实度(%)		
		高速公路、一级公路	二级公路	三级、四级公路
零填及挖方	0~0.30	≥96	≥95	≥94
	0~0.80	≥96	≥95	—
填方	0~0.80	≥96	≥95	≥94
	0.80~1.50	≥94	≥94	≥93
	>1.50	≥93	≥92	≥90

注:①表列数值以重型击实试验为准;
　　②特殊干旱或特殊潮湿地区的路基压实度,表列数值可适当降低;
　　③三级公路修筑沥青混凝土或水泥混凝土路面时,其路基压实度应采用二级公路标准。

在填方工程中也可采取竖向填筑(见图8.5),由于填土过厚而难以压实,因此应选用高效能的压实机械压实或采用强夯技术进行压实。下层采用竖向填筑法而上层采用水平分层填筑法的混合填筑法,上部经分层碾压后,达到足够的压实度,如图8.6所示。

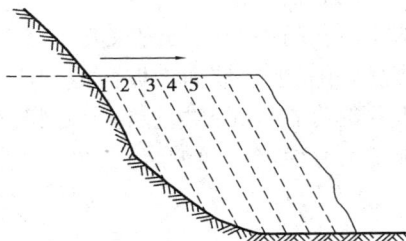

图 8.5　竖向填筑

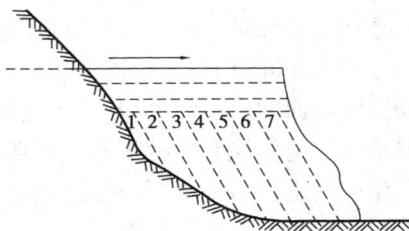

图 8.6　混合填筑

8.1.6　边坡绿化工程施工

边坡绿化工程施工方法的合理选择、施工质量的严格保证是绿化技术得以有效实施并发挥其工程效益、经济效益以及社会效益的前提条件。不同的边坡绿化技术,边坡绿化施工的具体方法与施工管理也不同。边坡绿化施工应以边坡的安全稳定和绿化植被的适应性为基础。

1)边坡绿化施工工艺

随着边坡绿化技术在工程实际中的广泛应用,虽然施工呈现多样化,但绿化总体工艺一般为:边坡清理、施工放样、配套土木工程措施施工、绿化施工及养护管理。下面以植被混凝土生态防护技术为例,具体说明边坡绿化技术的施工工艺。植被混凝土生态防护技术主要施工工艺流程如图8.7所示。

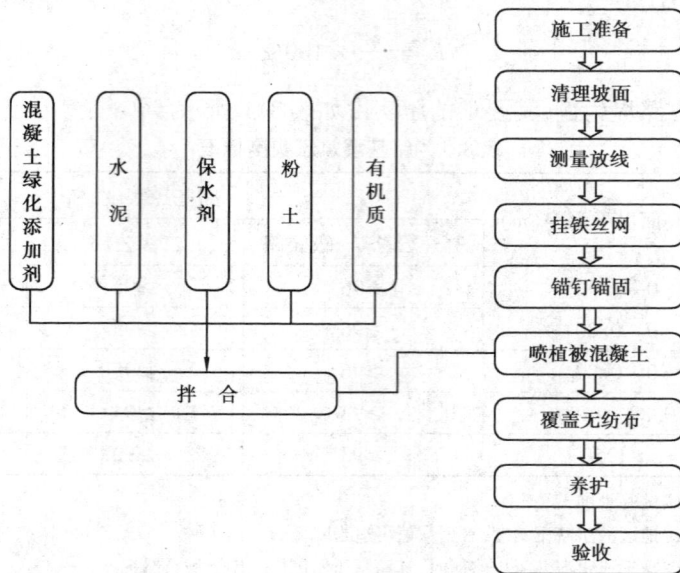

图 8.7　植被混凝土施工工艺流程

（1）施工准备

施工准备包含基础勘察、计划安排、预算编制、材料购买等。

（2）清理坡面

施工前必须对坡面进行清理，以达到工艺技术要求。利用手动工具清除坡面突出、松散的石块、浮根和杂物，排除落石隐患，确保坡面基本平顺，尽可能平整坡面。坡面清理应有利于基材混合物和边坡坡面的自然结合，禁止出现倒坡。其主要功能是促使边坡稳定，同时为生态修复工程提供基础。山体原有的植被不宜破坏，对局部较光滑稳定坡面的岩石，可以保持裸露状态或者采取相应的工程措施，使其贴近自然。

（3）铺设固定复合网及安装锚钉

锚钉与网的作用主要是把基材混合物与坡面岩土体紧密的连接在一起，以保持基材在坡面之上的稳定，提供给坡面植物稳定的生长环境。复合网进行网片铺设时，要张紧并搭接好，保证全坡面覆盖；网片距坡面保持 2/3 喷层厚度的距离，否则用垫块支撑；网片需进行搭接时，搭接宽度不应小于 5 cm，搭接处应用扎丝扎紧，避免松脱。锚钉应垂直于坡面打入，对于间距、深度、出露长度等严格按照设计要求施工。安装完毕后，将复合网与锚钉接合处也要用扎丝固定，并严禁人员利用其攀援而上。

（4）喷植被混凝土

采用混凝土搅拌机拌和植被基材混合物，单次拌和时间不应小于 1 min。采用人工上料方式，把拌和均匀的基材混合物倒入混凝土喷射机。喷播应正面进行，不应仰喷，凹凸部及死角要尤其注意。基材混合物的喷播分两次进行，首先喷射不含种子的植被基材（称之为底层），然后喷播富含种子的植绿基材（称之为表层），植绿基材厚 1～2 cm。整个喷层厚度符合设计要求，基材应喷射均匀，禁止漏喷；整个喷播过程中应严格控制水量；在雨天或有大风时应尽量避免喷播施工；喷播施工后几小时内如果有降雨，可能导致面层淋失，必须采取防护措施，尽快覆盖。

（5）覆盖无纺布

在喷射完工后,覆盖 28 g/m² 的无纺布,并用竹钎或木钎将其固定在坡面,营造种子快速发芽的环境,然后喷水养护,基材保持湿润状态约 50 天,茵茵绿草即可将坡面完全覆盖。或者采用秸秆、干草或塑料薄膜对刚喷播完毕的边坡进行覆盖。覆盖物应铺设牢固,同坡面接触紧密,防止风吹。覆盖的目的如下:

①减少边坡表面水分蒸发,给种子发芽和生长提供一个较湿润的小生态环境;

②缓冲坡面温度,减少边坡表面温度波动,保护已萌发种子和幼苗免遭温度变化过大而受伤害;

③减缓浇灌水滴的冲击能量,防止面层因水量过大而淋湿。

（6）养护

根据植被基材的颜色确定浇水时间。当基材颜色变浅时,应及时浇水;为防止温度过高,烧伤幼苗,夏季和早秋避免在午后强烈的阳光下洒水养护;同时为了减少病虫害,夏季还应避免在傍晚浇水。一般采用雾状水向坡面喷洒,禁止采用高压射流冲击坡面。由于边坡难于积水,且喷播的植被层有一定强度,浇水应遵循适量、缓慢、均匀、多次的原则。对于喷灌系统遗漏部位,采取人工补浇的方式,补浇应及时适量;养护中发现秃斑或植被层脱落,及时采取有效措施修补。

2）边坡绿化施工管理

（1）工序管理

工序管理包括进度管理、作业量管理和安排管理。其中进度管理是为了预防施工过程中的各种不确定因素。例如,因雨天作业困难及播种作业工序有季节的限制,所以必须将边坡的清理、张拉金属网、材料劳务供应、机械搬入等前期工序的预定与实施,用工序表进行对比,使播种工序不致延迟其他工序的进行。作业管理关系着边坡的面积,必须事先制成展开图等,以便能经常掌握作业面积。安排管理就是合理地对材料进行储藏和保管,并规范现场的贮藏地点、贮藏方法以及使用顺序,保证施工中材料的正常供给。

（2）质量管理

在边坡绿化工程的整个施工过程中,为保证施工质量,必须对施工全过程进行有效的质量管理。其内容主要包括原材料质量管理、基础工程质量管理、播种工程质量管理和前期养护质量管理等方面。

（3）安全管理

与边坡保护工程有关的事故发生率在建设工程中相对较大,原因列举如下:

①高处作业的情况多,容易发生滚落及落石事故。

②由多种施工方法组的情况多,作业内容变化多,熟练程度往往较低。

③机械由多种机械组合,作业复杂。

④施工期短,工程较紧急,劳动时间多不易固定。

⑤以落石、崩落危险性多的地方为作业中心。

⑥山地、边境的未完成的道路及堤坝等处的作业多,容易发生气象灾害和交通事故。

边坡保护工程的施工是以边坡的稳定为最大目的,在施工完成以前,当然会出现许多非常危险的地方,更需要进一步安全管理。

8.2 滑坡工程施工

8.2.1 滑坡工程施工的总要求

滑坡地区的工程施工是在滑动体上施工,不同于一般地区施工。施工稍有不当便容易造成滑坡变形加剧和变形范围扩大,甚至造成滑坡急剧滑动、破坏已有工程,甚至造成人员伤亡事故。因此,在滑坡地区施工要求比一般地区有更详细更严密的施工组织设计、更严格的施工措施和更科学的施工方法。

1)施工季节的选择

雨水下渗容易引起滑坡的新生和错动加剧是众所周知的。因此,为了确保施工安全,滑坡地区的施工最好避开雨季,安排在旱季进行。

2)完善的施工组织设计

施工之前应充分了解认识滑坡的性质、规模和动态,设计的主要防治工程措施及其施工要求,根据现场实际情况编制详细的施工组织设计,包括施工季节、施工顺序、施工方法,人员、设备、材料安排,安全和质量保证体系及发生险情时的抢险预案。保证施工不影响滑坡的稳定性。

3)施工顺序和方法

①施工开始前先安排滑坡的动态监测,先做滑坡区外围的截水沟,防止山坡水流入滑体,夯填地表裂缝防止地表水灌入滑体,以保证施工期滑坡的相对稳定和安全。

②有条件时先做减重、压脚及地表和地下排水工程,增加滑坡的稳定性,再做支挡工程。先做应急工程,后做永久工程。

③支挡工程的挖基必须分段跳槽(桩)开挖,一般分三批施工,开挖一批,立即砌筑(或灌筑)一批,及时增加支撑力,然后再开挖下一批,不允许连续大量开挖破坏滑坡的稳定。一般应从滑坡两侧推力小的部位先施工,逐渐向滑坡主轴推进,以保滑坡的稳定。

若系高边坡的滑坡,应从上向下开挖一级,加固一级,及时增加支撑力,再开挖下一级。采用抗滑桩加固时应先作桩后开挖。

8.2.2 抗滑挡土墙施工

1)施工准备

①做好施工现场的"三通一平"。

②按施工图给定坐标测放出抗滑挡土墙的位置及基坑开挖的范围。

③做好基坑开挖的临时排水及临时支撑的用料,需要时备好基坑抽水设备。

④划分分段跳槽开挖的段落,一般分三批,每段长 5 ~ 10 m。

⑤准备好施工用料及机具设备。

⑥安排好滑坡动态监测。

2）施工顺序和要求

①挖基从滑坡两侧推力较小的部分先施工,逐步向中轴部位推进。

②基坑挖到设计高程后必须进行验槽,揭露和记录滑动面的位置,墙基必须放在滑面以下一定深度,若深度不够或基底软弱应加深或作特殊处理(报由设计单位确定)。若基坑积水,必须抽干,然后铺砂浆垫层。

③按设计要求砌(灌)筑挡墙,墙后纵向盲沟和反滤层应随墙体砌筑一起填筑。

④修完第一批挡墙后才能开挖相邻一段墙基,并砌筑墙身,墙后盲沟应顺接。

⑤若墙基或墙身设有锚杆或锚索,应先做锚杆、锚索,后修墙身。

8.2.3 挖孔抗滑桩施工

1）施工准备

①做好施工现场的"三通一平"。

②按施工设计图给定的桩位坐标测放桩位,并分三批安排桩坑开挖顺序。

③根据桩孔深度、主筋类型和焊接要求选择井口吊装设备类型(井字架、三脚架、龙门架或摇头扒杆等)。

④配备施工机具设备,如风镐、料斗、卷扬机、排烟用的鼓风机、潜水泵、电雷管、引爆器、钢筋切割机、电焊机、对焊机、盘条拉直机、钢筋成型工作台、混凝土搅拌机、振动棒、混凝土输送筒、翻斗车、铁锹、铁钯等。

⑤备足第一批桩用的水泥、砂、石用料。

⑥安排好滑坡动态监测。

2）抗滑桩的施工

抗滑柱的施工顺序为:测放桩位→坑口开挖和锁口盘制作→开挖桩坑→封底→绑扎钢筋→浇注桩身混凝土。

(1)测放桩位

按设计桩位坐标测放各个抗滑桩的中点位置,然后按桩的长边平行主滑方向,短边垂直主滑方向及护壁的尺寸测出桩坑位置和形状。

(2)锁口盘的制作

为保证施工安全和防止护壁滑落,在桩坑口一定范围制作锁口盘,锁口盘做好拆模后应校核桩的截面尺寸。

(3)开挖桩坑

桩坑分段开挖,及时用护壁支护,每段长度视地层情况一般为1.0 m,松软、渗水易坍塌变形地段应减小长度。坚硬地层需放小炮开挖,最好用迟发雷管电气引爆,用单向鼓风机排烟,若桩坑距附近建筑物较近,应在坑口设活动木门以防飞石伤人。一段柱坑挖好后应检查桩孔尺寸和垂直度(从桩坑口吊垂球检查),然后绑扎护壁钢筋、立模、浇注护壁混凝土。上下段护壁钢筋应焊接,不能简单绑扎。节间留空隙以便浇注混凝土和捣固,但应及时封闭。混凝土中可添加速凝剂以缩短拆模时间,加快开挖进度。坑内有积水时应及时抽(提)水并记录渗水位置和水量。坑内照明用低压灯泡,应经常检查是否漏电,并应防止镐、铲碰撞电缆。坑中出渣起吊设备必须牢固,出渣时坑下人员应站于安全地带,防止石块掉落伤人。

开挖过程中应从上向下做地质编录,验证地层岩性和滑动面位置。若与设计不符合应及时通知设计单位变更设计。

（4）封底

开挖到设计桩底高程后,经验槽合格,进行封底,用1:3水泥砂浆铺底,厚10~20 cm。

（5）桩身钢筋绑扎

受力钢筋应按设计编号,对焊连接,不宜采用搭接焊,接头必须错开,尤其在滑动面位置。应避免在桩坑中焊接主筋,一束钢筋在坑外焊接好吊装入坑定位。钢筋笼完成后应经检验合格方能浇注混凝土。

（6）浇注前应备足一根桩的水泥和砂石材料,浇注应不间断连续进行,一气呵成不留施工缝。若遇停水、停电等特殊情况中途停灌时,应采取插入钢筋、凿毛表面等补救措施。浇注应采用混凝土泵或串桶将混凝土送入工作面,严禁从坑口向下倾倒混凝土造成离析。每灌0.4~0.5 m厚混凝土应及时进行充分振捣,保证浇注质量。

8.2.4　锚杆（索）的施工

锚杆施工质量的好坏将直接影响锚杆的承载能力和边坡稳定安全,一般在施工前应根据工程施工条件和地质条件选择适宜的施工方法,认真组织施工。在施工过程中如遇与设计不符的地层,应及时报告设计人员,以做变更处理。锚杆施工包括施工准备、造孔、锚杆制作与安装、注浆、锚杆锁定与张拉5个环节。

1）施工前的准备工作

施工前的准备工作包括施工前的调查和施工组织设计两部分。施工前的调查是为施工组织设计提供必要资料。其内容包括:

①锚固工程计划、设计图、边坡岩土性状等资料是否齐全。

②施工场地调查,施工对交通的影响情况。

③施工用水、用电条件调查。

④边坡工程周边可能对施工造成影响的各种状态调查;掌握锚杆施工区建（构）筑物基础、地下管线等情况;判断锚杆施工对邻近建筑物和地下管线的不良影响,并拟定相应预防措施。

⑤考虑施工噪声、排污的影响。

⑥掌握作业限制、环保法规或地方法令对施工造成的影响。

⑦其他条件的调查,如施工用便道、气象、安全等条件。

在对上述内容作调查,并掌握详细资料后,应制定施工组织设计,确定施工方法、施工程序、使用机械、工程进度、质量管理和安全管理等事项。

施工组织设计书包括工程目的、工程概要、设计锚杆规格和锚固力要求、工程进度、组织编制表、使用机械、临时设施、使用材料、作业程序及人员配备、施工管理与质量控制计划、安全管理计划、应交付工程验收的各种技术资料、施工管理程序图表13个方面的内容。

2）造孔

锚杆（索）施工的第一步就是按照施工图的要求钻孔,钻孔是锚固工程费用最高、控制工期的作业,因而是影响锚固工程经济效益的主要因素。锚杆钻孔指满足设计要求的孔径、长度和倾角度,要使后续的杆体插入和注浆作业能顺利进行。一般要求如下:

①在钻机安放前,按照施工设计图采用经纬仪进行测量放线确定孔位以及锚孔方位角,并做出标记。一般要求锚孔入门点水平方向误差不应大于 50 mm,垂直方向误差不应大于 100 mm。

②确定孔位后根据实际地层及钻孔方向选取适当的钻孔机具并确定机座水平定位和立轴倾角(即锚孔倾角)、钻机立轴的倾角与钻孔的倾角应尽量相吻合,其允许的误差只能是岩心管倾角略大于立轴倾角,不允许有反向的偏差出现。开孔后,尽量保持良好的钻进导向。在钻进过程中根据实际地层变化情况,随时调整钻进参数,以防止造成孔斜偏差。

③在边坡锚固的钻孔过程中应注意岩芯的拾取,并尽量提高岩芯采取率,以求不断准确地划分地层、确定不稳定岩土体厚度,判断断裂破碎带、滑移面、软弱结构面的位置和厚度,从而验证设计所依据的地勘资料,必要时修改设计。锚孔深度应超过设计长度 0.5 ~ 1.0 m,同时锚孔锚固段必须进入中风化或更坚硬的岩层,深度一般不得小于 5 m。锚孔施工应符合下列规定:

a. 锚孔定位偏差不宜大于 20 mm;

b. 锚孔偏斜度不应大于 5%;

c. 钻孔深度超过锚杆设计长度应不小于 0.5 m。

钻孔机械应考虑钻孔通过的岩土类型、成孔条件、锚固类型、锚杆长度、施工现场环境、地形条件、经济性和施工速度等因素进行选择。

3) 锚杆制作与安装

在锚杆制作上,棒式锚杆的制作十分简单,一般首先按要求的长度切割钢筋,并在外露端加工成螺纹以便安放螺母,然后在杆体上每隔 2 ~ 3 m 安放隔离件以使杆体在孔中居中,最后对杆体按要求进行防腐处理,棒式锚杆的制作即可完成。而对于多股钢绞线的锚杆制作较复杂,其锚固段的钢绞线呈波浪形,自由段的钢绞线必须进行严格的防护处理。对于各种形式的锚杆总的要求如下:

①严格按照设计进行钢筋(或钢绞线)选材。对进场的钢筋或钢绞线必须验明其产地、生产日期、出厂日期、型号,并核实生产厂家的资质证书及其各项力学性能指标;同时需进行抽样检验,以确保其各项参数达到锚固施工要求。对于预应力锚固结构,优先选用高应力、低松弛的钢绞线,保证其与混凝土有足够的粘结力(握裹力);同时应保证预应力损失后仍能建立较高的预应力值。

②严格按照设计长度进行下料。对进场钢筋经检验达到上述技术要求后,即可进行校直、除锈处理,然后按照施工设计长度进行断料,其长度误差不应大于 50 mm。一般实际长度应大于计算长度的 0.3 ~ 0.5 m,但不可下得过短,以致无法锁定或者给后续施工带来不便。

③锚杆组装可在严格管理下由熟练人员在工地制作。对于 HPB235、HRB400 级钢筋连接时宜采用对接焊或双面搭接焊,焊接长度不应小于 8 倍钢筋直径;精轧螺纹钢筋定型套筒连接。锚杆自由段必须按照设计作防腐处理和定位处理。

④锚束放入钻孔之前,应检查孔道是否阻塞,查看孔道是否清理干净,并检查锚索体的质量,确保锚束组装满足设计要求。安放锚束时,应防止锚束扭压、弯曲,注浆管宜随锚体一同放入钻孔,注浆管端部距管底宜为 50 ~ 100 mm,锚束放入角度应与钻孔角度保持一致,在入孔过程中,注意避免移动对中器,避免自由段无粘结护套或防腐体系出现损伤。锚束插入孔内深度

不应小于锚束长度的95%。

4) 注浆施工

锚固的注浆是锚杆施工过程中的一个重要环节,注浆质量的好坏将直接影响锚杆的承载能力。锚孔一般采用水泥浆或水泥砂浆灌注,浆液的拌和成分、质量和灌注方式在很大程度上决定了锚杆的粘结强度和防腐效果。因此,在锚杆注浆施工中应当严格把握浆材质量、浆液性能、注浆工艺和注浆质量。一般要求如下:

①按规定选择水泥浆体材料。选用水泥强度等级应为灌浆浆液标号的1.5~2倍,且不宜低于32.5级的新鲜普通硅酸盐水泥,对进场水泥应复查力学性能。搅拌浆液所用水中不含有影响水泥正常凝结、硬化的有害物质。选用砂料的含泥量按重量计不得大于3%,砂中有害物质(如云母、轻物质、有机物、硫化物等)含量应低于1%~2%,砂的粒径以中砂(平均粒径0.3~0.5 mm)较好,但要求含水量不应大于3%;外加剂的品种与用量由试验确定,一般情况下加速浆体凝固的水玻璃掺量为0.5%~3%;提高浆液扩散能力和可泵性的表面活性剂(或减水剂),如三乙醇胺等,其掺量为水泥用量的0.02%~0.05%;为提高浆液的均匀性和稳定性,防止固体颗粒离析和沉淀而掺加的膨润土,其掺量不宜大于水泥用量的5%。

②锚固浆液在28天龄期后要求抗压强度达到设计强度等级;当注浆为水泥砂浆时,一般选用灰砂比为1:1~1:2,水灰比为0.38~0.48,且砂子粒径不得大于2 mm,而二次高压注浆形成的连续球型锚杆的材料宜选用水灰比0.45~0.50的纯水泥浆。对于配置好的浆液应有稳定性好,常温、常压下较长时间存放,不易改变其基本性质,不发生强烈的化学反应等特点,同时浆液对注浆设备、管路、橡胶制品无腐蚀性,易清洗,浆液固化时无收缩现象(或收缩性小),固化后有一定的粘结性,能牢固地与岩石、混凝土及砂子等粘结。除此之外,还要求浆体配置方便操作、容易掌握,原料来源丰富,价格便宜,能够大规模使用。

③注浆作业应连续紧凑,中途不得中断,使注浆工作在初始注入的浆液仍具塑性的时间内完成;在注浆过程中,边灌边提注浆管,保证注浆管管头插入浆液液面下50~80 mm,严禁将导管拔出浆液面,以免出现断杆事故。实际注浆量不得少于设计锚索的理论计算量,即注浆充盈系数不得小于1.0。

④二次高压注浆形成连续球型锚杆的注浆还应注意:一次常压注浆作业应从孔底开始,直至孔口溢出浆液;对锚固体的二次高压注浆应在一次注浆形成的水泥结石体强度达到5.0 MPa时进行,注浆压力和注浆时间可根据锚固体的体积确定,并分段依次由下至上进行。

⑤锚杆灌浆前应清孔,排放孔内积水;注浆管宜与锚杆同时放入孔内,注浆管端头到孔底距离宜为100 mm;浆体强度检验用试块的数量每30根锚杆不应少于一组,每组试块应不少于6个。

⑥根据工程条件和设计要求确定灌浆压力,确保浆体灌注密实。

5) 锚杆的张拉与锁定

锚杆的张拉,其目的就是要通过张拉设备使锚杆杆体自由段产生弹性变形,从而对锚固结构施加所需求的预应力值。在张拉过程中应注重张拉设备选择、标定、安装、张拉荷载分级、锁定荷载以及量测精度等方面的质量控制。一般要求如下:

①张拉设备要根据锚杆体的材料和锁定力的大小进行选择。选择时应考虑它的通用性能,从而使得它具备除可能张拉配套锚具外,还能张拉尽可能多的其他系列锚具的通用性能,做到

一项多用;同时张拉设备应能使预应力筋的拉力既能从已有荷载上增加或降低,又能在中间荷载下锚固,最后张拉设备还应能拉锚以确定预应力荷载的大小。

②张拉前对张拉设备进行标定。对于1 000 kN 以下的千斤顶,可用2 000 kN 的压力机标定,标定的数据与理论出力误差应小于2%。

③安装锚夹具前,要对锚具进行逐个严格检查。锚具安装必须与孔道对中,夹片安装要整齐,裂缝要均匀,理顺注浆管后依次套入锚垫板、工作锚、限位板,在限位板上用千斤顶预拉,每根预拉一定荷载后,再套入千斤顶、工具锚、工具夹片等。

④张拉前,必须待锚固段、承压台(或梁)等构件的混凝土强度达到设计强度方能进行张拉;同时必须把承压支撑构件表面整平,将台座、锚具安装好,并保证和锚索轴线方向垂直(误差≤5°)。

⑤张拉应按一定程序和设计张拉速度(一般为40 kN/min)进行。正式张拉前进行二次预张拉,张拉力为设计拉力的10%~20%。正式张拉荷载要分级逐步施加,不能一次加至锁定荷载。

8.3 信息施工法

边坡工程信息施工是指通过监测边坡坡体及支护结构的受力、位移变化等情况,指导边坡工程处治和保证边坡工程的安全运营,以便在出现问题前及时采取有效的措施,将损失降到最低。为指导施工、验证设计参数,并提高设计理论水平,边坡处治中某些结构物还需要做现场试验,通过现场试验发现问题、解决问题。

边坡及其支护结构在各种力的作用和自然因素的影响下,其工作形态和状况随时都在变化,如果出现异常而又不能及时掌握,任其险情发展,其后果是严重的。但如能运用必要且有效的观测手段对边坡工程进行信息施工和监测,及时发现问题,采取有效的措施,就可避免出现灾难性事故,保证边坡工程正常快速施工和工程的安全运营。

岩土体是一个复杂的非线性力学体系。施工所要达到的最终状态质量优劣,与开挖卸荷的应力路径的应力历史有关,即与施工方法和开挖过程密切相关。长期以来,边坡工程的安全性主要依靠边坡的设计工作来保证。但是由于岩土体的复杂性,岩土力学尚具有半经验半理论的特点。因此,在时间和空间上对岩土工程的安全度作出准确的判断还有很大困难。有关边坡工程安全问题的解决,应更多地依靠测试和观测,通过监测保证工程的施工、运行安全,同时又可通过监测验证设计和提高设计水平。

从信息论的角度,提出重视施工方法和开挖过程,还应把重点放在如何从施工中取得更多的信息上。因为岩土工程体系本身就是一个大的信息库,设计时仅取得此库的少量信息更多的信息还需要从施工中取得。从施工中尽量多地获取信息,进行分别处理,再用以指导施工。

信息施工方法(又称动态施工方法)是目前施工中的一种先进技术,它充分利用目前先进的勘察、计算、监测和施工工艺等手段,利用从边坡的地质条件、施工方法等获取信息,反馈并修正边坡设计,指导施工。具体做法是:在初步地质调查与围岩分类的基础上,采用工程类比与理论分析相结合的方法进行预设计,初步选定高边坡加固与施工方案;然后在高边坡开挖和加固过程中进行边坡变形监测,作为判断边坡稳定性与加固设计合理性的依据;并且将施工监测获取的信息反馈于边坡设计与施工,确认支护参数与施工措施或进行必要的调整。其设计与施工程序如图 8.8 所示。

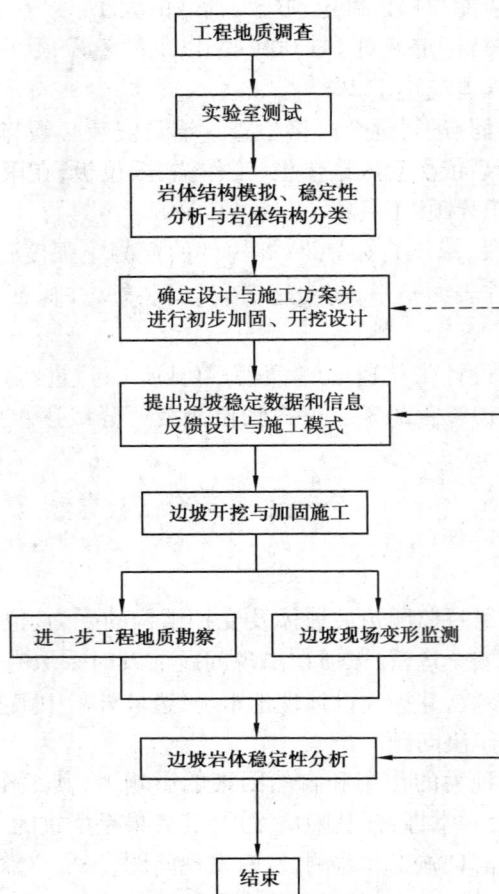

```
┌──────────────┐
│   工程地质调查   │
└──────┬───────┘
       │
┌──────┴───────┐
│   实验室测试    │
└──────┬───────┘
       │
┌──────┴───────────┐
│ 岩体结构模拟、稳定性   │
│ 分析与岩体结构分类    │
└──────┬───────────┘
       │
┌──────┴───────────┐
│ 确定设计与施工方案并   │←──────┐
│ 进行初步加固、开挖设计  │       ┊
└──────┬───────────┘       ┊
       │                     ┊
┌──────┴───────────┐       ┊
│ 提出边坡稳定数据和信息  │←──────┤
│ 反馈设计与施工模式    │       │
└──────┬───────────┘       │
       │                     │
┌──────┴───────────┐       │
│   边坡开挖与加固施工   │       │
└──────┬───────────┘       │
       │                     │
   ┌───┴────┐               │
   │        │               │
┌──┴──────┐ ┌┴──────────┐   │
│进一步工程 │ │边坡现场变形 │   │
│地质勘察  │ │监测      │   │
└──┬──────┘ └┬──────────┘   │
   │        │               │
   └───┬────┘               │
       │                     │
┌──────┴───────────┐       │
│   边坡岩体稳定性分析   │←──────┘
└──────┬───────────┘
       │
┌──────┴───────┐
│     结束      │
└──────────────┘
```

图 8.8 信息施工流程图

对于边坡的稳定性分析,应在实地工程地质勘察、试验的基础上进行地质、岩土体结构、参数的敏感性分析与经济技术分析,确定易突破的关键部位与结构,做到重点部位重点治理,据此制订优化合理的治理方案,选择高水平的施工力量施工,防患于未然。

信息设计与施工的关键是收集信息。信息的来源主要分两个阶段;一是勘察阶段,通过勘察信息确定初步设计方案和施工方法;二是施工阶段,收集施工期的进一步勘察、施工方法信息,进行反馈分析,必要时修正初步设计方案和施工方法,达到最优化的设计和施工方案。

实施信息施工,应做三方面的工作,即获取施工信息、信息分析和处理、指导施工。

通过开挖坡面和钻孔作业以及现场监测等途径获取施工信息在开挖时由专人记录岩体开挖暴露的节理、裂隙、密度、地下水等信息,现场测定必要的力学指标。在钻孔作业中可分析钻孔排出物,判断岩体深部岩性变化、深层地下水等信息。

对于开挖岩体的及时勘察和编录是信息施工的首要工作。对开挖后的岩体进行全面勘察,分析岩体的结构特征及对边坡稳定性的影响。同时还作现场取样,进行实验室测试,以进一步了解其岩性及结构面特征。

对获取的信息首先进行分类、整理、优化,然后通过相应的分析软件进行分析处理,根据得出的结论为下一步开挖施工提供决策依据。

边坡工程施工应根据信息分析处理结果改变开挖方法和加固方法。如边坡工程施工按逆作法进行施工,边坡岩体分多层开挖,在开挖上层并作锚喷网加固后,对边坡表面进行监测与观测。对锚杆做拉拔测试,根据施工后的各种信息决定下一步开挖与加固方案及施工应注意的问题。

（1）信息采集

信息采集系统通过设置于加固结构体系及与其相互作用的岩土体和相邻建筑物中（或周围环境）的监测系统进行工作,以获取加固结构的变形、加固结构的内力、岩土体变形、锚索锚杆变形与应力、相邻建筑（物）变形等信息。

（2）信息处理与反馈

采集到的数据应及时进行初步整理,并清绘各种测试曲线,以便随时分析与掌握加固结构的工作状态,对测试失误原因进行分析,及时改进与修正。信息的反馈主要通过计算机输入初步整理的数据,用预测程序进行系统分析。

根据处理过的信息,定期发布监测简报,若发现异常现象预示潜在危险时,应发布应急预报,并应迅速通报设计施工部门进行研究,对出现的各种情况作出决策,采取有效的措施,并不断完善与优化下一步设计与施工。信息施工技术框图如图8.9所示。

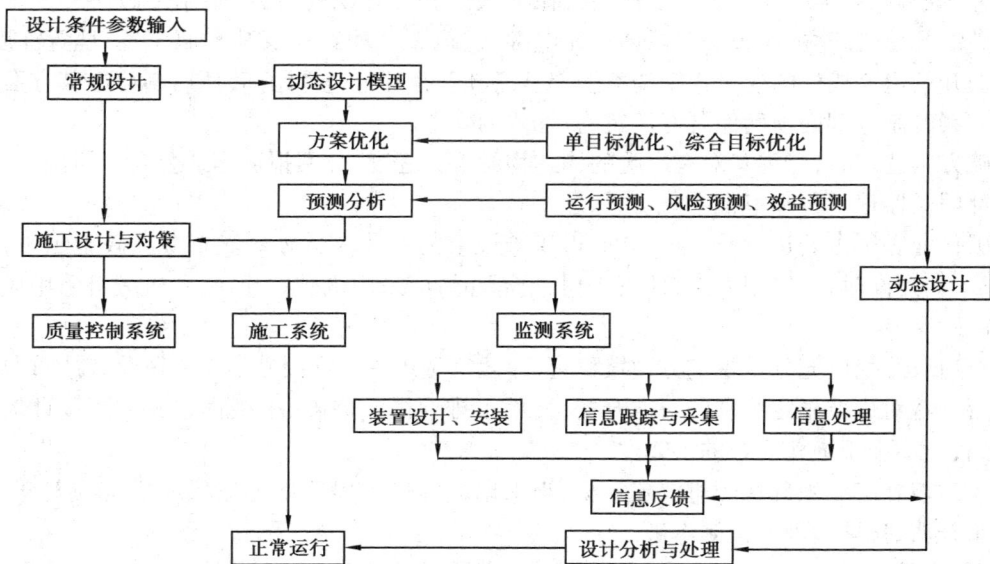

图8.9 信息施工技术框图

（3）信息施工技术内容

信息施工技术内容可归纳为以下几点:

①对加固结构体系设计方案全过程进行反演和过程优化。

②预测各因素对加固体系的影响及其权重和后果分析。

③做出施工方案可行性和可靠性评估。

④随施工过程做出风险评估和失控分析。

⑤提供决策依据,并提出相应措施。

（4）边坡信息施工要点

①边坡施工方案必须根据信息设计要求确定,做到开挖、加固和监测有机结合。

②为了减小爆破对人工边坡的破坏,边坡开挖时采用松动加预裂爆破或缓冲爆破。预裂爆破的主要目的不在于保持坡面多么光滑,而是减小爆破震动对坡面及岩体的破坏;在软岩中使用缓冲松动爆破,必须靠坡面顶留 2 m 以上的缓冲层,这样才能有效地阻隔振动波。缓冲层可用挖掘机的铲斗铲除。

③适时加固是信息设计和施工的重要原则之一,为了防止边坡开挖暴露时间过长而受雨水侵蚀,设计要求及时加固边坡,并提出低台阶(2.5 ~ 5 m)开挖、边开挖边加固的要求。

8.4   边坡工程爆破施工

8.4.1   边坡爆破施工的一般要求

边坡的开挖应根据岩石的工程地质分类、岩石的风化程度和节理发育程度等确定开挖方式。对于软石和强风化岩石,凡能用机械直接开挖的,均应用机械开挖;如这类石方数量不大,工期允许,也可以人工开挖。凡不能使用机械或人工直接开挖的石方,则用爆破法开挖。石方需用爆破法开挖的路段,应查明路段内有无电缆线、地下预埋管线及其平面位置、埋置深度,同时应调查开挖边界线外的建筑物结构类型、完好程度、距开挖边界距离,然后制订爆破方案。任何爆破方案的制订都必须确保既有建筑物、管线的安全。

爆破方案选定后,应视其对有影响的构造物的重要程度,分别报送当地公安部门、构造物行业主管部门及监理工程师审批。

爆破作业必须由经过专业培训、并取得爆破证书的专业人员施爆。石方爆破施工中,当工程量小、工期允许时,可采用人工打眼;工程量较大时,应采用机械钻孔,钻孔机械可采用风钻或凿岩机。

岩石边坡开挖应充分重视挖方边坡稳定,一般宜选用中小炮爆破。对于风化较严重节理发育或岩层产状对边坡稳定不利的石方开挖,宜用小排炮微差爆破,小型排炮药室距设计坡线的水平距离,应不小于炮孔间距的1/2。

开挖边坡外有必须确保的重要建筑物,当采用减弱松动爆破都无法保证建筑物安全时,可采用人工开凿、化学爆破或控制爆破。

在石方开挖区应注意施工排水,应在纵向和横向形成坡面开挖面,其纵坡应满足排水要求,以确保爆破的石料不受积水的浸泡。

《建筑边坡工程技术规范》(GB 50330—2002)对边坡爆破施工作了如下规定:

①岩石边坡开挖采用爆破法施工时,应采取有效措施避免爆破对边坡和坡顶建(构)筑物的损害。

②当地质条件复杂、边坡稳定性差、爆破对坡顶建(构)筑物震害较严重时,宜部分或全部采用人工开挖方案。

③边坡爆破施工应符合以下要求:

a.在爆破危险区应采取安全保护措施。

b.爆破前应对爆破影响区建(构)筑物做好监测点和建筑原有裂缝查勘记录。

c.爆破施工应符合边坡施工方案的开挖原则。当边坡扦挖采用逆作法时,爆破应配合台阶施工;当普通爆破危害较大时,应采取控制爆破措施。

d.支护结构坡面爆破宜采用光面爆破法。为避免爆破破坏岩体的完整性,爆破坡面宜预留部分岩层采用人工挖掘修整。

e.爆破施工应满足现行有关标准的规定。

④爆破影响区有建(构)筑物时,爆破产生的地面质点震动速度,对土坯房、毛石房屋不应大于 10 mm/s,对一般砖房、非大型砌块建筑不应大于 20~30 mm/s,对钢筋混凝土结构房屋不应大于 50 mm/s。

⑤对坡顶爆破影响范围内有重要建(构)筑物、稳定性较差的边坡,爆破震动效应宜通过爆破震动效应监测或试爆试验确定。

8.4.2 爆破器材

1)炸药

炸药的种类繁多,爆破工程中常用的有起爆炸药和主要炸药两类。

(1)起爆炸药

起爆炸药是一种爆炸速度极高的烈性炸药,爆炸可达 2 000~8 000 m/s,用以制造雷管。起爆炸药又可分为正起炸药和副起炸药。正起炸药对热能量和机械冲击能均具有强烈的敏感性,如雷汞、叠氮铅、黑索金、泰安等;副起炸药须由正起炸药起爆,其爆速甚高,可加强雷管的起爆能量,如三硝基甲硝胺、四硝化戊四醇等。

(2)主要炸药

用以对岩石或其他介质进行爆炸的炸药称为主要炸药。他的敏感性较低,要在起爆炸药强力的冲击下才能爆炸。边坡工程中常用的主要炸药成分和性能如表 8.2 所示。

表 8.2 炸药分类表

类别名称	炸药名称和型号		说 明
硝铵类炸药(主要成分:硝酸铵)	铵梯炸药(以TNT为敏感剂)	岩石铵梯炸药 2 号,3 号,2 号抗水,4 号抗水	公路工程常用岩石2 号,怕潮
		落天铵梯炸药 1 号,2 号,3 号,2 号抗水	
		煤矿许可铵梯炸药 2 号,3 号,2 号抗水,3 号抗水(安全炸药)	
	铵梯油炸药 2 号,2 号抗水,3 号抗水		
	铵松蜡炸药 1 号,2 号		
	多孔粒状铵油炸药		
	铵油炸药 1 号,2 号,3 号		

续表

类别名称	炸药名称和型号		说　明
硝铵类炸药（主要成分:硝酸铵）	乳化炸药	岩石乳化炸药	
		露天乳化炸药	
		煤矿许用乳化炸药	
铵类炸药	乳炸药		
硝化甘油类炸药	胶质硝化甘油炸药	1号普通,1号普通	爆炸威力大,危险性大
		1号难冻,2号难冻	适用于硬岩石或水下
芳香族硝基炸药	TNT(或称之硝基甲苯)		是一种烈性炸药
	苦味酸(或称黄色炸药)		价格昂贵,爆炸后产生有毒气体
黑火药	爆破用黑火药		适用于开采石料

2)雷管

雷管是用来起爆炸药的,按点火方式分电雷管与火雷管。用导火索引爆的雷管叫做火雷管,除有沼气的地方和矿井中不可用外,可用于一般的爆破工程,使用中应注意纸壳雷管的防潮。电雷管的构造与火雷管基本相同,只是增加了一个电气点火装置,根据雷管中主装药量不同分为6号和8号两种。

延期电雷管与瞬发电雷管的不同点只是延期电雷管在电气点火装置与起爆炸药之间有一段缓燃导火索,根据导火索燃烧时间不同,延长起爆时间也不同,延长时间以秒、毫秒计。

一个作业面需要同时起爆的,可用瞬发电雷管;要不同时间爆炸,制造临空面以扩大爆破效果时,可用延期电雷管。

3)导火索和火花起爆

导火索以火点燃,用以引爆火雷管或黑火药包。按燃烧速度分为普通导火索和缓烧导火索,每米燃烧时间分别为 $100 \sim 125$ s与 $180 \sim 215$ s。

火花起爆法是利用导火线燃烧引爆雷管,从而成为药包爆炸的一种起爆方法。

4)导爆索起爆法

导爆索的索芯用高级烈性炸药制成,按其包缠结构分棉线导爆索和塑料导爆索。由于导爆索着火较困难,使用时,需在药室外的一段导爆线上捆扎一个8号雷管来起爆,由于爆速快,每秒可达6 000多米,故适用于深孔、洞室爆破。

5)塑料导爆管非电起爆法

塑料导爆管由高压聚乙烯制成,内、外径分别为1.4 mm和3 mm的软管,内装混合炸药,药量为 $14 \sim 16$ mg/m。国产塑料导爆管爆速为 $1 600 \sim 2 500$ m/s,可用雷管、导爆索、火帽、引火头等产生冲击波的器材激发,通过塑料导爆管传递到雷管,使雷管激发而起爆。

起爆网络与药包的连接方式,有并联、串联、簇联和复式连接法等。由于该起爆法具有抗杂电、操作简便、使用安全、成本较低等特点,有逐渐替代导火索和导爆索起爆法的趋势。

8.5　边坡工程的施工组织设计

8.5.1　施工组织设计任务和内容

边坡工程的施工组织设计是施工过程中十分重要和复杂的工作,是指导边坡工程施工的重要技术环节,是合理组织施工和加强企业管理的重要措施,其目的是保证工程按设计要求的质量和计划进度合理地设计预算,安全、优质、高效地完成施工任务。施工组织设计贯穿于准备阶段、施工阶段到竣工验收阶段的整个过程。编制边坡施工组织设计时,遵循管理出效益、管理是科学的原则,应考虑边坡的规模、工期要求、地质条件和当地自然条件等,确定合理的施工方法和切合实际的施工进度计划。

边坡施工组织设计工作的核心任务是:在边坡施工建设过程中,充分运用科学技术,努力创造良好的施工条件,改善恶劣的施工环境,不断提高施工技术水平,以实现合同对工程质量、安全生产、文明施工及工期等方面的要求。编制边坡施工组织设计,应包括工程概况,场地条件,施工方法,工区划分,场地布置,进度计划,工程数量,人员配备,主要材料,机械设备,电力和运输以及安全、质量、环保、技术、节约等主要措施内容。

边坡施工组织设计是组织施工的基本文件。它是根据设计文件要求、边坡工程特点、现场地质情况、周围环境、施工技术装备和施工力量、工期要求等技术与经济因素,在确保安全、经济的前提下编制而成。通过施工组织设计确定合理的施工方法,对整个工程施工过程做出全面、科学的规划和部署,并制订出工程所需的投资、材料、机具、设备、劳动力等的相应计划,并提出组织措施和对可能出现问题的对策等,确保边坡施工顺利进行。

边坡工程的施工组织设计应包括下列基本内容:

①工程概况:边坡环境和邻近建(构)筑物基础概况、场区地形、工程地质与水文地质特点、施工条件、边坡支护结构特点和技术难点。

②施工组织管理:组织机构图和职责分工,规章制度和落实合同工期。

③施工准备:熟悉设计图、技术准备、施工所需的设备、材料进场、劳动力等计划。

④施工部署:平面布置、边坡施工的分段分阶、施工程序。

⑤施工方案:土石方和支护结构施工方案、附属构筑物施工方案、试验与监测。

⑥施工进度计划:采用流水作业原理编制施工进度、网络计划和保证措施。

⑦质量保证体系和措施。

⑧安全管理和文明施工。

另外,当边坡施工采用信息施工法时,边坡工程组织设计应反映信息施工法的特殊要求。

8.5.2　施工组织设计编制原则

边坡工程施工组织编制原则为:

①保证重点、统筹兼顾。

②采用先进技术、保证施工质量。

③科学安排施工计划、组织连续、均衡施工。

④严格遵守施工规范、规程和制度。

⑤因地制宜、扬长避短。

编制施工组织设计要遵守一定的程序，要按照施工的客观规律，协调和处理好各个影响因素的关系，用科学的方法进行编制。

8.5.3 施工组织设计的编制

1)施工方案的选择和制订

（1）选择和制订施工方案的目的和要求

编制施工组织设计首先遇到的问题就是选择和制订施工方案，这个问题不解决，施工组织设计乃至以后的施工工作就不可能进行。所以，施工方案的优劣，在很大程度上决定了施工组织设计质量的好坏和施工任务能否圆满完成。

选择和制订施工方案，首先需要考虑其是否可行，同时还要做到技术先进、经济合理、施工安全。所谓可行就是指施工方案能从实际出发，符合当前实际情况，有实现的可能性；技术先进是指能尽量采用降低施工费用的一切正当、有效的措施，挖掘潜力，使施工费用降至最低限度施工安全则是指施工方案符合安全规程，有保证安全的技术组织措施。以上几点在选择和制订施工方案时应全面权衡、通盘考虑。

（2）施工方法的确定

施工方法是施工方案的核心内容，对工程的实施具有决定性的作用。确定施工方法应突出重点，凡是采用新技术、新工艺和对本工程质量起关键作用的项目，以及工人在操作上还不够熟练的项目，应详细而具体，不仅要拟定进行这一项目的操作过程和方法，而且要提出质量要求，以及达到这些要求的技术措施；并要预见可能发生的问题，提出预防和解决这些问题的办法。对于一般性的工程和常规施工方法则可适当简化，但要提出工程中的特殊要求。

确定施工方法，应考虑工程项目的特点，结合现场一切有关的自然条件和施工单位拥有的工程经验和设备，吸收国内外同类工程成功的施工方法和先进技术，以达到施工快速、经济和优质的目的。

（3）施工作业方法和顺序

施工作业方法是决定施工劳动组织和施工顺序的依据。在编制施工组织设计时，研究和确定施工作业方法是一项非常重要的工作。

工程多采用流水作业法和网络计划法进行施工。

施工顺序的安排应根据现有技术经济条件、组织管理水平、水文气象资料、施工质量及安全要求，以及其他有关影响因素进行综合考虑，按最优顺序进行。原则上应做到以下几个方面：

①尽量安排流水作业或部分流水作业，以充分发挥劳动力和机具的效率。

②尽量减少工人和机械的停歇时间，以加快进度。

③减少或避免各作业之间的相互干扰，以保证施工作业顺利进行。

④尽量防止自然条件对施工的不利影响，以确保施工质量和施工安全。

2) 施工进度及资源调配计划的编制

（1）施工进度计划

施工进度计划是施工组织设计中最重要的组成部分，必须配合施工方案的选择进行安排。它是劳动力组织、机具调配、材料供应以及施工布置的主要依据，一切施工组织设计都是围绕施工进度计划来进行的。

编制施工进度计划的目的是要确定各个项目的施工顺序，开工、竣工日期，一般以月为单位进行安排，据此计算人力、机具、材料等的分期（月）需要量，进行整个施工场地的布置和编制施工预算。

施工进度计划一般用图示法表现，通常采用横道图，它的形式简单、醒目、易绘制、易懂；还可以在施工过程中在同一图上描绘实际进度，与计划进度相对比。当工程项目及工序比较简单，它们之间的关系也不太复杂，工序衔接及进度安排凭已有施工经验即可确定时，可以直接绘制横道图进度计划。当工程项目以及它们之间的相互关系比较复杂、各工序的衔接及进度安排有多种方案需进行比较时，则要用网络图求得最优先计划，再整理绘制成横道进度图。

（2）劳动力需要量计划

施工进度计划所反应的劳动力调配情况，是检查施工进度安排是否合理的标志之一。劳动力的调配一般应遵循这样的规律：开始时调少量工人进入工地做准备工作，随着准备工作的进展，进入工地的工人数量陆续增加，到工程全面开展时，工人人数增加到计划需要量的最高额，然后尽可能保持人数稳定，直到工程主要部分完成后，工人逐步分批撤离工地，最后只留少量工人完成收尾工作。劳动力调配时尽可能避免工人数量骤增骤减或时增时减，否则会增加劳动力调遣费，增加临时工程，增多工具设备，增加生活供应的工作量以及增加施工管理费。

根据施工进度计划图，可以计算出各个时期所需劳动力人数，绘制劳动力调配图（通常与进度相对应，共同绘在一张图上），从图形上可以看出施工计划安排是否合理。如果劳动力调配图出现不合理情况，应该重新修改施工进度计划，有时需要反复修改多次，才能求得比较合理的方案。采用网络图制订计划时，则可以通过优化计划来求得合理方案。

（3）施工机具、设备计划

依据已确定的施工方法、施工程序及施工进度计划，在选定施工机具的种类、规格、数量的同时，还要确定所需机具的进场、退场时间，机具设备计划应该详细地反映这些内容（通常用表格列出）。

机具、设备的进场时间及数量，原则上也应同劳动力计划一样，不可时增时减，还应注意避免进场后长期停置不用。

（4）施工材料供应计划

材料供应计划是根据施工进度计划编制的。根据进度计划中每月计划完成的各项工程量，所需耗用的各种材料数量即可求得。但材料供应计划中分期供应的材料数量，并不一定等于分期需要的耗用量，在编制材料供应计划时，还应考虑以下因素来计算分期供应量。

①凡属国家或地区统一分配的物资，其供应情况往往要受分配指标、分配时间的控制，因而供应计划也必须与之相适应，有时甚至要因此相应调整施工进度计划。

②市场采购的材料，要根据市场供求情况和采购的难易程度来制订供应计划。

③应考虑运输有无季节性限制，如雨季、冬季不能运输时，则这时需用的材料，应提前供应和储备。

④材料供应计划的分期供应数量＝计划期需要耗用的数量－前期库存储备的数量＋为下期提前储备的数量。

（5）场外运输计划

将各种物资从产地或交货地点运到工地仓库、料场，称为场外运输。场外运输计划应解决的主要问题是正确选择运输方式及运输工具，以达到降低成本和加速工程进度的目的。

8.5.4　施工现场规划和场地布置

1）施工现场规划和场地布置的原则

施工现场规划和场地布置是施工组织设计的基本内容之一，需要考虑的问题很多、很广泛、也很具体。它是一项实践性、综合性很强的工作，只有充分掌握现场的地形、地物，熟悉了现场周围环境和其他有关条件，并对工程情况有一个清楚与正确的认识后，才能做到统筹规划，合理布局。在场地规划和布置时一般应遵循以下原则：

①应尽量不占、少占或缓占农田，充分利用山地、荒地，重复使用空地，在弃土、清理场地时，有条件的应结合施工造田和复田。

②尽量降低运输费用，保证运输方便、减少和避免二次搬运。为了缩短运输距离，各种物资按需要分批进场，弃土场、取土场布置尽量靠近作业地点。

③尽量降低临时建筑费用，充分利用原有房屋、管线、道路和可以缓拆或暂不拆除的前期临时建筑，为施工服务。

④以主体工程为核心，布置其他设施，要有利生产、方便生活，临时设施建筑不应影响主体工程施工进展，工人在工地上往返时间短。居住区和施工区距离要近，居住区应水源充足且清洁。

⑤遵循技术要求，符合劳动保护和防火要求。如人员与其他设施距离爆破点的直线距离不得小于规定的飞块、飞石的安全距离等。

⑥施工指挥中心应布置在适中位置，既要靠近主体工程，便于指挥，又要靠近交通枢纽，方便内外交通联系。

施工现场规划和场地布置情况应以场地平面布置图表示出来。在施工场地平面布置图内应示出工程的平面位置，场地内需要修建的各项临时工程和露天料场、作业场的平面位置和占地面积，以及场地内各种运输线路，包括由场外运送材料至工地的进出口线路。

2）材料加工及机械修配场地的规划和布置

施工单位为满足本身的需要，应设置采石场、采砂场、混凝土构件预制场、金属加工厂、机械修配厂等。

对于预制场，一般宜设在工地，以减少构件的运输；对于砂石材料开采场，宜设在材料产地；如有两个或以上的产地可供选择时，选择的条件首先是材料品质要符合设计要求，其次是运输距离要近，再次是开采的难易程度、成材率的高低；要加以综合考虑，做出综合经济分析；对于材料加工场地，则一般宜设在原材料产地较为有利。

3）工地临时房屋的规划与布置

工地临时房屋主要包括施工人员居住用房、办公用房、食堂和其他生活福利设施用房，以及实验室、动力站、工作棚和仓库等。这些临时房屋应建在施工期间不被占用、不被水淹、不被坍塌方影响的安全地带。现场办公用房应建在靠近工地，且受施工噪声影响小的地方；工人宿舍、文化生活用房，应避免设在低洼潮湿、有烟尘和有害健康的地方；此外，房屋之间还应按消防规定相互隔离，并配备灭火器。

减少临时房屋费用，是施工组织设计的目标之一，应做周密的计划安排，并应采取以下各项措施：

①提高机械化施工程度，减少劳动力需要量。合理安排施工，使施工期间的劳动力需要量均匀分布，避免在某一短时期工人人数出现突出的高峰，这样可以减少临时房屋的需要量。

②尽量利用居住在工地附近的劳动力，因而可以省去这部分人的住房。

③尽量利用当地可以租用的房屋。

④如设计中需要修建将来管、养道路的房屋，应尽可能提前修建，以便施工期间可以利用。

⑤房屋构造应简单，并尽量利用当地材料。

⑥广泛采用能多次利用的装配式临时房屋。

4）工地仓库及料场布置

工地储存材料的设施，一般有露天料场、简易料棚和临时仓库等。易受大气侵蚀的材料，如水泥、铁件、工具、机械配件及容易散失的材料等，宜储存在临时仓库中；钢材、木材等宜设置简易料棚堆放；砂、石、石灰等一般是露天料场中堆放。

仓库、料棚、料场的设置位置，必须选择运输及进出料都方便，而且尽量靠近用料最集中、地形较平坦的地点。设计临时仓库、料棚时，应根据储存材料的特点，进料、出料的便利，以及合理的储备定额，来计算需要的面积。面积过大增加临时工程费用，过小可能满足不了储备需要及增加管理费用。

材料必须有适当的储备量，以保证施工能不间断地进行。但过多的储备要多建仓库和多积压流动资金，而且像水泥这类材料，储存过久会导致受潮结块及强度降低，从而影响工程质量，或者需降低等级使用，甚至使材料报废，所以，应正确决定适当的储备量。

5）施工场内运输的规划

在工地范围内，从仓库、料场或预制场等地到施工点的料具、物资搬运，称为场内运输。场内运输方式应根据工地的地形、地物，材料在场内的运距、运量，以及周围道路和环境等因素选择。如果材料供应运输与施工进度能密切配合，做到场外运输与场内运输一次完成，即由场外运来的材料直接运至施工使用地点；或场内外运输紧密衔接，材料运到场内后不存入仓库、料场，而由场内运输工具转运至使用地点，这是最经济的运输组织方法。这样可节省工地仓库、料场的面积，减少工地装卸费用。

当某些工程的用料数量较大，而运输路线又固定不变时，采用轨道运输是比较经济的。

当用料地点比较分散，运输线路不固定，特别是运输线路中有长下坡及急转弯等情况时，可采用汽车运输。采用汽车运输时，道路应与材料加工厂、仓库的位置结合布置，并与场外道路衔接；应尽量利用永久性道路，提前修建永久路基和简易路面；必须修建临时道路时，要把仓库、施工点贯穿起来，按货流量大小设计其规格，末端应有停车场，并避免与已有永久性铁路、公路交叉。

一些零星的运输工作，不可能或不必要采用上述运输方法的，有时要利用手推车运输，即使在机械化程度很高的工地，这种简单的运输工具也有发挥作用之处。

6）工地供电的规划

工地用电包括各种电动施工机械和设备的用电，以及室内外照明的用电。工程施工离不开用电，做好工地供电的组织计划，对保证施工的顺利进行有着密切的关系。

工地用电应尽可能利用当地的电力供应，从当地电站、变电站或高压电网取得电能。当地没有电源、或电力供应不能满足施工需要的情况下，则要在工地设置临时发电站；最好选用两个来源不同的电站供电或配备小型临时发电装置，以免工作中偶然停电造成损失；同时，还要注意供电线路、电线截面、变电站的功率和数目等的配置，使它们可以互相调剂不致因为线路发生局部故障而引起停电。

用电安全是供电组织计划中必须考虑的问题，应符合有关用电安全规程的要求。临时变电站应设在工地入口处，避免高压线穿过工地。自备发电站应设在现场中心，或主要用电区，供电线路不宜与其他管线同路或距离太近。

7）工地供水的规划

工程施工离不开水，施工组织设计必须规划工地临时供水问题，确保工地用水和节省水费用。

工地用水分生产用水和生活用水，两者均应符合水质要求，否则应设置处理设施进行过滤、净化等处理。工地供水设施包括水泵站、水塔或贮水池，以及输水管、线路等。布置施工场地时，应尽量使得用水工作地点相互靠近，并接近水源，以减少管道长度和水的损失。

8.6　边（滑）坡工程监测

8.6.1　监测的作用

1）边（滑）坡勘察的手段之一

监测是勘察的手段之一，为勘察提供定量数据，帮助查明滑坡性质，为预防和治理滑坡提供资料。

监测的内容包括：

①确定发育尚不完全的滑坡周界。

②确定滑坡可能扩大的范围。

③确定滑坡区内各个滑动块体的分界。

④确定滑坡的滑动方向和主滑线的位置。

⑤确定正在滑动的滑动面位置。

⑥测定滑坡的滑动速度和滑距。

⑦为滑坡各部分的受力关系提供资料。

⑧研究滑坡的位移与各作用因素（如降水、冲刷、切割、地下水变化、振动等）的关系，为防治工程设计提供依据。

2）保障治理工程施工期间的施工安全

工程施工中总会或多或少地改变滑体原有的状态，如支挡工程开挖基坑，有可能减小原有的稳定系数,因而通过监测掌握滑坡动态,既可防止滑坡破坏已成的建筑物,又可及时进行险情预报,防止造成事故,保障人身安全。

3）监测治理工程的效果

滑坡治理之后,工程是否发挥了作用,何时滑坡能够完全稳定,以便修复滑坡区已坏建筑物和修建新的建筑物,通过监测才能提供可靠的资料。有些大型滑坡必须分期进行治理,在第一期工程完成后,也需通过监测才能决定后续工程的施工。

4）监测、预警危险滑坡,防止灾害

对不宜处理或十分危险的滑坡,监测其动态,及时报警,防止造成灾害。

8.6.2　监测的内容和方法

边坡处治监测包括施工安全监测、处治效果监测和动态长期监测,一般以施工安全监测和治理效果监测为主。

施工安全监测是在施工期对边坡的位移、应力、地下水等进行监测,监测结果作为指导施工、反馈设计的重要依据,是实施信息化施工的重要内容。施工安全监测将对边坡体进行实时监控,以了解由于工程扰动等因素对边坡体的影响,及时指导工程实施、调整工程部署、安排施工进度等。边坡施工安全监测包括地面变形监测、地表裂缝监测、滑动深部位移监测、地下水位监测、孔隙水压力监测、地应力监测等内容。

目前,边坡工程监测技术方面,我国正由过去的人工监测手段过渡到仪器监测,又正在向自动化、高精度及远程系统发展。

边坡监测的具体内容应根据边坡的等级、地质及支护结构的特点进行考虑。通常对于一类边坡治理工程,建立地表和深部相结合的综合立体监测网,并与长期监测相结合;对于二类边坡治理工程,在施工期间建立安全监测和防治效果监测点,同时建立以群测为主的长期监测点;对于三类边坡治理工程,建立群测为主的简易长期监测点。

一般情况下,边坡监测内容分类见表8.3。

表8.3　边坡监测项目分类

序　号	监测项目	监测内容
1	监测裂缝	地表裂缝监测;建筑物裂缝监测
2	位移监测	地表位移监测;地下位移监测
3	滑动面监测	滑动面位置测定
4	地表水监测	自然沟水的观测;河、湖、水库水位观测;湿地观测
5	地下水监测	钻孔、井水的观测;泉水监测;孔隙水压力监测
6	降水量监测	降雨量、降雪量监测
7	应力监测	滑带应力监测;建筑物受力监测
8	宏观变形迹象监测	

在边坡工程中监测的方法主要采用了简易观测法、设站观测法、仪表观测法和远程监测法

4 种类型的监测方法。

1)简易观测法

简易观测法是通过人工观测边坡工程中地表裂缝、地面鼓胀、沉降、坍塌、建筑物变形特征(发生和发展的位置、规模、形态、时间等)及地下水位变化、地温变化等现象。

(1)裂缝监测

裂缝上设置简易玻璃条、水泥砂浆片、贴纸片,在岩石、陡壁面裂缝处用红油漆画线作观测标记,在陡坎(壁)软弱夹层出露处设置简易观测标桩等,定期用各种长度量具测量裂缝长度、宽度、深度变化及裂缝形态、开裂延伸的方向。简易观测法对于发生病害的边坡进行观测较为适合,对滑塌和滑坡的宏观变形迹象和与其有关的各种异常现象进行定期的观测、记录,从宏观上掌握崩塌、滑坡的变形动态和发展趋势。该法也可以结合仪器监测资料综合分析,初步判定崩滑体所处的变形阶段及中短期滑动趋势。即使是采用先进的仪表观测方法监测边坡体的变形,该方法仍然是不可或缺的观测方法。

还可以在滑坡周界两侧选择若干个点,在动体和不动体上各打入一根桩(木桩或钢筋),埋入土中的深度不小于 1.0 m,桩顶各钉一小钉或作十字标记。定时用钢尺测量两点间的距离,即可求出两桩间距的变化,如图 8.10(a)所示。若在不动体上设两个桩,滑动体上设一个桩,形成一个三角形,从三边长度变化可求出滑动体的移动方向和数量。

一般在滑坡主轴断面上的后壁和前缘出口处应设两组桩,以便测出滑坡的绝对位移值和平均位移速度。图 8.10(b)所示为标尺测量法,即在两观测桩露出地面的部分刻上标尺(或另加标尺),一个水平,一个垂直,设桩后测出其初始读数,以后随时测记水平和垂直尺上的读数,不用另外丈量即可求出滑动体的水平位移和垂直升降值。

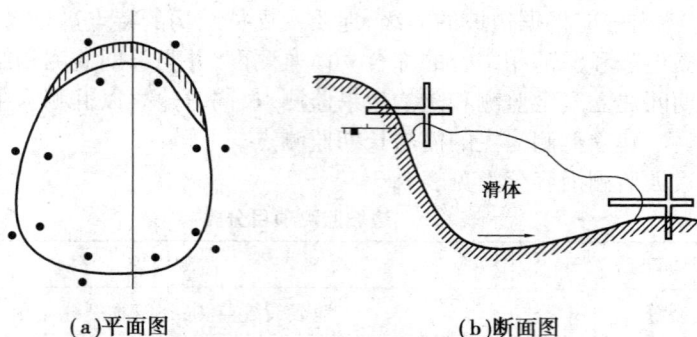

(a)平面图　　　　　　　　　(b)断面图

图 8.10　简易监测桩示意图

为了能同时测出滑动体的位移大小和方向,还可在不动体上水平打入一根桩,测量时在桩上吊一垂球,垂球下的动体上设一混凝土墩,墩顶面画上方格坐标,即可测出移动的数值和路径。若垂球线长度固定,还可大致测出滑动体的沉降量。

建筑物上的裂缝监测可以在裂缝两侧设固定点(如涂油漆)用尺量距,也可在缝上贴水泥砂浆片(贴片处必须清洗凿毛以便粘贴牢固),观测水泥砂浆片被拉裂、错开等情况,如图 8.11所示。

滑坡裂缝和位移监测,国外广泛地使用滑坡记录仪(也叫伸缩计、滑坡计),如图 8.12 所示。它是一个带计时钟的滚筒记录装置,固定在裂缝外的不动体上,滑体上设观测点,观测点与记录仪之间的距离以 15 m 左右为宜,中间拉一铟钢丝(如 $\phi 0.5$ mm),铟钢外应设塑料管或木槽保护以防动物碰撞。位移随时间的变化记录在记录纸上,一周或一月换一张记录纸,可连续记录。此记录仪还可带报警器,当位移达到规定数值时,自动报警。

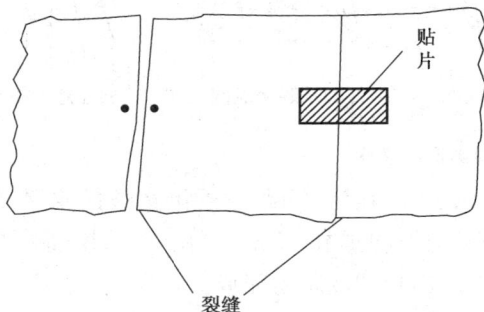

图 8.11　建筑物裂缝贴片监测

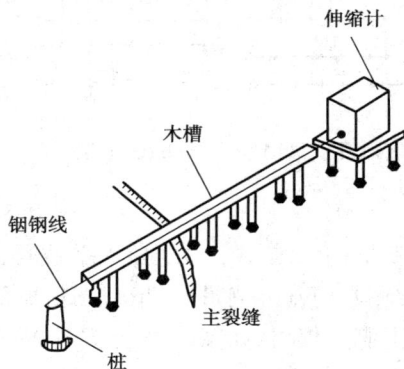

图 8.12　滑坡自动记录仪

滑坡记录仪既可作裂缝观测,又可作滑坡位移观测。为了掌握整个滑坡各部分的变化,可沿主轴线布设若干台,以便连续记录和分析。

(2)地下水动态监测

监测内容有:井和钻孔中水位升降变化的观测;泉、沟、洞中水流量变化观测;水温变化观测,水质变化的试验和分析。

①水位观测:

a. 简易方法。用测绳和测水钟进行定时观测和记录,每次观测应固定在井口的同一位置。

b. 自动观测法。用自记水位计观测,可连续记录水位随时间的变化关系。

②流量观测:

a. 小流量可用杯(或桶)与秒表测量。

b. 流量大的泉、沟、洞中水可用三角堰进行测定。对自然沟水应在其上、中、下游的不同地点测量,以了解其漏失情况。

③水温观测:泉、沟、洞和溢出地表的钻孔中水,可用一般温度计测量,井和钻孔中的水温用缓变温度计测量,入水时间不少于 10 min。

④水质化验:一般只在雨季前、中、后期取样化验其离子含量的变化。

2)设站观测法

设站观测法是指在充分了解了工程场区的工程地质背景的基础上,在边坡体上设立变形观测点(成线状、格网状等),在变形区影响范围之外稳定地点设置固定观测站,用测量仪器(经纬仪、水准仪、测距仪、摄影仪及全站型电子速测仪、GPS 接收机等)定期监测变形区内网点的三维(X、Y、Z)位移变化的一种行之有效的监测方法。此法主要指大地测量、近景摄影测量及 GPS 测量与全站式电子速测仪设站观测边坡地表三维位移的方法。

图 8.13 为观测网示意图,各有其适用的地形地貌条件,不需繁杂计算。

(1)大地测量法

常用的大地测量法主要有两方向(或三方向)前方交会法、双边距离交会法,视准线法、小角法、测距法、几何水准测量法以及精密三角高程测量法等。常用前方交会法、距离交会法监测

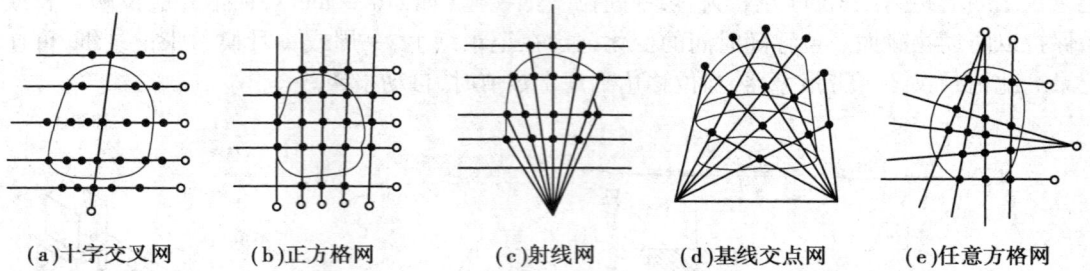

(a)十字交叉网　　　(b)正方格网　　　(c)射线网　　　(d)基线交点网　　　(e)任意方格网

图 8.13　观测网类型示意图

边坡变形的二维(X、Y 方向)水平位移;常用视准线法、小角法、测距法观测边坡的水平单向位移;常用几何水准测量法、精密三角高程测量法观测边坡的垂直(Z 方向)位移,采用高精度光学和光电测量仪器,如精密水准仪、全站仪等仪器,通过测角和测距来完成。

大地测量法有如下优点:

①能确定边坡地表变形范围。在边坡工程监测的初期,监测的重点部位往往难以确定,甚至事与愿违,埋设监测仪器的地方无变形,没有埋设仪器的地方反而不稳定。因此,对于地面变形的监测,确定变形的范围是当务之急,往往采用大地测量方法方可奏效。这是因为大地测量方法不仅可以对重点部位进行定点变形监测,而且监测面积广,可以有效地监测确定边坡变形状态。

②量程不受限制。大地测量法不受量程的限制,这是因为大地测量法是设站观测,仪器量程能满足边坡变形监测,可以观测到边坡变形演变的全过程。若采用仪表观测法,所埋设的仪器都存在受量程限制的问题。当变形量较大时,往往超过仪器的量程,使得监测中断,这种情况在滑坡监测中时有发生。

③能观测到边坡体的绝对位移量。大地测量方法是以变形区外稳定的测站为基准(或参照物)进行观测,能够直观测定边坡地表的绝对位移量,掌握整体变形状态,为评估边坡的稳定性提供可靠依据。

由于大地测量方法具有上述优点,所以在边坡工程的地表监测中占主导地位。目前边坡工程监测中,由于全站测量技术与计算机技术结合在一起,精度较高,一般全站仪在毫米级,有的可达亚毫米级;三维测量同时提供点位坐标和高程;测量数字化和计算机技术结合形成系统,实时性强;一机多测点,效率高。但是,大地测量法也受到地形通视条件限制和气象条件(如风、雨、雾、雪等)的影响,工作量大,周期长,连续观测能力较差。

(2)GPS(全球定位系统)测量法

GPS 测量法的基本原理是用 GPS 卫星发送的导航定位信号进行空间后方交会测量,确定地面待测点的三维坐标。将 GPS 测量法用于边坡工程监测有以下优点:

①观测点之间无需通视,选点方便。

②观测不受天气条件的限制,可以进行全天候的观测。

③观测点的三维坐标可以同时测定,对于运动的观测点还能精确测出它的速度。

④在测程大于 10 km 时,其相对精度可达到 $5 \times 10^{-6} \sim 1 \times 10^{-6}$,甚至能达 10^{-7},优于精密光电测距仪。

GPS 测量法适用于边坡体地表的三维位移监测,特别适合处于地形条件复杂、起伏大或建筑物密集、通视条件差的边坡监测。

GPS 接收机发展很快,更新速度极快。新一代的 GPS 接收机具有质量轻、体积小、耗电少、智能化的快速静态定位等特点。其发展趋势是测量精度和性能将不断提高,应用面会不断扩大。近年来,我国开发和应用 GPS 技术的势头发展很快,已经从理论研究走向实用阶段。工程实践证明,GPS 定位精度可达毫米级,完全适用于边坡工程的位移监测。

(3)近景摄影测量法

近景摄影测量法是把近景摄影仪安置在 2 个不同位置的固定测点上,同时对边坡范围内观测点摄影构成立体像对,利用立体坐标仪量测像片上各观测点三维坐标的一种方法。其周期性重复、摄影方便、外业省时省力,可以同时测定许多观测点在某一瞬间的空间位置,并且所获得的像片资料是边坡地表变化的实况记录,可随时进行比较。目前,采用近景(一般指 100m 以内的摄影距离)摄影方法进行滑坡变形测量时,在观测的绝对精度方面还不及某些传统的测量方法,而对于滑坡监测中,可以满足崩滑体处于速变、剧变阶段的监测要求,即适合危岩临空陡壁裂缝变化(如链子崖陡壁裂缝)或滑坡地表位移量变化速率较大时的监测。

3)仪表观测法

仪表观测法是指用精密仪器、仪表对变形斜坡进行地表及深部的位移、倾斜(沉降)动态,裂缝相对张、闭、沉、错变化及地声、应力应变等物理参数与环境影响因素进行监测。目前监测仪器的类型,一般可分为位移监测、地下倾斜监测、地下应力测试和环境监测 4 大类。按所采用的仪表不同可分为机械式仪表观测法(简称机测法)和电子仪表观测法(简称电测法)。其共性是监测的内容丰富、精度高(灵敏度高),测程可调,仪器便于携带;可以避免恶劣环境对测试仪表的损害,观测成果直观、可靠度高,适用于斜坡变形的中、长期监测。

电测法往往采用二次仪表观测,将电子元件制作的传感器(探头)埋设于边坡变形部位,通过电子仪表(如频率计之类)测读,将电信号转换成测读数据的方法。该方法技术比较先进,原理和结构比机测仪表复杂,监测内容比机测法丰富。仪表灵敏度高,也可进行遥测,适用于边坡变形的短期或中期监测。

从适用条件考虑,电子仪表对使用环境要求相对较高。电子仪表往往不适应在潮湿、地下水浸湿、酸性及有害气体的恶劣环境条件下工作。观测的成果资料不及机测可靠度高,其主要原因如下:

①传感器长期处于野外恶劣环境中工作,防潮和防锈问题不能完全解决。
②测试仪表电子元件易老化,长期稳定性差,携带防震性差。

因此,选用电测仪表时,一定要具有防风、防雨、防腐蚀、防震、防雷电干扰等性能,并与监测的环境相适应,以保障仪器、仪表的长期稳定性及监测成果资料的可靠度。

一般而言,精度高、测程短的仪表适用于变形量小的边坡变形监测;精度相对低、测程范围大、量测范围可调的仪表适用于边坡变形处于加速变形或临崩、临滑状态时的监测。为了增加边坡工程研究的可靠性和直观性,将机测和电测相结合使用,互相补充和校核,效果最佳。

4)远程监测法

伴随着电子技术及计算机技术的发展,各种先进的自动遥控监测系统相继问世,为边坡工程,特别是边坡崩塌和滑坡的自动化连续遥测创造了有利条件。电子仪表观测的内容,基本上能实现连续观测,自动采集、存储、打印和显示观测数据。远距离无线传输是该方法最基本的特点,由于其自动化程度高,可全天候连续观测,故省时、省力和安全,是当前和今后一个时期滑坡监测发展的方向。

目前,从远程监测的使用情况也反映出一些弱点:传感器质量仍不过关,仪器的组(安)装工艺和长期稳定性较差,运行中故障率高,很难适应野外恶劣的监测环境(如风、雨、地下水侵蚀、锈蚀、雷电干扰、瞬间高压等),数据传输时有中断,可靠度也让人难以置信,同样在经济上也较为昂贵,至少在短期内尚难以适用于边坡工程的监测。

5)测量机器人监测系统

随着电子技术和微处理技术的日益发展,自动化程度愈来愈高。国内外学者研制出测量机器人监测系统,具有自动识别目标的 ATR(Automatic Target Recognition)功能,能自动搜索、照准目标、实现角度、距离的全自动化测量,从而改进传统的变形监测方法、完善传统的变形监测理论、减轻劳动工作强度等。

该系统由监测站、控制机房、基准点与变形点构成。

6)自动化监测网(3S 技术)

近年来由于地理信息系统(Geography Information System,GIS)和全球卫星定位系统(Global Positioning System,GPS)问世,自动化监测技术又有了很大的发展。在 GIS 支持下,融 GPS、遥感(Remote Sensing,RS)以及常规检测手段为一体,可建立完整的变形监测系统称为 3S 工程。

另外,光纤监测技术也在边(滑)坡中得到应用。光纤监测技术具有多路复用分布式、长距离、实时性、精度高和长期耐久等特点。与常规滑坡监测技术相比,光纤技术的主要优势是价格低廉、监测时间短、数据提供快捷、可遥测等特点,通过合理的布设,可以方便地对目标体的各个部位进行监测,光纤技术还存在抵抗破坏能力较弱、量程小的缺点。光纤监测技术多用于对滑坡滑面的探测。

8.6.3 边坡监测项目的选定及仪器的选型

1)监测项目的选定

①监测项目应根据不同工程阶段、地质条件、结构设计需要、工程的重要性、施工和支护方法以及经费的承受能力等选定,详见表8.4。

表8.4 边(滑)坡监测项目选择

序 号	监测项目	人工边线		天然滑坡		
		施工期	运行期	前 期	整治期	整治后
1	大地测量水平变形	√	√	√	√	√
2	大地监测垂直变形		√		√	√
3	正垂倒垂线		√			
4	地表倾斜	√		√		
5	地表裂缝	√		√		√
6	钻孔深部位移	√		√	√	

续表

序　号	监测项目	人工边线		天然滑坡		
		施工期	运行期	前　期	整治期	整治后
7	爆破影响监测	√		√		
8	渗流渗压监测	√	√	√	√	
9	雨量监测	√	√	√	√	
10	水位监测		√	√	√	√
11	松动范围监测	√				
12	加固效果监测	√	√		√	√
13	巡视检查	√	√	√	√	√

②大地测量水平变形、垂直变形监测对边坡和滑坡及其不同阶段都可适用。

③钻孔深部位移监测,包括测水平位移的钻孔测斜仪法和测孔轴向位移的多点位移计法,对边坡和滑坡及其不同阶段都可适用。对于有条件的大型边坡和重大滑坡,大地测量和钻孔深部位移测量可同时采用,对于一般的边坡和滑坡也可选择二者之一进行监测。大地测量法能控制较大的范围,即可监测一个"面",且在临滑前有可能进行观测;而深部位移监测则可以及时发现滑动面的出现,确定其位置并监视其变化和发展。深部位移监测常用的钻孔测斜仪法更普遍,更适合于边(滑)坡稳定性监测。视具体工程情况(如重要性和经费条件)可二法同用,也可选择其中之一。

④正、倒垂线法一般只适用于重大的人工边坡工程,花费费用较多。

⑤表面倾斜监测一般适合于边坡施工期和滑坡整治期监测,它有安装、观测、整理资料简便的优点,但缺点是测量范围小,受局部地质缺陷的因素影响大。

⑥地表裂缝包括断层、裂缝、层面的监测等。其监测包括裂缝的张开,闭合和剪切、位错等;一般用于施工和整治期,对于重大的裂缝,运行期和整治后也应继续监测。

⑦爆破影响监测,一般只用于施工期采取爆破开挖的工程,只用于爆破开挖的施工阶段。其目的在于控制爆破规模、检验爆破效果、优化爆破工艺、减小爆破对边(滑)坡的影响,避免超挖和欠挖,确保施工期边(滑)坡的稳定和安全。

⑧渗流渗压监测,是边(滑)坡重要监测项目。因为水的作用是影响边(滑)坡稳定和安全的重要外因。

⑨雨量、江水位监测。它与渗流渗压监测同是水作用的三个不同方面的监测。江水位的变化对于临滑的测点、测孔的影响较敏感;降雨是引起江水上升的直接原因。

⑩松动范围监测,是指测定由于爆破的动力作用、边坡开挖地应力释放引起的岩体扩容所导致的边坡表层的松动范围,可以作为锚杆、锚索等支护设计和岩体分层计算的科学依据。

⑪加固效果监测,只对采取了加固措施(如锚杆、锚索、阻滑键、抗滑桩等)的工程抽样进行监测。

⑫巡视检查。无论对边坡工程还是天然滑坡、不论是施工(整治)期还是运行(整治后)期都是适用的,是仪器监测必要和重要的补充。

2）监测仪器的选型

（1）仪器选型的原则

监测仪器应根据监测项目来选择，而监测项目又要根据工程性质（人工边坡还是天然滑坡）、工程阶段（施工期还是运行期）和加固方式（锚杆、锚索、抗滑桩、锚固洞以及排水措施）来确定。仪器的选择应遵从以下原则：

①可靠、适用。边坡监测仪器首先必须要求准确、可靠；具有防水、防潮、抗雷电、防磁等性能，能在温差较大的露天环境下工作且零漂小；长期稳定和正常工作；有很好的绝缘性（>50 MΩ）。

②具有工程所要的精度、量程、直线性和重复性。

③施工期安全监测仪器应力求结构、安装和操作简单，价格较便宜。

④兼顾自动化监测的需要。

⑤仪器类型宜尽量单一。

⑥选择仪器要作综合分析比较，在保证可靠适用和满足其他基本要求的前提下，应进行成本和功能比较，尽量做到功能强、成本低。

（2）仪器的选择

①变形监测仪器：

a. 大地测量法监测边坡水平变形用仪器，通常有进行边长测量的精密测距仪，进行角度测量的经纬仪。

b. 大地测量法监测边坡垂直变形用仪器，通常有进行水准测量的精密水准仪，可供选择的有精密测距仪、经纬仪和水准仪。

c. 正垂线和倒垂线监测。正垂线和倒垂线监测的仪器采用垂线坐标仪，可供选择的有垂线坐标仪。

d. 表面倾斜监测。表面倾斜监测可采用表面倾斜仪，即倾角计。

e. 地表裂缝监测。对于边坡（马道、坡面）上出现的裂缝、断层等，需要监测时可采用测缝计、收敛计等仪器。

f. 钻孔深部位移的监测，常采用的钻孔深部位移监测有：水平位移监测，常采用钻孔测斜仪；钻孔轴向位移监测，多采用钻孔多点位移计。

②爆破影响监测。爆破影响监测一般包括质点运动参数监测和质点动力参数监测。前者常以质点振动速度监测为主，加速度监测为辅；后者一般进行动应变监测。

③渗流渗压监测。渗压观测一般用渗压计测量。

④雨量监测。雨量监测可采用雨量计或采用附件水文站的实测资料。

⑤江水位监测。江水位的监测可采用水位计自测或向附近的水文站索取所需资料。

⑥松动范围的监测。松动范围一般采用声波仪配换能器监测。

8.6.4 边坡监测技术要求

1）监测的针对性

边坡的监测应根据工程的地质条件、设计、施工和加固的需要有针对性地进行，通常应根据边（滑）坡的工程地质条件、形状预测边（滑）坡的变形和破坏机理，根据边（滑）坡的变形和破坏机理、预测监测参数的大小,据此选择监测的项目和仪器。如果边(滑)坡是滑动破坏,则要预测滑动面;如滑动面较深,位移一般较大,可选用钻孔测斜仪;根据滑动面位置设计测孔位置和深度,且钻孔一般铅直布置。如果边(滑)坡呈倾倒破坏,则宜采用多点位移计或钢丝位移计,垂直或斜交边坡布置,采用钻孔测斜仪则不一定奏效。为防止爆破对边坡岩体的破坏,可布置爆破监测,控制爆破药量,改进施工工艺;为选定锚杆参数,可进行松动范围监测;为检验锚杆加固效果可进行锚杆应力监测等。边坡监测应力求有的放矢,避免盲目、浪费。

2)监测的阶段性

边坡监测应区分阶段,不同阶段监测要求不同。边坡工程和大坝工程一样,都有施工期和运行期监测,但大坝施工期从安全角度考虑的监测不广泛,项目也不多。而边坡工程则不同,边坡工程以安全为主的监测从开挖一开始就同时进行,甚至在施工前还有前期监测。这不仅因为施工期的安全问题更为突出、重要,而且监测的初始值应在施工期尽早建立。施工期监测要求短、易、快,要求设备能简易、快上、经济,一定程度的损坏是常有的。施工期以安全为主的监测可以以变形监测为主,且宜以收敛监测、钢丝位移计监测、测缝计监测为主进行。运行期监测兼顾施工期监测外,施工期不宜轻易单独使用;施工期有爆破监测、松动范围监测,而运行期则没有;另外,观测频度上,施工期较频,运行期较疏等。

3)监测的及时性

监测实施好坏的关键之一在于监测实施的各个环节是否及时。这些环节包括监测设计、合同的签订、仪器的埋设、观测读数、资料整理分析以及监测信息的反馈。及时反馈监测信息,保证施工的安全,是监测的目的,其余的各个环节则是达到目的的手段。任何一个环节的不及时都可能导致监测经费的渠道难以解决;监测合同不及时签订,就会推迟监测的实施;边坡平台形成之后,如不及时埋设仪器,就不能进行平台以下开挖时岩(土)性状变化的监测;降雨往往是边(滑)坡坍塌的诱发因素,雨期不及时监测、预报就可能引发事故,造成损失;资料不及时整理等于不监测。

4)监测设计的指导性

设计要根据边(滑)坡工程的固有特点和要求进行,放之四海而皆准的边坡设计不一定是好的设计。如滑坡上的倾斜仪钻孔要求预测滑动面以下的不动基岩,但边坡的钻孔只要求穿过下一个台阶,否则,钻孔会离边坡面很远,起不到应有的监测作用;雨水常常是诱发边(滑)坡失稳的因素,越是下雨,越要及时监测,但在降雨期或能见度低的天气,经纬仪较难以施测,所以边(滑)坡监测还要同时采用其他不受气候影响的监测手段。特别是施工期,要采用观测快捷的手段,如钢丝位移计、观测计等;对于可能呈滑动破坏的边(滑)坡,为了监测滑动的发生、发展,就要依靠监测深部位移的钻孔测斜仪;安装测斜管时,要注意测斜仪套管的安全吊装、密实灌浆等,这样的监测设计才能更好地指导监测的实施。

5)监测设施的保护

监测设施的保护和监测设施的建立具有同等重要的意义。作为监测设施的保护是保证监测工作得以顺利进行的重要环节。因为边(滑)坡都在露天,保护工作的困难更多,应从设置牢靠的保护装置、设施上标出醒目标记、加强宣传、加强监测、设计和施工单位之间的通气以及依靠公安部门的配合等各方面做好监测设施的保护工作。

8.6.5　监测网点的布设与监测周期

监测网点的布设取决于监测目的和要求。当需全面控制边坡或滑坡的变形范围及可能扩大和影响的范围时,应布设较完整的监测网覆盖整个范围,由若干条纵、横交叉的监测线构成网,在交叉点上设监测点。其中有一条监测线应和滑坡主轴断面相重合或控制边坡的最高及最易变形的断面。当只要控制关键变形部位时,不一定布设成监测网,可只设滑坡主轴监测线和与其平行的若干监测线。当只需控制几个关键点的位移时,如重要建筑物的变形,则可只设若干个监测点。所以监测网、线、点的布设根据监测目的要求和经费情况可灵活掌握。

1)裂缝监测

边坡或滑坡上出现裂缝后应及时布设简易监测桩或滑坡记录仪进行监测,其沿裂缝的间距以 20 ~ 30 m 为宜,其方向应平行滑坡的主滑方向或边坡的位移方向(不一定垂直裂缝)。在滑坡主轴断面上最好连续设桩(或记录仪)以便了解滑体的拉伸和压缩范围及新裂缝出现的位置,桩的纵向间距以 10 ~ 15 m 为宜。

建筑物上的裂缝监测应上、中、下分别设点监测其不同变化。

2)坡体建网监测

为掌握边坡或滑坡的整体变形情况,最好设监测网进行监测。由于其建网和监测费时长、造价高,只对重要的大型边坡或滑坡需长期监测者才应用。

3)深孔位移和滑动面监测

深孔位移和滑动面监测由于需要钻孔埋设,造价高,因此不可能设置很多点。监测点应设在关键部位,一般应利用勘探钻孔(适当扩大孔径便于测斜管埋设)节约费用,主要设在滑坡主轴断面及其辅助断面上;断面上、中、下(间距 20 ~ 50 m)不少于 3 个孔,孔应深入预估的最深滑面下 5 m,以便了解滑体上、中、下部的位移及滑面的位置和形态。

4)水文监测孔的监测

对地下水发育的滑坡或边坡在勘察时就应确定需进行水文监测的孔位、含水层位置和监测孔数量,一般是选择若干个勘察孔下入监测管作水文监测孔用。地下水的补给区、流通区和排泄区都应有监测孔,以了解其变化和排水工程的效果。

5)结构物受力监测

结构物受力监测总是选在受力最大、最易发生变形的部位,如滑坡的主轴断面和高边坡的最高断面。

(1)抗滑桩监测

①滑坡推力和桩周土抗力监测。在抗滑桩靠山侧和靠河侧护壁外与岩土接触处设两排土压力盒,按预计的压力大小选不同的压力盒,上、下间距 1.5 ~ 3.0 m,如图 8.14 所示。

②桩身内力监测。桩身内力监测是在靠山侧和靠河侧的钢筋上埋设钢筋计进行监测,其间距 2 ~ 3 m,如图 8.14 所示。

③桩顶和桩身位移监测。在桩顶设位移监测点,与地表位移一起监测桩顶的位移。桩身位移则采用在桩中心埋设测斜管,用钻孔测斜仪监测桩身的变位。

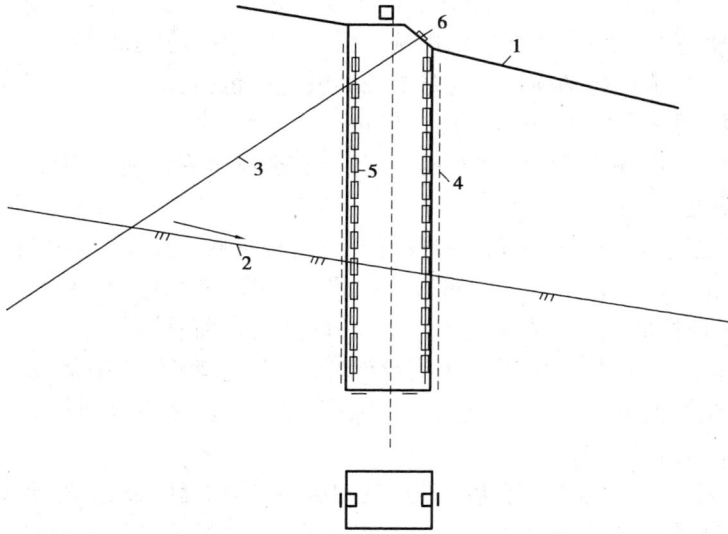

图 8.14　抗滑桩监测原件布设图

1—原地面;2—滑动面;3—锚索;4—土压盒;5—钢筋计;6—压力传感器

（2）锚索框架的监测

①土抗力监测。在锚索框架纵、横梁底沿梁轴线设土压力盒监测土抗力,间距 1.5～2.0 m,但要避开锚索孔位置。

②框架内力监测。在框架纵、横梁底部和顶部钢筋上设钢筋计进行监测,钢筋计间距为 2.0 m。

③锚索预应力损失监测。为监测锚索预应力的损失,在抗滑桩或高边坡的每级预应力锚索框架上选 2～3 束锚索在锚头下安装压力传感器监测其应力的变化。

建筑物受力监测最好选择同类型的两个结构物平行监测,以便互相验证。

6）关于监测周期

两次监测的时间间隔取决于坡体变形的快慢,变形快者应间隔时间短,一周或半月一次,变形缓慢者间隔时间长,可一到两个月一次,很缓慢甚至趋于稳定者,可三个月一次。但在施工期,为保施工安全,监测应加密;雨季有不利因素影响应加密监测。施工后坡体逐步稳定者可延长间隔时间,如 3 个月或 6 个月一次。

为了监测工程效果,一般工程完工后至少继续监测一个水文年,最好监测两年。

7）关于监测资料的整理和分析

监测资料的整理主要是位移、地下水位(流量)、应力、降雨等随时间的变化曲线,并根据变化曲线对边坡稳定性进行评价,为后续的工程运营提供参考。

本章小结

（1）边坡施工包括边坡的开挖与填筑、边坡防护与支挡加固工程的修筑等。边坡的稳定与施工方法有着密切关系。

（2）边坡开挖的前期准备包括征地拆迁、测量放样与开挖边坡前应做的排水设施。

（3）岩石边坡开挖方式包括直接应用机械开挖、爆破开挖与静态破碎法。

（4）土方路堑开挖方法包括横挖法与纵挖法。横挖法包括一层横挖法与多层横挖法；纵挖法包括分层纵挖法、通道纵挖法、分段纵挖法与混合式开挖法等。

（5）抗滑桩的施工顺序为：测放桩位→坑口开挖和锁口盘制作→开挖桩坑→封底→绑扎钢筋→浇注桩身混凝土。

（6）锚杆施工包括施工准备、造孔、锚杆制作与安装、注浆、锚杆锁定与张拉5个环节。

（7）边坡工程信息施工是指通过监测边坡坡体及支护结构的受力、位移变化等情况，指导边坡工程处治和保证边坡工程的安全运营，以便在出现问题前及时采取有效的措施，将损失降到最低。为指导施工、验证设计参数，并提高设计理论水平，边坡处治中某些结构物还需要做现场试验，通过现场试验发现问题、解决问题。实施信息施工，应做三方面的工作，即获取施工信息、信息分析和处理、指导施工。

（8）爆破器材包括炸药、雷管、导火索和火花起爆、导爆索起爆法、塑料导爆管非电起爆法。

（9）边（滑）坡监测工作主要有4个方面的作用：边（滑）坡勘察的手段之一、保障防治工程施工期间的施工安全、监测治理工程的效果、监测、预警危险滑坡，防止灾害。

（10）在边坡工程中监测的方法主要采用了简易观测法、设站观测法、仪表观测法和远程监测法4种类型的监测方法。监测项目包括监测裂缝、位移监测、滑动面监测、地表水监测、地下水监测、降水量监测、应力监测、宏观变形迹象监测。

习　题

8.1　边坡开挖的前期准备工作有哪些？

8.2　土质边坡与岩质边坡开挖方式的差别是什么？

8.3　为什么要进行信息化施工？

8.4　边坡爆破施工的注意事项有哪些？

8.5　简述施工组织设计任务和内容、施工组织设计编制原则、施工现场规划和场地布置的原则。

8.6　简述边坡监测项目的选定及仪器的选型。

8.7　边坡监测技术要求有哪些？

8.8　边坡工程监测方法有哪些？

参考文献

［1］崔政权，李宁．边坡工程［M］．北京：中国水利水电出版社，1999．

［2］GB 50330—2002　建筑边坡工程技术规范［S］．北京：中国建筑工业出版社，2002．

［3］SL 386—2007　水利水电工程边坡设计规范［S］．北京：中国水利水电出版社，2007．

［4］JTG F80—2004　公路工程质量检验评定标准［S］．北京：人民交通出版社，2005．

［5］JTG F10—2006　公路路基施工技术规范［S］．北京：人民交通出版社，2006．

［6］陈忠达，王海林．公路挡土墙施工［M］．北京：人民交通出版社，2004．

［7］公路挡土墙设计与施工技术规范（报批稿）．1999．

［8］陈良奎，杨志银．喷射混凝土与挡土墙［M］．北京：中国建筑工业出版社，1998．

［9］郑颖人，陈祖煜．边坡与滑坡工程治理［M］．2版．北京：人民交通出版社，2010．

［10］张永兴．边坡工程学［M］．北京：中国建筑工业出版社，2008．

［11］蔡美峰，何满潮，刘东燕．岩石力学与工程［M］．北京：科学出版社，2002．

［12］黄求顺，张四平，胡岱文．边坡工程［M］．重庆：重庆大学出版社，2003．

［13］二滩水电开发有限责任公司．岩土工程安全监测手册［M］．北京：中国水利水电出版社，1999．

［14］谢谟文，蔡美峰．信息边坡工程学的理论与实践［M］．北京：科学出版社，2005．

［15］夏才初，潘国荣，等．土木工程监测技术［M］．北京：中国建筑工业出版社，2001．

9 工程实例
——云沱段连接线边坡治理设计

9.1 工程概况

巴东县新县城到云沱段区间的云沱段连接线边坡,位于在建公路旁,图9.1为边坡平面图,该边坡东起该侧1栋6层民房处,西止于黄家沟大桥桥头,总长216 m,高度2~17 m,坡度为50°~90°,边坡走向180°~270°,边坡类型为岩质边坡。由于组成边坡的岩体节理、裂隙极其发育,岩石风化程度较强,以及边坡开挖产生卸荷拉张裂隙,边坡大部分地段处于极限稳定状态,使得坡面岩块及碎块石土常发生崩塌、坠落现象,严重影响了该路段的正常通行,治理工作迫在眉睫。

9.2 设计基本资料

1)地形、地貌

勘察边坡位于黄家沟东侧,黄家沟位于长江南岸,沟谷处坡角约为50°,自南向北流入长江。该段边坡为近期修建连接线公路时凿山形成,高度0~17 m,边坡走向180°~270°,坡角50°~90°,边坡处于极限稳定状态,坡面岩块及碎石土常有零星崩塌、坠落现象发生。

2)地层及岩土工程特征

(1)边坡岩性

根据边坡现场断面地质素描(见图9.2)和实测剖面图,自东向西对边坡进行简要描述如下:

边坡区地层结构简单,由上而下可分为以下两层:

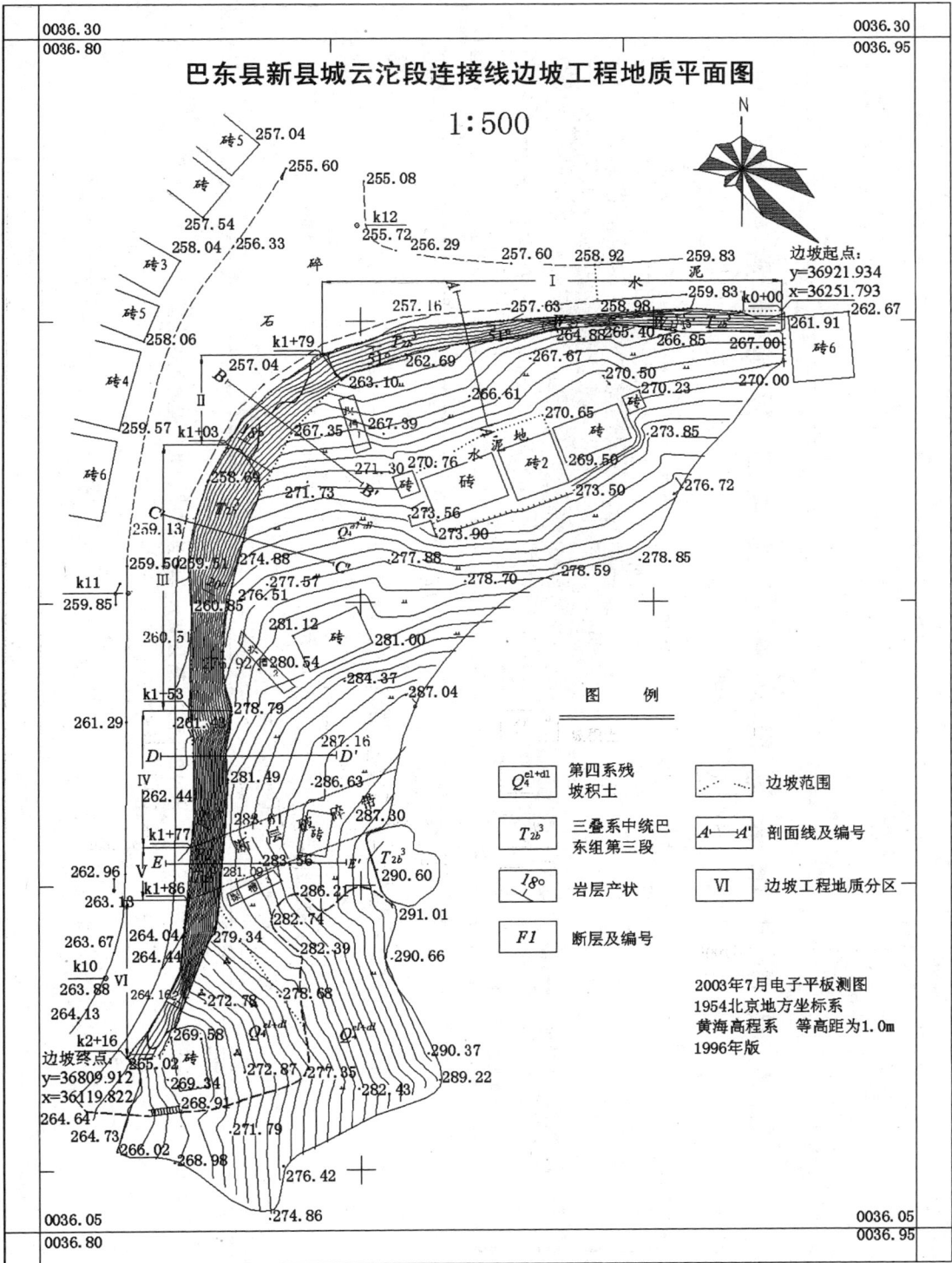

图 9.1 巴东县云沱段连接线边坡工程地质平面图

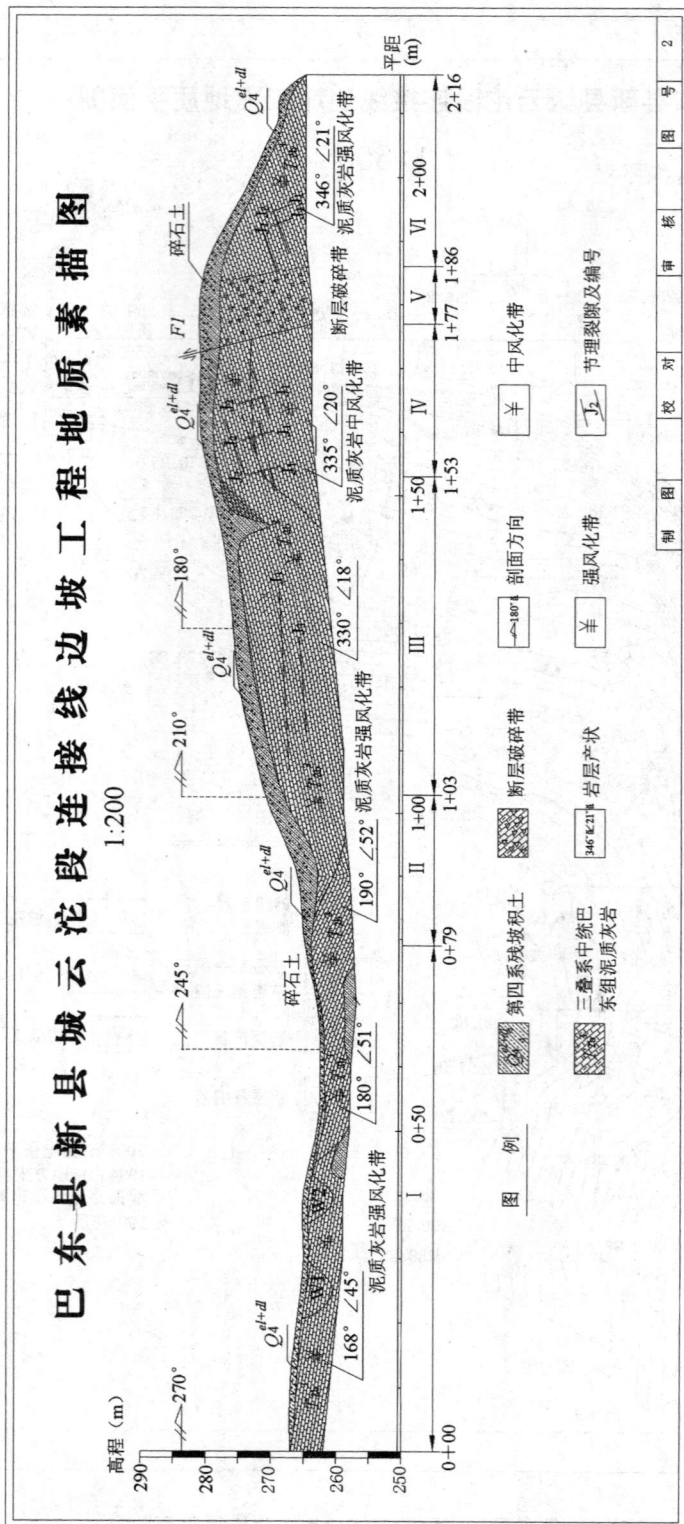

图9.2 巴东县新县城云沱段连接线边坡工程地质素描图

①坡积土(Q_4^{el+dl})：黄褐色，由粉质黏土夹碎石组成，碎石含量20%～30%，碎石棱角分明，粒径10～100 mm，其成分主要为下伏泥质灰岩，灰岩风化残积物，层厚一般为1.5～3 m。该层土下部以棕黄色粉质黏土为主。

②泥质灰岩(T_{2b}^3)：青灰色、黄灰色，中厚—巨厚层状泥质灰岩。单层厚度一般为0.2～1.0 m。岩体裂隙发育，多呈层状结构，局部呈块状结构。本层总厚度达392 m，按风化程度和构造成因不同，本次勘察将其分为强风化带、中风化带和断层破碎带。

（2）地质构造与地震

巴东县在大地构造上属扬子准地台次级构造单元—上扬子台褶带八面山弧形褶皱地带的东北端，其北部为大巴山台褶带，西部为四川坳陷，东部为江汉坳陷。八面山弧形褶皱带，其构造线在南部为北东走向至北部逐渐转为东西走向。

该段边坡自桩号0+00～0+79 m岩层倾向为168°～190°，自1+03～2+13 m段岩层倾向为330°～335°，从产状及野外观察综合分析，此段边坡为向斜，其轴面向南东方向倾斜，两翼倾角变化较大，属斜歪褶皱，其核部位于桩号0+79～0+103m之间，该地段岩层裂隙较发育，岩体类型为Ⅲ类。

除向斜构造外，该段边坡桩号1+77～1+86段发育一小规模断层F_1，断层面产状160°∠75°，属逆断层，上下盘地层断距1.5 m，挤压破碎带宽11 m，破碎带裂隙密度大且不规则，岩体不完整，呈镶嵌、碎裂结构，碎块间结合较差，岩体类型为Ⅲ类（地质剖面见图9.3）。

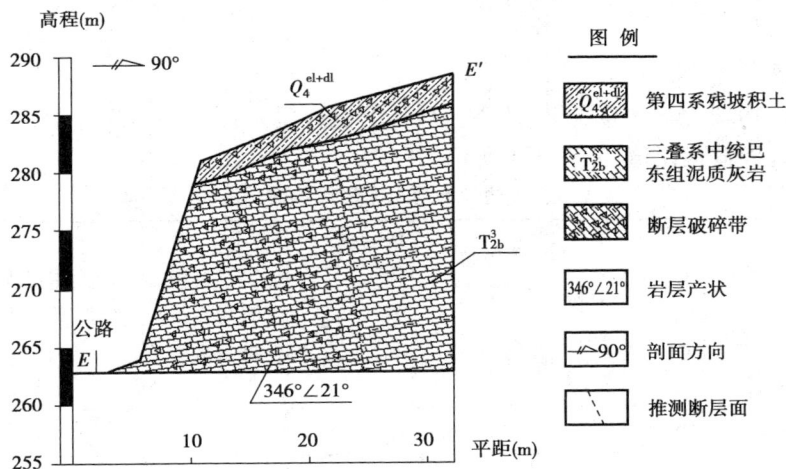

图9.3 E—E'工程地质剖面图

据《中国地震动参数区划图》(GB 18306—2001)及《建筑抗震设计规范》(GB 50011—2010)，巴东县设计基本地震加速值为0.05 g，特征周期为0.25 s，抗震设防烈度为6度，地震分组为第一组。

（3）节理裂隙

据现场调查统计资料，该段边坡发育的节理、裂隙主要有三组：第1组倾向为160°～195°，倾角70°～75°，平均间距为0.7～1.0 m；第2组倾向为0°～15°，倾角60°～75°，平均间距为1.5～1.8 m；第3组倾向为70°～80°，平均间距为1.6 m，倾角51°～55°。从裂隙方向的光滑程度等判断，绝大部分节理为剪性，裂隙面平整或略有起伏，多呈闭合状，部分微张裂隙间由岩石碎屑和黏性土充填。三组裂隙倾向与坡向相反或大角度相交，对边坡稳定性有利。

3)水文地质条件

该边坡西侧与黄家沟相邻,黄家沟为季节性冲沟,沟谷下切较深,边坡区地表径流条件好,排水条件通畅,雨季时地表水流由南向北排入长江,边坡区地势较高,地下水埋深较大,故未见有地下水出露,边坡坡面处于相对干燥状态,边坡体水文地质条件简单。地下水对该边坡基本无影响。

巴东县属亚热带气候区,具有空气湿润、雨量充沛、少冰雪、严寒等特点,多年平均气温17.5 ℃,7月份平均气温28.3 ℃,最高气温达41.4 ℃,1月平均气温5.9 ℃,最低气温 −9.1 ℃。相对湿度66% ~81%,常年主导风向为东南。多年平均降雨量1 082.74 mm,最大年降雨量为1 532.44 mm(1954年),最小降雨量为625.2 mm(1970年)。由于地处鄂西暴雨中心,降雨具有集中、强度大的特点,每年5—9月为雨季,其降雨量占全年雨量的80.4%,1小时最大降雨量75.98 mm(1991.8.6),1日最大降雨量193.3 mm(1 982.75),7月最大降雨量237.5 mm,特殊的气象条件是诱发各种地质灾害的重要因素。

4)边坡等级的确定

该段边坡为近期修建公路时开挖形成的边坡,其中坡高≤10 m,段长115 m,占总长度的53.24%;介于10 m和15 m之间,段长38 m,占总长的17.69%;高度为15 ~17 m,段长为63 m,占总长29.16%。边坡体基本属岩质边坡类型,坡体下方为一般城市道路,破坏后果严重,综合确定此段边坡工程安全等级为二级。

5)岩土物理力学参数

根据岩土体物理力学试验成果,结合巴东县类似地质条件边坡物理力学特性,综合确定边坡治理工程设计参数建议值,如表9.1所示。

表9.1 边坡治理工程设计参数一览表

岩土名称		重度 γ (kN/m³)	变形模量 E_0 (GPa)	泊松比 μ	单轴抗压强度 fr_c (MPa)	抗剪强度 C (kPa)	抗剪强度 φ (°)	岩石对挡墙基底摩擦系数 μ	岩土体锚固体粘结强度特征值 fr_b (kPa)	等效内摩擦角 φ (°)
碎石土		21.5	0.015			40	25		60	30
泥质灰岩	强风化带	26.0	4.5	0.37		100	35		250	50
	中风化带	26.5	8.0	0.35	21.7	150	40	0.60	400	60
断层破碎带		26.0				90	35	0.60	150	50
裂隙结构面						90	28			

9.3 设计方案

1) 设计依据

①《建筑边坡工程技术规范》(GB 50330—2002)。

②《岩土工程勘察规范》(GB 50021—2009)。

③《建筑地基基础设计规范》(GB 50007—2011)。

④《湖北省三峡库区滑坡防治地质勘察与治理工程技术规程》。

⑤《混凝土结构设计规范》(GB 50010—2002)。

⑥《砌体结构设计规范》(GB 50003—2011)。

⑦《国家水准测量规范》。

⑧《大地变形测量规范》。

⑨《岩土工程手册》。

2) 设计计算

①边坡稳定性分析。

②锚杆设计计算。

③挡土墙设计。

④浆砌块石护坡设计。

⑤马道绿化。

⑥排水措施设计。

⑦边坡监测设计。

9.4 边坡稳定性分析

9.4.1 计算工况

该坡段覆盖层为人工填土、崩积层和残坡积土,岩体节理裂隙均较发育,有利于地表雨水入渗,暴雨时裂隙将局部充水,不利于边坡稳定,根据入渗分析、边坡水文地质条件和工程类比,在计算中采用裂隙50%高度充水。根据全国烈度区划,巴东县属5级地震危险区,本治理工程有关抗震按6度考虑。计算工况如下:

基本工况:天然条件。

特殊工况一:天然条件 +5 年一遇暴雨。

特殊工况二:天然条件 +5 年一遇暴雨 + Ⅵ度地震条件。

9.4.2 荷载条件

自重:基本工况取天然容重,特殊工况取饱和容重。

地下水:根据水文地质条件,该坡段地下水位埋深大,边坡无稳定外来补给水体,覆盖层透水性较好,岩体内节理、裂隙发育,有利于地表水、地下水循环转移,但在暴雨条件岩体裂隙将局部充水。基本工况不考虑地下水,特殊工况对岩质边坡,取裂隙充水为 0.5、孔隙应力比 $r_u = 0.5$。

地震:在特殊工况二时,地震按Ⅵ度考虑,地震加速度取 $a = 0.05 g$。

9.4.3 稳定性计算结果

从已有的地质资料分析,边坡中不存在导致大规模块体失稳的不利结构面组合,因此,边坡的破坏方式主要为强风化岩体崩落、坠石以及坡顶第四系覆盖层可能出现的滑移破坏。

根据工程地质调查和《建筑边坡工程技术规范》(GB 50330—2002),在边坡稳定计算中,对于断层破碎带、强风化带按均质体考虑,采用圆弧滑动法计算。按不同破坏模式搜索的最危险滑动面及条块划分见图 9.4、图 9.5,稳定性计算结果见表 9.2。

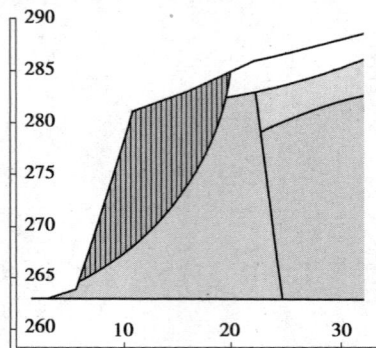

图 9.4　沿强风化带崩塌条块图　　图 9.5　覆盖层溜滑条块图

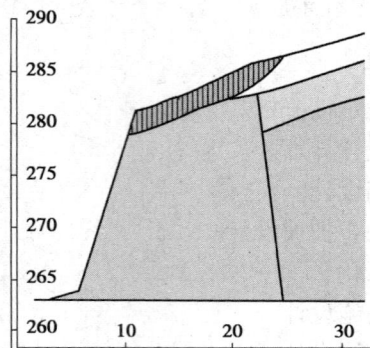

表 9.2　$E—E'$ 剖面稳定系数

破坏模式	工　况		
	天然	暴雨	暴雨 + 地震
沿强风化带崩塌	1.121	0.985	0.902
覆盖层滑落	1.321	1.189	1.117

按规范推荐方法不平衡推力传递法,计算各坡面达到规范要求安全系数时的剩余下滑力,也即设计所需的支护力。

根据《湖北省三峡库区滑坡防治地质勘察与治理工程技术规定》和《建筑边坡工程技术规范》剩余下滑力计算采用剩余推力法。按《湖北省三峡库区滑坡防治地质勘察与治理工程技术规定》和《建筑边坡工程技术规范》可确定:

基本工况:$K_s = 1.30$

特殊工况一:$K_s = 1.20$

特殊工况二:$K_s = 1.10$

计算结果如表 9.3 所示。

表 9.3　边坡现状各剖面剩余下滑力

剖面	剩余下滑力（kN/m）			破坏模式
	天然 $F_s = 1.3$	暴雨 $F_s = 1.2$	暴雨 + 地震 $F_s = 1.1$	
E—E	185	312	266	强风化带崩塌
	0	21	0	覆盖层溜滑

9.5　工程治理设计

9.5.1　治理方案

由边坡稳定性分析和边坡特征,拟采用锚喷支护。根据《建筑边坡工程技术规范》（GB 50330—2002）表 A-1,该岩质边坡为Ⅲ类岩体。构造要求:锚杆间距不得大于 2 m,钢筋网喷射混凝土面板厚度不应小于 150 mm,钢筋直径宜为 6 ~ 12 mm。由于该边坡为城市道路边坡,应考虑美观和城市绿化。

设计首先清除坡面松动岩块,然后采用锚杆挂网喷射混凝土支护,锚杆间距拟定为 1.5 m × 1.5 m。坡脚设 3 m 高护坡平台,并在坡面每隔 5 m 高设 0.8 m 宽马道用于绿化。坡顶设置浆砌块石挡土墙,防止覆盖层下滑。

9.5.2　锚杆设计计算

①岩石侧压力计算:

$$e_{hk} = \frac{E_{hk}}{0.9H}$$

式中　e_{hk}——岩石侧向压力水平分力标准值,kN/m²;

　　　E_{hk}——岩石侧向压力合力水平分力标准值,kN/m;

　　　H——边坡高度,m。

$$e_{hk} = \frac{E_{hk}}{0.9H} = \frac{312}{0.9 \times 19} = 18.24 (kN/m^2)$$

②锚杆所受水平拉力计算:

$$H_{tk} = e_{hk} \times s_{xj} \times s_{yj}$$

式中　H_{tk}——锚杆所受水平拉力标准值,kN;

　　　s_{xj}——锚杆的水平间距,m;

　　　s_{yj}——锚杆的垂直间距,m。

$$H_{tk} = e_{hk} \times s_{xj} \times s_{yj} = 18.24 \times 1.5 \times 1.5 = 41.04 (kN)$$

③锚杆轴向拉力标准值计算:

$$N_{ak} = \frac{H_{tk}}{\cos \alpha}$$

式中　N_{ak}——锚杆轴向拉力标准值,kN;

　　　α——锚杆倾角,(°)。

根据规范和工程类比,取 $\alpha = 15°$。

$$N_{ak} = \frac{H_{tk}}{\cos \alpha} = \frac{41.04}{\cos 15°} = 42.5(kN)$$

④锚杆轴向拉力设计值计算:

$$N_a = \gamma_Q N_{ak}$$

式中　N_a——锚杆轴向拉力设计值,kN;

　　　γ_Q——荷载分项系数,取1.3。

$$N_a = \gamma_Q N_{ak} = 1.3 \times 42.5 = 55.3(kN)$$

⑤锚杆钢筋截面面积计算:

$$A_s \geqslant \frac{\gamma_0 N_a}{\xi_2 f_y}$$

式中　A_s——锚杆钢筋截面面积,m^2;

　　　γ_0——边坡工程重要性系数,取1.0;

　　　ξ_2——锚筋抗拉工作条件系数,永久性锚杆取0.69;

　　　f_y——锚筋抗拉强度设计值,kPa。

$$A_s \geqslant \frac{\gamma_0 N_a}{\xi_2 f_y} = \frac{55.3}{0.69 \times 290\,000} = 0.000\,276\,4(m^2)$$

选用 $\phi 25$ HRB335 螺纹钢。

⑥锚固段长度计算

锚固段长度必须满足:

$$l_a \geqslant \frac{N_{ak}}{\xi_1 \pi D f_{rb}} 和 l_a \geqslant \frac{\gamma_0 N_a}{\xi_3 n \pi d f_b}$$

式中　l_a——锚固段长度,m;

　　　D——锚固体直径,0.1 m;

　　　f_{rb}——地层与锚固体粘结强度特征值,150 kPa;

　　　ξ_1——锚固体与地层粘结工作条件系数,取1.00;

　　　d——锚杆直径,m;

　　　n——钢筋根数;

　　　f_b——钢筋与锚固砂浆间的粘结强度设计值,kPa;

　　　ξ_3——钢筋与砂浆粘结强度工作条件系数,取0.60。

$$l_a \geqslant \frac{N_{ak}}{\xi_1 \pi D f_{rb}} = \frac{42.5}{3.14 \times 0.1 \times 150} = 0.91(m)$$

$$l_a \geqslant \frac{\gamma_0 N_a}{\xi_3 n \pi d f_b} = \frac{55.3}{0.6 \times 1 \times 3.14 \times 0.025 \times 2\,100} = 0.56(m)$$

因此,取 $l_a \geqslant 0.91$ m。

构造要求岩石锚杆锚固段长度不应小于3 m,且不大于45D,根据破裂面深度和计算结果,设计采用全长粘结砂浆锚杆,锚杆长 12 m、10 m 和 8 m,坡底下 3 排为 8 m 锚杆,坡顶部 3 排为 12 m 锚杆,其余为 10 m 锚杆,倾角均为 15°,间距均为 1.5 m×1.5 m。采用 φ10 Ⅰ级筋间距为 150 mm 的钢筋网,喷射混凝土厚度 150 mm。设计和锚杆要素如表 9.4 所示。

表 9.4　锚杆要素表

范　围	锚杆长度(m)	锚杆直径(m)	间距(m×m)	倾角(°)	锚固体直径(mm)
1 +77 ~ 1 +86	12	25	1.5 ×1.5	15	100
	10	25	1.5 ×1.5	15	100
	8	25	1.5 ×1.5	15	100

9.5.3　挡土墙设计

在坡顶,设计浆砌块石重力式挡土墙支挡,以防止覆盖层滑落。

1)设计原则与依据

(1)安全系数的确定

依据《建筑地基基础设计规范》(GB 50007—2011)规定如下。

挡土墙的稳定验算中,安全系数取值为:

抗滑安全系数:$K_s = 1.3$;

抗倾覆安全系数:$K_t = 1.6$。

挡土墙地基承载力的验算中,地基平均应力:$P < f$,地基最大应力:$P_{max} < 1.2f$,其中 f 为持力层地基承载力设计值。

依据《砌体结构设计规范》(GB 50003—2011),挡土墙应进行墙身抗压抗剪验算,抗压采用偏心受压计算,保证墙身最大压应力不大于墙身抗压强度。抗剪采用无筋砌体构件受剪计算,保证最大剪应力不大于砌体抗剪强度。

毛石砌体抗压强度设计值如表 9.5 所示。

表 9.5　毛石砌体抗压强度设计值(摘录)　　　　　　　　　　单位:MPa

砌体强度等级	砂浆强度等级			
	M7.5	M5	M2.5	0
MU30	0.69	0.61	0.53	0.18

毛石砌体抗剪强度设计值如表 9.6 所示。

表 9.6　毛石砌体抗剪强度设计值(摘录)　　　　　　　　　　单位:MPa

砂浆强度等级			
M5	M2.5	M1	M0.4
0.16	0.11	0.07	0.04

（2）设计工况及荷载

工况：自重＋饱水。

设计荷载：自重、土压力。

（3）计算参数的选取

参考《工程地质勘察报告》和工程经验，各计算参数取值如表9.7所示。

表9.7 各计算参数取值

土体饱和重度 γ （kN/m^3）	土体等效 内摩擦角 φ （°）	挡土墙重度 γ_0 （kN/m^3）	墙背与土体之间 摩擦角 δ （°）	承载力特征值 f （kPa）
21.9	30	22	15	200

2）挡土墙选型

挡土墙选型为直背式，如图9.6所示。

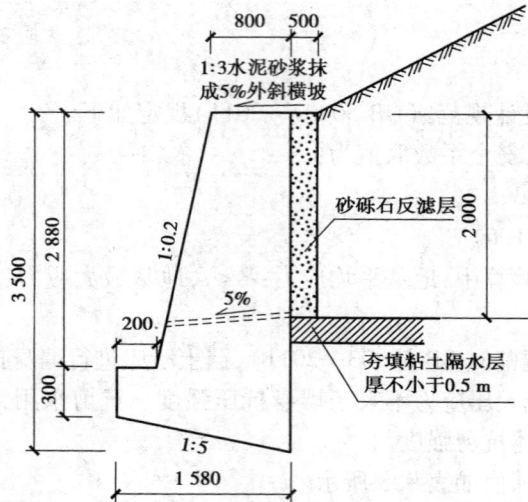

图9.6 挡土墙典型剖面图

挡土墙后应回填 φ 值较大、透水性较好的砂性土或碎块石土，不能回填淤泥、耕填土、膨胀性粘土，并不应夹杂腐生物或有机质，挡土墙布置排水孔，墙背后设0.5 m宽砂砾石反滤层，以利于排水。

3）挡土墙抗倾覆稳定性验算

土压力采用库仑土压力理论计算，不考虑墙前被动土压力的影响，计算公式如下：

$$E_a = \frac{1}{2}\psi_c\gamma h^2 K_a$$

$$K_a = \frac{\sin(\alpha+\beta)}{\sin^2\alpha\sin^2(\alpha+\beta-\varphi-\delta)}\{K_q[\sin(\alpha+\beta)\sin(\alpha-\delta)+\sin(\varphi+\delta)\sin(\varphi-\beta)]+$$

$$2\eta\sin\alpha\cos\varphi\cos(\alpha+\beta-\varphi-\delta)-2[K_q(\sin(\alpha+\beta)\sin(\varphi-\beta)+\eta\sin\alpha\cos\varphi)\times$$

$$(K_q \sin(\alpha - \delta) \sin(\varphi + \delta) + \eta \sin \alpha \cos \varphi)]^{\frac{1}{2}} \}$$

$$K_q = 1 + \frac{2q}{\gamma h} \frac{\sin \alpha \cos \beta}{\sin(\alpha + \beta)}$$

$$\eta = \frac{2c}{\gamma h}$$

式中　ψ_c——主动土压力增大系数,坡高小于 5 m 取 1.0,5~8 m 取 1.1,大于 8 m 取 1.2;

　　　K_a——库仑主动土压力系数;

　　　h——挡土墙高度,3.5 m;

　　　γ——土体重度,21.9 kN/m³;

　　　φ——土体内摩擦角,30°;

　　　α——墙背倾斜角,90°;

　　　β——墙后土填土面倾斜角,25°;

　　　δ——墙背与土体之间摩擦角,15°。

选择典型剖面处计算,计算简图如图 9.7 所示。

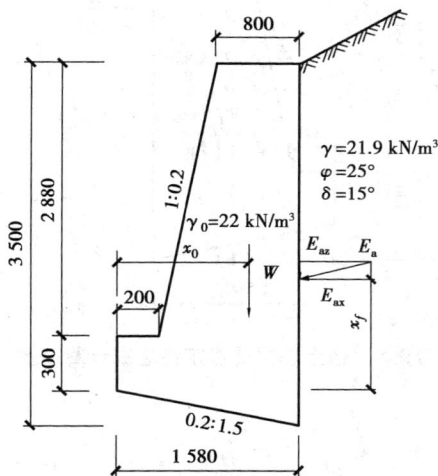

图 9.7　挡土墙抗倾覆稳定性验算计算简图

挡土墙抗倾覆稳定性计算公式为: $K_q = \dfrac{G \cdot x_0 + E_{az} \cdot x_f}{E_{ax} \cdot z_f}$,计算结果如表 9.8 所示。

表 9.8　挡土墙抗倾覆稳定性验算成果表

墙高 h (m)	墙重 G (kN)	x_0	z_f	x_f	土压力(kN)			抗倾覆安全系数 K_q	规范要求值
					E_a	E_{ax}	E_{az}		
3.5	85	1.02	0.85	1.58	68	66	18	2.05	1.6

$K_q = 2.05 > 1.6$,挡土墙抗倾覆稳定性满足规范要求。

4) 挡土墙抗滑稳定性验算

挡土墙抗滑稳定性验算计算简图如图 9.8 所示,计算公式如下:

$$K_h = \frac{(G_n + E_{an}) \cdot \mu}{E_{at} - G_t}$$

式中 μ——基底与墙底之间的摩擦系数,由于挡土墙地基为风化岩,取 $\mu = 0.6$。

计算结果如表 9.9 所示。

表 9.9 挡土墙抗滑稳定性验算成果表

墙高 h（m）	墙重（kN）			土压力（kN）			抗滑安全系数 K_h	规范要求值
	G	G_n	G_t	E_a	E_{an}	E_{at}		
3.5	85	83	17	68	30	61	1.54	1.3

$K_h = 1.54 > 1.3$,挡土墙抗滑稳定性满足规范要求。

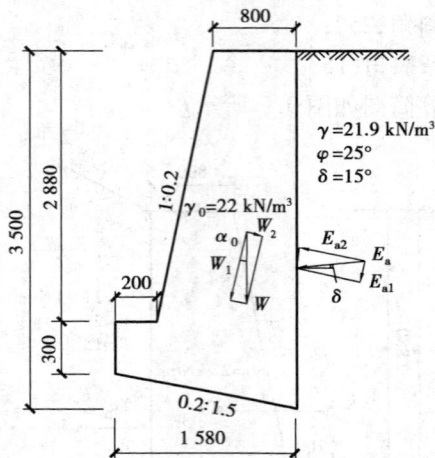

图 9.8 挡土墙抗滑稳定性验算计算简图

5)地基承载力验算

$$e = \frac{b'}{2} - c = \frac{b'}{2} - \frac{\sum M_y}{\sum N} = \frac{1.58}{2} - \frac{59}{113} = 0.27$$

式中 e——墙底合力偏心距;

$\sum M_y$——对墙址总力矩,kN·m;

$\sum N$——作用在基底上总垂直力,kN;

b'——挡土墙基底宽,m。

基底最大应力为 $P_{min}^{max} = \frac{N}{b'}\left(1 \pm \frac{6e}{b'}\right)$。

计算结果如表 9.10 所示。

表 9.10 挡土墙地基承载力验算成果表

墙基宽 b（m）	墙基底面倾角 α_0（°）	合力偏心距 e（m）	总力矩 $\sum M_y$（kN·m）
1.58	11.31	0.27	59

续表

总垂直力 $\sum N$ （kN）	基底最大应力 P_{max} （kPa）	基底最小应力 P_{min} （kPa）	地基承载力特征值 f （kPa）
113	144.8	0	200

墙底合力偏心距 $e = 0.27 < \dfrac{b'}{4} = 0.395$ m，基底最大应力为 $P_{max} = 131.4$ kPa $< 1.2f$，满足地基承载力要求。

6）挡土墙强度验算

挡土墙强度验算选择墙身薄弱截面（墙身转折处 $I—I$ 截面）为控制截面，计算简图如图 9.9 所示。

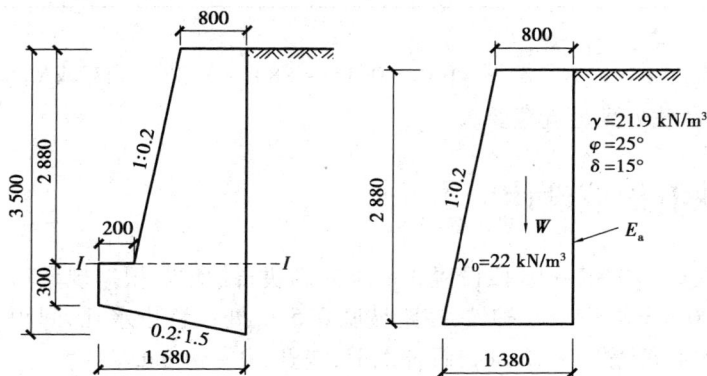

图 9.9　挡土墙强度验算计算简图

（1）偏心受压验算

砌体偏心受压构件承载力应满足：

$$N \leqslant \varphi \times f \times A$$

式中　N——荷载设计值产生的轴向力；

　　　A——截面面积，1.38 m^2；

　　　f——砌体抗压强度设计值；

　　　φ——承载力影响系数。

砂浆采用 M5，浆砌毛石采用 MV40，计算结果如表 9.11 所示。

表 9.11　挡土墙偏心受压验算成果表

影响系数 φ	抗压设计值 f（kN）	压力设计值 N（kN）
0.91	690	113

$N = 113$ kN $\leqslant \varphi \cdot f \cdot A = 0.91 \times 690 \times 1.38 = 866.5$ kN

挡土墙偏心受压满足规范要求。

（2）抗剪承载力验算

挡土墙抗剪承载力应满足：

$$V \leq (f_V + 0.15\sigma_k)A$$

式中 V——剪力设计值；

         f_v——砌体抗剪强度设计值；

         σ_k——恒载标准值产生的平均压应力；

         A——计算截面面积。

计算结果如表 9.12 所示。

表 9.12   挡土墙抗剪承载力验算成果表

计算截面面积 A （m^2）	平均压应力 σ_k （kPa）	砌体抗剪强度设计值 f_v （kPa）	剪力设计值 V （kN）	抗剪力 （kN）
1.38	82	160	66	439.6

$V = 66 \text{ kN} \leq (f_v + 0.15\sigma_k)A = (160 + 0.15 \times 88) \times 1.38 = 239 \text{ kN}$

挡土墙的抗剪承载力满足规范要求。

9.5.4   浆砌块石护坡设计

为美化坡面，在 0 + 79 ~ 2 + 16 段设置 3 m 高浆砌块石护坡。根据规范和工程类比，采用底宽 600 mm，顶宽 300 mm 浆砌块石护坡；在距坡底 0.5 m 处设置排水孔，间距 3 m；坡面设计美术图案；浆砌块石护坡每隔 15 ~ 25 m 设置伸缩缝，缝宽 20 ~ 30 mm。

9.5.5   马道绿化

由于治理边坡位于巴东新县城主干道旁，美观是本次设计的重要组成部分。本设计拟在护坡平台和坡面马道上修建绿化带，绿化带回填种植土。种植鼠尾草和小冠花等几种草籽混合播种，并种植爬山虎、常春藤等爬藤类植物在坡面上形成植被覆盖。

9.5.6   排水措施设计

雨水入渗是影响边坡稳定的重要影响因素，因而采用排水设施是边坡治理的有效措施，本设计采用表面排水措施，减小雨水入渗，以提高边坡稳定性。设计排水设施由一条横向截水沟、二条纵向排水沟组成。

1) 地表排水沟设计流量计算

巴东地区 50 年一遇最大降雨量为 79.6 mm，即 221 L/s·公顷，100 年一遇最大小时降雨量为 88.4 mm，即 245.6 L/s·公顷。

$$Q_p = D_u \varphi q F$$

式中 Q_p——设计排水流量；

D_u——排水沟堵塞影响系数,取 1.2;

φ——径流系数,取 0.7;

q——暴雨强度,取 246 L/s;

F——汇水面积。

将汇水面积和其他确定参数代入流量计算公式可求得实际流量:截水沟为 $Q_p = 0.166 \text{ m}^3/\text{s}$。

2)排水沟布置

依据治理工程区域和地形分布,排水沟布置如下:地表排水沟设置一条横向截水沟,两条纵向排水沟。横向截水沟设在边坡顶部,两条纵向排水沟出口分别位于 K0 + 60、K2 + 16 处,与公路系统连接。布置详见图 9.10 ~ 图 9.15。

3)排水沟截面设计

根据流量、砌体构造要求和工程类比,拟定横向排水沟为浆砌块石砌筑,其净断面为 0.5 m × 0.5 m 的矩形截面排水沟;纵向排水沟采用浆砌块石砌筑,其底净宽 0.4 m,最小深度 0.5 m,顶宽 0.5 m 梯形截面,详见图 9.10 ~ 图 9.15。

横向截水沟设排水坡度,雨水汇入纵向排水沟,排入公路排水系统。纵沟依地形而建,沟底设消能阶梯,消能台阶高 0.2 m,宽 0.3 m。

9.5.7 边坡监测设计

1)监测工作的目的和任务

云沱段连接线不稳定边坡防治监测工作的主要目的是进行施工安全监测,判断斜坡稳定状态,对斜坡发展趋势作出预测,保证施工的安全,并对防治效果进行检验,为今后的边坡防治提供经验。

监测工作的任务是对目前边坡变形的监测和施工期间的安全监测。

2)监测设计的原则

①立足现有监测手段,建立系统的监测网。

②监测应做到目的明确、重点突出。

③监测工作应贯穿整个工程的开始到结束。

3)监测工作方案

(1)监测工作布置

本边坡段采用地表位移监测和巡视为主要监测手段。安排指定人员定期、不定期查看边坡段地表变形迹象。重点对公路裂缝和边坡危岩体,以及裂隙分布较多的边坡段的变形进行监测,同时在遇到较大降雨时应及时进行现场监测。

为跟踪监测边坡地表位移情况,建议在本边坡 E—E′剖面布置一条监测剖面,在监测剖面上设置 3 个观测点,其中每条监测剖面线上的首尾 2 个点为控制点,需设立埋石。

(2)监测工作实施

建议设置专门的监测人员,负责进行施工期和工程效果的长期监测。

本章小结

　　本章结合巴东县新县城云沱连接线边坡工程的具体工程实例,详细介绍了边坡工程的治理设计过程;分析确定边坡的工程等级,选定岩土体力学参数,稳定计算分析;根据稳定计算分析安全系数成果与规范所要求的进行对比,结合边坡地质条件确定治理方案,对分项依次进行设计,并进行稳定复核。该边坡治理如图9.10~图9.15所示。

巴东县新县城云沱连接线边坡工程平面布置图1:500

图例

符号	名称	符号	名称
挡土墙		人工梯道	
排水沟		花坛壁	
剖面及剖面编号	C—C'	挂网喷护射混凝土护坡区	
浆砌块石护坡区			

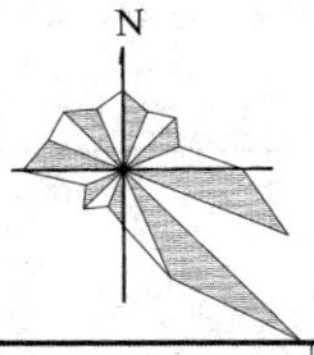

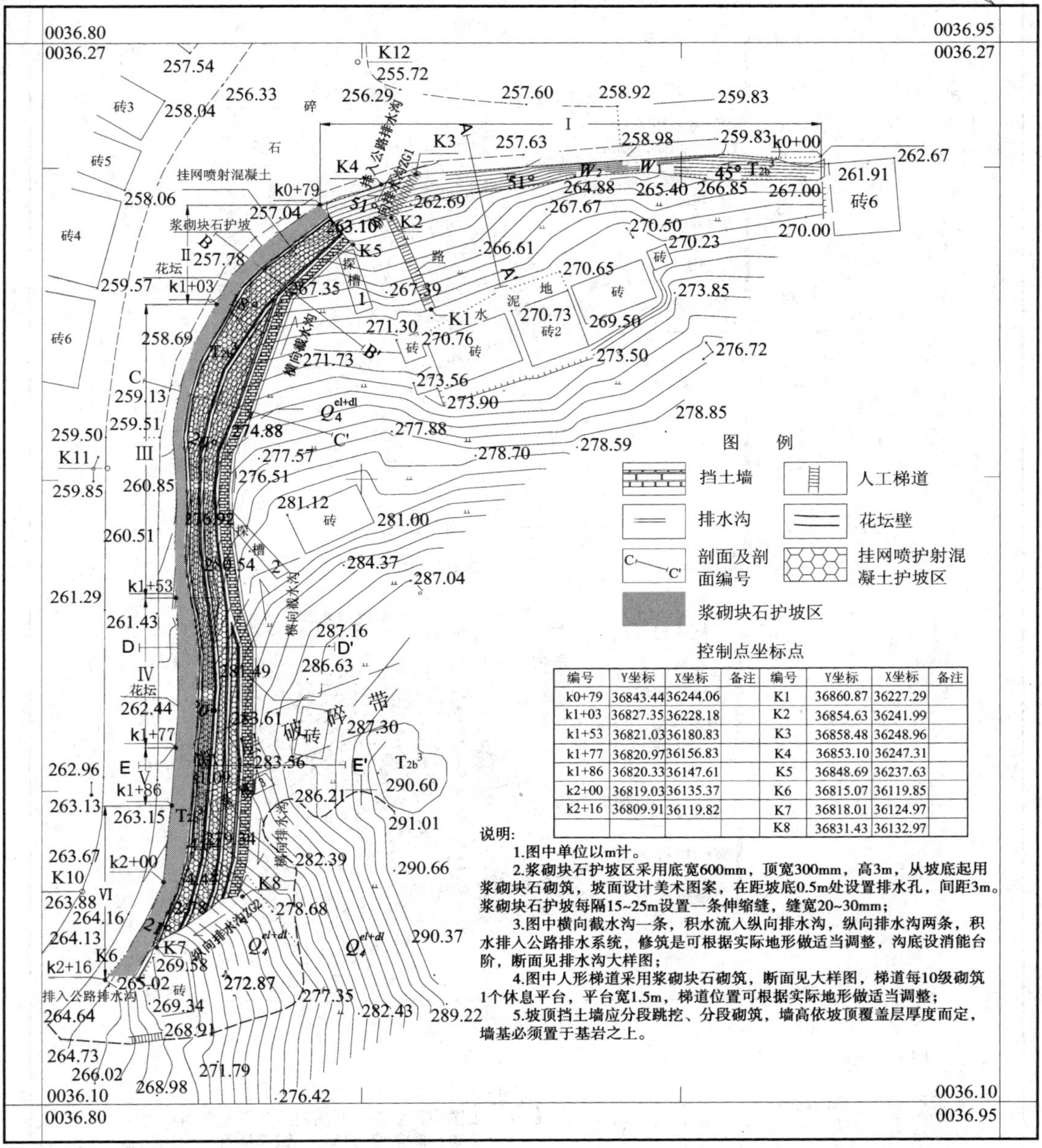

控制点坐标点

编号	Y坐标	X坐标	备注	编号	Y坐标	X坐标	备注
k0+79	36843.44	36244.06		K1	36860.87	36227.29	
k1+03	36827.35	36228.18		K2	36854.63	36241.99	
k1+53	36821.03	36180.83		K3	36858.48	36248.96	
k1+77	36820.97	36156.83		K4	36853.10	36247.31	
k1+86	36820.33	36147.61		K5	36848.69	36237.63	
k2+00	36819.03	36135.37		K6	36815.07	36119.85	
k2+16	36809.91	36119.82		K7	36818.01	36124.97	
				K8	36831.43	36132.97	

说明:
1.图中单位以m计。
2.浆砌块石护坡区采用底宽600mm,顶宽300mm,高3m,从坡底起用浆砌块石砌筑,坡面设计采用美术图案,在距坡底0.5m处设置排水孔,间距3m。浆砌块石护坡每隔15~25m设置一条伸缩缝,缝宽20~30mm;
3.图中横向截水沟一条,积水流入纵向排水沟,纵向排水沟两条,积水排入公路排水系统,修筑是可根据实际地形做适当调整,沟底设消能台阶,断面见排水沟大样图;
4.图中人形梯道采用浆砌块石砌筑,断面见大样图,梯道每10级砌筑1个休息平台,平台宽1.5m,梯道位置可根据实际地形做适当调整;
5.坡顶挡土墙应分段跳挖、分段砌筑,墙高依坡顶覆盖层厚度而定,墙基必须置于基岩之上。

图9.10 边坡工程平面布置图1:500

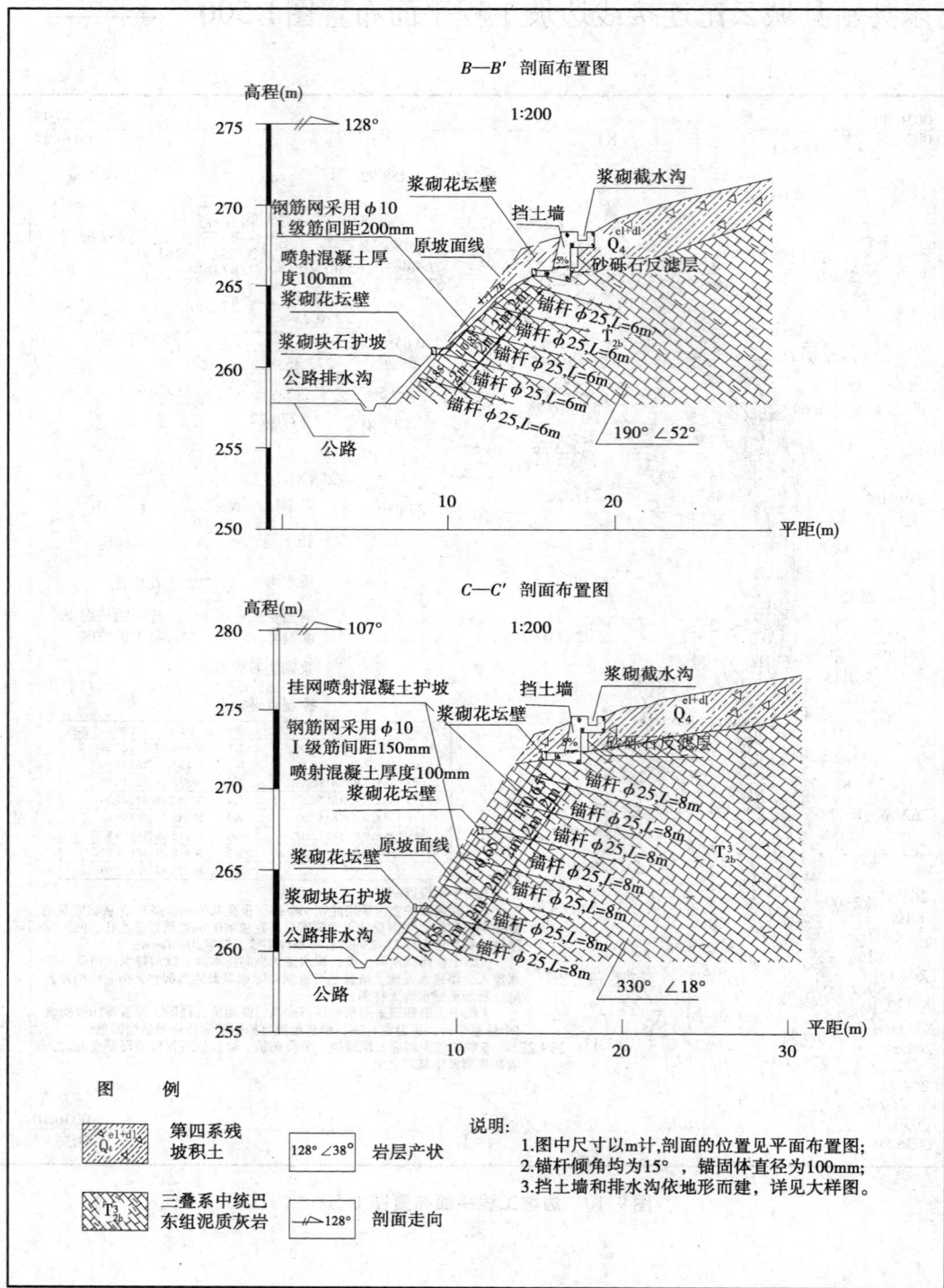

图 9.11 B—B′和 C—C′剖面布置图

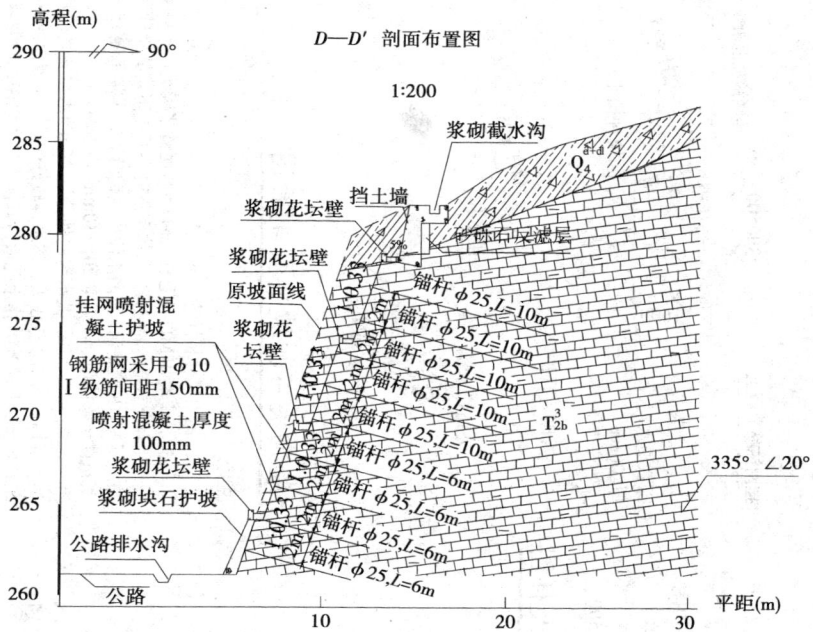

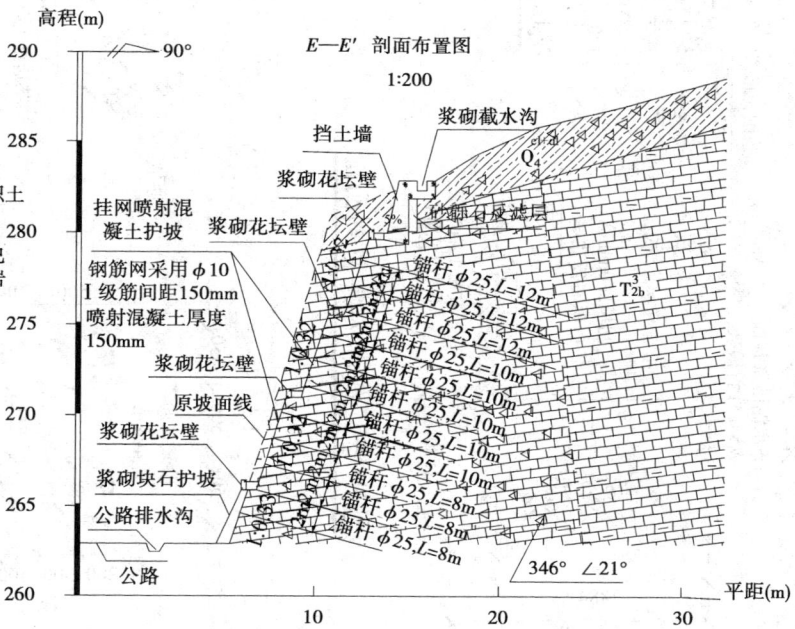

高程(m)

D—D′ 剖面布置图

1:200

浆砌截水沟

挡土墙
浆砌花坛壁
浆砌花坛壁
原坡面线
浆砌花坛壁

挂网喷射混凝土护坡

钢筋网采用φ10
I 级筋间距150mm

喷射混凝土厚度
100mm

浆砌花坛壁
浆砌块石护坡

公路排水沟

公路

锚杆 φ25,L=10m
锚杆 φ25,L=10m
锚杆 φ25,L=10m
锚杆 φ25,L=10m
锚杆 φ25,L=10m
锚杆 φ25,L=6m
锚杆 φ25,L=6m
锚杆 φ25,L=6m
锚杆 φ25,L=6m

T_{2b}^3

335° ∠20°

平距(m)

高程(m)

E—E′ 剖面布置图

1:200

图 例

挡土墙
浆砌截水沟
浆砌花坛壁
浆砌花坛壁

挂网喷射混凝土护坡

钢筋网采用φ10
I 级筋间距150mm
喷射混凝土厚度
150mm

浆砌花坛壁

原坡面线

浆砌花坛壁
浆砌块石护坡
公路排水沟

公路

Q_4^{dl} 第四系残坡积土

T_{2b}^3 三叠系中统巴东组泥质灰岩

断支破碎带

推断断层面

128° ∠38° 岩层产状

128° 剖面走向

锚杆 φ25,L=12m
锚杆 φ25,L=12m
锚杆 φ25,L=12m
锚杆 φ25,L=10m
锚杆 φ25,L=10m
锚杆 φ25,L=10m
锚杆 φ25,L=10m
锚杆 φ25,L=8m
锚杆 φ25,L=8m
锚杆 φ25,L=8m

T_{2b}^3

346° ∠21°

平距(m)

说明:

1. 图中尺寸以m计,剖面的位置见平面布置图;
2. 锚杆倾角均为15°,锚固体直径为100mm;
3. 挡土墙和排水沟依地形而建,详见大样图。

图9.12 D—D′和 E—E′剖面布置图

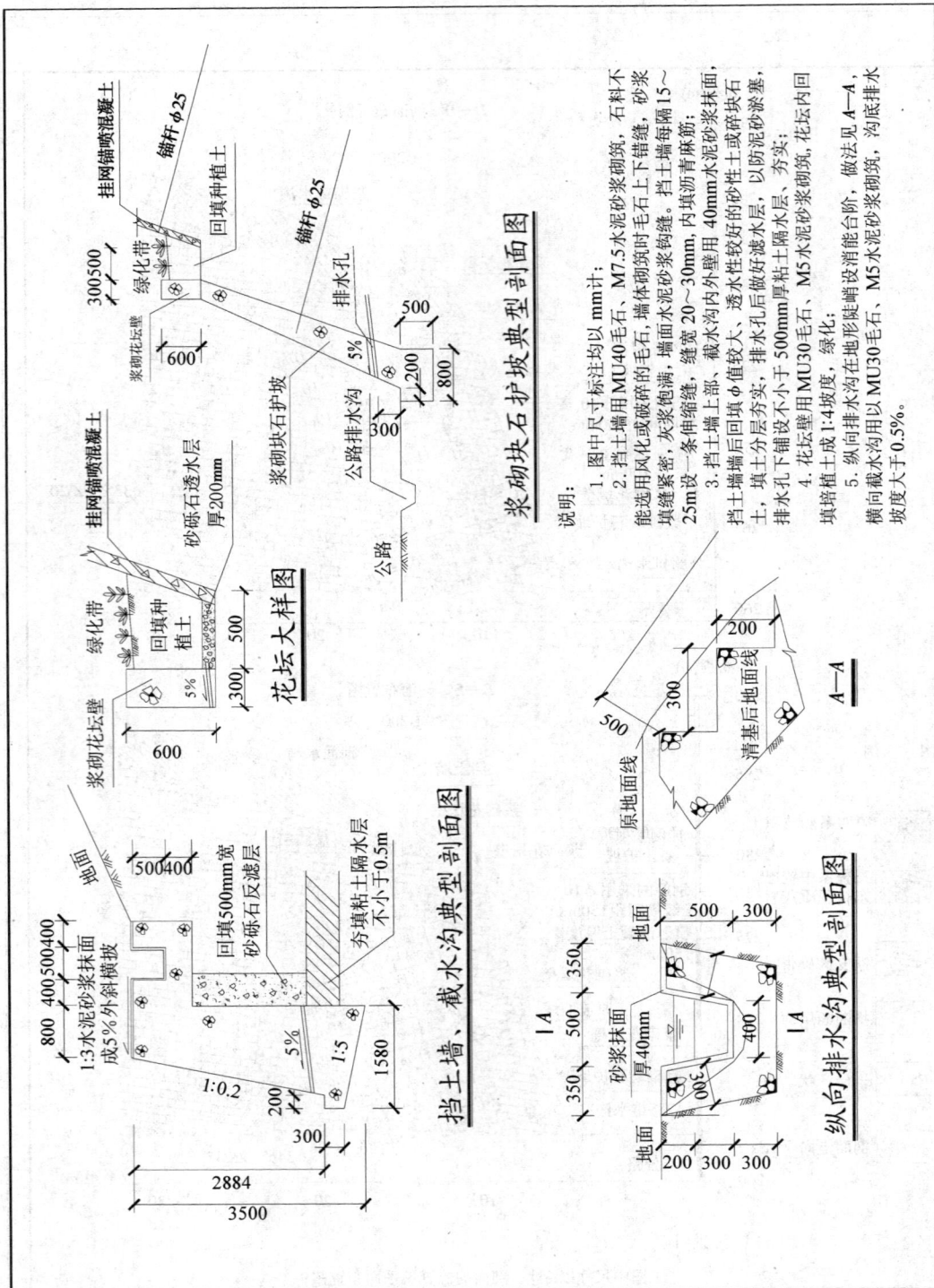

挂网锚喷混凝土

锚杆 φ25

回填种植土

绿化带

锚杆 φ25

300 500

浆砌花坛壁

排水孔

600

5%

500

公路排水沟

200

800

300

浆砌块石护坡典型剖面图

说明：

1. 图中尺寸标注均以 mm 计；
2. 挡土墙用 MU40 毛石、M7.5 水泥砂浆砌筑，石料不能选用风化或破碎的毛石，墙体砌筑时毛石上下错缝，砂浆填缝紧密，灰浆饱满，墙面水泥砂浆钩缝。挡土墙每隔 15～25m 设一条伸缩缝，缝宽 20～30mm，内填沥青胶泥；
3. 挡土墙上部、透水性较好的砂性土或碎块石土，填土分层夯实，填土墙后回填 40mm 水泥砂浆抹面，透水性做好滤水层，以防泥砂淤塞，排水孔下铺设不小于 500mm 厚粘土隔水层，夯实；
4. 花坛壁用 MU30 毛石、M5 水泥砂浆砌筑，花坛内回填种植土成 1:4 坡度，绿化；
5. 纵向排水沟在地形陡峭设消能台阶，做法见 A—A，横向截水沟用 MU30 毛石、M5 水泥砂浆砌筑，沟底排水坡度大于 0.5‰。

挂网锚喷混凝土

回填种植土

砂砾石透水层厚 200mm

浆砌块石护坡

绿化带

回填种植土

浆砌花坛壁

公路

600

500

300

5%

花坛大样图

200

300

500

A—A

500

原地面线

清基后地面线

地面

500 400

回填 500mm 宽砂砾石反滤层

夯填粘土隔水层不小于 0.5m

800 400 500 400

1:3 水泥砂浆抹面成 5% 外斜横坡

5%

1:5

1:0.2

200

300

1580

2884

3500

挡土墙、截水沟典型剖面图

500

300

地面

350

350

350

砂浆抹面厚 40mm

400

300

200 300 300

地面

纵向排水沟典型剖面图

图9.13 大样图

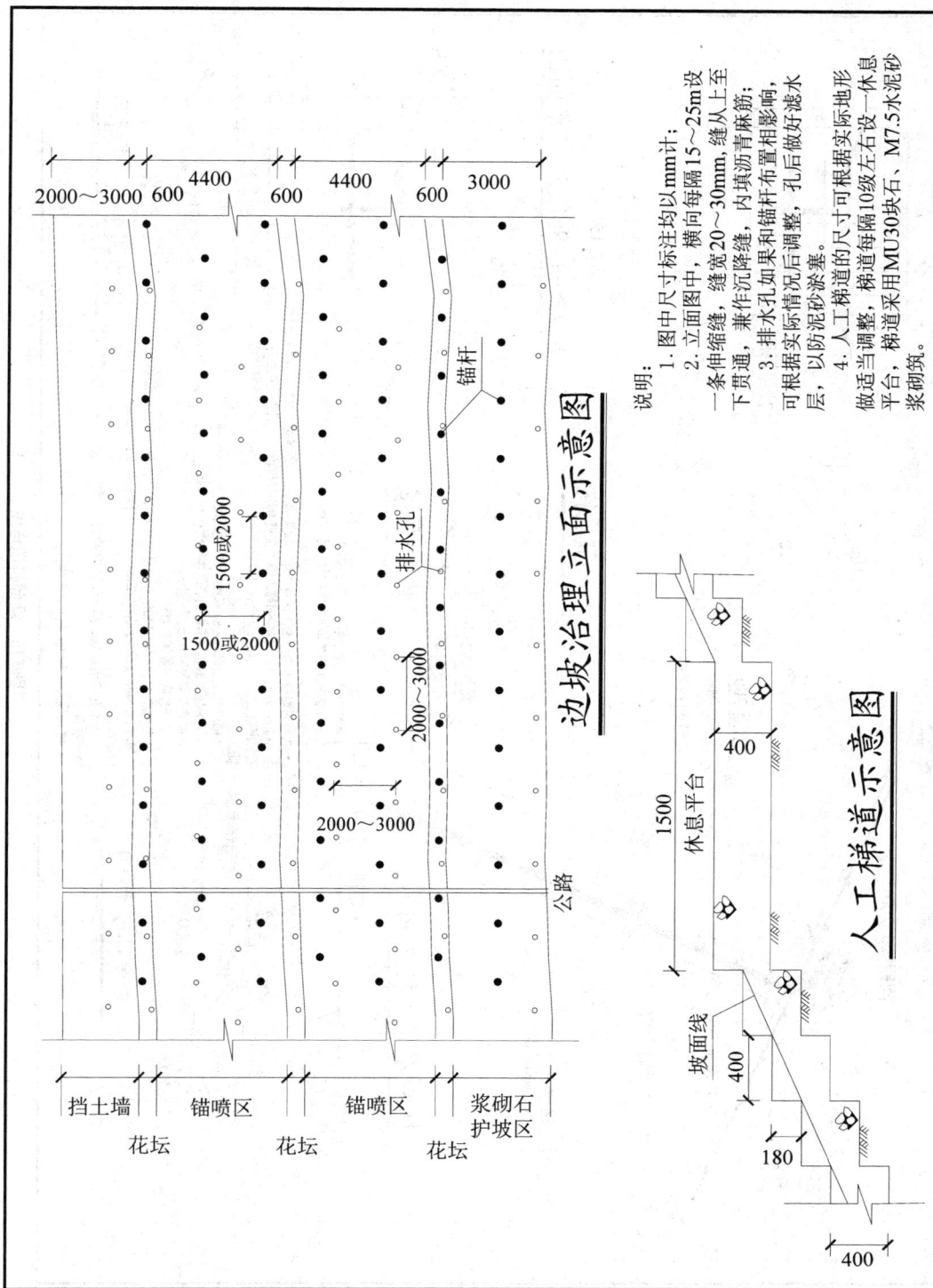

边坡治理立面示意图

人工梯道示意图

说明:

1. 图中尺寸标注均以mm计;

2. 立面图中,横向每隔15～25m设一条伸缩缝,缝宽20～30mm,缝作沉降缝,兼作沉降缝、内填沥青麻筋;缝从上至下贯通;

3. 排水孔如果和锚杆布置相影响,可根据实际情况后调整,孔后做好滤水层,以防泥砂淤塞。排水孔如果和锚杆布置相影响,可根据实际情况后调整,孔后做好滤水层,以防泥砂淤塞。

4. 人工梯道的尺寸可根据实际地形做适当调整,梯道每隔10级左右设一休息平台,梯道采用MU30块石,M7.5水泥砂浆砌筑。

图9.14 边坡治理立面示意图和人行道示意图

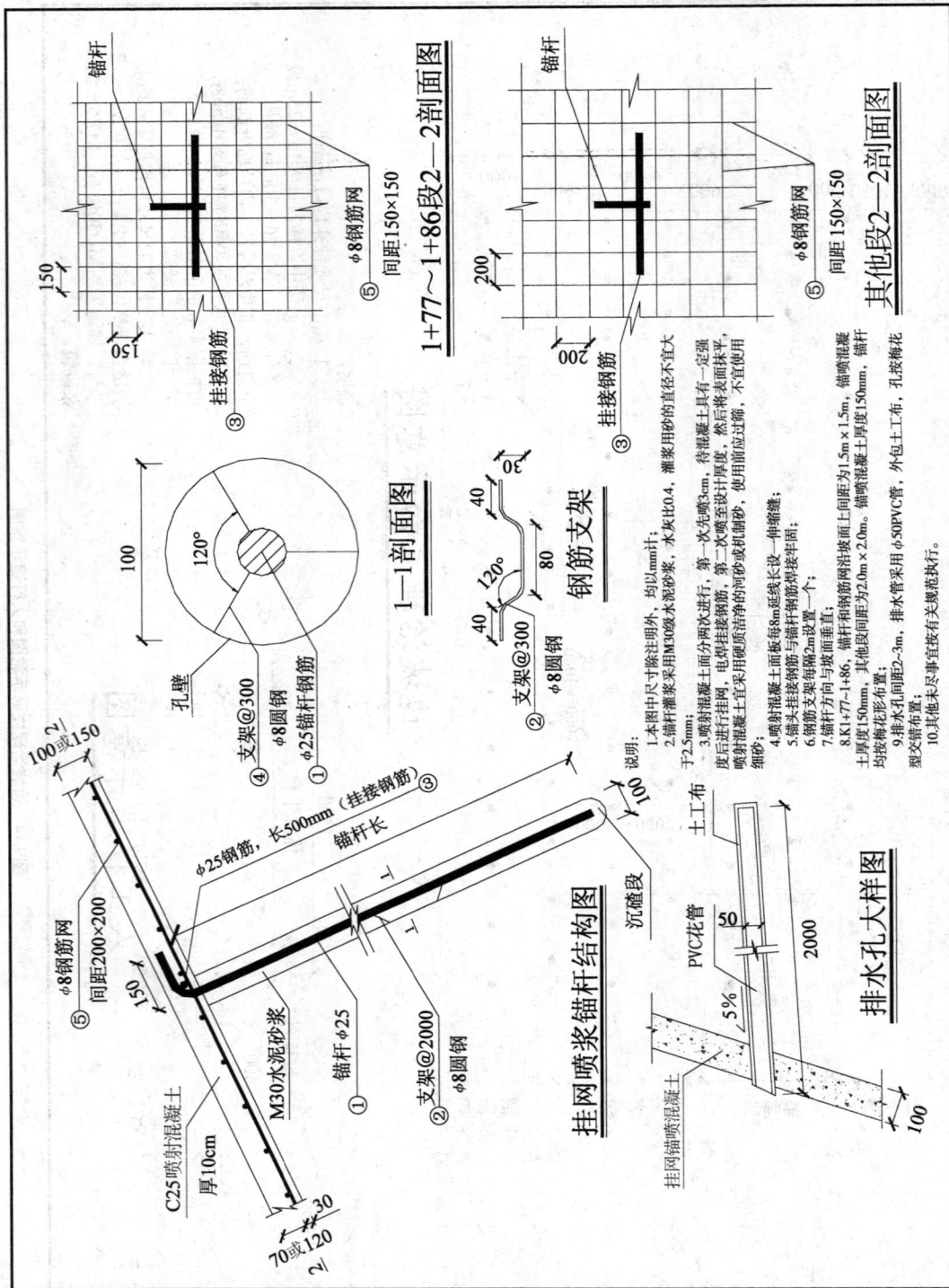

1+77～1+86段2—2剖面图

其他段2—2剖面图

1—1剖面图

钢筋支架

挂网喷浆锚杆结构图

排水孔大样图

说明：
1.本图中尺寸除注明外，均以mm计。
2.锚杆灌浆采用M30级水泥砂浆，水灰比0.4，灌浆用砂的直径不宜大于2.5mm。
3.喷射混凝土分两次进行，第一次先喷3cm，待混凝土具有一定强度后进行挂网，电焊挂接钢筋，第二次喷至设计厚度，然后将表面抹平，喷射混凝土宜采用砂质净净的砂或抹制混凝土，使用前应过筛，不宜使用细砂。
4.喷射混凝土面板每隔8m系统长设一伸缩缝。
5.锚头挂接钢筋与锚杆钢筋焊接牢固。
6.钢筋支架每隔2m设置一个。
7.锚筋方向与坡面垂直。
8.K1+77～1+86，锚杆和钢筋网沿坡面上间距为1.5m×1.5m，锚喷混凝土厚度150mm，其他段间距为2.0m×2.0m。锚喷混凝土厚150mm，锚杆均按梅花布置。
9.排水孔间距2～3m，排水管采用φ50PVC管，外包土工布，孔坡梅花型交错布置。
10.其他未尽事宜按有关规范执行。

图9.15 细部构造详图